Correspondance complète
de
Jean Jacques Rousseau

XLII

Correspondance complète

de

Jean Jacques Rousseau

édition critique
établie et annotée par

R. A. Leigh

TOME XLII
octobre-décembre 1778

THE VOLTAIRE FOUNDATION
at the TAYLOR INSTITUTION
OXFORD
1984

ISBN 0 7294 0305 X

PRINTED IN ENGLAND
AT
THE ALDEN PRESS OXFORD

TABLE DES MATIERES

	page
LISTE DES ILLUSTRATIONS	vii
REMERCIEMENTS	ix
LISTE CUMULATIVE DES ABREVIATIONS ET DES SIGLES BIBLIOGRAPHIQUES	xi
AVERTISSEMENT DU QUARANTE-DEUXIEME VOLUME	xix
LETTRES 7312-7425	I
ADDITION AU TOME XXII	291
TABLE CHRONOLOGIQUE DES LETTRES	293
TABLE ALPHABETIQUE DES CORRESPONDANTS	299

LISTE DES ILLUSTRATIONS

page

Hors-texte

149. LETTRE DE DELEYRE A GIRARDIN du 12 novembre 1778;
   original autographe   *en regard de*   108
       Musée Jacquemart-André, Chaalis

Illustrations dans le texte

ttttt.   Catalogue des écrits de Rousseau envoyé par
         Girardin à Du Peyrou le 4 octobre 1778, page de
         brouillon   15
         Musée Jacquemart-André, Chaalis

uuuuu.   Lettre de Girardin à mme de Nadaillac du 26
         novembre 1778, brouillon   159
         Musée Jacquemart-André, Chaaalis

wwwww.   Lettre de Du Peyrou à Girardin du 1er décembre
         1778, première page et page de l'adresse   183
         Musée Jacquemart-André, Chaalis

xxxxx.   Lettre de Moultou à Girardin du 9 décembre 1778,
         dernière page de l'original autographe   209
         Musée Jacquemart-André, Chaalis

yyyyy.   *Œuvres de Rousseau, Supplément* (éd. Duchesne), titre   231
         Bibliothèque de Neuchâtel

[Dans ce volume, les dimensions de toutes les illustrations (sauf celles de la fig. yyyyy) ont été réduites. On trouvera à la fin de l'ouvrage une liste cumulative des illustrations.]

REMERCIEMENTS

Pour ce volume, je tiens à remercier surtout monsieur Pierre Marot, conservateur du musée Jacquemart-André, à Chaalis; feu monsieur le vicomte Harcourt, qui a bien voulu m'accueillir dans sa demeure historique de Stanton Harcourt et m'autoriser à consulter ses archives de famille; feu monsieur le docteur Albert Reinhart, propriétaire des archives Meister et d'une partie des papiers de Moultou; madame Du Castel, châtelaine de l'Ourne, à qui je dois non seulement la communication des papiers de Corancez, mais aussi un accueil et une hospitalité inoubliables; monsieur Herbert Cahoon, directeur de la bibliothèque Pierpont Morgan, à New York; monsieur N. E. Kay; monsieur Walter Zurbuchen, archiviste d'Etat, à Genève, monsieur J.-E. Genequand, archiviste, et leurs services; monsieur Bernard Gagnebin, qui a bien voulu m'autoriser à utiliser les transcriptions faites par mademoiselle Rosselet d'après un dossier qu'il avait acquis, et qui s'est égaré par la suite; monsieur Philippe Monnier, conservateur des manuscrits de la bibliothèque de Genève; monsieur Jean Courvoisier, archiviste de l'Etat, à Neuchâtel, monsieur Jacques Rychner, directeur de la Bibliothèque de la Ville de Neuchâtel, et ses services, et surtout mme Maryse Schmidt-Surdez dont l'obligeance est inépuisable; mademoiselle Claire Rosselet, pendant si longtemps conservateur du fonds Rousseau à Neuchâtel, qui m'a communiqué des photocopies utiles et qui a eu la générosité de me permettre d'utiliser ses transcriptions du dossier disparu dont il est question plus haut; monsieur le général commandant-en-chef, Archives historiques de l'armée, à Vincennes, et ses services; monsieur F. Dousset, adjoint au directeur-général des Archives de France, et ses services; monsieur Yves Chassin du Guerny, archiviste du Gard; monsieur Guy de Chambrier, qui m'a permis de consulter ses archives de famille; monsieur Charles Wirz, secrétaire de la Société Jean-Jacques Rousseau et directeur de l'Institut et Musée Voltaire, à Genève; mon collègue et ami, monsieur John Easterling, professeur de langues classiques à Trinity College, Cambridge, qui continue à dépister pour moi les citations et allusions classiques qui peuvent m'échapper; et mon ami depuis quarante-cinq ans, monsieur Pierre Bonnasse, qui m'a apporté un concours précieux.

Enfin, je dois à la générosité de la Leverhulme Trust et de la fondation Voltaire, à Oxford, des subventions qui me permettent de continuer à compter sur l'aide d'un assistant à mi-temps. A ce propos, je tiens à reconnaître ici les services de madame Janet Laming, qui s'acquitte avec patience et dévouement des tâches souvent ingrates que j'ai à lui confier.

LISTE CUMULATIVE DES ABREVIATIONS ET DES SIGLES BIBLIOGRAPHIQUES

Les sigles qui ne sont plus utilisés disparaissent ensuite de cette liste cumulative

Académie. *Dictionnaire de l'Académie française* [les diverses éditions utilisées sont indiquées par leur date].

ACV. Archives cantonales vaudoises, Lausanne.

AE. Archives du ministère des affaires étrangères, Paris.

AEG. Archives d'Etat, Genève.

AEN. Archives de l'Etat, Neuchâtel.

AG. Archives du ministère de la Guerre, service historique de l'Armée française, Vincennes.

AL. Elie Fréron, *L'Année littéraire*, Amsterdam et Paris 1754-1775.

AN. Archives nationales, Paris.

Anecdotes 1 (1779). *Anecdotes pour servir à la vie de J.J. Rousseau*, in *Œuvres de J.J. Rousseau de Genève. Supplément* formant le t.x des *Œuvres diverses*, Neuchâtel 1779, p.259s.

Anecdotes 2 (1779). *Anecdotes pour servir à la vie de J.J. Rousseau. Suite du Supplément à ses Œuvres, seconde édition augmentée, A Amsterdam et a Lausanne*, chez F. Grasset, p.57s.

Annales. Annales de la Société Jean-Jacques Rousseau. Genève 1905s.

AR. Almanach royal, Paris.

Assézat. *Œuvres complètes de Diderot*, éd. par J. Assézat [et, pour les t.xvii-xx, par Maurice Tourneux]. Paris 1875-1877.

Bachaumont (1777) ou (1784). *Mémoires secrets pour servir à l'histoire de la république des lettres en France, depuis mdcclxii jusqu'à nos jours.* Londres 1777s ou 1784-1789.

Barruel-Beauvert (1789). Antoine-Joseph, comte de Barruel-Beauvert, *Vie de Rousseau* [. . .], Londres 1789.

B. Ars. Bibliothèque de l'Arsenal, Paris.

B. Ass. nat. Bibliothèque de l'Assemblée nationale, Palais-Bourbon, Paris.

BCU. Bibliothèque Cantonale et Universitaire, Lausanne.

B. de St Pierre (1907). Jacques-Henri-Bernardin de Saint-Pierre, *La Vie et les ouvrages de Jean-Jacques Rousseau* [. . .] Paris 1907.

Bengesco (1882). Georges Bengesco, *Voltaire: bibliographie de ses œuvres.* Paris 1882-1890.

Besterman. Théodore Besterman, éd. *Voltaire's correspondence.* Genève 1953-1965.

Besterman D. Théodore Besterman, éd. *Correspondence and related documents.* Genève 1968-1977 [*The Complete works of Voltaire*, vol.85-135].

BHVP. Bibliothèque historique de la Ville de Paris.

BL. British Library, Londres.

BN. Bibliothèque nationale, Paris.

Boswell *PP. Private Papers of James Boswell from Malahide Castle* [. . .] collected and edited by G. Scott and F. A. Pottle. New York 1928s.

BPU. Bibliothèque publique et universitaire, Genève.

Brenner 1 (1974). Clarence D. Brenner, *A Bibliographical list of plays in the French language, 1700-1789.* Berkeley 1947.

Brenner 2 (1961). Clarence D. Brenner, *The Théâtre Italien, its repertory, 1716-1793.* Berkeley 1961.

Brunet (1860). Jacques-Charles Brunet, *Manuel du Libraire* [. . .] Paris 1860 s.

Buffenoir 7 (1913). Hippolyte Buffenoir,

Les Portraits de Jean-Jacques Rousseau. Paris 1913.

Bulletin, Genève. *Bulletin de la Société d'histoire et d'archéologie de Genève* 1892s.

BV. Bibliothèque de la ville.

CC. Le Conseil des Deux Cents, Genève.

CE. Courier de l'Europe.

Chaalis. Musée Jacquemart-André, Chaalis.

CL. Correspondance littéraire.

Consolations. J.-J. Rousseau, *Les Consolations des misères de ma vie, ou recueil d'airs, romances et duos.* Paris 1781.

Corancez (1798). *De J.J. Rousseau*, Paris An VI.

Cotgrave (1611). Randle Cotgrave, *A Dictionarie of the French and English tongues.* Londres 1611.

Courtois 2 (1923). L.-J. Courtois, *Chronologie critique de la vie et des œuvres de Jean-Jacques Rousseau, Annales* (1923) xv.

Courtois 6 (1920). L.-J. Courtois, 'Notes critiques de chronologie rousseauiste', Bouvier 2 (1920).

Courtois 7 (1922). L.-J. Courtois, 'Considérations sur la chronologie de la vie et des œuvres de Jean-Jacques Rousseau', *Bulletin de l'Institut national genevois* (1922), xiv.143-172.

Covelle (1897). Alfred L. Covelle, *Le Livre des bourgeois de l'ancienne République de Genève.* Genève 1897.

CS. Contrat Social.

Curchod (1798). *Mélanges extraits des mss de Mme Necker.* Paris 1798.

De Crue (1926). Francis de Crue, *L'ami de Rousseau et des Necker, Paul Moultou.* Paris 1926.

De La Rive (1890). Lucien de La Rive, 'Pierre Prévost. Notice relative à ses recherches [. . .]', *Mémoires de la Société de Physique* [. . .] *de Genève*, vol. supplémentaire. Genève 1890. p.6-10.

DHBS. Dictionnaire historique et biographique de la Suisse. Neuchâtel 1921s.

Dialogues. J.-J. Rousseau, *Rousseau juge de Jean-Jacques.*

Dict. Trévoux. *Dictionnaire universel François et Latin, contenant la signification & la définition* [. . .] *des mots de l'une & l'autre langue* [. . .] (Les diverses éditions utilisées sont indiquées par leur date).

DM. Dictionnaire de Musique.

DP. *Correspondance générale de J.-J. Rousseau*, éditée par Théophile Dufour [et Pierre-Paul Plan]. Paris 1924-1934.

Ducis (1826). J.-F. Ducis, *Œuvres posthumes* [. . .], Paris 1826.

Dufour 3 (1925). Théophile Dufour, *Recherches bibliographiques sur les œuvres imprimées de J.-J. Rousseau.* Paris 1925.

Franqueville (1779). Marie-Anne Alissan de La Tour [mme de Franqueville], *Jean Jacques Rousseau vangé par son amie ou morale pratico-philosophico-encyclopédique des coryphées de la secte.* [. . .] s. l. 1779.

Fuchs 2 (1944). M. Fuchs, *Lexique des troupes de comédiens au XVIIIe siècle.* Paris 1944.

Furetière. Antoine Furetière, *Dictionnaire universel* [les diverses éditions utilisées sont indiquées par leur date].

GA. Gazette d'Amsterdam.

Gagnebin 2 (1982). Bernard Gagnebin, 'L'héritage littéraire de Rousseau', *Rousseau after 200 years*, éd. R. A. Leigh, Cambridge 1982.

Galiffe (1829). Jacques-Augustin Galiffe [etc.]. *Notices généalogiques sur les familles genevoises.* Genève et Paris 1829-1895.

GB. Gazette de Berne (Nouvelles de divers endroits).

GC. Gazette de Cologne.

GF. Gazette de France.

Girardin 1 (1824). Stanislas-Cécile-Xavier-Louis [de] Girardin, *Lettre de Stanislas Girardin à M. Musset-Pathay, sur la mort de J.J. Rousseau*, Paris 1824.

Girardin 2 (1825). Stanislas-Cécile-Xa-

vier-Louis [de] Girardin, *Lettre de Stanislas Girardin, sur la mort de J.J. Rousseau, suivie de la réponse de M. Musset-
Pathay*, Paris 1825.

Girardin 3 (1829). Stanislas-Cécile-Xavier-Louis [de] Girardin, *Mémoires,
Journal et Souvenirs* [. . .]. Paris 1829.

*GL. Gazette de Leyde (Nouvelles extraordi-
naires de divers endroits).*

GM. Gentleman's Magazine, Londres.

Godefroy (1881). Frédéric Godefroy,
Dictionnaire de l'ancienne langue françoise
[. . .]. Paris 1881-1902.

Godet 3 (1895). Philippe Godet, 'Jean-
Jacques Rousseau et François de
Chambrier', *MN* xxxii (déc. 1895)
308-311, et xxxiii (janvier 1896). 12-
18.

GPB. Gazette des Pays-Bas (anciennement *Gazette de Bruxelles*).

*GPSR. Glossaire des patois de la Suisse ro-
mande.* Neuchâtel et Paris, 1924.

Grosclaude 3 (1961). Pierre Grosclaude, *Malesherbes: témoin et interprète
de son temps.* Paris 1961.

Grosclaude 4 (1960). Pierre Grosclaude, *J. J. Rousseau et Malesherbes.*
Paris 1960.

Grosclaude 5 (1964). Pierre Grosclaude, *Malesherbes et son temps.* Paris
1964.

GU. Gazette d'Utrecht.

Guyot (1958). Charly Guyot, *Un Ami et
défenseur de Rousseau*, Neuchâtel 1958.

Haag (1877). E. et Emile Haag, *La
France protestante.* Seconde édition. Paris 1877 s.

Harcourt Papers (1880). Edward William
Harcourt, éd. *The Harcourt Papers.* Oxford 1880-1905.

Haussonville (1882). Gabriel-Paul-
Othenin de Cléron, vicomte d'Haussonville, *Le Salon de madame Necker
d'après des documents tirés des archives de
Coppet.* 2 vol. Paris 1882.

Henry 1 (1883). Charles Henry, éd. *Cor-*

respondance inédite de Condorcet et de Turgot 1770-1779.* Paris 1883.

Huguet (1925). Edmond Huguet, *Dictionnaire de la langue française du seizième
siècle.* Paris 1925-1967.

IMV. Institut et Musée Voltaire.

Jal 2 (1872). A. Jal, *Dictionnaire critique
de biographie et d'histoire* (2ᵉ édition).
Paris 1872.

JE. Journal Etranger. Paris 1754s.

J. Enc. Journal Encyclopédique. Liége etc.,
1756s.

JG. Journal de Genève.

JH. Journal helvétique, Neuchâtel (connu
aussi sous le titre de *Mercure suisse*).

JP. Journal de Paris, 1778s.

JS. Journal des Sçavans (édition de Paris).

JS (Rey). Réimpression de l'édition de
Paris du *Journal des Sçavans*, avec des
additions. M.-M. Rey, Amsterdam.

*JT. Mémoires pour l'histoire des sciences et
beaux-arts* (plus connu sous le titre de
Journal de Trévoux). Trévoux, Lyon et
Paris.

Kung. bibl. Kungliga Bibliteket
(bibliothèque royale, Stockholm).

La Harpe (1804). Jean-François de La
Harpe, *Correspondance littéraire adressée
à son altesse impériale* Mᵍʳ *Le Grand-Duc*
[. . .] *et à M. le Comte André Schouwalow*
[. . .], Seconde édition, Paris An XII-
1804.

La Martinière (1768). Antoine-Augus-
tin Bruzen de La Martinière, *Le Grand
Dictionnaire géographique, historique et
critique* [. . .] Nouvelle édition, Paris
1768.

La NH. La Nouvelle Héloïse.

La Touche (1737). De La Touche, *L'art
de bien parler françois*, cinquième édition. Amsterdam 1737.

LC. London Chronicle, Londres.

LCB. Lettre à Christophe de Beaumont.

LCDB. [François-Alexandre Aubert]
de La Chesnaye Des Bois, *Dictionnaire
de la noblesse.* [Editions de 1770 et de
1886.]

Le Bègue (1778). *Relation ou notice des derniers jours de Mons. Jean Jacques Rousseau [. . .] par Mons. Le Begue de Presle [. . .] avec une addition [. . .] par J.M. de Magellan [. . .],* Londres 1778.

Leroux (1735). Philibert-Joseph Le Roux, *Dictionnaire comique, satyrique, critique, burlesque, libre & proverbial.* Lyon 1735.

Lettres LTF (1803). *Correspondance originale inédite de J.J. Rousseau avec Mme Latour de Franqueville et M. Du Peyrou [. . .].* Paris An XI.1803.

Littré, [Maximilien-Paul] Emile Littré, *Dictionnaire de la langue française.* Paris 1873-1877.

LM. Lettres écrites de la montagne.

Lottin. Augustin-Marie Lottin. *Catalogue chronologique des libraires-imprimeurs de Paris depuis 1470 [. . .] jusqu'à présent.* Paris 1789.

Lüthy, Herbert Lüthy, *La Banque protestante en France, de la révocation de l'édit de Nantes à la Révolution.* Paris 1959-1961.

Martin-Decaen (1912). André Martin-Decaen, *Le dernier Ami de J.-J. Rousseau, le marquis René de Girardin.* Paris 1912.

Merc. H. P. Mercure historique et politique.

Mercure. Mercure de France. Paris (la date suffira pour indiquer s'il s'agit de la série ancienne ou de la série nouvelle).

Métra (1787). [François Métra] *Correspondance secrète, politique & littéraire. ou Mémoires pour servir à l'Histoire des Cours [. . .],* Londres 1787s.

MN. Musée neuchâtelois.

Monin (1915). H. Monin, 'Les Œuvres posthumes et la musique de J.J. Rousseau aux "Enfants Trouvés"', *RHF* xx (1915). 48-55.

Morellet (1821). L'abbé André Morellet, *Mémoires [. . .].* Paris 1821.

Moultou (1829) [G. Moultou,] *Fragments tirés des Œuvres de J.-J. Rousseau,* suivis de huit lettres inédites. Genève 1829.

m.p. Marques postales.

MP 1 (1821). Victor-Donatien de Musset-Pathay, *Histoire de la vie et des ouvrages de J.-J. Rousseau.* Paris 1821.

MP 2 (1822). Victor-Donatien de Musset-Pathay, *Histoire de la vie et des ouvrages de J.-J. Rousseau,* nouvelle édition. Paris 1822.

MP 3 (1825). Victor-Donatien de Musset-Pathay, éd. *Œuvres inédites de J.-J. Rousseau.* Paris 1825 [t.23 et 24 de l'édition MP 5 des *Œuvres* de Rousseau].

MP 4 (1820). Victor-Donatien de Musset-Pathay, éd. *Œuvres complètes de J.-J. Rousseau (Correspondance* t.xviii-xxi, 1820). Paris 1818-1820.

MP 5 (1823). Victor-Donatien de Musset-Pathay, éd. *Œuvres complètes de J.-J. Rousseau.* Paris 1823-1826.

MR. The Monthly Review [. . .]. Londres.

n.a. Nouvelles acquisitions.

Neuchâtel msR 14. *Le Lévite d'Ephraïm:* brouillon.

Neuchâtel msR 18. Brouillons de lettres de Rousseau et notes diverses.

Neuchâtel msR 51. Notes diverses.

Neuchâtel msR 89. Premier cahier du Copie-de-lettres de Rousseau.

Neuchâtel msR 90. Second cahier du Copie-de-lettres de Rousseau.

Neuchâtel msR 91. Brouillons de lettres de Rousseau.

Neuchâtel msR 92. Brouillons de lettres de Rousseau.

Neuchâtel msR 93. Brouillons de lettres écrites d'Angleterre.

Neuchâtel msR 109. *La Vertu vengée par l'amitié:* opuscule de mme de Franqueville.

Neuchâtel msR 118. Lettres de et à Du Peyrou et Girardin et d'autres, relatives aux *Confessions* etc.

Neuchâtel msR 119. Pièces diverses concernant Rousseau.

Neuchâtel msR 121. *Lettre [de Laliaud] aux éditeurs des Œuvres générales de J.-J. Rousseau.*

Neuchâtel msR 283. Lettres de Rousseau à divers: Aubeterre à Hume.

Neuchâtel msR 284. Lettres de Rousseau à divers: Jéquier à Néaulme.

Neuchâtel msR 285. Lettres de Rousseau à divers: Offreville à Zinzendorf et destinataires inconnus.

Neuchâtel msR 286. Lettres de Rousseau à Du Peyrou.

Neuchâtel msR 287. Lettres de Rousseau à d'Ivernois.

Neuchâtel msR 288. Lettres de Rousseau à mme Alissan de La Tour et lettres de mme Alissan de La Tour à Rousseau: originaux autographes.

Neuchâtel msR 289. Lettres de Rousseau à Moultou.

Neuchâtel msR 290. Lettres de Rousseau: copies non-autographes, volume i.

Neuchâtel msR 291. Lettres de Rousseau: copies non-autographes, volume ii.

Neuchâtel msR 292. Lettres à Rousseau: correspondants français, 1re série: D'Alembert à Créqui.

Neuchâtel msR 293. Lettres à Rousseau: correspondants français, 1re série: Dastier à Gal.

Neuchâtel msR 294. Lettres à Rousseau: correspondants français, 1re série: Gauffecourt à Mably.

Neuchâtel msR 295. Lettres à Rousseau: correspondants français, 1re série: Malesherbes à Prémagny.

Neuchâtel msR 296. Lettres à Rousseau: correspondants français, 1re série: Regnault à Wattelet.

Neuchâtel msR 297. Lettres à Rousseau: correspondants français, 2e série: Abos à Lenormant.

Neuchâtel msR 298. Lettres à Rousseau: correspondants français, 2e série: Levaché à Verneuil.

Neuchâtel msR 299. Lettres à Rousseau: correspondants suisses: Beausobre à Jacquery.

Neuchâtel msR 300. Lettres à Rousseau: correspondants suisses: Kirchberger à Wegelin.

Neuchâtel msR 301. Lettres à Rousseau: correspondants genevois: Beauchâteau à Lombard.

Neuchâtel msR 302. Lettres à Rousseau: correspondants genevois: Marcet à Rousseau.

Neuchâtel msR 303. Lettres à Rousseau: correspondants genevois: Roustan à Voullaire.

Neuchâtel msR 304. Lettres à Rousseau: correspondants neuchâtelois: Andrié à Martinet.

Neuchâtel msR 305. Lettres à Rousseau: correspondants neuchâtelois: Meuron à Vautravers.

Neuchâtel msR 306. Lettres à Rousseau: correspondants allemands, autrichiens, etc.

Neuchâtel msR 307. Lettres à Rousseau: correspondants anglais.

Neuchâtel msR 308. Lettres de mme de Boufflers, du prince de Conti et du chevalier de Lorenzy à Rousseau.

Neuchâtel msR 309. Lettres de Coindet à Rousseau.

Neuchâtel msR 310. Lettres de Guy et de Néaulme à Rousseau.

Neuchâtel msR 311. Lettres de Deleyre à Rousseau.

Neuchâtel msR 312. Lettres des Deluc à Rousseau.

Neuchâtel msR 313. Lettres de Du Peyrou à Rousseau.

Neuchâtel msR 314. Lettres de mmes d'Epinay, d'Houdetot, de Saint-Lambert &c. à Rousseau.

Neuchâtel msR 315. Lettres de F.-H. d'Ivernois à Rousseau.

Neuchâtel msR 316. Lettres de Milord Maréchal à Rousseau.

Neuchâtel msR 317. Lettres de Lenieps à Rousseau.

Neuchâtel msR 318. Lettres de m. et de mme de Luxembourg, La Roche et Du Bettier à Rousseau.

Neuchâtel msR 319. Lettres de Moultou à Rousseau.

Neuchâtel msR 320. Lettres de M.-M. Rey à Rousseau.

Neuchâtel msR 321. Lettres de Roguin à Rousseau.

Neuchâtel msR 322. Lettres de mme de Verdelin à Rousseau.

Neuchâtel msR 323. Lettres à Rousseau (sur papier grand format).

Neuchâtel msR n.a. 1. Lettres autographes de et à Rousseau: nouvelles acquisitions de 1936 à ce jour: volume provisoire.

Neuchâtel msR n.a. 4. Lettres de Rousseau à Abraham et Daniel de Pury et lettres d'Abraham de Pury à Rousseau.

Neuchâtel msR n.a. 7. 'Holograph letters of Jean-Jacques Rousseau'.

Neuchâtel msR n.a. 9. Lettres autographes de et à J.-J. Rousseau et pièces diverses.

NLS. National Library of Scotland, Edimbourg.

Œuvres (Belin 1817). *Œuvres de J.-J. Rousseau* [. . .] Paris, chez A. Belin, [. . .] 1817.

Œuvres (Duchesne). *Œuvres de M. Rousseau de Genève. Nouvelle Edition, Revue, corrigée, & augmentée de plusieurs pièces qui n'avoient point encore paru.* A Neuchâtel [Paris, chez Duchesne] 1764s.

Œuvres (Genève 1782). [Paul Moultou et Pierre-Alexandre Du Peyrou, éd.] *Collection complète des œuvres de J.-J. Rousseau, citoyen de Genève.* Genève 1782 [1780]-1789: 33 volumes in-8°. Cette édition parut sous trois formats différents, in-4°, in-8° et in-12. Je renvoie à l'édition in-8°.

Œuvres (Neuchâtel 1790). [Pierre-Alexandre Du Peyrou, éd.] *Collection complète des œuvres de J.-J. Rousseau, citoyen de Genève*, in-12. Neuchâtel 1790. [Lettres de Rousseau t.34-36, ou in-8°, t.27-29.]

orig. autogr. Original autographe.

PC. Le Petit Conseil de Genève.

Pierrehumbert (1926). W. Pierrehumbert. *Dictionnaire historique du parler neuchâtelois et Suisse romand.* Neuchâtel et Paris 1926.

Pinard. M. Pinard, *Chronologie historico-militaire.* Paris 1760-1768.

Pléiade. Jean-Jacques Rousseau, *Œuvres complètes*, édition publiée sous la direction de Bernard Gagnebin et Marcel Raymond: i (1959) Ecrits autobiographiques; ii (1961) *La Nouvelle Héloïse*, Théâtre et Poésie; iii (1964) Ecrits politiques; iv (1969) *Emile*, Education, Morale, Botanique.

PM. Bibliothèque Pierpont Morgan, New York, Etats-Unis.

Portefeuille (1884). Gaston de Villeneuve-Gilbert, *Le Portefeuille de Madame Dupin.* Paris 1884.

Prévost (1755). [Antoine-François Prévost.] *Manuel lexique, ou dictionnaire portatif des mots françois dont la signification n'est pas familière à tout le monde.* Nouvelle édition. Paris 1755.

PRO. Public Records Office, à Londres.

RDV (1950). Friedrich Hausmann, éd. *Repertorium der diplomatischen Vertreter aller Länder seit dem Westfälischen Frieden (1648).* Zurich 1950.

RHF. Revue d'histoire littéraire de France.

Richelet. [César-] Pierre Richelet, *Dictionnaire françois* [les diverses éditions utilisées sont indiquées par leur date].

Rivoire. Emile Rivoire, *Bibliographie historique de Genève au XVIIIᵉ siècle, MD-SHAG* (1897), xvi-xvii (additions et corrections, 1935).

Roland 1 (1867). C.-A. Dauban, éd. Marie-Jeanne Roland, née Phlipon, *Lettres en partie inédites de Madame Ro-*

land aux demoiselles Cannet [. . .]. Paris 1867.

Roland 2 (1913). éd. Claude Perroud, *Lettres de Mme Roland* [. . .] *Nouvelle Série, 1767-1780*. Paris 1913.

Roth 1 (1951). Georges Roth, éd. *Les pseudo-mémoires de Madame d'Epinay* [. . .] Paris 1951.

Roth 2 (1955). Georges Roth (et, pour les t.xiv-xvi. Jean Varloot). éd. Denis Diderot, *Correspondance*. Paris 1955-1970.

Sabatier (1781). Antoine Sabatier de Castres, *Les trois siècles de la littérature françoise*, cinquième édition. La Haye et Paris 1781.

Saffroy. Gaston Saffroy, *Bibliographie des Almanachs et Annuaires*, Paris 1959.

Saint-Allais. Nicolas Viton de Saint-Allais, *Nobiliaire universel de France*. Paris 1815s.

Saussure 2 (1958). Mme Hermine de Saussure, *Rousseau et les manuscrits des 'Confessions'*. Paris 1958.

Schelle (1913). Gustave Schelle, éd. *Œuvres de Turgot et documents le concernant*. Paris 1913.

Schinz 4 (1935). Albert Schinz, 'La Collection Girardin à l'abbaye de Chaalis, près Ermenonville', *Annales* xxiv (1935). 121-153.

Sénébier (1786). Jean Sénébier, *Histoire littéraire de Genève*. Genève 1786.

Sénelier (1950). Jean Sénelier, *Bibliographie générale des œuvres de J.-J. Rousseau*. Paris 1950.

Sévery 1 (1911). M. et mme William de Sévery, *La vie de société dans le pays de Vaud à la fin du dix-huitième siècle*. Lausanne-Paris 1911-1912.

Sévery 2 (1928). M. et mme William de

Sévery, *Le comte et la comtesse Golowkin et le médecin Tissot*. Lausanne 1928.

SJC. Saint James's Chronicle.

SM 1 (1861). Georges Streckeisen-Moultou, *Œuvres et correspondance inédites de J.-J. Rousseau*. Paris 1861.

Soc. JJR. Archives de la Société Jean-Jacques Rousseau, Genève.

Sommervogel (1890). Augustin et Aloys de Backer, Auguste Carayan et Carlos Sommervogel, *Bibliothèque de la Compagnie de Jésus*. Bruxelles et Paris 1890-1909.

SV. Studies on Voltaire and the eighteenth century. 1955s. [Le premier volume de ce périodique a paru sous le titre de *Travaux sur Voltaire et le dix-huitième siècle.*]

Tiersot (1912). Julien Tiersot, *J.-J. Rousseau*. Paris 1912 (dans la série: *Les Maîtres de la musique*).

Tourneux (1877). Maurice Tourneux, éd. *Correspondance littéraire, philosophique et critique, par Grimm, Diderot, Raynal, Meister*. Paris 1877s.

Vereeniging. Mss conservés à la Vereeniging ter bevordering van de belangen des boekhandels, Amsterdam.

Voisine 2 (1964). Jacques Voisine, éd. *Les Confessions de Jean-Jacques Rousseau*. Paris 1964.

Vuilleumier (1927). Henri Vuilleumier, *Histoire de l'Eglise réformée du Pays de Vaud sous le régime bernois*. Lausanne 1927-1933.

Walpole (1937). Horace Walpole. W. S. Lewis, éd. *The Yale edition of the Correspondence of Horace Walpole*. Oxford 1937s.

ZB. Zentralbibliothek, Zurich.

AVERTISSEMENT DU QUARANTE-DEUXIEME VOLUME

Comme ceux du tome précédent, les textes qui suivent sont dominés par la personnalité complexe du marquis de Girardin, et par les nombreux problèmes soulevés par la liquidation de la succession de Rousseau. Aux travaux d'approche de la grande édition des œuvres littéraires dc son héros (recensement, rassemblement, mise-en-ordre, choix et éventuellement transcription des manuscrits; recherche d'un éditeur; négociation des termes du traité) vient s'ajouter l'exploitation des compositions musicales de Jean-Jacques. Cette mission, assumée de gaîté de cœur par l'infatigable châtelain d'Ermenonville, aboutira en fin de compte à la publication de trois ouvrages distincts (Girardin avait primitivement l'intention d'y ajouter *Les Muses galantes*): le recueil des *Consolations des misères de ma vie* (dont le titre, portant un regard attendri sur lui-même, n'est pas de Jean-Jacques, mais bien de Girardin): les *Six nouveaux Airs du Devin du Village*: et les *Fragments de Daphnis et Chloé*. Or, dans chaque cas, le marquis jouait de malheur. Le recueil des *Consolations* devait lui attirer un procès prolongé, complexe et couteux. Les *Six nouveaux Airs*, vendus fort chers à l'Opéra, lui vaudront la mortification d'un fiasco sur la scène et une polémique amère contre la direction du théâtre. Les *Fragments* non plus n'iront pas tout à fait sans anicroches: ils seront l'occasion de débats serrés avec Du Peyrou et d'aûtres, et d'une brève échauffourée, par personne interposée, avec Corancez. Et tout cela pour aboutir à un assez piètre résultat: aucune de ces trois publications n'aura le succès que Girardin avait escompté, et collectivement elles ne contribueront que fort peu au bien-être de la 'veuve'.

Quant aux œuvres littéraires proprement dites de Jean-Jacques, là encore le sol devait se montrer ingrat et le chemin raboteux. Car on avait compté sans les concurrents. Passe encore pour la veuve Duchesne, dont les prétensions, soutenues un moment par Lebègue de Presle, n'étaient pas bien solides. Elle se retira assez tôt du combat, se contentant de tenir à jour son édition des œuvres de Rousseau, laquelle se vendait librement en France. Rey non plus, brisé par ses infortunes domestiques et arrivé presqu'au terme de sa carrière, ne semble avoir défendu ses droits qu'assez mollement. Mais à côté d'eux, il y avait la figure combative de J.-L. Boubers. Dès 1774 Boubers avait commencé à faire paraître des œuvres de

Rousseau une édition de grande allure qu'il prétendait définitive. Du point de vue textuel, elle n'avait rien de remarquable, puisqu'elle ne faisait que réimprimer des textes déjà connus. Elle valait surtout par l'illustration. Les meilleurs artistes de Paris avaient accepté d'y collaborer: estampes, vignettes, culs-de-lampe, papier, typographie, tout était de la plus haute qualité. Naturellement, tout ce luxe avait exigé une mise de fonds considérable que le libraire entendait récupérer. Il ne pouvait donc que voir d'un mauvais œil la menace d'une nouvelle édition qui l'empêcherait d'écouler la sienne. La fortune lui sourit cependant: car voici que tout à coup, et au moment même où les 'amis de Rousseau' se préparaient à entrer en lice, une aubaine lui permit de faire valoir l'intérêt purement textuel de son édition et de semer la confusion dans l'esprit du public. La vente des papiers de mme de Warens ayant libéré enfin le dossier que Jean-Jacques avait déposé chez elle (ses 'œuvres de jeunesse' et un certain nombre de lettres), Boubers saute sur l'occaion, achète le paquet et fourre le tout dans son t.viii qu'il mettait à ce moment-là sous presse. Ces textes inédits furent immédiatement contrefaits et notamment par la veuve Duchesne dans son *Supplément* des *Œuvres diverses*. Au lieu d'accueillir avec satisfaction la parution de ces textes inconnus, les amis de Rousseau la déplorèrent, estimant que ces informes essais et ces documents intimes ne pourraient guère servir le rayonnement du Genevois.

Encore n'y avait-il là que demi-mal. Mais Boubers ne s'arrêta pas là. Alerté par l'annonce de l'édition de Genève, qui aurait rendu caduque la sienne, il s'embarqua sur une campagne publicitaire, au cours de laquelle il déclara non seulement que son édition avait été approuvée par Jean-Jacques, mais de plus laissa entendre qu'il détenait les manuscrits de ses œuvres posthumes, y compris les fameux 'mémoires' qu'on attendait avec tant d'impatience. Il se gardait bien d'expliquer à ses souscripteurs qu'ils seraient obligés, pour lire ces textes, d'attendre leur publication dans l'édition de Genève, car ce ne serait qu'alors qu'il pourrait les réimprimer. Bien au contraire, il cherchait, par les termes équivoques de ses annonces, à répandre l'impression qu'il possédait des manuscrits authentiques des œuvres posthumes, comme il en possédait indubitablement des œuvres de jeunesse, dont il offrait de remettre les originaux à un dépôt public. Ainsi, les manuscrits des œuvres qui avaient précédé la célébrité de Rousseau cautionnaient ceux des œuvres qui devaient mettre le sceau à sa réputation. C'était là faire preuve d'une adresse peu commune. Rien d'étonnant si les 'amis de Rousseau' s'en arrachaient les cheveux.

Entre temps, ils avaient pris une décision lourde de conséquences. A la Société typographique de Neuchâtel, établie depuis des années déjà, et qui possédait un réseau étendu de correspondants à l'étranger, ils avaient préféré celle de Genève, qu'on venait seulement de constituer. Etonnées et dépités, les Neuchâtelois entamèrent à ce sujet une correspondance pleine de récriminations avec Girardin, qui, en l'occurrence, était innocent, n'ayant fait qu'obéir aux consignes de Du Peyrou.

Les trois amis avaient d'autres soucis encore. Obligés, en tant que promoteurs de l'édition complète des œuvres de Rousseau, de déjouer les manœuvres des libraires, ils eurent aussi, en leur qualité de grands-prêtres de sa gloire, à repousser les entreprises de ses ennemis. Les premières flèches de ce qui devait s'avérer une offensive en règle furent décochées par La Harpe. Mais ce n'était là rien encore auprès de la véritable douche de vitriol déversée par le bon Diderot, qui, vers la fin de l'année, dans une tirade d'une violence inouïe, poussera l'inconscience jusqu'à exhorter ses lecteurs à 'détester l'homme atroce qui ne balance pas à noircir ses anciens amis'. Jamais on n'aura lancé avec tant de force un boomerang plus autodestructeur. Mais quand on a si peur on ne regarde pas de si près, ni aussi loin.

7312

René-Louis, marquis de Girardin, à Alexandre Deleyre

du 3 8bre *1778*

Un petit voyage a differé ma reponce a Votre derniere Lettre[a]. J'en suis d'autant plus faché que vous me marqués que vous avés été Indisposé et que j'eusse desiré Sçavoir Si votre Santé est[1] aussi bien retablie que je Le desire.[2]

Vous avés un Charactere tendre et sensible, des mœurs douces, des talents aimables et faciles, mon Charactere est sensible et vehement, mes mœurs rudes et je n'ai point de talents. Cependant[3] [4]il n'en existe pas moins[4] un grand rapport entre vous et moy c'est[5] sans doutte Le Contact de ce feu pur et celeste premier[6] moteur du sentiment qui[7] se fait sentir[8] par une Commotion Semblable a celle du feu electrique a tous[9] Les organes assés inflammables pour luy servir de Conducteurs[10]. Souvent Le moindre geste, Le moindre mot Excite dans les ames pures et sans nuages Cette Etincelle de verité, qu'on pourroit apeller L'Etincelle Simpathique et qui devient d'autant plus forte que Les[11] objets qui L'excitent sont plus Interessants[b]. Tel est celuy qui[12] vous a frappé, sur Le Souvenir profond de L'homme Le plus sensible qui ait existé, cet Homme meme[13] de La nature et de la Verité. Nos places sont donc tout naturellement marquèes, La votre est La même auprès de moy, que la mienne auprès de vous[14]. Elle[s] ne[15] peuvent etre L'une et L'autre que celles[16] de L'estime et de La franchise. Nous pouvons ne nous rien dire mais nous ne devons jamais nous rien dire a demi. Ce qu'on ignore est egal, ce qu'on ne Sçait[17] qu'en partie[18] agite et tourmente, il est aisé de ne pas parler, mais Si l'on[19] a commencé de parler ce qui[20] se[13] retient me fait mal. Je sçais fort peu ce qu'on dit a Paris, et ne m'en embarasse guères, mais je sçais tres bien ce qu'on[21] y a fait et cela[22] m'a suffi pour *asseoir*[c]. Lorsque je vois une Carte geographique de[23] vilenies, de bassesses et de noirceurs, ou touttes Les routtes de Calomnies sont tracées de main de maitre, et aboutissent parfaittement[24] perpendiculairement a tous les points de direction [13]au centre de la mire[13], peut'on reconoitre La main du mathematicien et regarder un pareil chef d'œuvre Comme un effet du hazard[25]. Hier non contents de vendre le bien d'autruy, et d'escamo-

I

ter Le denier de la veuve on y a joint L'atroce Calomnie de proposer[26] La Constitution de La Pologne a des Libraires de Paris en leur disant qu'on L'avoit achepté 3000[ll] de La veuve[d]. De son vivant son mari s'en fut apperçu depuis sa mort cela est impossible. Ce ne sera pourtant pas une Chose si difficile à penetrer que La Source de cette venimeuse[27] friponerie[28], aujourd'huy dites vous il se debite un nouveau drame dont vous ne voulés pas me dire Le nœud, quoique je n'en conoisse vraisemblablement que trop L'intrigue. C'est sans doutte une preface qu'on prepare de La nouvelle pièce à La quelle Les Romanciers[e] travaillent, et il n'y a que trop de gens dans le monde qui[29] prennent facilement sur eux de Supposer des Crimes aux autres. [30]Je viens de recevoir m[onsieur] la lettre ou vous m'informés d'une maniere si grave qu'il valoit peutetre mieux ne m'en parler du tout que de ne pas m'en dire plus que vous n'avés fait de ce nouveau drame infernal[30f]. Mais pour vous, pourrés vous hesiter un moment, que signifie L'enigme de sa Conduitte, il avoit Le Cœur d'une femme, et l'ame d'un homme,[31] Les charmes de son style et sa foiblesse venoient de L'un, Sa Logique et sa force de l'autre,[32] il luy falloit toujours un certain tems, pour passer de[33] sa douce foiblesse a sa force sublime, il falloit qu'il put se replier sur lui même[34] et en deça pour S'elancer fort audela [13]des autres[13], de sorte qu'il[35] etoit capable dans L'instant de paroitre avoir tort avec un enfant, et L'instant d'après d'avoir raison contre toutes Les Academies ensemble. Voilà L'enigme de sa conduitte, il [36]suffit pour la sentir[36] avoir lu et Compris[37] La suite de ses ouvrages, et non pas d'avoir èté preter des sens forcés[38] a quelques mots que La modestie [39] [13]en parlant[13] [39] L'excès du Scrupule ou le besoin de transition aura Conduit L'auteur a employer.[40] En un seul mot parce que vous avés vu des personnes qui ont lu ses memoires, et qui vous ont dit ce qu'ils contenoient, vous devés sçavoir parfaittement à quoi vous en tenir,[41] car ce qu'il n'a pas dit on peut etre sur que cela n'est pas. Son style repond de sa verité, Sa vie a repondu a ses principes, et sa mort a ses ennemis. Comme ont tres bien remarqué Les Anglois, Hume a eu Le tems de jouer son rôle, mais celuy qui croit en Dieu comme le plus sur[42], celuy qui [43]dans sa conscience croit[43] en Jesus Christ[44], Le principe de l'evangile[45] Luy paroit plus difficile a attribuer a un homme qu'à un Dieu,[46] et Celuy qui croit a une autre vie comme plus Consolante pour l'homme fresle[47] et malheureux, et qui dans un quart d'heure [48] meurt avec serenité, doit avoir L'[49]ame bien pure et La[49] Conscience bien[50] pure.[51] [52]

MANUSCRIT

*Chaalis, fonds Girardin D⁴ 34, p.2-4 du n° 38; brouillon d'une lettre non envoyée.

NOTES CRITIQUES

Le ms. est intitulé: 'Reponse a La Lettre de Mʳ. de Leyre du 19 7ᵇʳᵉ 1778'. ¹ est ⟨retablie⟩ ² desire. ⟨Vous⟩ ³ Cependant ⟨malgré cette opposition apparente⟩ ⁴ il est [non biffé] ⁵ c'est ⟨ce fond⟩ ⁶ premier ⟨principe⟩ ⁷ qui ⟨par une C⟩ ⁸ sentir ⟨au moindre geste au moindre mot⟩ ⁹ tou⟨tte⟩s ¹⁰ Conducteurs ⟨Cette Etincelle Simpathique qu'excite Le moi⟩ ⟨dans une ame pure⟩ ¹¹ Les ⟨objets⟩ ⟨objets⟩ ¹² qui ⟨s'est fait sentir⟩ ¹³ [ajouté dans l'interligne] ¹⁴ vous ⟨C'est Celle de L'⟩ ¹⁵ ne ⟨peut être⟩ ¹⁶ celles ⟨de l'estime⟩ ¹⁷ Sçait ⟨qu'a moitié⟩ ¹⁸ partie ⟨tout⟩ ¹⁹ [en surcharge: leçon incertaine] ²⁰ qu⟨on⟩ ²¹ y ⟨fait⟩ ²² cela ⟨me suffit pour asseoir⟩ ²³ de ⟨noirceurs, un⟩ ²⁴ parfaittement ⟨en Ligne droitte⟩ ²⁵ hazard. ⟨En donn⟩ ⟨ses torts⟩ ²⁶ proposer ⟨Le manuscrit⟩ ⟨une Copie de⟩ ²⁷ ⟨Iniquité Infame⟩ ⟨si noire (?)⟩ ²⁸ friponerie ⟨Et Les auteurs auroient trop bien mérité⟩ ⟨on auroit eté trop adroit pour ne pas Leur en faire publiquement tout L'honneur⟩ ²⁹ qui ⟨peuvent⟩ ³⁰ [cette phrase, insérée dans l'interligne et écrite fort serrée et fort mal, est presque indéchiffrable. Le texte imprimé est en partie conjectural.] ³¹ homme, ⟨de manière que sa Conduitte etoit toujours timide, et ses discours⟩ ³² l'autre, ⟨nous deconcerte dans l'instant par sa puissance (?) limitée⟩ ³³ de ⟨La foiblesse a de⟩ ³⁴ lui-même ⟨pour s'elancer⟩ ³⁵ qu'il ⟨pouvoit dans l'instant⟩ ³⁶ ⟨ne faut que L'⟩ ³⁷ Compris ⟨pour La sentir, et qu⟩ ³⁸ ⟨amphibologiques⟩ ³⁹ [précédé de quelques mots lourdement biffés, également insérés dans l'interligne, et devenus indéchiffrables] ⁴⁰ employer ⟨mais⟩

⁴¹ tenir, ⟨ou vous Le p⟩ ⟨il faudroit qu'il fut Le plus grand fourbe de la t⟩ ⟨qui ait existé⟩ ⟨[. . .]⟩ ⟨Si avec un Style qui porte partout L'empreinte de La verité, il eut èté capable d'ecrire⟩ ⟨il eut èté⟩ ⟨son cœur n'eut reelle⟩ ⁴² sur ⟨et Le plus Consolant⟩ ⁴³ ⟨croit⟩ [leçon définitive en partie conjecturale] ⁴⁴ Christ ⟨La morale et L'exemple⟩ [quelques mots indéchiffrables insérés dans l'interligne] ⁴⁵ evangile ⟨differeroit de tous ceux⟩ ⟨des moralistes⟩ ⟨lumiéres⟩ ⟨lui⟩ ⁴⁶ Dieu, ⟨celuy⟩ ⁴⁷ [leçon conjecturale] ⁴⁸ heure ⟨meurt en paix⟩ ⁴⁹ ⟨une⟩ [en surcharge] ⁵⁰ ⟨plus nette⟩ ⁵¹ pure ⟨qu'il n'en [. . .]⟩ ⁵² [plus tard, Girardin a noté:] Ce Commencement n'a point été envoyé

NOTES EXPLICATIVES

Lettre non envoyée: voir la note critique que 52. Elle a été remplacée par le n° 7319.

a. le n° 7302 (t.xli).

b. cette métaphore un peu trop poussée s'explique par les préoccupations scientifiques du marquis: cp. au t.xli les n°ˢ 7203, alinéa 2 et note *a*, 7250, alinéa 4 et note *d*, 7258, premier alinéa et note *c*, 7274, alinéa 6, etc.

c. impossible de lire autre chose. Girardin voulait sans doute dire 'asseoir mon jugement', c'est-à-dire 'conclure'. 'On dit figurément, *Asseoir son jugement, asseoir un jugement*, pour dire, Fonder un jugement sur quelque raison, sur quelque apparence [...]' (Académie 1762).

d. cp. au t.xxxix le n° A617 une proposition analogue faite à Rey.

e. Girardin ne croyait pas si bien dire. On sait aujourd'hui que Grimm et Diderot ont revu et corrigé, dans le but de noircir JJ, le ms. inédit de l'*Histoire de mme de Montbrillant*, roman de mme d'Epinay. Pour les métamorphoses de ce texte, aboutissant aux pseudo-*Mémoires*, voir au t.iii la *Note* [. . .], p.xxv *s*.

f. voir au t.xli le n° 7302, alinéa 3.

7313

René-Louis, marquis de Girardin, à
Pierre-Alexandre Du Peyrou

Ermenonville Par Senlis 4 8bre 1778

[1] Je reçois, Monsieur, votre Lettre du 27 7bre *a*. Je viens de La Communiquer à M^e. Rousseau. Elle y est ainsi que moy très sensible, et reconnoissante de la peine que vous avés pris[1], malgré Les occupations interessantes de cette saison, d'ecrire Sur ses affaires une Lettre aussi détaillée, et aussi claire, et dans Laquelle regne d'un bout à L'autre ce ton de franchise et de verité nette et précise qui devroit etre celuy de tous les hommes, et qui n'est malheureusement que Celuy d'un très petit nombre. Dans l'objet premier qui doit réunir nos soins et nos Sentiments, vous pourrés compter Sur moi comme sur vous même, Cette persuasion est réciproque de ma part. Ce point une fois bien établi entre nous; je pense que tel est mon devoir auquel je resterai fidelement attaché d'une manière inébranlable. Ce devoir dans La fatale Circonstance ou Le sort m'a jetté, me paroit porter essentiellement sur ces deux points: honorer La mémoire de l'homme respectable dont je porte le Souvenir dans mon Cœur, et veiller aux Interests de sa femme qu'il a Laissée à mes soins. La proposition que vous luy faittes est infiniment généreuse, mais en vous en remerciant avec tous Les sentiments qu'elle vous doit, comme cette proposition seroit a vôtre Charge et a Celle de vos amis, il ne Seroit pas juste qu'elle L'acceptat. Dans ce moment cy (ou vous pourrés être Sûr qu'elle est à L'abri de toutte espèce de besoin, et ou elle peut et désire Se preter volontiers a tous Les retards que doivent nécessairement éxiger Les soins nécessaires pour rendre digne de Son auteur une Edition generale et Complette qu'il S'est toujours reservé Le droit de faire) dans ce moment cy dis je, ce seroit bien moins un secours provisoire qui Lui Seroit important, qu'un arrangement definitif, qui put luy épargner La sollicitude des affaires, et peutêtre même des Chicanes, et Luy procurer Le plutôt qu'il Se pourroit avec une honnête aisance La tranquilité et Le repos qui deviennent, dans sa position, L'objet le plus desirable pour elle. Pour cet effet voicy quelle seroit de mon Côté mon Idée, c'est celle qui me paroit Luy

agréer Le plus, et je vous La soumets: Ce seroit de transiger pour une somme d'argent Comptant de La Collection de tout ce qui reste d'ouvrages de son mari à imprimer en transportant tous ses droits tant sur² ce qui est connu qu'inconnu et qu'il vous seroit maintenant très aisé de reconoitre, en ajoutant a ce que vous avés, L'état raisonné que je vous envoye cy joint non seulement de tout ce dont j'ai connoissance dans ce qui s'est trouvé icy, mais encore de tout ce que je connois entre Les mains de differentes personnes, dont j'ai joint sur cet état Les noms et Les demeures et qui doit rester secret entre nous.

[2] Vous verrés par cet état, Monsieur, qu'entre vous et Mʳ. de Moultou vous reunissés La plus grande et La plus Considerable partie, a titre de depositaires; votre Situation à l'un et a L'autre, votre Capacité, et vos sentiments, vous désignent bien plus que personne pour transformer ce depôt en proprieté. Quelle qu'ait été La Cause de La résolution de vos anciens engagements, des motifs sans doutte peu fondés, et³ des nuages qui S'élèvent facilement entre des ames vives et sensibles doivent se dissiper par La Lumière de La réflexion et de La vérité. Par consequent il me semble qu'il n'existe plus aucun obstacle à votre projet⁴, et Personne au monde ne Seroit plus en etat et plus Capables a tous egards que vous et M. de Moultou, de vous mettre a La tête de cet arrangement: tout etant remis entre Les mains d'une amitié Soigneuse, vigilante, et *LIBRE*, vous auriés tout Le tems et Les facilités convenables pour travailler dignement a un ouvrage aussi cher a L'amitié qu'important au public, et precieux a La postérité! Quelque honoré que je me trouvasse a tant de titres a pouvoir y concourir avec vous, vous sentés, Monsieur, que je dois absolument Sacrifier toute espèce de Consideration personelle à L'interest de La Chose, et que cela m'est Impossible tant par mon peu de Capacité, que par mon habitation dans ce païs qui me rendroit une espèce d'otage entre Les mains de L'autorité pour nuire a La Liberté d'une édition qui doit ainsi que vous le remarqués Si justement, faire paroitre L'auteur tel qu'il est, et non pas tel que Les suppressions ou Les Corrections Le rendroient. Cela n'empecheroit pas qu'en mon particulier, je ne fusse egalement disposé a être utile autant qu'il seroit en moy, aux depositaires Soigneux et Zelés, de la Confiance, des ouvrages, et de L'honorable memoire de L'homme Celebre que doit respecter a jamais L'univers, Comme le meilleur des Philosophes, et des écrivains, et des hommes.

[3] En attendant vos reflexions, Monsieur, et votre reponce sur L'idée⁵ que je vous Communique et a Laquelle je m'assure que vous

5

voudrés bien repondre avec La même franchise avec La quelle je vous fais Cette ouverture; je pense, ainsi que vous qu'il est tout apropos d'accepter toujours Les 6 premiers Livres[b] que vous a proposé[1] a des conditions qui sont sans aucun inconvenient, un tiers de La part d'une personne inconnue, mais comme il n'existe au monde qu'un Exemplaire de cet ouvrage qui n'a jamais sorti de La main de L'auteur que pour Le[6] remettre lui même dans les mains où il a passé ce printems dernier, il est bon que vous Sussiés, et je vous le dis *Sous Le sceau du Secret* que Cette personne inconnue ne peut être une autre que Celle qui s'est engagée a vous fournir Les 3 articles dont vous me parlés[c]. Je dois aussi vous prevenir de vous assurer si Le manuscrit sur La Pologne est de La main de L'auteur afin de savoir si c'est veritablement Le double conservé par L'auteur, celuy qui se trouve icy n'est qu'un brouillon incomplet. Cette verification est d'autant plus important dans ce moment-cy, que je crois devoir etre assuré qu'à L'exception du double conservé par L'auteur, il n'a jamais remis de cet ouvrage qu'un seul manuscrit a M. Le Comte de Willoski actuellement en Pologne[d]. Cet ouvrage a été fait et luy a été remis gratuitement, a La Condition expresse de S'en Servir uniquement pour Le bien de Sa patrie, mais de ne Le point faire imprimer. Cependant Cet exemplaire, ainsi que M. de Willoski en en Convenant lui même visavis de m. Rousseau, a èté transmis par son valet de chambre qui a trouvé Son Secretaire ouvert et [7]qui a été[7] soi disant assés osé pour L'y prendre et Le porter au plus *grand Géometre de La Secte*[e] à la quelle vous faites beaucoup d'honneur en ne L'apellant qu'Intriguante. Il faut que pendant le peu de jours, que Ce manuscrit de maniere ou d'autre a posé sur La table de L'Algèbre, il s'y soit promptement multiplié, car tout à L'heure je viens d'être instruit qu'on avoit proposé dernierement a La Veuve Duchesne Libraire rue St Jacques a Paris, cet ouvrage sur La Pologne en ajoutant à L'honneteté moderne de Chercher a voler le denier de La Veuve, l'atroce Calomnie de dire qu' [8]une personne de consideration[8] avoit achepté d'elle mil ecus ce manuscrit qu'on Cherchoit a vendre a son détriment, et qui n'est vraisemblablement que La copie Multiple et Subreptice. Or cette Calomnie, est aussi Infâme que sotte. Car si M[de] Rousseau eut vendu du vivant de son mari quelqu'un de ses ouvrages, il s'en fut nécessairement apperçu, et Les derniers moments de ses[9] malheureux jours, n'eussent pas eté aussi calmes, aussi remplis de témoignages continuels de La plus tendre affection pour elle, et depuis Sa mort je puis bien Certifier qu'il n'a pas pu etre détourné une seule Ligne [10]de son[10] écriture. Mais Les *Walpolades*[f] Les plus dégoutantes ne sont que Les jeux Innocents de ces honnetes messieurs, cependant[11] comme a force[12] d'oeuvres de tenebres, ils sont[13] parfaitement exercés au manège de La taupe, et qu'il y a plusieurs d'entr'eux et de leurs émissaires, qui sçavent que vous etes Le principal depositaire dès Écrits qu'ils sont au desespoir de n'avoir pu tenir et defigurer a Discretion, je vous prie désormais pour plus grande sureté dans notre Correspondance, de vouloir bien faire mettre L'adresse de vos Lettres d'une autre écriture que La votre, de me les faire parvenir par la voye d'une main tierce par Laquelle je ferai de même repasser les miennes, et d'avoir la precaution de vous servir toujours du même petit Cachet avec L'oeil et L'oreille[g], comme je me[14] servirai egalement du même dont cette Lettre est Cachetée, et qui porte pour[15] devise [16]omnis vero nihil falso[16] en ayant soin de picquer par dessous un pain a Cacheter; afin que si a L'exemple du Bon David H.[h], on se permet de Les Decacheter au moins il y paroisse. Je Suis bien aussi éloigné que vous de toute espèce de defiance par mon Charactere qui n'est que trop Confiant pour mon propre Compte; mais La trame d'iniquités dont je ne vois que trop Clairement tous Les fils qui ont été tendus par Les mechants autour de L'homme de bien, me fait un malheureux devoir d'une Circonspection continuelle, jusques a ce que Les interests de l'honneur des ouvrages qu'il Laisse après luy, Soient entre vos mains dans un Pais Libre, et que Les affaires de La veuve soient entierement terminées.

[4] Je vous envoye L'état des Ecrits qui sont icy et que nous Connoissons ailleurs: j'y joins Le Catalogue de La musique Copié Sur celuy qu'il a Laissé de sa main; et celuy des Livres qui Luy restoient depuis qu'il avoit vendu toutte Sa Collection de botanique a un Anglois qu'on nomme je Crois M. Maltus.

[5] Quand a sa filleule je ne sache point qu'il en ait eu d'autre que La fille de Michel Rey qui est morte depuis quelque tems. Sans quoy ou si L'intention dont il vous a fait part Se rapporte a une autre, il sera toujours juste que celles qu'il vous a temoignées soient egalement remplies; Tous les details a cet egard sont tres importans pour moy qui n'ai d'autre registre de son testament que mon Coeur dans Lequel Sont[17] ecrites Ses dernières volontés, et nous devons chacun de ses veritables amis Concourir autant qu'il peut etre en nous a L'execution La plus exacte et La plus fidele des volontés d'un ami qui n'est plus mais dont L'esprit doit rester en nous comme dans la posterité La plus reculée, et pour Lequel nous devons agir comme S'il etoit présent.

[6] Recevés, Monsieur, Les assurances Les plus Sincères que j'ai

7

de voir arriver Le moment de nous reunir personellement, et de pouvoir enfin vous témoigner moi meme des sentiments de L'estime La plus parfaitte, et de L'amitié véritable que vous m'avés inspiré[1] par toutte La franchise et l'honnêteté de votre maniere de proceder.

[7] P.S. Je dois aussi vous prevenir, Si vous ne le Scavés pas dejà, que Le nommé BOUBERT Libraire a Bruxelles donne une Edition in 4° des ouvrages de m. Rousseau a Laquelle il a[18] ajouté un volume de ses Lettres a Madame de Warens[i], ce qui a donné lieu dans Le tems au bruit qui s'est repandu a Paris de La publication de ses memoires[k]. [19]Un de mes amis[19] doit m'envoyer incessamment en Communication Ce nouveau volume. Je Le Lirai et vous rendrai compte de ce qu'il contient. Je vous previens aussi que j'ai été Informé qu'il y a plus d'un mois un Libraire de Neufchatel a ecrit a un libraire de Metz qu'il alloit Imprimer les mémoires; C'est sans doutte une fausseté, [20]et une fanfaronade mais je vous en avertis a telle fin *que de raison*[20].

[8] Note / de La musique de ma Composition contenue / dans ce pacquet.*

---

[9] N° 1

    Premiere Liasse
      1°. Le Premier acte de Daphnis et Chloé en grande partition.
      2. Partition abregée du même acte ou Sont retranchées Les Parties de remplissage.
      3. Premier et Second Violons du même acte tirés en parties Separées.

---

[10] N° 2

    2ᵉ Liasse
    Musique Latine Contenant
      1. *Salve regina* motet a voix seule et un[22] simphonie composé pour Mˡˡᵉ. Fel.
      2. *Quem dilecta tabernacula tua*! Motet a deux voix et Basse composé pour Madᵉ de Nadaillac abbesse de Gomerfontaine qui a fourni les paroles.

[21]* Il avoit numeroté Sa musique et L'avoit rassemblé[l] en ordre parce qu'il avoit dessein de La donner à un Libraire pour une 100 de Pistoles mais a La Condition expresse de n'etre point publiée de Son vivant.[21]

3. *Quomodo Sedes Sola.* Leçon de tenebres a voix Seule et basse.

4. *Principes persecuti sunt me gratis.* Mottet a voix Seule avec un Cœur a L'unisson en Rondeau.

5. *Ecce Sedes hic tonantis* Mottet a voix Seule et grande Symphonie Composé pour La dédicace de La Chapelle du Chateau de La Chevrette.

---

[11]

ces deux numéros sont dans La meme Liasse

[12]

3ᵉ Liasse

N° 3   Ariettes en Duo

La table des Pieces a La Page verso du titre. Il y a deux ariettes trois Duo avec Simphonie, et quatre autres Duo avec La basse.

N° 4 Les memes ariettes tirées en parties Separées Celles qui manquent ont été données a M. Caillot[1]*

---

[13] N° 5
4ᵉ Liasse

Recueil de Chansons Vaudevilles Romances. Il y a en tout au dela de quatre vingt Chansons. La table des 28 Premieres est a La page 74. Les autres suivent mais n'ont point de table.*

[14]* J'y ai fait une table, il y a 83 Chansons qui portent pour titre Recueil de nouveaux airs Sur D'anciennes Chansons avec accompagnement. A ce Recueil on pourra joindre 8 ariettes et 3 duo contenus dans le N°. 3. Ce qui fera en tout 94 airs, qui etant d'une execution facile, d'un choix de paroles interessant, et d'une[24] mélodie naturelle et Charmante, formera un Recueil tout agreable pour tout Le monde; et C'est la ce que je penserois qu'il seroit[25] avantageux de proposer par Souscription[26] pour La veuve, je ne crains en L'annonçant directement Sous son nom que La survenance de quelque pretendu héritier que Les Ennemis pourroient chercher à Lui mettre en avant, et je Serai fort aise d'avoir votre avis à cet egard, car peutetre Sera t'il possible de reunir au Recueil

---

* Dans cette Liasse il y a 3 airs preparés pour le nouveau Divin et 3 Pour[23] Le 2ᵉ. acte de Daphnis et Chloë qui font partie de La table.

9

quelques airs qu'il a laissé[1] à Mlle. Davenport en Angleterre, et Cette Souscription a laquelle je pense que beaucoup d'honnetes gens de tous Les paiis du monde S'empresseront de Concourir et par gout et par generosité peut étre un objet important pour la veuve.

[15]   *NB Cette musique je tacherai et j'ai deja pris Langue pour réunir celle qu'il a Laissée en Angleterre entre Les mains de M[lle] Davenport[m] et dont Le morceau le plus considerable est L'opera entier en 3 actes des Muses galantes[n] Parolles et musique de Luy. Par ce moyen on pourroit traitter des Operas avec Les Directeurs, faire traitter Separement de La musique latine avec un g[ra]v[eu]r de musique, et reunir toutte La musique de Chambre pour Le recueil [27]a proposer[27] par souscription. Telle est mon Idée a cet égard, et c'est pour cela que j'ai deja fait beaucoup travailler Sous mes yeux, à rassembler tous les differents morceaux épars dans des Recueils qui puissent mettre dans le Cas de Les employer chacun suivant Leur different usage et destination.

———

[16]   N° 6. fragments Contenants Plusieurs morceaux[28] non achevés, d'autres airs, de musique vocale et Instrumentale.#

[17]   # ces fragments consistent dans 4. airs preparés pour Le Devin, et 4. autres pour Le 2e. acte de Daphnis et Chloé, quelques fragments de project pour le Prologue et divertissement, et quelques airs de Clarinette, et airs militaires.[o]

———

[18]   L'acte entier de Daphnis de Chloé, (ajoute M[r]. Rousseau au bas de son Catalogue) n'est point sorti de mes mains excepté L'ariette des oiseaux que j'ai donnée a Mr Caillot[l] et La pastorelle d'une bouche peu discrette que j'avois faitte auparavant sur d'autres paroles et donnée a Mlle Trudaine[p]. Les autres morceaux qui ne sont jamais sortis de mes mains sont tous marqués d'une Croix rouge.

———

[19]   Catalogue des Livres que M[r]. Rousseau avoit[29] apporté[1] a Ermenonville et qui etoient Les seuls qui lui restassent ayant vendu tous Les autres avant son Depart de Paris a Mr Desjobert grand maitre des eaux et forests de Flandre[q].

———

1° Le Plutarque d'Amyot[r] 12 volumes in 12

2° Le Tasse en un seul volume in 16^s
3° La Partition du Devin du Village
4° Son dictionnaire de musique 1 V in 4°
5° Livres de Botanique consistant dans L'etat qui Suit Sçavoir
in folio
Halleri (Alberti) Enumeratio methodica stirpium helveticae indige-
    narum fol. Gothing. 1742^l
Chabraei (Dominii) omnium Stirpium susgraphica Geneve 1678 in
    4^{ou}
Ammani (Joannis) Stirpium rariorum (Petropolis fig.1739.)^w
Buffon, histoire naturelle des oiseaux
    un tome in 4° fig. Paris 1770.
Aublet (Fusée)[30] histoire des plantes de la Guyane françoise
    4 vol. fig. Paris 1775^x.
Tournefort (Joss. Pithon) Institutiones rei herbarie 3 vol.fig.
    Parisiis e Typog. Regia 1700^y.
Bauhini (Gaspari) Pinax Theatri Botanici Basilea helv. 1623^z acces-
    sit
Prodromus H. admen. 1620^{aa}

----

    in 8°
Adamson famille des plantes 2 v. Paris 1763^{bb}
Linné (Caroli) genera plantarum 1 v.1764
Linné (Caroli) specie plantarum holm. 2 v. 1762^{cc}
Linné (Caroli) Systema vegetabilium Editio XIII. A Paris accd.
    Murray Gothing. 1774^{dd}
Scopoli (Joann. Antoin.) flora Carniolica, Vienne 1760^{ee}
Rauwolfil (Leonhard) flora orientalis (Lugd. 1755)^{ff}

----

herbier Commencé Sur des feuillets in 4° Enfermés dans des cartons.*

----

[20] * Le Plutarque a èté Laissé a mon fils ainé, Le Tasse et tout
ce qui concerne La botanique a ma fille ainée.^{gg}
[21] neammoins je vous ai envoyé le Catalogue afin que vous
puissiez Le Confronter a celuy que vous avés anciennement de Luy.

Etat
des Ecrits posthumes qui Sont
icy où dont on s'est procuré Connoissance ailleurs.

———

Observations

[22] Cet ouvrage composé durant les dernieres années de
L'auteur montre bien de quoy il
eut èté encor Capable, Si une
mort prematurée ne L'eut enlevé
à L'univers. On y trouve ³¹toutte
Le³¹ feu de La jeunesse, et L'e-
nergie de L'age mur. Il semble
que son genie Se fut encor exalté
par La Consideration du bien
de L'humanité. Cet ouvrage est
veritablement sublime, puis
qu'a la theorie profonde du Contract social, il reunit La pratique
qui pourroit faire La felicité, et
perpetuer L'existence d'une nation que cet ouvrage pourroit relever, si elle ètoit encor Capable
de Le Comprendre.

1° Considerations Sur Le gouvernement de Pologne. Minute
de La main de L'auteur dans
laquelle il y a beaucoup de ratures. Ce Cahier Contient 87. Pages in 4°. Les Pages 83, 84. 85 et
86 manquent et paroissent avoir
èté déchirées.*hh*

———

[23] Ce petit Poème en Prose
est plein de Chaleur. Il fut composé pendant Sa fuitte en Suisse
Lors de son Decret. Le Choix du
sujet est une allégorie Inspirée
par Le sentiment profond de l'injustice et de La persecution dont
L'auteur etoit La victime.

2° un Cahier de 17 pages in 4°.
Contenant Le Levite D'Ephraim
au net*ii*

———

[24]

3° La scène de Pigmalion Petit
cahier in 16 de 9 Pages et tres au
net.*kk*

[25] * En rassemblant avec

4° Les Rêveries du Promeneur

beaucoup de peines tout ce qu'il seroit possible de tirer de differentes cartes*mm*, et brouillons*nn* presque indechiffrables, je crois qu'on pourroit encor trouver de La matière pour deux promenades. Cet ouvrage Philosophique qui est une espece de Journal de ses pensées p*dt*. Les promenades auxquelles il S'etoit Livré dans les derniers tems de sa vie Seroit fort interessant, et on pourroit Le terminer par L'histoire de ses derniers moments.

[26] ✝ dans L'etat ou existe icy ce fragment quoi qu'ecrit avec beaucoup de Chaleur, je doute que ce morceau put etre d'un Interet Suffisant pour Le Public, Si Le Plan ingenieux qu'a eu L'auteur de presenter L'Homme de La Nature aux prises avec les hommes de La Societé, n'a pas ète conduit beaucoup plus Loin dans le manuscript qui est entre les mains de M. de Moultou. Car, M. Le Tourneur Le traducteur des Nuits d'Young, m'a dit avoir entendu chés La marquise de Créqui, La Lecture de cet ouvrage par M. Rousseau, lui même, et que cette Lecture avoit duré environ deux heures.

---

[27] Cette Lettre *35*traitte de*35* L'Existence de Dieu, et de L'Evangile. Elle est très belle, et peut etre très susceptible d'impression après un mur examen. Surtout dans un Pais evangelique ou il n'y a qu'un Montmolin.

Solitaire en 128 Pages in *12*° sur un Cahier où il reste environ un tiers de Papier en blanc.*ll* Cet ouvrage dans L'etat actuel Consiste en 7 Promenades qui en forment Les Divisions.*

5° un Cahier de 34 Pages in 4° qui contient un brouillon D'Emile et Sophie ou Les Solitaires*oo*. Les 27. premieres Pages de Ce Cahier presentent une premiere Lettre D'Emile a Son Instituteur[32]. Cette Premiere Lettre est Suffisamment au net. Les Pages depuis 29 jusques a 34 sont le Commencement d'une Seconde Lettre et Sur un autre petit Cahier[33] il y a encor trois Pages d'ecriture pouvant servir a La Continuation de cette Seconde Lettre mais Sans La Conduire jusques a La fin. Tout ce qui existe de cette seconde Lettre n'est qu'un brouillon très difficile a Lire, et fort surchargé de renvois et de ratures. ✝

5° [34]une Lettre de 9 pages in 4° dont Les deux premieres Sont ecrites d'une main etrangère qui a sans doute écrit sous la dictée ou Copié d'après L'auteur. Le reste est de son ecriture. Cette lettre est datée de Monquin du

---

[28] Cette Lettre [36]Roulle sur les [36] affaires de Geneve

---

[29] Cette lettre par La nature de ce qu'elle Contient ne paroit pas susceptible d'etre imprimée du moins sans beaucoup de ménagements.

[30] Tout cet article ne paroit pas pouvoir rien presenter d'amusant, ni d'interessant pour Le Public, excepté La Lettre Sur la musique des Grecs au Docteur Burnet, dont on pourroit reclamer de Luy L'original, ce qui en existe icy n'en etant qu'un fragment fort tronqué.

---

[31] quoique ces brouillons de Lettres ne contiennent pour ainsi dire qu'un extrait de lettres[37] et des notions Elementaires de Botanique neanmoins La precision et la Clarté avec laquelle ces Extraits et ces Elemens Sont rassemblés pourroit rendre ce petit ouvrage tres propre a offrir aux femmes et surtout[38] aux jeunes demoiselles un moyen de rendre Leurs promenades moins oiseuses et plus interessantes, en Les conduisant a Conoitre facilement en peu de jours Le Sistème de La nature dans les Productions vegetales,

25 mars 1769.[pp]

6° Une Lettre en 5 pages in 4° dattée du 5 fevrier 1768 et adressée a M. D'Yvernois negociant a Geneve[qq]

7° Une Lettre en 16 Pages in 4° adressée a M. de St Germain ancien Capitaine de Dragons demeurant a Monquin près Bourgoin en Dauphiné, qui en a Le double qui Luy a été adressé.[rr]

8° une Reponse en 4 Pages et demi in 4°. du Petit faiseur à son prete nom Sur un morceau de L'Orphée de Gluck et un Cahier informe de brouillons contenant un fragment d'une Lettre au Docteur Burnet auteur anglois de L'Histoire De La musique, et une Critique de La partition de L'Alceste Italien de M. Gluck.[ss]

9° Brouillons de Lettres a sa Cousine (c'est ainsi qu'il apelloit m^{de} de Lessert fille de M^{de} de Luze). Ces brouillons sont des especes d'Elements de Botanique pour une jeune personne. Ils consistent en 23 Pages in 4° presque indechiffrables.[tt]

 ttttt. Catalogue des écrits de Rousseau envoyé par Girardin
à Du Peyrou le 4 octobre 1778: page du brouillon.

et a Savoir Les Classer touttes
Sans ³⁹ces gros bouquins³⁹ dont
l'Enorme aspect et Les noms
Barbares ont herissé d'Epines
L'etude des fleurs.

———

[32]

10° 17 Petites cartes griffonées
dont 8 ecrittes au crayon*uu* ⁴⁰et
un⁴⁰ petit Livret dans lequel sont
differentes idées, notes, et notices et un brouillon d'une traduction du 1ʳ Livre du Tasse*ww* Le
tout presqu'indechiffrable.

[33]

11° quelques Lettres de differentes Personnes, et reponses de luy
dont La plupart Sont dans le
même cas⁴¹ que celles que vous
avés⁴² et que l'honnetetè exige
egalement de Supprimer en ne
Conservant que Celles qui ont
trait a des Circonstances essentielles. Ces Lettres sont icy en
très petit nombre car il avoit
brulé a Paris avant de venir icy
tout ce qu'il avoit jugé d'inutile

———

[34]

Voila tout ce qui Se retrouve icy
en y ajoutant, Le Catalogue de
Sa musique copié sur celui ⁴³de
sa⁴³ main et Le Catalogue des
Livres de Botanique qu'il a Laissés a ma fille avec⁴⁴ un herbier
commencé.

═══

[35] * je ne puis m'empecher
d'observer Sur cet ouvrage que
L'intention de L'auteur etoit
qu'il ne fut imprimé que Longtems après sa mort et celle de
toutes les personnes Interessées.
Mais si Le depositaire qui Sçait

A L'Etat cy dessus vous Pourrés
ajouter:

1° Les 6 Premiers Livres offerts
de ses Confessions par la tierce
Personne*

mieux que personne Les Conditions expresses de son depôt juge
que Les 6 1ʳˢ Livres sont Impri-
mables hic et nunc que Leur Publication en est sans inconvenient, et ne peut faire qu'honneur a L'auteur, je n'ai rien a
dire de plus d'autant que cela
soit a l'avantage de la veuve [de]
rehaussér La valeur de cette
nouvelle Collection, puis qu'en
la faisant en consequence Sur un
format particulier et promettant
au Public de lui donner sur ce
même format et comme Supplement La Suitte de ces memes
confessions lorsque Les Circonstances et Le respect pour la delicatesse Infinie de L'auteur Le
permettroient. Cet avantage assureroit a cette collection Le débit et la preference sur toute autre, joint a sa plus grande beauté
et exactitude etant faitte par des
amis et sur Les corrections et
manuscrits originaux de L'auteur.

[36]

[37]

2° Idem L'Eloge du Regent*ˣˣ*

3° La Constitution de Pologne
manuscrit sans doute plus au net
et plus Complet que Celui qui
est icy. En tout cas on pourroit
reclamer pour L'impression L'o-
riginal entre Les mains du Cᵗᵉ de
Willosky en Pologne, dont vous
pouvez facilement vous procurer
L'adresse par vos Correspondants de Berlin

4° idem le manuscrit d'Emile et
Sophie ou Les solitaires devant
etre plus complet et plus au net

entre les mains de la personne
qui vous a proposé de le fournir.

[38] A L'Etat cy dessus qui existe entre nous voicy la notice de
ce que je suis parvenu a Conoitre d'ailleurs.

1° La traduction aussi d'un Livre du Tasse entre Les mains de M.
Foulquier[yy], conseiller au Parlement de Toulouse, qui en remettra
une Copie exacte L'original etant relié dans une belle edition du
Tasse.

2° une Lettre de 3 Pages in 12 adressée a tous François aimant encor
La justice et La Verité et remise a M[r]. Caillot[l] Sur laquelle j'en ai fait
une Copie moi meme[zz]. Cette Lettre est une reclamation touchante
contre Les Calomnies qu'on repandoit ouvertement et qu'on pourra
repandre contre luy.

3° Ses dialogues ouvrage qui a été remis en 3 Parties Sçavoir

1° a un jeune Anglois nommé Boosby qui de lui même a confessé
La dette et ecrit a m[de] Rousseau que[45] ce qui luy avoit eté remis
consistait en 3 Dialogues mis entierement à Sa disposition pour son
avantage suivant les Intentions de celuy qui les lui a remis.

2° une autre partie de ce même ouvrage entre Les mains de M[r]
Le C[te46] Angivillers[aaa] qui Sur ma reclamation est convenu de le
remettre a La veuve en observant touttes fois qu'il ne croioit pas
cet écrit de nature a etre imprimé.

3° A M. L'abbé de Condillac de l'Academie françoise qui m'a
repondu sur pareille reclamation que cet ecrit ne luy avoit eté remis
par M. R. que pour etre imprimé aprés Le Siecle révolu. Il ne me
paroit rien moins disposé qu'à Le rendre[bbb].

MANUSCRITS

*1. Neuchâtel ms. R118, fol.20-25; 12
pages; orig. autogr.

2. Chaalis, fonds Girardin D⁴ 33, n°
41, fol.12-14 et 24; brouillon. Ce ms.
correspond à peu près aux alinéas 1-5
de la lettre missive. Il est daté du 5
octobre, et porte le n° 7.

3. Chaalis, fonds Girardin D⁴ 35, non
coté; 4 p.; copie de la main de Girardin
des alinéas 22-38.

4. Chaalis, fonds Girardin D⁴ 35, non

coté; 4 p., p.2-3 bl.; catalogue des livres
de botanique; copie de la main d'un
secrétaire; cp. l'alinéa 19, n° 5.

5. Chaalis, fonds Girardin D⁴ 35,
même feuille que le n° 4, p.4; Catalogue
des Livres de Mr R.; cp. l'alinéa 19, n[os]
1-4; copie de la main de Girardin.

6. Chaalis, fonds Girardin D⁴ 35, n°
5; diverses listes des mss de musique
de Rousseau, lesquelles ont servi à la
compilation des alinéas 9-18; de la main
de Girardin.

NOTES CRITIQUES

M. Spink a imprimé (1, 1948, p.xliii-xliv) une partie de l'alinéa 4, l'alinéa 25 et une partie de l'alinéa 32 de cette lettre.

M. Gagnebin a imprimé (2, 1982, p.159-161) les alinéas 22-38 de cette lettre, mais sans les observations de Girardin, colonne de gauche.

Je ne donne pas les variantes des mss 2-6, me contentant de signaler: 1° que le ms. 3 est intitulé 'Catalogue des Ecrits Posthumes de M. R. dont j'ai connoissance et que j'ay envoyé à Mr du P. Le 8 8bre 1778'. Girardin s'est trompé de date. Voir le ms.2.

2° Le ms. 4 comporte une indication non retenue dans la missive: [5] 'un Portefeuille D'estampes ⟨tres⟩ communes': voir aussi la note *s*.

Variantes du ms. 1:

[1] [Girardin ne fait pas ces accords] [2] ⟨tous l⟩es droits tant [3] fondés, ⟨présente pour⟩ [4] ⟨premier⟩ projet [5] [en surcharge sur une première leçon devenue indéchiffrable] [6] ⟨rem⟩ [en surcharge] [7] ⟨a suivre⟩ [8] ⟨on⟩ [9] ses ⟨jours⟩ [10] ⟨d'⟩

[11] ⟨mais⟩ [12] force ⟨de faussetés perpetuellement⟩ ⟨dont⟩ [13] ⟨furent⟩ [en surcharge] [14] [c'est la fin de la page; Girardin a répété ce mot en haut de la page suivante] [15] [suivi de trois mots lourdement gribouillés] [16] ⟨également⟩ [17] [ce mot répété par inadvertance] [18] a⟨jo⟩ [19] ⟨on⟩ [20] [écrit le long de la marge de gauche]

[21] [cette note écrite dans la marge de gauche] [22] [inadvertance de Girardin] [23] Pour ⟨Daphnis et⟩ [24] ⟨musique⟩ [25] seroit ⟨convenable⟩ [26] Souscription ⟨au profit⟩ [27] propos⟨é⟩ [28] Morceaux ⟨de⟩ [29] Rousseau ⟨qu'⟩ [30] [laissé en blanc dans le ms.]

[31] toutte L⟨a⟩ [en surcharge: sans doute Girardin avait-il eu l'intention de se servir d'un mot féminin à la place de 'feu' ('flamme', 'ferveur'?). En changeant d'idée, il a négligé de corriger 'toutte'.] [32] [en surcharge sur 'Precep-

teur' (?)] [33] Cahier ⟨de Papier⟩ [34] [inadvertance pour '6°'] [35] ⟨roule sur⟩(?) [en surcharge] [36] ⟨traitte d⟩es [en surcharge partielle] [37] lettres ⟨d'introducti [?]⟩ [38] [ajouté dans l'interligne] [39] ⟨tous ces Infolio⟩ [40] ⟨, un brouillon⟩ [41] cas ⟨ou ne sont⟩ [42] avés, ⟨et que⟩ ⟨dont⟩ ⟨vous⟩ [43] [Leçon incertaine] [44] [en surcharge sur un autre mot: 'laquelle' (?)] [45] qu⟨'il etoit⟩ [46] Cte ⟨d'angi⟩

NOTES EXPLICATIVES

a. le n° 7310 (t.xli).

b. des *Confessions*.

c. voir au t.xli le n° 7310, alinéas 7 et 15. Il s'agit, bien entendu, de Moultou.

d. pour la correspondance entre Girardin et Wielhorski, voir au t.xxxix les n^os A617-632.

e. d'Alembert.

f. allusion à la fameuse 'Lettre du roi de Prusse'.

g. c'est le cachet 'maçonnique' de Du Peyrou.

h. Rousseau avait soupçonné Hume de décacheter ses lettres: voir au t.xxx le n° 5274, alinéa 19 et note *s*.

i. voir au t.viii de l'édition de Boubers. Sur cette publication, je me permets de rappeler mon article 'Jean Jacques Rousseau et madame de Warens: some recently recovered documents', *SV* lxvii (1969). 165*s*.

k. voir au t.xl les n° 7169, 7170, 7173 etc.

l. il s'agit sans doute du ténor Joseph Caillot. Voir au t.xv le n° 2528, remarque, et au t.xli le n° 7276, alinéa 16 et note *i*. – Après sa retraite, Caillot occupa des postes à Versailles et à Saint-Germain (1774), et eut des relations avec JJ pendant les dernières années de la vie de celui-ci.

m. le ms. offert par JJ à Phœbe Davenport passa en vente à Londres chez Sotheby en 1959, et fut acquis par mm Maggs qui l'offrirent dans leur catalogue de l'été de cette année-là, sous le n° 72. C'était une transcription de trente-sept chansons italiennes, reliée à Paris avant 1766 et portant encore l'étiquette du relieur (Basan, 'à la Justice, Pont Notre Dame pres la Pompe'). Voir au t.xxxiii le n° 5839, alinéa 3 et note *c*.

n. le ms. de Neuchâtel (ms. R7) ne donne que les paroles de ce ballet.

o. Pougens (1798) a ajouté à son re-cueil deux 'Airs / pour être joués / La Troupe marchant / savoir, le Mineur pour en seul Fifre avec le corps des Tambours accordés, s'il se peut, au Sol, / dit le Majeur, alternativement par la Musique, avec un seul Tambour, bat-tant a demi, et accordé s'il se peut au Ré. [. . .]'. Le second air est écrit pour Hautbois, Clarinettes, Cor en sol et Bas-sons. La provenance de cette musique n'est pas indiquée. Pougens l'a tout sim-plement transcrit de l'édition Didot des *Œuvres* de Rousseau, Girardin ayant dé-posé le ms. au Comité de l'Instruction publique. Il se trouve aujourd'hui dans les archives Rosanbo. Voir au dernier volume, à la date du 22 vendémiaire an III (13 octobre 1794).

p. je n'ai pu l'identifier avec certi-tude. Il s'agit peut-être d'une fille ou d'une sœur de Jean-Charles-Philibert Trudaine de Montigny et d'Anne-Ma-rie-Rosalie Bouvard de Fourqueux: voir au t.xxx le n° 5308, alinéa 5 et note *g*.

q. Girardin se trompe: Louis-Char-les-Félix Desjobert (voir au t.xxvi le n° A414) était Grand maître des Eaux et Forêts de Soissons et non de Flandres.

r. je n'ai pu trouver aucune édition de la traduction d'Amyot qui réponde à cette description. Girardin s'est-il trompé? ne s'agirait-il pas plutôt de celle de Dacier?

s. le ms.5 ajoute: 'donné à ma fille'. Voir la note *gg*, et au t.xli le n° 7209, alinéa 5 et note *d*. Cet exemplaire du Tasse (*Il Goffredo o vero Gierusalemma liberata*, Amsterdam 1752, un vol. in-12, portant l'*ex-libris* de JJ) fut offert un peu plus tard par Thérèse à lord Harcourt (le Nuneham de JJ), et fut prêté par feu monsieur le vicomte Harcourt à l'expo-

sition Rousseau (Cambridge 1978), n° 134 du catalogue.

t. voir au t.xxxvii le n° 6387, note *c*.

u. Dominique Chabrey [Chabré, Chabrée] (1610-1669), fils de Jean, et de Florence Grenet, citoyen de Genève, étudia la médecine à Strasbourg, où il fut reçu docteur en 1632, et exerça son art d'abord à Genève, ensuite à Mont-béliard, où il fut dès 1635 premier méde-cin du duc de Wurtemberg. En 1658, il quitta Montbéliard pour Yverdon, où il mourut. Il édita Bauhin (*Historia planta-rum universalis*, 1650-1651, 3 vol. in fol.) et publia en 1666 *Stirpium icones et sciagra-phica*[. . .] (un vol. in fol.).

w. Joannes Conrad Amman (1707-1740). Originaire de Schaffhouse, il fit sa médecine à Leyde, fut élu membre de la Société royale de Londres (1731), et professa à partir de 1733 la botanique et l'histoire naturelle. — *Stirpium rario-rum in imperio rutheno sponte provenientium icones et descriptiones. Instar supplementi ad. Comment.* Ac. sc. imp. Petropoli, 1739; un vol. in-4° de 210 p.

x. Jean-Baptiste-Christophe Fusée d'Aublet (1720-1770), botaniste fran-çais qui, après avoir étudié à Montpel-lier, à Lyon et à Paris, passa plusieurs années dans les colonies, d'abord dans l'Ile de France, ensuite en Guyane.

y. voir au t. xxii le n° 3768, alinéa 3 et note *b*. On voit que JJ avait com-mandé ce livre en décembre 1764.

z. JJ avait commandé ce livre en jan-vier 1767: voir au t.xxxii le n° 5681, alinéa 6 et note *g*.

aa. voir au t.xxviii le n° 5079, premier alinéa et note *c* (*Pinax* [. . .]), et au t.xxxii le n° 5681, notes *d* et *g* (*Prodromus* et *Theatrum botanicum*).

bb. voir au t.xxii le n° 3664, alinéa 7 et note *m*, etc.

cc. sur ces deux ouvrages de Linné, voir au t.xxii le n° 3769, premier alinéa et note *f*.

dd. Systema vegetabilium, secundum clas-ses, ordines, genera, species, cum characteribus et differentiis. Editio decima tertia accessioni-

bus et emendationibus novissimis manu per illustris autoris scriptis adornata a Johann Andreas Murray. Gœthingae, Dieterich 1774. 8+vi+844 p.

ee. Joannis Antonii Scopoli, *Flora carniolica, exhibens plantas Carniolæ indigenas* [. . .] Viennæ 1760, in-8°, réimprimée 1773, deux vols in-8°. — Giovanni Antonio Scopoli (1723-1788), médecin, professeur de minéralogie à Schemnitz, et plus tard professeur de chimie à Pavie.

ff. Johann Friedrich Gronovius, *Flora orientalis sive recensio plantarum quas botanicorum coryphæus Leonardus Rauwolf annis 1573-1575 in Syria, Arabia* [. . .] *crescentes observavit et collegit* [. . .] Lugduni Batavorum 1755, un vol. in-8°. J. F. Gronov (1611-1671), professeur à l'université de Leyde (1659), archéologue.

gg. quand JJ a-t-il fait ces legs? ce n'est assurément pas dans un testament, ni à plus forte raison en mourant.

hh. ce ms. se trouve aujourd'hui à la BV de Neuchâtel (ms. R13).

ii. c'est le ms. R15, conservé à la BV de Neuchâtel (où il existe aussi un brouillon, ms. R14).

kk. conservé à la BV de Neuchâtel, ms, R27.

ll. Neuchâtel ms. R78.

mm. Neuchâtel ms. R49.

nn. Neuchâtel ms. R79.

oo. Neuchâtel ms. R35.

pp. c'est la célèbre 'lettre à Franquières' (voir au t.xxxvii le n° 6529). Elle est datée du 15 janvier 1769. C'est la lettre d'envoi (n° 6557) qui est datée du 25 mars.

qq. lire le '9 février 1768': voir au t.xxxv le n° 6241, ms.1.

rr. voir au t.xxxvii le n° 6673 bis.

ss. pour la lettre à Burney et les autres fragments dont il est question ici, voir au t.xl le n° 7134.

tt. ces brouillons se trouvent aujourd'hui à Neuchâtel, ms. R80.

uu. Neuchâtel ms. R49.

ww. Neuchâtel ms. R5.

xx. Oraison funèbre du duc d'Orléans. Ce n'est pas du Régent qu'il s'agit ici, mais de son fils (1703-1752). Le ms. de ce texte (aujourd'hui Genève BPU, ms. fr.226) se trouvait alors entre les mains de Moultou, à qui JJ l'avait offert en décembre 1761: voir au t.ix le n° 1583, alinéa 10 et note *b.* Imprimé pour la première fois dans l'édition de Genève, ce texte a été réimprimé dans l'édition de la *Pléiade*, ii.1275s.

yy. voir au t.xli le n° 7201, alinéa 2 et note *c*, etc.

zz. c'est la lettre circulaire A647 (t.xl). Girardin devait envoyer sa copie à Du Peyrou (Neuchâtel ms.R51, fol.2-3).

aaa. on ne sait pas ce qu'est devenu au juste ce ms. des *Dialogues.* Peut-on l'identifier avec le ms.1493 de la bibliothèque du Palais Bourbon? voir *Pléiade* i. 1903, D.

bbb. ce ms., après des péripéties sur lesquelles il serait inutile de s'étendre ici, finit par faire partie de la collection Rochambeau, et passa à la vente de celle-ci à Paris le 21 avril 1946: voir *Pléiade* i. 1901-1902 A.

7314

Jugement de Jean-François de La Harpe sur J.-J. Rousseau

[le 5 octobre 1778]

DE J. J. ROUSSEAU

[1] Ce seroit une chose également curieuse & intéressante, de suivre, dans tout le cours de la vie de Rousseau, les rapports de son caractère aves ses Ouvrages, d'étudier à la fois l'homme & l'écrivain, d'observer à quel point l'humeur & la mysantropie de l'un a pu influer sur le style de l'autre, & combien cette sensibilité d'imagination qui, dans la conduite, fait si souvent ressembler l'homme à un enfant, sert à l'élever au-dessus des autres hommes dans ses écrits. C'est sous ce point de vue que le Philosophe se plaît à étudier les personnages extraordinaires, & s'il préfère cette recherche instructive à la pompe mensongère du Panégyrique, ce n'est pas que la louange lui soit importune, c'est que la vérité lui est chère. S'il veut être le juge des hommes célèbres, ce n'est pas pour en être le détracteur; c'est pour apprendre à connoître l'humanité, qu'il faut sur-tout observer dans ce qu'elle a produit de grand. Ce n'est pas par un sentiment d'orgueil ou d'envie qu'il observe les fautes & les foiblesses, c'est au contraire pour en montrer la cause & l'excuse; & le résultat de cet examen, qui fait voir le bien & le mal, nés tous deux de la même source, est une leçon d'indulgence.

[2] Mais quand on seroit sûr d'être exactement instruit des faits, & de ne rien donner à l'esprit de parti, (deux conditions indispensables pour toute espèce de jugement, & dont pourtant on s'embarrasse fort peu, tant on est pressé de juger) il ne faudroit pas encore choisir le moment où l'on vient de perdre un Ecrivain célèbre, pour soumettre sa mémoire à cet examen philosophique, qui ne sépare point la personne & les ouvrages. Le talent, comme on l'a dit ailleurs, n'est jamais plus intéressant qu'au moment où il disparoît pour toujours. Auparavant on souffroit qu'il fût déchiré pour l'amusement de la malignité; à peine alors veut-on permettre qu'il soit jugé pour l'instruction ; & si, pendant la vie, les torts de l'homme nuisent à la renommée de l'Ecrivain, c'est tout le contraire après la mort: cette renommée couvre tout de son éclat, & la postérité qui jouit des écrits, prend sous sa protection l'Auteur dont

23

elle a recueilli l'héritage. D'ailleurs, il faut l'avouer, ce sentiment est équitable. A l'instant où l'homme supérieur nous est enlevé par la mort, il semble qu'on ne doit rien sentir que sa perte. La tombe sollicite l'indulgence en inspirant la douleur, & il y a un temps à donner au deuil du Génie, avant de songer à le juger.

[3] Bornons-nous donc à jeter un coup-d'œil rapide sur les productions du Citoyen de Genève, devenu l'un des ornemens de la Littérature françoise.

[4] Il commença tard à écrire, & ce fut pour lui un avantage réel qu'il dut à des circonstances malheureuses. Condamné depuis l'enfance à mener une vie pauvre, laborieuse & agitée, il eut tout le tems d'exercer son esprit par l'étude, & son cœur par les passions; & l'un & l'autre débordoient, pour ainsi dire, d'idées & de sentimens, lorsqu'il se présenta une occasion de les répandre. Aussi parut-il riche, parce qu'il avoit amassé long-temps, & cette terre qui étoit neuve n'en fut que plus féconde.

[5] Communément on écrit trop tôt; & si l'on en excepte les ouvrages d'imagination, dans lesquels les essais sont pardonnables à la jeunesse, comme les premières études à un Peintre, il faudroit d'ailleurs étudier lorsqu'on est jeune, & composer lorsqu'on est mûr. L'esprit des jeunes Auteurs n'est guères que de la mémoire; leur jugement n'est pas formé, & leur goût n'est pas sûr. Ils affoiblissent les idées d'autrui ou exagèrent les leurs, parce qu'ils manquent également de mesure & de choix. Aussi, tandis qu'il est assez commun de voir à cet âge du talent pour la poésie, rien n'est plus rare que de voir un jeune homme en état d'écrire une bonne page de prose.

[6] Le premier ouvrage de Rousseau est celui qu'il a le plus élégamment écrit, & c'est le moins estimable de tous. On sait qu'une question singulière, proposée par une Académie, & qui peut-être n'auroit pas dû l'être, donna lieu à ce fameux Discours qui commença la réputation de Rousseau, & qui ne prouvoit que le talent assez facile de mettre de l'esprit dans un paradoxe. Ce Discours, où l'on prétendoit que les arts & les sciences avoient corrompu les mœurs, n'étoit qu'un sophisme continuel, fondé sur cet artifice si commun & si aisé, de ne présenter qu'un côté des objets & de les montrer sous un faux jour. Il est ridicule d'imaginer que l'on puisse corrompre son âme en cultivant sa raison. Le principe d'erreur qui règne dans tout le Discours, consiste à supposer que le progrès des arts & la corruption des mœurs, qui vont ordinairement ensemble, sont l'un à l'autre comme la cause est à l'effet. Point du tout. L'homme n'est point corrompu parce qu'il est éclairé; mais quand

il est corrompu, il peut se servir, pour ajouter à ses vices, de ces mêmes lumières qui pouvoient ajouter à ses vertus. La corruption vient à la suite de la puissance & des richesses, & la puissance & les richesses produisent en même-temps les arts qui embellissent la société. Or, il est de la nature de l'homme d'user de sa force en tout sens. Ainsi les moyens de dépravation ont dû se multiplier avec ses connoissances, comme la chaleur qui fait circuler la sève, forme en même temps les vapeurs qui font naître les orages. Ce sujet, ainsi considéré, pouvoit être très-philosophique. Mais l'Auteur ne vouloit être que singulier. C'étoit le conseil que lui avoit donné un Homme de Lettres célèbre[a], avec lequel il étoit alors fort lié. *Quel parti prendrez-vous?* dit il au Génevois, qui alloit composer pour l'Académie de Dijon. *Celui des Lettres*, dit Rousseau: — *Non, c'est le pont aux-ânes. Prenez le parti contraire, & Vous verrez quel bruit vous ferez.*

[7] Il en fit beaucoup en effet. Il eut l'honneur assez rare d'être d'abord réfuté par un Souverain*; ensuite il eut le bonheur de trouver dans un Professeur de Nancy un adversaire très-mal-adroit: ainsi il lui arriva ce qu'il y a de plus heureux dans une mauvaise cause; sa thèse fut célèbre & mal combattue. Il battit avec l'arme du ridicule des Adversaires qui avoient raison de mauvaise grâce. D'ailleurs, la discussion valoit mieux que le discours, & Rousseau se trouvoit dans son élément, qui étoit la controverse. Il vint pourtant un dernier Adversaire, (M. Bordes, de Lyon) qui défendit la vérité avec éloquence; mais le Public fit moins d'accueil à ses raisons qu'aux paradoxes de Roussseau. La même chose arriva depuis, lorsque deux excellens Ecrivains réfutèrent, d'une manière victorieuse, *sa Lettre sur les Spectacles.* Malgré tout leur mérite, suffisamment prouvé d'ailleurs par tant de titres reconnus, le Public, qui aime mieux être amusé qu'instruit, & remué que convaincu, parut goûter plus les écarts & l'enthousiasme de Rousseau, que la raison supérieure de ses Adversaires. En général, le paradoxe doit avoir cette espèce de vogue, & entre les mains d'un homme de talent, il offre de grands attraits à la multitude; d'abord celui de la nouveauté; ensuite il est assez naturel que l'Auteur à paradoxe mette plus de chaleur & d'intérêt dans sa cause, que n'en peuvent mettre dans la leur ceux qui le réfutent. On se passionne volontiers pour l'opinion qu'on a créée; on la défend comme son propre bien; au-lieu que la vérité est à tout le monde.

[8] Cependant, tel fut l'effet de la première dispute de Rousseau sur les Arts & les Sciences, que cette opinion, qui d'abord n'étoit pas

* Le feu Roi de Pologne, Stanislas.

la sienne, & qu'il n'avoit embrassée que pour être extraordinaire, lui devint propre à force de la soutenir. Après avoir commencé par écrire contre les Lettres, il prit de l'humeur contre ceux qui les cultivoient. Il étoit possible qu'il eût déjà contre eux un levain d'animosité & d'aigreur. Ce premier succès, plus grand qu'il ne l'avoit attendu, lui avoit fait sentir sa force, qui ne se développoit qu'après avoir été vingt ans étouffé dans l'obscurité de la misère. Ces vingt ans passés à n'être rien, pouvoient tourmenter alors son amour-propre dans ses premières jouissances; car pour l'homme qui se sent au-dessus des autres, c'est un fardeau, sans doute, que d'en être long-temps méconnu. Rousseau ne commençoit que bien tard à être à sa place, & peut-être est-ce là le principe de cette espèce de misantropie, qui depuis ne fit que s'accroître & se fortifier. Il se souvenoit (& cette anecdote est aussi certaine qu'elle est remarquable) que lorsqu'il étoit Commis chez M. D***[b], il ne dînoit pas à table le jour que les Gens de Lettres s'y rassembloient. Ainsi, Rousseau entroit dans le champ de la Littérature, comme Marius rentroit dans Rome, respirant la vengeance, & se souvenant des marais de Minturnes.

[9] Le Discours sur l'*inégalité* n'étoit encore qu'une suite & un développement de ses premiers paradoxes, & de la haine qui sembloit l'animer contre les Lettres & les Arts. C'est là qu'il soutint cet étrange sophisme que l'homme a contredit la nature en étendant & perfectionnant l'usage des facultés qu'il en a reçues. Cette assertion étoit d'autant plus extraordinaire, que Rousseau lui-même avouoit que *la perfectibilité* étoit la différence spécifique qui distinguoit l'homme des autres animaux. Après cet aveu, comment pouvoit-il avancer *que l'homme qui pense est un animal dépravé? Il n'est pas bon que l'homme soit seul*, dit l'Être Suprême, dans les livres de Moïse. Rousseau est d'un avis bien différent. Il prétend que l'homme a été rébelle à la nature, lorsqu'il a commencé à vivre en société. Il prouve très bien & très-éloquemment qu'en établissant de nouveaux rapports avec ses semblables, l'homme s'est fait de nouveaux besoins, qui ont produit de nouveaux crimes; mais il oublie que l'homme, en même-temps, s'est ouvert une source de nouvelles jouissances & de nouvelles vertus. Il oublie que l'homme ne vit nulle part seul, & que dans les peuplades les plus isolées & les plus sauvages, il y a des rapports nécessaires & inévitables, d'où il faudroit conclure que ceux-mêmes que nous appelons sauvages, sont comme nous hors de la nature. Aussi est-il forcé d'en convenir; mais alors comment prouver que l'homme étoit essentiellement né pour vivre seul? Comment prouver qu'un état, qui peut-être n'a

jamais eu lieu, dont au moins nous n'avons ni aucun exemple, ni aucune preuve, étoit l'état naturel de l'homme? D'ailleurs, ce mot de *nature*, qui est très-oratoire, est très-peu philosophique. Il présente à l'imagination ce qu'on veut, & il échappe trop à la définition. Il n'est pas fait pour être employé lorsqu'on raisonne en rigueur; parce qu'alors on s'apperçoit que son acception est vague, & que c'est presque toujours un synonyme imparfait. Rousseau, frappé des vices & des malheurs de l'homme en société, imagina qu'il eût été meilleur & plus heureux, qu'il eût mieux rempli sa destination, si la terre eût été couverte d'individus isolés. Il n'examine pas même si cette supposition est dans l'ordre des possibles; &, dans le fait, si on l'examinoit, elle se trouveroit évidemment absurde. Il n'examine pas si l'homme ayant une tendance irrésistible à exercer plus ou moins ses facultés, il est possible de marquer précisément les limites où cet exercice doit s'arrêter, pour n'être pas ce qu'il appelle *une dépravation*, & si, pressé lui-même de tracer le modèle absolu de l'homme de la nature, il seroit bien sûr d'en venir à bout. Rousseau semble dire: 'le mal est parmi les hommes: c'est leur faute. Pourquoi les hommes sont-ils ensemble? Certes, si chacun étoit seul, il ne feroit pas de mal à autrui.' Je demande si ce sont là des idées raisonnables?

[10] Il n'y a de rapine, de brigandage, de violence, que parce qu'il y a des propriétés. Rousseau, qui veut que ce soit toujours l'homme qui ait tort, & jamais la nature (comme si, philosophiquement parlant, l'homme & tout ce qui est de l'homme n'étoit pas dans la nature, c'est-à-dire, dans l'ordre essentiel des choses) Rousseau prétend que la propriété est un *droit de convention*. Certes c'est un droit naturel, ou jamais ce mot n'a eu de sens. Quand il n'y auroit que deux hommes sur la terre, & que l'un des deux, rencontrant l'autre, voudroit lui ôter le fruit qu'il auroit cueilli, le gibier qu'il auroit tué, & la peau de bête qui le couvriroit, celui qui défendroit ses propriétés, les défendroit en vertu d'un droit très-naturel, antérieur à toute police, & né seulement du sens intime. Rousseau démontre très bien que de la propriété naissent de très grands maux; mais il oublie ce qui est tout aussi évident, que s'il n'y avoit point de propriété, il y auroit de bien plus grands maux encore; que non-seulement toute société seroit dissoute, ce qui, à la vérité, ne seroit pas un très grand mal dans son système; mais que les hommes ne se rencontreroient plus que pour se faire la guerre, ce qui est justement le mal qu'il voudroit éviter.

[11] Quelle est l'origine de tous ces paradoxes insoutenables? L'oubli d'une vérité très-simple, à laquelle ne peuvent pas s'accoutu-

mer les imaginations ardentes, entêtées de la chimère d'un opti-
misme possible, mais à laquelle pourtant la réflexion ramène toujours: c'est que l'homme étant à la fois essentiellement perfectible
& essentiellement imparfait, doit également être porté à acquérir,
& nécessité à abuser. S'il lui étoit donné d'avoir quelque chose
d'incorruptible, ce ne seroit plus une qualité humaine, ce seroit un
attribut de la divinité. Il résulte que, bien loin de vouloir remédier
à l'abus en détruisant l'usage, il faut au contraire essayer de réformer
l'abus par un usage mieux entendu; & c'est l'ouvrage de la vraie
Philosophie, non celle qui égaroit Rousseau, lorsqu'il employoit
tant d'art & d'esprit à soutenir ses hypothèses brillantes & erron-
nées, mais celle qui l'enflammoit de l'amour du genre humain,
lorsqu'il composoit son chef d'œuvre d'Emile.

[12] Le monde est bien vieux, disent les Physiciens: cela peut-
être; mais à considérer les révolutions que le globe a dû éprouver,
l'homme est peut-être encore bien neuf. A voir combien il y a peu de
temps qu'une partie des Nations connues, est sortie de la barbarie,
combien croupissent encore dans l'ignorance; combien parmi celles
mêmes qui ont fait le plus de progrès, on s'est peu occupé jusqu'ici
des moyens de rendre l'homme meilleur & plus heureux? On peut
croire que la Philosophie a beaucoup à espérer, parce qu'il lui reste
beaucoup à faire.

[13] Au surplus, le Discours sur l'*inégalité*, quoique fondé sur un
système d'erreurs, comme le Discours sur les Sciences, étoit bien
supérieur à ce premier essai de l'Auteur. Ici se faisoit sentir une
bien plus grande force d'idées & de style. Le morceau sur la
formation des Sociétés étoit d'une tête pensante, & l'on appercevoit
déjà ce mêlange d'une philosophie vigoureuse & d'une éloquence
entraînante, qui depuis ont caractérisé les ouvrages de Rousseau.
A la suite d'un faux principe, il amène une foule de vérités particulières, dont il porte le sentiment dans l'âme de ses lecteurs. En le lisant
il faut s'embarrasser peu du fond de la question, & saisir toutes les
beautés qui se présentent à l'entour; & ce seroit le lire comme il a
écrit, s'il étoit vrai, comme on le lui a reproché d'après ses premiers
paradoxes, qu'en effet il se jouât de la vérité, & qu'il ne songeât
qu'a faire briller son esprit; mais j'ai peine à supposer dans un si
grand Ecrivain ce défaut de bonne-foi qui diminueroit trop le plaisir
que j'ai à le lire. Il se peut qu'en effet l'amour de la singularité ait
influé sur le choix de ses premières opinions; mais il est très-possible
qu'en les soutenant, il s'y soit sincèrement attaché, & que la
contradiction même n'ait servi qu'à l'y affermir. Pour les têtes aussi
vives que la sienne, s'échauffer, c'est se convaincre.

[14] N'oublions pas que ce Discours sur l'inégalité, quoique fort au-dessus du Discours sur les sciences, ne fut point couronné. Ce fut M. l'Abbé Talbert qui eut le Prix. Je ne connois point son ouvrage; mais, sans vouloir lui rien disputer de son mérite, en lisant les Discours qui lui ont valu des couronnes dans les Académies de Province, il est difficile de croire qu'il ait fait un meilleur ouvrage que celui de Rousseau.

[15] *La Lettre sur la Musique* avoit encore pour base un paradoxe. Il y soutenoit que les François ne pouvoient pas avoir de Musique. Il donnoit en même temps *le Devin de Village*, petit Drame plein de grâce & de mélodie, qui eut un succès prodigieux. On a remarqué que le charme de cet ouvrage naissoit surtout de l'accord le plus parfait entre les paroles & la musique, accord qui sembleroit ne pouvoir se trouver au même degré que dans un Auteur qui, comme Rousseau, auroit conçu à la fois les vers & le chant; mais ceux qui savent que le fameux duo de Sylvain, l'un des beaux morceaux d'expression dont notre Musique Théâtrale puisse se glorifier, n'est pourtant qu'une parodie*, & que le Poëte travailla sur des notes, ceux-là concevront qu'il est possible que le Poëte & le Musicien n'aient qu'une même âme, sans être réunis dans la même personne.

[16] Quoique la Lettre sur la Musique eut le défaut de porter tout à l'extrême; quoique les compositions de Duni, de Philidor, de Monsigni, les chef-d'œuvres de Grétri chantés dans toute l'Europe, & admirés en Italie, & en dernier lieu les Opéras de M. Gluk, aient réfuté le système de Rousseau; cependant cette lettre que produisit la querelle des Bouffons, contribua, ainsi qu'eux, à faire connoître, en France, les principes de la bonne Musique, & les défauts de la nôtre. Elle excita un grand soulèvement parmi les partisans de l'Opéra François; & l'animosité fut poussée jusqu'à ôter les entrées de ce Spectacle à l'Auteur du Devin de Village, quoiqu'on n'en eût pas le droit. On fut sur le point d'intéresser le Gouvernement dans la querelle; & ne pouvant faire traiter Rousseau en criminel d'Etat, on le brûla du moins en effigie sur le Théâtre de l'Opéra, & la haine applaudissoit à ces farces, aussi indécentes que ridicules.

[17] On sait qu'il composa depuis un Dictionnaire de Musique, dans lequel il refondit les articles qu'il avoit insérés sur cette Science, dans le grand ouvrage de l'Encyclopédie. Il y prouve en plus d'un endroit que lorsqu'on a du génie, on en peut mettre même dans un livre élémentaire. A l'égard de sa doctrine sur la Musique Théâtrale, elle est précisément l'opposé de celle que veulent introduire aujourd'hui de nouveaux Législateurs, qui n'ont pas tout-à-fait les mêmes droits ni la même autorité que lui. Il veut absolument faire régner

sur le Théâtre ce genre de Musique qu'ils veulent reléguer dans les Concerts. Il soutient d'un bout à l'autre de son livre, avec toute la chaleur de la persuasion intime, que la puissance de la Musique réside principalement dans le chant régulier, dans la mélodie des airs dramatiques. On a prétendu qu'il s'étoit rétracté depuis; mais ce qu'il a imprimé est un peu plus sûr que ce qu'on lui fait dire.

[18] Après ces différentes excursions, Rousseau parut vouloir rassembler sa Philosophie, ses querelles & ses amours dans l'espèce d'Ouvrage qu'on lit le plus, dans un Roman; car en effet *la Nouvelle Héloïse* sembloit n'être qu'un prétexte pour réunir dans un même cadre les lambeaux d'un porte-feuille. Il est vrai qu'il y en a de bien précieux; on y remarque des morceaux de passion & de philosophie également admirables; & M. de Voltaire, grand-maître & grand connoisseur en fait de pathétique, M. de Voltaire, qui ne regardoit pas la Nouvelle Héloïse comme un bon livre, avoit distingué plusieurs Lettres qu'il eût voulu, disoit-il, en arracher. J'ai dit ailleurs* ce que je pensois de cet ouvrage, considéré comme Roman. Il fut lu ou plutôt dévoré avec une extrême avidité. C'est de tous ceux de l'Auteur celui qui eut le plus de vogue, & qui prête le plus à la critique. Le mariage de l'Héroïne est révoltant, le caractère de Mylord Edouard est une caricature, & ses amours en Italie une énigme. La satyre de l'Opéra de Paris, & surtout celle des femmes Françoises, est outrée, & tombe dans la déclamation. L'ouvrage en lui-même est un tout indigeste; mais puisque ses défauts ne l'ont pas fait oublier, ses beautés le feront vivre.

[19] Emile est d'un ordre plus élevé; c'est là, sur-tout (en mettant à part ce que le Christianisme peut y trouver de répréhensible) qu'il a mis le plus de véritable éloquence & de bonne philosophie. Ce n'est pas que son système d'education soit practicable en tout; mais dans les diverses situations où il place Emile, depuis l'enfance jusqu'à la maturité, il donne d'excellentes leçons, & par-tout la morale est en action & animée de l'intérêt le plus touchant. Son style n'est nulle part plus beau que dans Emile.

[20] Les Prêtres, qui avoient cru voir leur ennemi dans Rousseau, s'étoient bien trompés, & ils s'en sont apperçus depuis. Les imaginations sensibles sont naturellement religieuses, & Rousseau l'a prouvé plus que personne. Cette qualité domine dans tous ses Ecrits. C'est elle qui, *dans la Nouvelle Héloïse*, donne à l'appareil des cérémonies & à la sainteté d'un Temple, tant de pouvoir sur l'âme de Julie; qui, dans la profession de foi du Vicaire Savoyard, le ramène par

---

* Tome III des Œuvres de M. de la Harpe, Article *des Romans*.

sentiment à des mystères que sa raison ne peut admettre; qui, dans tout ce morceau, répand tant de charmes sur les consolations attachées aux idées d'un avenir.

[21] Cette même sensibilité semble éclairer sa raison & la rendre plus puissante, lorsqu'il plaide dans ce même livre la cause de l'enfance trop long-temps opprimée parmi nous. Quoique j'aye déjà rendu témoignage ailleurs aux obligations importantes que nous lui avons à cet égard, je ne puis me refuser au plaisir de rappeler ici un des titres qui doivent rendre sa mémoire chère & respectable, & le placer parmi les bienfaiteurs de l'humanité. Il ne m'arrive jamais de rencontrer de ces enfans, qui semblent d'autant plus aimables qu'ils sont plus heureux, que je ne bénisse le nom de Rousseau, qui nous a procuré un des plus doux aspects dont nous puissions jouir, celui de l'innocence & du bonheur. C'est Rousseau qui a délivré des plus ridicules entraves & de la plus triste contrainte, un âge qui ne peut avoir toutes ses grâces que lorsqu'il a toute liberté, & de qui l'on peut dire (avec les restrictions convenables) qu'on peut lui laisser tout faire, parce qu'il ne peut pas nuire, & tout dire parce qu'il ne peut pas tromper.

[22] Emile causa tous les malheurs de Rousseau. Il paroît que le plus sensible de tous fut la condamnation de son livre, & celle du *Contrat Social*, par le Conseil de Genève. Bien des gens mettent ce *Contrat Social* au-dessus de tout ce qu'a fait Rousseau, pour la force de tête & la profondeur des idées. Quoi qu'il en soit, ces deux ouvrages parurent dangereux à la République dont il étoit Citoyen, & Rousseau se croyant injustement outragé par sa Patrie, qu'il se flattoit, non sans fondement, d'avoir honorée, abdiqua son droit de Bourgeoisie, & son titre de Citoyen, vengeance légitime & noble, & qui appartenoit à un homme supérieur. Il ne parut pas également irréprochable, lorsqu'il publia dans la suite les *Lettres de la Montagne*, qui fomentèrent les troubles de Genève, & aigrirent des esprits déjà trop échauffés. Son livre devint l'étendard de la discorde, & l'évangile des mécontents. On prétendit qu'ayant renoncé à sa Patrie, il n'avoit plus le droit de prendre parti dans les querelles qui la divisoient. Mais cette interdiction absolue n'est-elle pas un peu rigoureuse? Si Rousseau voyoit des vices essentiels dans l'administration de la République, si son livre pouvoit contribuer à la réformation de l'Etat, étoit il coupable de l'avoir publié? La discorde est un mal, sans doute; mais quand elle doit produire la liberté, c'est un mal nécessaire chez les peuples qui ont le droit d'être libres. Rousseau écouta sans doute la vengeance qui l'animoit contre ceux qui l'avoient condamné; mais si en effet cette condamna-

tion fut illégale, si les Citoyens protestèrent contre l'Arrêt du Conseil, si cet Arrêt & *les Lettres de la Montagne* hâtèrent le moment d'une révolution qui tendoit à améliorer le Gouvernement, Rousseau a fait un bien réel, & ses Lettres de la Montagne sont alors l'ouvrage que les Genevois doivent le plus aimer.

[23] Je ne parlerai point de quelques autres morceaux détachés sur *l'imitation Théâtrale, sur la Paix perpétuelle, sur l'économie Politique*; d'une Lettre à M. de Voltaire sur la Providence, &c. Il n'y a rien de ce qu'a fait Rousseau qui ne mérite d'être lu, & qui ne le soit avec plus ou moins de plaisir.

[24] Cet Ecrivain dût avoir, & il a encore beaucoup d'enthousiastes parmi les femmes & les jeunes gens, parce qu'il parle beaucoup à l'imagination. Il est jugé plus sévèrement par la raison des hommes mûrs; mais sa place est belle, même au jugement de ces derniers. Il plaît aux femmes quoiqu'il les ait fort maltraitées. Comme elles ne le sont guères que par des hommes très-passionnés pour elles, le pardon est dans la faute même. Rousseau, malgré les injures qu'il leur dit, a près d'elles le premier de tous les mérites, celui de les aimer, & satisfait le premier de leurs besoins, celui des émotions.

[25] On a voulu comparer Rousseau à Voltaire, à qui l'on comparoit aussi, pendant un temps, Crébillon, Piron & d'autres Ecrivains. Celui à qui l'on oppose tous les autres, est incontestablement le premier.

[26] Laissons-là cette manie trop commune, de rapprocher des hommes qui n'ont aucun point de contact. Laissons Voltaire dans une place qui sera long-temps unique: contentons-nous de placer Rousseau parmi nos plus grands Prosateurs. C'est au temps, à la postérité à marquer le rang qu'il doit occuper dans le petit nombre d'hommes qui ont joint à une tête pensante une imagination sensible, & l'éloquence à la philosophie.

[27] Les deux Auteurs dont Rousseau paroît avoir le plus profité, sont Sénèque & Montagne. Il a quelquefois les tournures franches & naïves de l'un, & l'ingénieuse abondance de l'autre; mais en général, ce qui distingue son style, c'est la chaleur & l'énergie; cette chaleur véritable a fait une foule de mauvais imitateurs, qui n'en avoient que l'affectation & la grimace, & qui en répétant sans cesse ce mot devenu parasite, ne mettoient plus aucune différence entre la déraison & la chaleur; & l'on ne sait jusqu'où cet abus auroit été porté, si l'on n'en eût pas fait sentir le ridicule.

[28] Rousseau a composé les mémoires de sa vie. Beaucoup de gens en ont entendu la lecture. On dit que plusieurs personnes y sont maltraitées; mais pas une autant que lui. Il se peut que l'on

mette à avouer ses fautes, l'amour-propre que l'on met communément à les dissimuler, & médire de soi est encore une manière
d'être extraordinaire, concevable dans un homme qui a voulu être
singulier.

IMPRIMÉ
* *Mercure* du 5 octobre 1778, p.7-28.

NOTES EXPLICATIVES
Voir aussi au t.xl le n° 7096.
Je m'abstiens de commenter cet 'éloge' adroit, qui, comme il fallait s'y attendre, souleva de la part des admirateurs
de Rousseau une tempête de protestations que l'on trouvera à leur date. Je
ne signale ici que le commentaire de
Métra, qui, assez tardivement, le 14
novembre 1778, écrivait: 'Vous avez vu,
Monsieur, dans le Mercure le jugement
porté sur cet homme extraordinaire par
le *Fameux critique*, que s'efforce de mesu-
rer tous les grands hommes à son aune.
Quand on compare ses arrêts, ses déci-
sions tranchants & erronées, à ses petits
ouvrages secs & froids, on est tenté de
le comparer au sultan qui pour jouir en
paix, s'efforce de n'être environné que
d'eunuques. [. . .]' (éd. de 1787, vii.115-
116). Rappelons que les *Œuvres* de La
Harpe (6 volumes in-8°) venaient de
paraître, chez Pissot.
    a. Diderot.
    b. Dupin. L'allégation que JJ aurait
été relégué à l'office chez mme Dupin
les jours où elle recevait les gens de
lettres avait été lancée par La Harpe
dès 1776 dans sa lettre à Paul Pétrovitch

(t.xl, n° 7096, alinéa 7), texte dont il
colportait depuis 1773 une première
version dans les salons de Paris. Cette
anecdote apocryphe remonte peut-être
indirectement aux lectures faites par JJ
de ses *Confessions*. En effet, il y raconte
(VII, *Pléiade* i.291-292) ses débuts chez
mme Dupin, passage où, bien entendu,
l'anecdote ne se trouve pas. Mais un
peu plus tôt, il raconte une déconvenue
analogue qui faillit lui arriver chez mme
de Besenval (*Pléiade* i.289). Comme les
deux passages se suivent de très près, il
n'est pas inconcevable que, de fil en
aiguille, on en ait fait un amalgame.
    c. allusion à *Sylvain*, comédie mêlée
d'ariettes, musique de Grétry, livret de
Marmontel, représentée pour la première fois au Théâtre italien le 19 février
1770. Cette observation de La Harpe
provoquera un démenti de la part du
compositeur outré (*JP* du 14 octobre
1778, p.1151). La Harpe ripostera dans
le *Mercure* du 25 octobre 1778, p.306-
311.

REMARQUE
Le 5 octobre 1778, mme de Nadaillac
répondit à la lettre de Du Peyrou (perdue) sur les mss que lui avait confiés JJ:
voir au t.xxxviii le n° A614.

7315

Marie-Jeanne Phlipon à Marie-Henriette Cannet

Du 6 octobre [1778]

[. . .] Je ne répondis pas à ta remarque sur Jean-Jacques, parce que je me souvenais d'avoir traité ce chapitre fort long dans une lettre adressée aux deux amies,[a] et qu'il me semblait fort inutile de me répéter, chose qui peut arriver déjà assez souvent. Je te renvoie à cette lettre par la même raison, et je dirai seulement ici, pour ta satisfaction plus prompte, que je ne mets pas Rousseau au nombre des athées. Je crois que son génie perçant sut distinguer tous les nuages qui environnent l'existence de Dieu. L'impossibilité de la prouver incontestablement, par le raisonnement lui fût évidente; s'il eût été plus froid, il serait au moins demeuré sceptique; mais son cœur voulait une Providence: la foi d'un être puissant et bon était nécessaire à son bonheur; il sentait d'ailleurs combien cette créance était utile pour le commun des hommes et consolante pour tous; il la soutint de tout son pouvoir, il ne la prêcha pas: il s'efforça de la persuader aux autres comme à lui-même. [. . .]

IMPRIMÉS
  1. Roland 1 (1887), ii.329.
  *2. Roland 2 (1913). ii.323.

NOTE EXPLICATIVE
  a. voir au t.xl les nᵒˢ 7136 et 7141.

7316

Traité entre François Le Marchand et Thérèse Levasseur pour la publication des Consolations

[le 7 octobre 1778]

Copie Du marché fait double avec le Sʳ. François Le Marchand Mᵈ. de musique a Paris rue de Grenelle Sᵗ. Honoré

Cejourdhuy 7. 8ᵇʳᵉ 1778 il a été convenu entre nous soussignés François Le Marchand Marchand de musique a Paris et Dame Le

Vasseur femme Jean Jacque Rousseau sçavoir est que moi François
Le Marchand promets et m'engage de faire toutes Les Démarches
et operations necessaires pour la gravure Impression brochure et
envoi aux souscripteurs de touts et Chacun Des Exemplaires de La
musique de Chambre Composée par Jean Jacque Rousseau*a* et
proposée par souscription par M^{de}. Veuve Rousseau a mon adresse
moyennant Le prix et somme Convenu entre nous de quatre francs
par Chaque Exemplaire qui sera vendu ou Livré aux souscripteurs
et dont Le prix aura été payé par Le souscripteur; sur laquelle
somme de quatre Livres je demeurerai seulement Chargé des frais
D'envois et de remises a Chacun des souscripteurs et moi Dame Le
Vasseur veuve Rousseau je m'engage de faire tous Les frais et
avances necessaires pour L'achapt des planches gravure achapt de
papier Impression brochure et autres menus frais de tous et Chacun
des Exemplaires de La Musique de Chambre composée par Jean
Jacques Rousseau mon mari ouvrage dont j'ai proposé La souscription a L'adresse du Sr François Marchand. Fait double entre nous
ce 7. 8bre. 1778.

Signé
femme J.J.R.
approuvé L'ecriture F. Le M.

MANUSCRIT
   *Chaalis, fonds Girardin D⁴ 35, n°
34; 2 p., p.2 bl.; copie de la main de
Girardin.

NOTE EXPLICATIVE
   a. c'est le recueil qui portera le titre
de *Consolations des misères de ma vie*, titre
inventé par Girardin. Ce traité fut le
point de départ d'une série de procès
intentés contre Le Marchand, si bien
que le recueil ne parut qu'en 1781.

7317

Pierre-Alexandre Du Peyrou à Paul-Claude Moultou

[le 7 octobre 1778]

[1] Depuis la reception, Monsieur de vôtre derniere lettre*a*, ma
santé se trouvant un peu derangée, j'ay laissé passer un courier sans
vous en faire més remerciemens. J'ay vû avec plaisir, les esperances
que vous avez remportées d'Aix, et c'est en homme qui connois le
prix de la santé, que je desire qu'elles se réalisent.

[2] J'espére que reflexions faites, vous n'aurés rien dit à Madame d'Enville qui puisse sentir le reproche. Pourquoi affecter tristement, et sans nécessité, une ame honnête comme la sienne? Nous n'avons eû que de l'inquiétude, en ne la voyant pas arriver au moment indiqué, et son incommodité nous a moins surpris qu'affligé.

[3] Ce que vous me dites, Monsieur, de vôtre position relative aux ouvrages de R. est trés juste. Ne croyés pas Monsieur, que je vous compromette, même quand j'eusse ignoré vos motifs. Ce que je vous disois dans ma precedente lettre*b*, etoit une effusion de mon coeur contristé, par tout ce qu'annonce de facheux, la desunion des amis d'un homme dont les interets les plus chers leur sont confiés.

[4] J'ay mandé à Mr de G. ce que vous m'avés prescrit et comme vous me l'avés prescrit*c*. Mais il n'etoit pas possible de lui faire penser que les 6 Livres en question, fissent partie de mon depot. Ce qui m'a été envoyé d'Angleterre, est resté tel qu'il fut remis à mon ami pour me l'expedier cacheté, et portant l'inscription apartenans à Mr Dupeyrou de Neufchatel. C'est dans un de cés paquets qu'est l'ouvrage dont je n'ay que lés 3 premiers livres et un commencement du quatrieme. Je veux aujourd'hui moins que jamais, décacheter ces paquets, ayant quelque raison de soupçonner que l'un des dépositaires de ces Mémoires qui ne m'est pas connû, en a procuré la lecture à diverses personnes, dont une entr'autres, doit avoir écrit ici à quelqu'un de ma connoissance, qu'il ne seroit pas impossible de s'en procurer une copie*d*.

[5] La tournure que prend toute cette affaire, rejaillira tot ou tard et sur la Veuve, et ce qu'il [y] a de plus cruel, sur ceux qui ont eû part à la confiance de Mr R., et qui n'en ont pas abusé. Tout cela joint au souvenir du passé, m'affecte douloureusement.

[6] J'attends reponse à mes propositions faites à Mʳ de G. Je vous en feray part Monsieur, quand elle me sera parvenûe.

[7] Recevés Monsieur, les assurances de mon vray devouement.

Dupeyrou

Le 7 8bre 1778.

A Monsieur / Monsieur de Moultou / à Geneve.

MANUSCRITS

[1. pour l'orig. autogr. (4 p., l'ad. p.4, cachet maçonnique de Du Peyrou sur cire rouge, taxe postale '6'), voir au t.xli le n° 7243]

*2. transcription faite par mlle Rosselet, d'après le ms.1.

NOTES EXPLICATIVES
a. lettre inconnue.

b. le n° 7308 (t.xli).

c. voir au t.xli le n° 7310, alinéas 6 et 7.

d. voir au t.xli le n° 7301.

7318

Marie-Elisabeth La Fite, née Bouée, à Peter Ochs

La Haye 7 octobre 1778

[. . .] On s'occupe beaucoup des fameux mémoires de Rousseau; paraîtront-ils bientôt? Seront-ils supprimés par le gouvernement? [. . .] Quelqu'un m'a assuré que la femme de Rousseau l'avait trahi et avait livré pour 20.000 fr. le manuscrit à un émissaire de la police. Je n'en crois rien, il me paraît impossible qu'une femme qui a vécu longtemps avec Rousseau puisse commettre une action malhonnête. [. . .]

IMPRIMÉ

**Quellen zur Schweizer Geschichte* [. . .] *Neue folge*, III Abteilung. I. *Korrespondenz von Peter Ochs (1751-1821)*, éd. Gustav Steiner, Basle, i. 107.

NOTES EXPLICATIVES

Le destinataire de cette lettre (1751-1821) devait jouer un grand rôle dans la politique bâloise sous la Révolution, dont il admirait beaucoup les idées directrices. Il fit beaucoup pour transformer les institutions de la petite république et pour mettre fin à l'ancien régime. Cependant, à partir du couronnement de Napoléon, il se détacha peu à peu de la vie politique active, et se consacra de plus en plus aux lettres.

Quant à l'auteur (1737-1794), née à Hambourg le 21 août 1737, elle avait épousé un pasteur hollandais, Jean-Daniel [de] La Fite (1719-1781), qui s'était fait une réputation dans la république des lettres en tant que rédacteur de la *Bibliothèque des Sciences et des Beaux-Arts* (La Haye, 1754-1780). Pasteur de l'église wallonne de La Haye, il était aussi aumonier du Statthalter. – Mme [de] La Fite venait de publier un ouvrage intitulé *Entretiens, drames et contes moraux, à l'usage des enfants* [. . .], La Haye 1778, vol. in-12 de xii+453 p., souvent réimprimé. Elle avait déjà fait paraître, en 1775, des *Lettres sur divers sujets* (La Haye, 1775, un vol. in-8° de 205 p.). Elle compte dans l'histoire des relations intellectuelles franco-allemandes au XVIII° siècle par ses traductions (Sophie von La Roche, Lavater, Gellert). Elle mourut en novembre 1794 à Londres, où elle avait été lectrice de la reine d'Angleterre. On trouvera des détails piquants sur le séjour en Angleterre de mme La Fite dans le *Diary and Letters of Madame d'Arblay* [. . .], Londres 1854*s*, tome ii et *s*.

37

7319

René-Louis, marquis de Girardin, à Alexandre Deleyre

[le 10 octobre 1778]

Un voyage que j'ai fait a Differé Monsieur, ma reponce à votre Cruelle Lettre*ᵃ*. Je dis cruelle et je m'explique. Y a t'il rien en effet de plus Cruel que les Demi Confidences,¹ ²cela met necessairement un homme franc [. . . .]³ de son Charactere et hors de luy² ¹. C'est de quoy Mʳ. Rousseau S'est toujours plaint⁴ et s'il a eu tort je Le partage avec luy. Dans la premiere page⁵ Vous reconoissés enfin que La Ligue de L'envie et de la⁶ fausseté contre La Superiorité et La vertu n'est pas si gratuitte, ni Si peu vraisemblable;⁷ Vous vous avoués enfin a vous même ce que vous n'aviés⁸ pas ⁹cru sans doutte⁹ jusques La devoir avouer a d'autres, et dans La seconde page toutte La premiere devient problematique. Vous sçavés a unze lieues de Paris une chose que j'ignore a neuf et que¹⁰ Le public¹¹ ignore même a Paris où je m'en suis fait Informer. Vous me l'annoncés du ton le plus grave et Le plus tragique comme une Chose non Infame mais atroce et vous ne me dites pas en quoi elle consiste. Mieux eut valu cent fois ne pas navrer mon Cœur en ne me parlant pas du tout que de ne pas me donner au moins Le programme de ce nouveau Drame Infernal. Toutes fois si je n'en Connois pas Le titre ¹²j'en conois bien¹² ¹³L'intrigue¹³, et Le Prospectus qui ¹⁴se debite¹⁴ sous le manteau, doit apparemment servir de preface a La nouvelle pièce a Laquelle Les Romanciers travaillent, et qu'il n'a que trop prevüe dans une Lettre adressée a tout François aimant encor La justice et La verité*ᵇ*. J'en suis un Monsieur de ces François et je pense qu'il en existe encor beaucoup et qu'il en existera de plus en plus. La cabale et Les sifflements de L'envie ne sont qu'un orage que Le soleil de La verité dissipe toujours tot ou tard. Qu'un Roquet de La Littérature*ᶜ* S'avise d'aboyer a L'ombre d'un grand² homme comme un mauvais Chien galeux aboye a L'ombre de La Lune, qu'il reproche a Cézar*ᵈ* de ne pas manger a table, tandis que Laridon*ᵈ* y mange*ᵉ*, et qu'il bavarde mercuriellement*ᶠ* d'ouvrages sublimes qu'il n'a peutetre pas lus et qu'a Coup sur il n'a pas compris, Cela ne me surprend pas.¹⁵ Mais vous, Mʳ de Leyre, qui l'avés connu, qui L'avés aimé, qui L'avés senti, vous qui de plus avés vu des personnes qui ont lu et qui vous ont dit Le Contenu de ses memoires, quelle doutte quelle Enigme peut il y avoir pour vous? Ce qu'il n'a pas confessé n'est pas.[16] Son Style repond de Sa verité, sa vie a repondu a ses principes et sa mort a ses ennemis. Celuy qui croit en Dieu,[17] à L'immortalité de L'ame, et qui en peu d'instants meurt avec serenité, doit avoir La Conscience pure.

Je prends toujours au positif Les loix, Les Principes et Les mots. [18]J'ai toujours cru qu'[18] Impendere signifioit positivement employer. Ce n'est pas a moy a dire Consacrer, mais[19] je substituerois a ce mot celuy de sacrifier a La verité tout jusques a L'amitié, qu'on m'en raille ou qu'on m'en approuve. Coute que coute j'en serai toujours L'ami de préférence a tout[20] *parce que je le regarde comme Le Principe de la nature et de la justice*, et je me flatte encor, malgré La mort de celuy qui Consacra sa vie a La dire d'une maniere digne d'elle, que ce ne sera pas[21] une passion malheureuse [22]parce que la verité n'etant[23] que Le Sentiment du Rapport de la nature a nous, et de nous a la nature, on[24] La regarde comme[25] La base de L'ordre et de la justice.[22]

MANUSCRIT

* Chaalis, fonds Girardin D⁴ 34, n° 40, p.1 et 2; brouillon.

IMPRIMÉ

Molinier (1970), p.160-161.

NOTES CRITIQUES

Le ms. est intitulé, de la main de Girardin: 'Reponce a La Lettre de Mʳ de Leyre du 19 7ᵇʳᵉ 1778 / Envoyée le 10 8ᵇʳᵉ 1778' [le quantième en surcharge sur '8'].

[1] [omis, impr. de 1970] [2] ⟨qui ne peuvent jamais Conduire qu'a de l'agitation ou de fausses demarches. Vous sçavés a unze lieues de Paris une chose que j'ignore a neuf. Vous me L'annoncés du ton le plus grave⟩ [3] [mot indéchiffrable] [4] plaint ⟨cela met necessairement⟩ [5] page ⟨de votre Lettre vous etes persuadé de La bonté de La veracité de L'excellence⟩ [6] la ⟨basses⟩ [Girardin a inséré ici dans l'interligne sept ou huit mots indéchiffrables] [7] vraisemblable; ⟨vous vous avoués enfin⟩ ⟨a vous même et a⟩ [8] [impr. de 1970:] avés [9] ⟨voulu⟩ [10] ⟨dont⟩ [en surcharge]

[11] ⟨plus grand nombre n'a pas entendu un traitre mot par ce qu'on⟩ [12] je ⟨n'en⟩ connois ⟨peutetre que trop⟩ [13] ⟨Les auteurs⟩ [14] ⟨Circule a petit bruit⟩ ⟨clandestinement⟩ [15] [plus tard, Girardin a inséré ici trois mots, maculés, devenus indéchiffrables, et précédés d'un signe qui renvoie à une note écrite au bas de la page:] 'NB. inserer ici. A traitter L'article Paradoxe a fond./ en reponce au Mercure.' [16] pas ⟨on sçait⟩ [17] Dieu, ⟨et⟩ [18] [ajouté dans l'interligne] [19] ⟨[18]sans trouver[18]⟩ [20] [Girardin a inséré ici un second signe de renvoi, mais la note ou l'addition en question manque actuellement]

[21] pas ⟨de ma part⟩ [22] [écrit le long de la marge de gauche] [23] [et non 'est', impr. de 1970] [24] [et non 'que', impr. de 1970] [25] comme ⟨Le principe⟩

NOTES EXPLICATIVES

a. le n° 7302 (t.xli).

b. voir au t.xl le n° A647.

c. La Harpe: voir lè n° 7314.

d. César et Laridon sont deux chiens qui, tout frères qu'ils sont, suivent chacun une voie différente dans la vie. César, chien noble, 'hante les forêts', et devient l'ancêtre d'une race digne de lui. Laridon hante les cuisines, 'témoigne sa tendresse / A l'objet le premier passant', et devient l'ancêtre d'une race dégénérée (*La Fontaine, Fables,* VIII. xxiv, *L'Education*).

e. dans son article, La Harpe affirmait que JJ ne dînait pas à table lorsque, 'commis' chez Dupin, les gens de lettres s'y rassemblaient (n° 7314, fin de l'alinéa 8).

f. 'dans le *Mercure*'. Ce n'était qu'un demi-néologisme, puisque 'mercuriel' existait. Il y avait peut-être un jeu de mots ('mercuriale' = tirade pleine de reproches, de critiques).

REMARQUE

Le 10 octobre 1778, Girardin écrivait à Sandoz-Rollin une lettre au sujet du ms Wielhorski des *Considérations* (Chaalis D⁴ 36): voir au t.xxxix le n° A618.

7320

Sentimens de reconnoissance d'une Mere, adressés à l'ombre de Rousseau de Genève

[vers le 14 octobre 1778][1]

[1] Parmi les hommages éclatans que les tallens viennent rendre au grand homme qui n'est plus, une voix simple & naïve ne pourroit-elle s'élever sans offenser sa mémoire, & pour n'avoir pas reçu de la nature une portion de génie dont elle doue les bienfaiteurs de l'humanité, faudroit-il fermer son cœur à la douce expression de la reconnoissance qu'ils nous ont inspirée? Non, ce n'est pas de toi, ombre aimante de Rousseau, que je dois craindre ces rebuts orgueilleux; l'hommage ingénu d'un enfant eût flatté ton ame pure & sensible. Tu ne dédaigneras point un foible tribut que je te dois à tant de titres, & que j'ai tant de plaisir à te présenter. C'est toi qui as éclairé mon esprit en échauffant mon cœur; c'est toi qui m'as montré la voie presque effacée qui devoit me rapprocher de la nature; ta main bienfaisante l'a semée de fleurs, & tu m'as conduite au devoir par la route des plaisirs.

[2] Hélas! je ne puis me rappeller sans douleur ces temps où une mere sembloit se dépouiller des sentimens les plus chers à son ame. Le charme qu'elle éprouvoit à serrer contre son sein le fruit de sa tendresse, ses yeux que la nature remplissoit de larmes pour l'avertir combien un cruel abandon seroit contraire à ses vues, tout lui défendoit vainement de laisser échapper de ses bras l'enfant à qui elle venoit de donner le jour. Quelle est donc cette puissance barbare

qui nous fait agir contre nos intérêts les plus chers, nous fait étouffer les sentimens les plus tendres, pour suivre des exemples cruels dont nous n'avons à recueillir que des remords? Est-il bien vrai qu'effrayée de quelques sujétions légeres qu'il falloit s'imposer, une mere ait pu se résoudre à livrer ses enfans à d'avides mercenaires, dont l'ame est déjà flétrie par le prix qu'elles mettent à des soins inappréciables? Se peut-il qu'elle ne se soit jamais représenté le fruit de ses tendres amours, essuyant les duretés d'une femme sauvage, qui insensible à ses larmes, sourde à ses cris plaintifs, ne lui apporte des secours involontaires que lorsqu'elle est fatiguée de la longueur de ses gémissemens, qui comptant pour rien les maux qui, sans ôter la vie, la rendent insupportable, ne se croit point responsable des infirmités dont le malheureux peut être assailli dans un âge plus avancé, lorsqu'éloigné de ses regards, elle aura oublié qu'il fût un jour nourri de sa propre substance?

[3] Pauvres enfans, que votre destinée étoit malheureuse avant que vous eussiez trouvé un défenseur! Mais la nature en mere tendre n'a pu souffrir plus long-temps que tous ses bienfaits demeurassent inutiles; elle a pris soin de former de ses dons les plus précieux un homme qui pût nous faire entendre ses reproches & ses ordres; sa voix est enfin descendue dans nos cœurs, elle nous a demandé grace pour l'innocent que nous portons dans notre sein; la tendresse maternelle s'est éveillée à ses justes plaintes; elle a ouvert ses trésors, & étonnée de ses richesses, elle a senti le besoin d'en jouir.

[4] Donner l'existence est devenu trop peu pour une mere. Elle veut, en allaitant son enfant, lui donner cette premiere preuve que ses jours lui deviendront plus chers que les siens. Elle le prend dans ses bras, ses yeux ne s'attachent sur lui que pour ne le plus quitter; elle se plaît à interpréter ses desirs en lui donnant ce que la nature lui a confié pour la conservation de ses jours.

[5] Ses premiers besoins étant satisfaits, elle jette sur lui des regards encore plus touchans; elle ne tremble plus de s'en voir séparée que par la Parque inhumaine, car sans elle, qu'auroit-elle à redouter? Quel œil plus vigilant & plus attentif que celui d'une mere? Il semble, dans ces délicieux instans, que tous ses sens ne lui ont été donnés que pour veiller à son ouvrage.

[6] Loin d'elle à jamais ses liens cruels qui enlevent aux enfans le libre usage de leurs facultés naissantes, arrêtent toutes leurs fonctions, tous leurs développemens, & dès leur entrée dans la vie, travaillent à détruire tous les avantages qui devoient la leur faire chérir.

[7] Quel spectacle bien plus satisfaisant pour elle, de les voir se

livrer à tous les mouvemens que leur prescrit la nature, de lire sur leur front une douce joie qui se répand sur tous ceux qui les observent! Leurs mouvemens ont retrouvé les graces qu'ils avoient perdues. La gaîté est peinte sur leur visage. La franchise, fille de la liberté, brille dans tous leurs traits. Leurs caresses, leur langage, tout annonce l'heureuse disposition de leurs organes. Quel plaisir de les voir occupés dans des jeux à montrer leur souplesse! Il semble qu'ils vous disent: *Nous avons remporté une victoire: c'est à Rousseau que nous consacrons nos plaisirs, ce sont des fêtes pour honorer sa mémoire.*

[8] O tendre & généreux Libérateur de ce petit peuple, toi qui lui as ôté ses chaînes, & de l'esclavage l'as fait passer à un heureux état de liberté, c'est avec lui que je viens t'offrir ce tribut de reconnoissance; c'est par ses mains pures que je viens brûler de l'encens sur ta tombe & la couvrir de fleurs.

[9] Si tout ce qui déforme la belle nature, tout ce qui étouffe les sentimens de pitié & de tendresse est proscrit désormais par les races futures; si les familles deviennent plus unies; si les enfans aiment davantage ceux à qui ils doivent plus que le jour; si les unions deviennent plus douces par le spectacle d'une mere entourée de ses mains, c'est à toi que l'humanité doit tous ces bienfaits.

IMPRIMÉS

*1. *JP* du 16 octobre 1778, p.1157-1159.

2. Métra (1787) vii.101-104, à la date du 5 novembre 1778.

NOTE CRITIQUE

[1] [ce texte n'est pas daté dans les imprimés. Il doit avoir été envoyé au *JP* vers le 14 octobre 1778.]

7321

Pierre-Alexandre Du Peyrou à René-Louis, marquis de Girardin

Neufchatel 20 8ᵇʳᵉ *1778* Nº 7.

[1] En attendant, Monsieur, que je puisse répondre en detail á vôtre precedente lettre du 4 de ce mois[a], et vous remettre la notte de ce que j'ay en mains, je dois vous communiquer la reponse de Madame de Nadaillac[b], reçue cés jours passés. Cette Dame me mande qu'il ne lui reste en main qu'un Carton ficellé, ou est écrit, *Affaires de Corse*, dont Mr R: faisoit cas; et de plus des liasses de

papier, qu'il lui a dite ëtre des lettres á lui écrites, et quelques paquets. Quant aux Memoires, Ils ont été redemandés par l'auteur par une lettre du 20 7bre 1770^c et la reception accusée par une autre du 25 du même mois^d, desquelles lettres Madame de Nadaillac m'envoye les copies, avec offre d'en produire les originales, Si on l'exige. Ce procédé est franc; mais nous ne comprenons ni l'un ni l'autre, comment Mr R: m'a laissé dans l'ignorance de ce fait, lui qui sept mois auparavant m'avoit indiqué cette Dame comme depositaire de la Suite de Ses Confessions.

[2] Madame de Nadaillac observe encore qu'envoyer des papiers á Paris, Seroit risquer de voir ouvrir la boëte qui les contiendroit á la barriére. Que de plus, elle pense avec raison que j'agis dans cette affaire de concert avec La Veuve, de^1 quoi il lui faut des certitudes pour ne point agir trop legerement. Je vais lui repondre d'une maniere Satisfaisante, en lui mandant qu'adoptant Ses reflexions et Sés Sentimens, je vous en ay fait part, pour en instruire la Veuve, et vous concerter avec elle, tant Sur les moyens de recevoir cés papiers avec Securité, que pour autoriser Madame de Nadaillac á vous les faire passer de la maniére que vous jugerés la plus convenable. Je vous prie donc Monsieur d'avoir la Complaisance d'écrire á Mad^e. de Nadaillac abbesse á l'*Abbaye de Gomerfontaine, prés Chaumont en Vexin françois*, tant pour lui confirmer le consentement de La Veuve, que pour lui indiquer les moyens les plus convenables de vous faire passer les papiers entre Sés mains.

[3] Je dois á present vous dire Monsieur, que lés differens bruits des Confessions á imprimer par tels ou tels Libraires, m'avoient jusques à present parû destitués de fondement. Mais je commence á craindre quelques infidelités, S'il est vray, comme on me l'a assuré, qu'un quidam à Paris a mandé ici á un libraire^e, qu'il avoit passé plusieurs heures á lire ces^2 Confessions, et qu'il ne seroit pas impossibles de S'en procurer une Copie. Je veux pourtant esperer que ce propos ne Sera pas mieux fondé que tant d'autres assurances données par differens libraires de Suisse et d'Allemagne, qu'ils doivent imprimer cet ouvrage, et le tout pour se procurer des Souscriptions á l'avance, pour les contrefaçons qu'ils Se proposent de faire des que l'ouvrage aura parû. Je pense du moins que c'est là leur principal objet. Mais il convient dans les circonstances, de gagner de vitesse, tous ces Pirates, et de traitter aux profits de la Veuve, avec un Libraire pour les 6 premiers livres offerts, en attendant que l'on puisse traitter pour l'Edition generale. Si vous pensés de même, Monsieur, ayés la bonté de me le mander. Quant á la main dont vous Soupçonnés que doit venir le Manuscrit de cés

6 premiers livres, je crois que vous ëtes dans l'Erreur, et que l'Eloignement ou nous Sommes les uns des autres, joint aux hazards que courent les lettres, empëche les vrais amis de M^r R: de S'entendre, comme ils le feroient, S'ils Se voyoient. Vous même, Monsieur vous Sentés la nécessité des précautions pour notre correspondance, quoique jusques á present vos lettres me soyent parvenûes en bon état.

[4] J'observeray dans les cas qui l'exigeront lés précautions indiquées. Le tems ne me permet pas aujourd'hui d'entrer dans de plus grands détails, que je reserve pour ma premiere lettre.

[5] Recevés Monsieur, les assurances de mon Sincere devouement

Dupeyrou.

^{3}A Monsieur / Monsieur de Gerardin / en son Château d'Ermenonville. / *A ERMENONVILLE par Senlis*^{3}

MANUSCRIT

* Chaalis, fonds Girardin D^4 33, n° 9; 4 p., l'ad. p.4; cachet de cire rouge; m.p.: timbre: 'P' [dans un triangle]; taxe '10'; orig. autogr.

IMPRIMÉ

Schinz 4 (1935), p.148-150.

NOTES CRITIQUES

Sur un pli de la page de l'adresse, Girardin a écrit: 'Prevenir Pour la souscription et envoyer un / Prospectus, et un au Courier de L'Europe'.

^{1} ⟨afin⟩ de ^{2} ⟨l⟩es [en surcharge] ^{3} [de la main de Jeannin]

NOTES EXPLICATIVES

a. le n° 7313.

b. voir au t. xxxviii le n° A614.

c. lire 'le 20 juillet 1770', et voir au t.xxxviii le n° 6756.

d. lire 'le 25 juillet', et voir au t.xxxviii le n° 6761.

e. voir le n° 7301 (t.xli).

REMARQUES

i. Le 17 octobre 1778, mme Du Deffand écrivait à Horace Walpole: '[. . .] je relis actuellement l'*Héloïse* de Jean-Jacques. C'est la peinture de l'égarement de l'esprit le plus complet que la passion puisse produire. [. . .]' (Walpole, 1937, v.78).

ii. Le 19 octobre 1778, Bachaumont signale que le Prospectus de l'*Essai sur la musique*, de Laborde, fait l'éloge de 'cinq auteurs vivans qui ont écrit sur cette matière' [d'Alembert, Arnaud, Roussier, Chastellux, Marmontel]: 'On est surpris qu'entre tous ces traités il omette le Dictionnaire de musique de Rousseau, au gré de bien des gens supérieurs à ceux-là. Il faut attribuer cette reticence à la basse jalousie de M. de la Borde contre ce grand homme, qui étoit le principe de la lettre envoyée au *Journal de Paris*, où il décrioit si indécemment le *Devin du village* & qu'on n'a pas voulu insérer parce qu'il exigeoit l'anonyme' (éd. de 1780, xii.137-138). Sur Jean-Benjamin de Laborde, voir au t.xxxiv le n° 6125, remarque; au t.xliii le n° 7426, premier alinéa et note *c*; et au t.xliv la lettre de Du Peyrou du 18 juin 1780, premier alinéa, note *c* et remarque (n° 7725).

iii. Le 20 octobre 1778, Sandoz-Rollin répondit à la lettre de Girardin du 10 octobre, au sujet du ms. Wielhorski des *Considérations*: voir au t.xxxix le n° A619.

7322

Pierre-Alexandre Du Peyrou à la Société typographique de Neuchâtel

[vers le 20 octobre 1778][1]

Copie d'une notte des piéces qui doivent composer le Recueil d'une Edition generale, dressée par l'Auteur.

Tome 1er in 4°.

Discours sur l'inégalité.
Discours sur l'Economie politique.
Du Contract Social.
Extrait de la Paix perpétuëlle.
* Extrait de la Polysinodie
Jugement sur la Paix perpétuëlle.
*Jugement sur la Polysinodie.
* Traduction du premier Livre de l'Histoire de Tacite.

Tome 2.

La nouvelle Héloïse.

Tome 3.

Emile, jusques à la fin de la Profession de foi.

Tome 4.

La suite d'Emile.
Lettre à M^r. L'Archevêque de Paris
Lettres écrites de la Montagne.

Tome 5.

Lettre à M^r. d'Alembert.
De l'imitation Théatrale.
* Discours sur la premiére vertu du Heros.
Discours qui a remporté le prix à Dijon.
Reponse à un écrit anonyme dans le Mercure de France.
Lettre sur une réponse de M^r. Gautier.
Réplique au Roy de Pologne.
Derniére réponse de J:J: Rousseau.
Préface de Narcisse.
Narcisse Comédie.

* L'engagement témeraire. Comédie.
* Les Muses galantes, Opera.
Le Devin du Village, Interméde.
Pygmalion, Scéne Lyrique.
* Emile et Sophie ou les Solitaires. Fragment.
* Le Lévite d'Ephraim.
* Lettres à Sara.
La Reine fantasque, Conte.
* Traduction de l'Apocolokintosis de Seneque.

Tome 6.
Sur la Musique. Article du Dictionnaire.
Sur l'Opera. Article du Dictionnaire.
*Memoire lû à l'Academie des Sciences, l'an 1742.
Lettre sur la Musique françoise.
* Reponse à M^r. Rameau.
* Essai sur l'Origine des Langues.
*Lettres et Memoires sur divers Sujets.

Table générale des Matiéres.²ᵃ
³A la Note cy contre, on peut joindre
1°. Le Dictionnaire de Musique
* 2°. L'Eloge du feu Duc d'Orleans
* 3ᵐᵉ. Sur la Constitution de Pologne
* 4°. Les 6 premiers Livres dés Confessions
* 5ᵐᵉ Quatre lettres à Mr de Mallesherbes
* 6ᵐᵉ. Plusieurs autre Lettres Sur differens Sujets
* 7ᵐᵉ. Les Reveries de promeneur Solitaire
8°. Quelques morceaux deja imprimés, relatifs áu Sejour de l'auteur en Suisse
9ᵐᵉ. Enfin quelques morceaux Manuscrits et autres relatifs à J:J:R: par une plume etrangere.ᵇ

A Vue de paÿs, tous ces Morceaux feront 8 Volumes in 4°. bien etoffés, et 20 Volumes in 12.
Tous les articles cottés d'une étoile, Sont encore manuscrits.
NB. Il doit se trouver dans les Editions données á Amsterdam et á Paris quelques morceaux aux quels plusieurs des ouvrages cy dessus servent de reponse, ou bien que ces ouvrages ont fait naitre. Ce seroit un choix á faire pour mettre Sous les yeux des lecteurs tout ce qui est relatif á l'auteur.³ ⁴

46

MANUSCRIT

*Neuchâtel, archives de la STN, ms.1144, fol.172-173; 4 p., p.4 bl.; p.1-2 de la main de Jeannin, p.3 de la main de Du Peyrou; copie (p.1-2), original, p.3.

NOTES CRITIQUES

[1] le ms. n'est pas daté. Cette note précède de quelques jours le n° 7330: voir l'alinéa 2 de celui-ci] [2] [de la main de Jeannin. C'est une transcription de l'original de la main de JJ, t.xxiii, n°

3921, alinéa 5.] [3] [de la main de Du Peyrou] [4] [suivi d'une dizaine de mots lourdement biffés. On devine:] ⟨. . . . . les premiers articles . . . .⟩

NOTES EXPLICATIVES

a. dans la pensée de JJ, le recueil devait se terminer ici.

b. on constatera qu'il n'est pas encore question des *Dialogues*, dont Du Peyrou ignorait l'existence.

7323

Prospectus [du recueil des romances]

[vers le 20 octobre 1778][1]

[1] Jean-Jacques Rousseau a Laissé en mourant a sa femme de La musique, dont elle propose La souscription. Cette musique composée par lui forme un recueil de Romances sur des paroles anciennes et Connues d'airs, ariettes et duos dialoguès ou scènes de societé d'un genre nouveau, Le tout avec accompagnements.

[2] Ce Recueil aiant pour titre, MUSIQUE DE CHAMBRE COMPOSÉE PAR J.J. ROUSSEAU, Comprendra près de cent morceaux Differents du même format infolio que La partition du Devin de Village Edition d'Amsterdam*a*, et sera gravé avec beaucoup de soin et Imprimé sur de beau papier; il paroitra au premier février 1779, et sera remis aux souscripteurs franc de port.

[3] Le prix de la souscription est d'un Louis d'or qu'on ne paiera qu'en recevant L'ouvrage. On prie seulement Les personnes qui voudront souscrire, de signer un Engagement semblable au modèle[2] Suivant, et de L'adresser franc de port au sieur Le MARCHAND*b*, m^d de musique a Paris rüe de Grenelle S^t. Honoré, et a L'opera.

[4] L'envoy de L'Engagement est nécessaire et doit se faire Le plutot possible parce que L'on se propose de ne tirer que Le nombre D'Exemplaires qui aura été demandé par Les Souscripteurs.

[5] Modèle de L'Engagement.
Je Soussigné prendrai   Éxemplaire   de la musique de Chambre composée par J.J. Rousseau et proposée par souscription par

sa veuve; et promets de payer La somme de vingt quatre Livres de France pour Chacun des Exemplaires que je demande au moment ou La remise m'en aura èté faitte a L'adresse Suivante

Bon pour   Éxemplaire

[6] On peut aussi pour plus grande facilité dans les provinces et paiis ètrangers, envoyer L'Engagement a L'une des adresses Suivantes.

Londres	Bremmer visavis Sommerset Street dans le strand
Vienne en Autriche	Trattern Libraire près la Comedie
Amsterdam	Marc Michel Rey Imprimeur-Libraire
Bruxelles	Pris et Van-y-Pen rue de la Magdeleine
Lille	Sifflet rue Equermoise
Strasbourg	Bavier Libraire
Neufchatel	
Lyon	Garland Pres La Comedie
	Guera place Terreaux
Grenoble	Bret Libraire
Marseille	Sube et Laporte Libraires
Montpellier	Rigaud Libraire
Bordeaux	frères La Bottiere Libraires
Toulouse	Manavit Libraire de Monsieur frere du Roy rue Saint Rome

MANUSCRITS

*1. Neuchâtel ms. R118, fol.28; 2 p.; original, de la main de Girardin.

2. Chaalis, fonds Girardin D⁴ 35, n° 29; 2 p., p.2 bl.; brouillon, très raturé, de la main de Girardin.

IMPRIMÉS

1. *JP* du jeudi 22 octobre 1778, n°295, p.1182-1183.

2. *CE* de 27 novembre 1778, n° xliii, iv. 345.

NOTES CRITIQUES

Les imprimés ne sont pas absolument conformes aux mss.

Le brouillon est moins développé que la version définitive. Il y manque no-tamment les alinéas 2 et 4, le modèle de l'engagement, et les noms et adresses des libraires: seuls les noms de ville, beaucoup moins nombreux, sont indiqués.

¹ [le ms. 1 ne fut expédié à Du Peyrou que le 4 novembre: l'imprimé 1 montre que ce texte avait été envoyé au *JP* une quinzaine de jours plus tôt.] ² ms. 1: modèle ⟨cy dessous⟩

NOTES EXPLICATIVES

a. je n'ai pas retrouvé cette édition d'Amsterdam.

b. François Le Marchand: voir le n° 7316.

7324

La Société typographique de Neuchâtel à Pierre-Alexandre Du Peyrou

[vers le 21 octobre 1778][1]

La Sociéte Typographique de Neuchâtel en Suisse, desirant de profiter des bontés dont Monsieur du Peyrou la favorise a l'honneur de lui présenter les observations Suivantes.

1°. Elle S'engageroit a payer le prix à fixer pour la totalité des manuscripts restans; mais elle souhaiteroit que les personnes qui Se Sont chargées de traiter cette affaire, voulussent faire une ouverture à ce Sujet.

2°. Elle offre une Somme une fois payée, ou une rente viagere proportionnée, avec toutes les Suretés à la Satisfaction des personnes interressées.

3°. Au cas que l'on convienne de quelque chose, la Société Seroit engagée par Son propre interrest à faire une édition digne de l'ouvrage & elle S'y obligeroit formellement.

4°. Elle demanderoit de Son côté une déclaration Signée de la Veuve & des respectables amis de l'auteur, Laquelle pourra, quand la Société le jugera à propos, être insérée dans les papiers publics, que tous les manuscripts restans de feu m[r]. Rousseau ont été remis à lad. Société, qui sera seule en posesion du portefueille de cet immortel écrivain; ensorte que toute autre édition, ne puisse être qu'une réimpression pure & simple des éditions actuellement entre les mains du public, dans quelque tems qu'on l'annonce.

5°. Quant à la partie des mémoires qu'on ne juge pas convenable de publier présentement, la Sociéte demande un engagement, que le manuscript & les copies S'il y en a seront toutes cachetées & déposées entre les mains de monsieur du Peyrou, Sans qu'il Soit Possible à la veuve ou autres d'en disposer en faveur de qui que ce soit avant un tems à fixer.

6°. Pour ce qui concerne la premiere partie de ces mémoires ou Confessions, la Société desireroit de Savoir,

    1°. Si les pièces justificatives Seront jointes aux 6. livres qui la composent, & de plus

2°. S'il n'existe point un exemplaire des oeuvres, corrigé & apostillé par l'auteur, sur lequel on put annoncer qu'on imprime.

3°. Si la partie de la correspondance contiendra un grand nombre de lettres. Le plus petit billet sorti de cette plume aura du prix aux yeux du public.

7° Enfin, comme on a vû dans les papiers publics diverses annonces rélatives à une édition projettée des oeuvres de m^r. Rousseau, la Société estime qu'il convient autant aux interests de Sa veuve qu'aux Siens propres d'accélerer la négotiation & elle S'y prêtera de tout son pouvoir.

MANUSCRIT
* Neuchâtel ms. R118, fol.140-141; 4 p., p.2-4 primitivement bl.; orig. de la main d'Ostervald.
Du Peyrou a utilisé les pages 4 et 3 pour sa réponse (n° 7325).

NOTE CRITIQUE

[1] [le ms. n'est pas daté. Les n°s 7322-7325 se suivent de très près, dans cet ordre, et le n° 7325, où Du Peyrou s'engage à formuler ses conditions, doit précéder le n° 7326.]

7325

Pierre-Alexandre Du Peyrou à Frédéric-Samuel Ostervald

[vers le 22 octobre 1778][1]

Réponse aux conditions proposées par la Societé Typographique de cette Ville^a

Article 1er. Il n'est pas naturel que je fasse aucune ouverture pour les prix, n'ayant ni les connoissances, ni les qualités necessaires. Car il faut observer que qu'elles que Soyent les propositions qui seront offertes, je ne suis autorisé a en accepter aucune, qu'après en avoir réferé à la Veuve, et en avoir obtenû l'agrément.

2°. Ce choix laissé par la Societé Typographique, sera aussi réferé à la Veuve, et cet article est bien.

3°. Au cas que l'on convienne pour le prix, il sera convenable de Stipuler par écrit les conditions necessaires au bien de la Societé, et à l'avantage de l'Edition.

4°. Rien n'empêchera je pense d'obtenir une déclaration Signée par la Veuve et les Amis qui se chargent pour Elle, de cette affaire, laquelle déclaration portera que ladite Veuve &^a a traité uniquement avec la Societé pour une Edition generale des Ouvrages[2] de son Mari, tels qu'ils lui Sont connus, ou en son pouvoir et conformément aux intentions connuës de feu M^r. Rousseau. Mais il ne sera pas possible de s'engager à rien de plus, vû que s'il existoit ailleurs quelques morceaux à son insçu ou hors de sa portée, il ne lui seroit pas possible de remplir l'engagement annoncé dans une déclaration telle que la présente la Société.

5°. L'Engagement demandé par cet article est impossible à prendre par le contenû de l'Article précedent.

6°. N° 1. J'ignore s'il y a des piéces justificatives autres que celles que j'ai, et qui ne concernent qu'environ les 4 premiers Livres. J'ignore si ces piéces se trouvent déja copiées dans le Manuscrit, et si elles doivent paroitre. Mais je Sais que les Originales ne doivent pas sortir de mes mains.

N°.2. Il en éxiste entre mes mains un Exemplaire corrigé & apostillé par l'Auteur de tous ses Ouvrages imprimés, excepté du Dictionnaire de Musique.

N°.3. Il est impossible de déterminer l'étendüe de la Correspondance. C'est un objet qui demande beaucoup de tems et de choix pour en rien déterminer actuellement. Mais au cas que l'arrangement ait lieu avec la Societé, Elle doit etre persuadée que tout ce qui sera digne d'entrer dans le Recueil, et qui Sera en mon pouvoir lui sera communiqué.

Art:. 7°. Il convient, sans doute, de ne pas perdre le tems, et c'est dans ce but que j'invite la Societé à se décider, et que de mon côté je vais coucher par ecrit les conditions à prendre[b] pour rendre l'Edition conforme aux Voeux de l'Auteur, et à l'attente de ses Amis. Dès qu'elles seront par écrit, j'en ferai part à la Societé.

A Monsieur / Monsieur Ostervald / Ancien Banneret / *CHEZ LUI*

MANUSCRITS

*1. Neuchâtel, archives de la STN, ms.1144, fol.174-175; 4p., p.3 bl., l'ad. p.4; cachet armorié sur oublie rose; original, de la main de Jeannin, transcrit du ms. 2.

2. Neuchâtel ms. R118, fol.141, soit les p.3 et 4, primitivement bl., de la lettre de la STN du 21 octobre, n° 7324; mise au net autogr.

NOTES CRITIQUES

[1] [le ms. n'est pas daté. La présente lettre répond au n° 7324, et précède le n° 7326: voir l'article 7 et la note b] [2] ms. 1: ⟨Œuvres⟩

NOTES EXPLICATIVES
a. le n° 7324.
b. voir le n° 7327.

REMARQUE

Le 22 octobre 1778, le père Dunand, membre de l'Académie de Besançon, écrivait: 'Le célèbre Jean-Jacques Rousseau n'est plus: il vient de payer sa dette à la nature; on assure qu'il n'a voulu voir qu'un prêtre & qu'il a constamment refusé les médecins. Cette façon de penser sera toujours la mienne' (Jean Cousin, *L'Académie* [. . .] *de Besançon* (1752-1952), Besançon 1954, p.49, n° 3).

Joseph Dunand, en religion le père Joseph-Marie de Besançon (1719-1790), capucin, était connu par ses travaux sur l'histoire de la Bourgogne et de la Franche-Comté.

7326

La Société typographique de Neuchâtel à Pierre-Alexandre Du Peyrou

[vers le 23 octobre 1778][1]

1°. On ne peut pas exiger que madame Rousseau prenne engagement de livrer ce qui n'est point en son pouvoir; mais on souhaiteroit d'obtenir une déclaration expresse, que l'on a remis à la Société tout ce que l'on connoit des oeuvres de M[r]. Rousseau & un engagement, qu'au cas qu'on en découvrit quelque autre pièce, elle Seroit remise à lad. Société.

2°. Quant à la Seconde partie des mémoires qu'on ne juge pas à propos de publier, la Société consent à cet arrangement, à condition que l'on s'engage de ne disposer de ces mémoires au faveur d'aucun autre libraire & d'empêcher par la précaution indiquée, trés simple & utile peut être à d'autres égards, qu'il ne S'en répande des copies. On sent combien cette exception doit diminuer du prix des manuscripts en vente & combien il est essentiel pour la Société d'empêcher que cette Seconde partie à laquelle elle est forcée de renoncer ne tombe pas entre les mains de quelque contrefacteur.

3°. Il importe peu à la Société d'avoir les originaux des pieces justificatives de la 2e. partie des *Confessions*, pour vû qu'on lui en fournisse des copies exactes, mais ces mêmes pieces ne pourront qu'augmenter le mérite de l'edition & interresser la curiosité.

4°. La Société Se réserve qu'on lui remettra l'exemplaire corrigé & apostillé par l'auteur, sur lequel elle pourra imprimer, & S'il en existoit un pareil parmi les papiers de feu M[r]. Rousseau ou ailleurs, elle demande qu'il lui soit aussi remis & qu'il en soit fait mention dans la déclaration Signée de mad. Rousseau & de ms les amis de l'auteur.

5°. La Société conçoit qu'il est difficile de déterminer Sans un travail assès long, l'étendue de la correspondance. Elle se persuade que Monsieur Du Peyrou voudra bien lui communiquer tout ce qu'il a entre ses mains de relatif à cette partie. Mais elle desireroit de Savoir S'il n'existe pas un grand nombre de lettres Soit entre les mains de Mad^e. Rousseau, Soit entre celles des autres amis de l'auteur; le nombre de ces lettres doit nécessairement faire varier le prix de la collection entière.

6°. On comprendra aisément que la Societé ne peut être que tres embarrassée dans la fixation de ce même prix qu'on paroit desirer qu'elle fasse, puisque l'edition projettée ne contiendra qu'une partie d'Emile & des confessions, morceaux qui pourroient lui donner le plus de mérite S'ils etoient complets, & que d'ailleurs elle est encore indéterminée relativement à l'étendue de la correspondance. Cependant telle est la confiance que lui inspirent la candeur & les bontés de monsieur du Peyrou, qu'elle n'hesite point à S'ouvrir à lui personnellement en le priant de vouloir lui dire ce qu'il penseroit de l'offre d'une somme de Dix mille Livres de France, une fois payée, ou d'une rente viagere de Six cent livres même valeur en faveur de la Veuve. C'est une nouvelle grace que la Societé Se flatte d'obtenir de monsieur du Peyrou.

A Monsieur / Monsieur Du Peyrou / *Chez Lui*

MANUSCRIT

* Neuchâtel ms. R 118, fol. 134-135; 4 p., p.3 bl., l'ad. p.4; cachet aux initiales 'STN' sur cire rouge; orig. de la main d'Ostervald.

NOTE CRITIQUE

[1] [le ms. n'est pas daté. La STN répond ici au n° 7325.]

7327

Pierre-Alexandre Du Peyrou à la Société typographique de Neuchâtel

[vers le 24 octobre 1778][1]

[1] CONDITIONS à Stipuler pour une Edition Generale des Ouvrages de M^r. J:J: Rousseau, entre les Entrepreneurs d'une part, et moi d'une autre part agissant au nom & profit de la Veuve.

[2] D'Après la note des Ouvrages qui composeront ce Recueil, laquelle a été remise à Messieurs les Entrepreneurs^a, cette Edition comportera au moins 8 Volumes in 4°. et autour de 20 Volumes in

12. Mais il faut observer que les Ouvrages qui composent cette note, sont la majeure partie actuëllement au pouvoir ou à la disposition de la Veuve ou de ses Amis; mais que quelques morceaux tels que les VI premiers Livres des Confessions, la partie de la Correspondance, &c. ne sont pas en son pouvoir, mais lui ont eté offerts par des Dépositaires particuliers, pour être actuëllement imprimés à son profit, sans engagement de leur part, de fournir ni a présent, ni dans aucun tems, la suite de ces Morceaux. C'est en conséquence qu'elle propose les Engagemens Suivans, les seuls qu'elle puisse prendre de bonne foi.

[3] 1°. Elle cedera aux Entrepreneurs, par une déclaration qu'ils seront libres de rendre publique, tous ses droits aux Ouvrages de M^r. Rousseau, tant à ceux qui lui sont connûs et à sa disposition, qu'à ceux qui lui sont inconnus, ou hors de sa disposition, sans par là s'engager, ni à fournir ces derniers, ni à garantir qu'ils seront fournis aux Entrepreneurs.

[4] Elle excepte formellement de son engagement

     a. Tous les Ouvrages qui d'après les intentions bien connues de l'auteur, ne doivent pas paroitre dans ce Siécle.

     b. Tous ceux qui n'ont pas été jugés dignes par l'Auteur lui même, ou qui ne Seroient pas jugés dignes par ses Amis, d'entrer dans cette Collection.

     c. Enfin toute la Musique qui fait un objet à part, tout à fait étranger à l'Entreprise.

[5] 2°. Pour servir à l'edition projettée, Elle remettra aux Entrepreneurs, a fur et mesure que l'Edition s'en fera, et non autrement,

     a. Tous les Exemplaires corrigés ou apostillés par l'Auteur, qui sont à sa disposition, et dont on ne connoit qu'un seul Exemplaire jusques à present.

     b. Les Manuscrits, ou leurs Copies fidelles, lesquelles Copies absolument necessaires pour plusieurs brouillons, se feront aux dépens des Entrepreneurs, par un Copiste, exact, intelligent et fidelle; en un mot choisi au gré du Soussigné, ou aprouvé par lui.

[6] DE LA PART DES ENTREPRENEURS, IL SERA PRIS LES ENGAGEMENS SUIVANS.

     1°. Ils se chargeront d'obtenir du Gouvernement la liberté de faire cette Edition.

     2°. Ils s'engageront à donner l'Auteur tel qu'il est, sans additions, corrections, ou retranchemens, les manuscrits ne contenant rien qui puisse empêcher cette condition.

3°. Ils seront libres de joindre à l'Edition in 4°. Une portative, soit² in 8°. Soit in 12. Mais ils s'engageront dans tous les cas, à rendre ces Editions recommandables, tant pour la correction, que pour la beauté du papier, des Caracteres, et des planches qui doivent y entrer. A cet effet on conviendra

A: Qu'il sera permis au Soussigné agissant au nom de Mad^c. Rousseau, de voir les derniéres épreuves corrigées, avant d'en tirer les feuilles.

B. Que le choix des papiers destinés aux differens formats, fait avec l'aprobation du Soussigné, sera constaté par des Echantillons suffisans munis du Seing des Entrepreneurs, et déposés chez le Soussigné, pour être en cas de difficulté, remis à des Experts, qui seront nommés et autorisés à décider la difficulté, ainsi et sous telle peine, dont on conviendra par un article particulier.

C. Il sera de meme fait un choix des caracteres a employer, et cela a la Satisfaction du Soussigné.

D. Enfin les planches, soit pour Estampes, soit pour ornemens, comme Vignettes, Culs de Lampe. &c. &c. seront en Cuivre, gravées par des Artistes & Sur des dessins aprouvés.

4°. Il sera convenu d'un terme pour commencer l'Edition, afin qu'aucune des parties ne se trouve lèsée par des retards.

5°. Indépendament du prix dont on conviendra & des termes des payemens, ainsi que des suretés à prendre de part et d'autre pour assurer ces engagemens réciproques, il sera déterminé un certain nombre d'Exemplaires, dans l'un et l'autre format, que les Entrepreneurs seront tenus de fournir au Soussigné, pour la Veuve et quelques Amis de l'Auteur.

[7] A ces Articles on pourra de part et d'autre ajoûter ceux dont on voudra convenir, et qui seroient jugés utiles. Pour cet effet Messieurs les Entrepreneurs Sont priés de remettre au Soussigné, leurs observations sur les Conditions c'y dessus, et les propositions qu'ils jugeront convenables d'offrir, afin que communiquées à la Veuve, elle puisse les éxaminer, pour les recevoir, ou les modifier.

Du Peyrou

MANUSCRIT

* Neuchâtel, archives de la STN, ms.1144, fol.170-171; 4 p., p.4 bl.; original de la main de Jeannin, signé par Du Peyrou.

NOTES CRITIQUES

¹ [le ms. n'est pas daté. Ce texte précède le n° 7330, qui est du 27 octobre. Le 26 octobre, Du Peyrou exposa de vive voix à Ostervald les conditions de l'entreprise.] ² soit ⟨un⟩

NOTE EXPLICATIVE
a. voir le n° 7322.

7328

Description d'une estampe représentant le tombeau
de Rousseau

[le 26 octobre 1778]

GRAVURE

TOMBEAU de *Jean-Jacques Rousseau.* Vue de l'Isle des Peupliers, dite l'Elisée, partie des Jardins d'Ermenonville, dans laquelle J.J. *Rousseau*, mort à l'âge de 66 ans, a été inhumé le 4 Juillet 1778.

Ce tombeau est dessiné d'après nature & gravé par J.M. *Moreau* le jeune, Dessinateur et Graveur de la Chambre & du Cabinet du Roi. Il se trouve chez l'Auteur, au Palais, cour du Mai, Hôtel de la Trésorerie. Le prix est de 3 l. & sera au jour le Mercredi 28 de ce mois.

Ce morceau, nouvellement sorti du Crayon & du burin de M. *Moreau*, a le mérite de conserver tout l'esprit original, puisque l'Auteur n'a employé aucun coopérateur dans son exécution. On doit savoir gré à cet Artiste de s'être empressé de donner au public ce monument, dont la vue est aussi piquante pour la partie pittoresque, que par les restes du grand homme qu'il renferme. Le sîte est rendu avec tant de vérité, qu'il a été reconnu par tous ceux qui ont vu les Jardins d'Ermenonville, auxquels l'Auteur a montré son dessin: & l'on sait que ces Jardins sont au nombre des beautés qui attirent l'attention des Etrangers éclairés. Les peupliers qui chargent cette Isle, paroissent avoir été plantés pour couvrir l'urne de J.J. *Rousseau*, & donner à ses mânes l'asyle solitaire & tranquille qui sembloit leur convenir.

IMPRIMÉ
   JP n° 299 du Lundi 26 octobre 1778, p.1197-1198.

NOTE EXPLICATIVE
   Voir les n°ˢ 7336 et 7337.

7329

Antoine Barthès de Marmorières à Frédéric-Samuel Ostervald

Versailles ce 26[1] octobre 1778.

[. . .] Après a voir reçu votre lettre du 22 du mois dernier[a], je me suis empressé de me rendre à Paris pour y retrouver l'ami qui m'avoit assuré avoir eu dans ses mains une copie des mémoires de Rousseau, d'environ dix-sept heures de lecture: Mais après l'avoir fait chercher dans des campagnes autour de la Capitale, j'ay appri qu'il etoit parti pour une terre aux environs de Rennes en Bretagne ou il etoit Avocat-general au parlement du temps de M[r] de Meaupou[b]. Ce n'est donc plus avec quelque fruit que je puis réiterer des tentatives de ce coté[c]: [. . .]

MANUSCRIT

  * Neuchâtel ms. 1117 (arch. de la Société typographique), fol. 336, première p. d'une lettre de 4 p., p.4 bl.; orig. autogr.

NOTE CRITIQUE

  [1] [en surcharge sur '5']

NOTES EXPLICATIVES

  a. lettre inconnue.
  b. voir le n° 7301, note *a* (t.xli).
  c. le 2 novembre, Barthès reprend la

plume pour écrire à Ostervald (du 'mont Valerien par Nanterre, isle de France'): 'Ce que l'on desire le plus, Monsieur et respectable ami, n'arrive qu'à travers mille obstacles. Personne n'a lu l'ouvrage de Mr Rousseau, parmi du moins une foule de personnes qui m'en ont parlé. [. . .]' (Neuchâtel, arch. de la Société typographique, ms.1117, fol.338, première p. d'une lettre de 4 p., p.2-4 bl.; orig. autogr.).

7330

La Société typographique de Neuchâtel à Pierre-Alexandre Du Peyrou

[le 27 octobre 1778]

[1] La Sociète Typographique de Neuchâtel en Suisse, aprés avoir examiné le projet de conditions à Stipuler*[a]* pour l'entreprise dont il S'agit, lequel monsieur Du Peyrou a bien voulu dresser & lui remettre, en la requerrant d'y faire Ses observations, a l'honneur de lui représenter;

[2] Que dans tous les contracts de la nature de celui qu'il est question de passer, deux choses Sont absolument nécessaires, l'une, que ce qui fait l'objet de la vente Soit exactement déterminé, & l'autre que toutes les parties Se trouvent au pouvoir & à la disposition du vendeur, pour être livrée à l'acquereur immédiatement & même exclusivement, en sorte que celui cy Soit assuré, après le traité conclû, d'en être devenu le seul proprietaire. La liste des piéces que monr. Du Peyrou a eu la bonté de remettre à la Société, paroit d'abord Satisfaire au premier de ces deux points. Mais comme il a dèclaré depuis lors, que les Six livres des *Confessions* que cette liste renferme & qui forment le morceau le plus essentiel de la collection, ne Sont pas entre les mains de la Veuve, & que par cette raison elle ne peut ni ne veut s'engager de les fournir, il est évident que dans cette position, la Societé ne sauroit aller en avant, ni offrir une Somme fixe & déterminée, sans agir contre les régles de la prudence. D'autant plus, qu'il conviendroit de Savoir Si ce morceau existe dans son entier, & que Son dépositaire lui ètant inconnû, de même qu'a Monr. Du Peyrou, elle ne peut aujourd'hui s'assurer de sa fidèlité, ni être certiorée*[b]* qu'il n'en ait pas donné Communication à d'autres, Ses doutes à cet égard étant, en quelque Sorte, justifiées par des avis qu'elle a receu d'ailleurs & de plus d'un endroit. Il est donc indispensable à Son avis, qu'avant toutes choses, la veuve exerçant les droits que cette qualité lui donne, retire & mette en Sa possession le morceau dont il S'agit & puisse certifier à la Société, que le dèpositaire n'a point abusé de la confiance de l'auteur.

[3] Pour ce qui est des trois exceptions mises au premier article

du projet, la Société Se borne à observer, qu'il lui paroitroit nécessaire de Spécifier dans la premiere, ceux des ouvrages de feu mr.
Rousseau dont il a eu intention de renvoyer la publication au Siècle
prochain.

[4] Enfin, quant aux engagements à prendre par la Société pour
l'exécution Typographique, elle a déja eu l'honneur de déclarer à
Monsieur Du Peyrou, qu'elle étoit bien résolue de donner à l'édition,
Si elle en etoit chargée, toute perfection possible à cet égard,
personne n'étant plus interressée qu'elle ne le seroit dans ce cas, à
ne rien épargner pour y réussir, puis que ce Seroit le plus sur moyen,
non Seulement d'en hâter le débit, mais encore de donner à Son
travail, quant à la forme, une superiorité marquée sur les contrefaçons dont elle se verroit menacée éminemment. Elle en dit autant
par raport à la diligence, des que l'édition Seroit une fois Sous
presse./.

Neuchâtel le 27ᵉ. 8ʳᵉ. *1778*.   La Société Typographique
                                         de Neuchâtel en Suisse.

A Monsieur / Monsieur Du Peyrou / *En sa maison*

MANUSCRIT   NOTES EXPLICATIVES
  *Neuchâtel ms. R118, fol.136-137; 4   *a.* voir le n° 7327.
p., p.3 bl., l'ad. p.4; cachet aux initiales   *b.* voir au t.xxiv le n° 4148, premier
'STN' sur cire rouge; orig. de la main   alinéa et note *b.*
d'Ostervald.

7331

*Pierre-Alexandre Du Peyrou à la Société typographique
de Neuchâtel*

[le 28 octobre 1778]

[1] En admettant, Messieurs, avec vous les deux principes absolument essentiels à toute Vente, je ne vois pas leur defaut d'aplication
dans le cas present. Si vous m'aviés lû ou écouté avec plus d'attention que vous ne paroissés l'avoir fait, Vous auriés
[2] 1°. Vü que Mᵈ. Rousseau indique les objets qu'elle veut livrer,
mais qu'en mëme tems elle observe que quelques uns des dits objets
n'etant á Sa disposition que par l'offre á elle faite de la part des

Depositaires, elle ne peut S'engager à plus qu'à ce qu'elle offre actuellement, et que S'il y a des Suites de cés ouvrages, elle n'entend pas garantir leur livraison. Cette reserve ne porte et ne peut porter que Sur ce qui n'est pas compris dans l'Etat qui vous a eté presenté. Et je ne conçois pas comment vous l'avés apliqué aux VI premiers Livres des Confessions.

[3] 2°. Sur ce dernier ouvrage ainsi Sur ceux qui ne Sont pas en mon pouvoir actuel, je vous ay déclaré que pour ma propre Sureté, je ne Signerois le traitté en question que lorsque je me verrois nanti dés articles et de tous les articles qui me Sont promis.

[4] Passant ensuite aux Conditions á exiger de la Veuve, je vous ay marqué celles qu'elle pouvoit prendre. Il est donc inutile d'insister Sur d'autres auxquelles elle ne peut S'engager Sans Se mettre dans le cas d'y être infidelle malgré elle même. Si dans l'Etat dés choses, qu'il n'est pas possible de changer, l'Entreprise ne convient point á vos interets, tout doit être dit, Messieurs. Car encore une fois, il est inutile d'exiger au dela de ce qui est offert. C'est après cela et Sur cés offres, à vous Messieurs de presenter lés vôtres, ou de rejetter l'Entreprise.

[5]   J'ay l'honneur d'être
       Messieurs, Votre tres humble
       et trés obeiss' Serviteur
                          Du Peyrou
Mercredi 28 8bre *78*

A Messieurs / Messieurs de la Societé / Typographique / á *Neufchatel*.

MANUSCRIT
*Neuchâtel, archives de la STN, ms. 1144, fol. 178-179; 4p., l'ad. p.4; cachet armorié sur cire rouge; orig. autogr.

REMARQUE
En 1778, à un moment impossible à déterminer avec précision, mais qu'on peut placer entre juillet et novembre, l'architecte Pierre-Adrien Pâris (1745-1819) visita le parc d'Ermenonville, et eut avec Thérèse un entretien où elle lui fit son récit habituel des dernières heures de JJ: 'Elle nous a raconté sa mort qui m'a fait beaucoup pleuré, quoique ma sensibilité se fût déjà beaucoup exercée au récit que nous en avait fait le valet de chambre anglais [John Bailey?] que M. de Girardin nous avait donné pour nous faire voir son jardin.' 'Elle ne nous a pas reçu [*sic*] chez elle mais chez un bon paysan, nommé m. Bimont.' Pour le texte intégral de cette visite, voir Georges Gazier, 'La Mort de J.-J. Rousseau [. . .]', *Mémoires de la Société d'émulation du Doubs*, 8e série, i (1906). 132s. Pierre-Adrien Pâris, originaire de Besançon, fut nommé en 1778 architecte du roi, après avoir passé cinq ans à Rome (1769-1774). Organisateur des fêtes de la Cour, il fut responsable ensuite de la construction de la Salle des Etats généraux. Sous l'Empire, il surveilla le transport à Paris des collections de la Villa Borghèse.

7332

Pierre-Alexandre Du Peyrou à Paul-Claude Moultou

Neufchatel 28 8bre 1778.

Depuis vôtre precedente lettre[a], j'ay été Monsieur, fort occupé a dresser un etat de ce que j'ay en mains, pour le faire passer à Mr de Gerardin qui de son coté, m'a fourni la note de ce qu'il avoit trouvé[b]. C'est d'aprés ces differens etats combinés avec celui que vous m'avés indiqué tenir à ma disposition pour être imprimé au profit de la Veuve, que je suis à portée de traitter avec quelques libraires. J'ay dressé un précis dés conditions et dés engagemens à stipuler de part et d'autre[c], ainsi qu'une liste des morceaux qui pourront composer l'Edition generale[d]. C'est d'aprés cés etats que j'écouteray les offres qui seront faites, pour ensuite les referer à la Veuve, pour avoir son aprobation. Mais je ne conclurray rien definitivement que 1° je ne vous aye fait part de tout ce qui aura raport à cet arangement. 2° que je ne sois nanti dés piéces que je seray dans l'engagement de fournir, spécialement de celles qui ne sont pas en vôtre pouvoir actuel. Vous sentés, Monsieur, qu'en prenant dés engagemens avec les entrepreneurs, il faut que je sois assuré de les pouvoir tenir. Il me faudra les 3 derniers des VI premiers livres dés Confessions, n'ayant suivant ma note que les 3 premiers et une partie du 4me. Des que j'en auray le loisir je vous feray passer Monsieur, copie de ce qu'il convient que vous sachiés pour remplir avec moy les obligations que l'amitié nous impose, ou celles que nous prendrons volontairement. J'avois envoyé à Mr de G. la proposition faite par vous de certains morceaux[e], tels que 1° L'Oraison funebre du feu Duc d'Orléans. 2° Sur la constitution de Pologne. 3°. Dés Solitaires, fragment et 4° de quelques lettres reçues de l'auteur. Depuis je lui avois mandé la proposition faite par un quidam à moi inconnû de fournir ces VI premiers Livres des Confessions aux conditions par lui imposées et avec l'assurance par lui donnée que ces VI Livres pouvoient paroître[f]. Cés differentes offres sont acceptées avec reconnoissance. J'avois de plus proposé à Mr de G. de s'unir à vous et à moy pour assurer des à present un sort à la Veuve au moyen de l'abandon qu'elle nous feroit de tous ses droits, afin qu'elle put jouïr des à present et nous laisser le tems nécessaire pour rendre cette edition complette et digne de l'auteur[g]. Il me repond[h] 1° qu'il seroit charmé de pouvoir s'unir à vous dans cette entreprise, mais que pour le bien de la chose, il ne le peut pas, vû sa position qui le rendroit une espece d'otage entre les mains de l'autorité, pour nuire à la liberté de l'Edition etc. etc. 2° Que la Veuve consentira à transiger avec nous de tous ses droits aux ouvrages de son mari tant connûs qu'inconnûs, au moyen d'une somme d'argent comptant. Cette proposition offre pour nous la liberté et la facilité de faire l'Edition telle qu'il conviendra, et sans trop de hâte; mais d'un autre coté, j'ignore Monsieur, totalement la nature et l'etendûe de l'offre à faire, et si vous consentiriés à cette proposition. Jusques à present je n'ay rien qui puisse me faire juger de la somme à offrir. Voyés Monsieur, ce que vous pensés la dessus, et dites moy, vôtre sentiment. On vient de m'aprendre que l'Oraison funebre du feu Duc d'Orleans est imprimé en Hollande depuis peu[i]. Il est à craindre que les autres morceaux ne subissent le même sort. Il faut donc ne pas perdre de tems. Connoissés vous l'Edition faite à Bruxelles[k]. On la dit trés belle. Il seroit peut être possible d'engager le Sr Boubert libraire, de completter cette Edition, par lés nouveaux morceaux qui restent, et par la correction de quelques morceaux tronqués, tels que le Discours sur la vertu necessaire aux heros, absolument incomplet et fautif. C'est une idée. Enfin, si l'on ne peut s'arranger ici, ne pourroit on pas trouver en Hollande, ou chez vous, dés entrepreneurs capables de faire cette Edition telle que nous devons la desirer? J'aimerois fort qu'elle se fit à vôtre portée ou à la mienne. Enfin pourroit on au defaut d'une Edition generale et complette, se borner à traitter pour les morceaux qui n'ont pas encore paru? Daignés Monsieur, examiner ces differentes idées, et m'en dire vôtre sentiment.

J'ay repondû à la lettre que vous m'avés envoyée de la part de Madame la Duchesse d'Enville[l], et cela sous l'addresse indiquée.

Je vous suis obligé, Monsieur de l'interet que vous temoignés prendre au derangement de ma santé. Ç'a été une bagatelle, mais il n'est que trop vray que l'humeur de goute dont je suis malheureusement persécuté depuis 28 à 30 ans, est la seule cause de més souffrances. J'en suis pourtant moins desolé depuis deux ans que je fais usage chaque jour du remede caraïbe, composé de tafia et de gomme de Gayac[m]. Je crois ce remede bon encore pour lés rhumastismes. Il est aisé à prendre, et n'exige point de regime trop genant. Si vous desirez connoitre et le remede et le regime, je vous donneray avec plaisir la dessus tous les renseignemens qui me sont connûs. Recevés Monsieur, lés assurances de mon devouement.[1]

MANUSCRITS

[1. pour l'orig. autogr., 4 p., voir au t.xli le n° 7243]

*2. transcription faite par mlle Rosselet d'après le ms. 1.

NOTE CRITIQUE

[1] [suivi du paraphe de Du Peyrou]

NOTES EXPLICATIVES

a. cette lettre manque.

b. voir le n° 7313.

c. voir le n° 7327.

d. voir le n° 7322.

e. voir le n° 7310, alinéa 7 (t.xli).

f. voir les n°s 7308 et 7310, alinéa 15 (t.xli).

g. voir le n° 7310, alinéas 9 et 10 (t.xli).

h. voir le n° 7313, premier alinéa.

i. ce bruit paraît dénué de tout fondement.

k. celle de Boubers, qui portait l'indication fallacieuse 'à Londres'.

l. cette lettre manque.

m. ce remède est inconnu à la *Pharmacopée* de Lémery, qui énumère pourtant près de 80 'baumes'. – Le tafia est une eau-de-vie du même genre que le rhum. Quant au gaïac, c'est une plante des Antilles et de l'Amérique centrale. On se servait de la gaïacine ('gomme' ou résine du gaïac), qu'on dissolvait dans de l'alcool, pour stimuler la transpiration. Elle entre aussi dans la composition du sirop de salsapareille composée. – On trouve une allusion à ce remède contre la goutte dans une lettre de 1777 (?) adressée par le comte de Tressan au cardinal de La Roche-Aymon, à qui il envoie 'ce remede des Caraïbes', avec une eau de vie de plus de trente ans 'etant essentiel que l'eau de vie de sucre, ditte taffiat en Amérique soit bien naturelle et vieille' (vente au Nouveau Drouot, Paris, des 15 et 16 mars 1983, n° 256 du catalogue, orig. autogr.).

7333

La Société typographique de Neuchâtel à Pierre-Alexandre Du Peyrou

[le 29 octobre 1778]

Nous sommes trés mortifiés, Monsieur, de voir par votre billet de hier*a*, que nous ayons pû vous donner lieu de penser, que nous ne vous écoutames pas avec tout l'attention, lorsque vous prites la peine de passer lundi dernier*b* a notre bureau. Mais il vous aura été facile d'observer que le contenu de notre réponse n'avoit pour but que de nous assurer, autant que possible, la proprieté exclusive de ce que nous desirons d'acquerir & il n'y a certainement aucun Spéculateur qui, à notre place, n'y aspirat essentiellement. Cependant, considérant d'un coté qu'il n'est nullement probable qu'il existât plus d'une copie des mémoires en question, Sans que la Veuve ou quelqu'un des amis de l'auteur n'en eut connoissance, & persuadés d'un autre coté par l'idée que nous avons de leurs principes, que l'on ne traiteroit pas avec nous, comme on le fait Si le cas avoit lieu, nous nous bornons aux assurances que vous avés eu la bonté de nous donner pour la livraison en entier de toutes les pieces mentionnées dans votre liste*c* à nous fournir & persistons en conséquence dans l'offre que nous avons faite à la Veuve*d* d'une Somme de Dix mille livres une fois payée, ou d'une rente viagere de Six Cent livres, à Son choix, le tout en argent de France, pour prix de la totalité des manuscripts articulés dans laditte Liste, avec douze Exemplaires de la nouvelle Edition pour elle & les amis de l'auteur, nous en rapportant quant au reste à ce qui pourra être convenû entre nous pour le détail, selon votre précédent billet & le notre.

Nous avons l'honneur de vous assurer, Monsieur de nos obeissances trés humbles.

Neuchâtel le 29ᵉ. 8ʳ. *1778*.

La Société Typographique
de Neuchâtel en Suisse.

A Monsieur / Monsieur du Peyrou / *En sa maison*

MANUSCRIT
  *Neuchâtel ms. R118, fol.138-139; 4 p., p.3 bl., l'ad. p.4; cachet aux initiales 'STN' sur cire rouge; orig. de la main d'Ostervald.

a. le n° 7331.
b. lundi 26 octobre.
c. le n° 7322.
d. voir le n° 7326, article 6°.

NOTES EXPLICATIVES

7334

Pierre-Alexandre Du Peyrou à René-Louis,
marquis de Girardin

Neufchatel 29 8ᵇʳᵉ *1778*. N° 8

[1] Depuis ma precedente lettre du 20*a*, je suis parvenû Monsieur, à dresser l'Etat cy joint*b*, ou vous trouverés 1°. La Note Specifique de tous les effets ou papiers entre més mains. 2°. la Copie d'une Note dressée par l'auteur en 1765 des piéces qui devoient composer le Recueil d'une Edition Generale, 3°. Une addition á cette Note, des piéces offertes par vous Monsieur et par d'autres. Enfin le précis

des Conditions á Stipuler^c, entre la Veuve et les Entrepreneurs d'une Edition Generale.

[2] D'après ce tableau general, vous Serés en etat Monsieur ainsi que Mad^e. Rousseau d'aprecier lés offres que voudront presenter Soit les Libraires d'ici, Soit d'autres auxquels vous jugeriés convenable de vous addresser, ou encore d'aprecier vous mëme cet objet. Il m'a deja eté observé, Sur cet Etat, que la Veuve n'ayant pas en Son pouvoir ni á Sa disposition, tous lés ouvrages offerts, ainsi que leurs Suites, et ne pouvant pas repondre de la bonne foy dés depositaires inconnüs de ces morceaux, lés Entrepreneurs d'une Edition generale auront á craindre que dés Copies dés mêmes ouvrages ne Soyent fournies á d'autres, ce qui leur nuiroit considerablement dans leur Entreprise. Autre observation faite, c'est que depuis quelques années, il S'est fait tant en Hollande qu'en France, Paÿs bas, Suisse et Allemagne plusieurs Editions de tout ce qui a parü, et que les diferens Editeurs ne manqueront pas d'annoncer á leurs Souscrivans la Suite de ce qui paroitra, pour completter leur Edition, ce qui diminue nécessairement le nombre de ceux qui voudront Souscrire á leur Entreprise. Ces observations me paroissent justes, et d'autant plus que la derniére Edition in 4° faite á Bruxelles^d est á ce qu'on dit trés belle, et en grande partie encore en Magasin. Mais elle doit avoir le mëme defaut de toutes les autres, qui contiennent des pieces tronquées faites Sur des Copies furtives. Sans cette considération j'aurois eté fort tenté de chercher á traiter avec le Sr. Boubert qui ayant cette Entreprise Sur les bras, Seroit interressé plus que tout autre á la rendre d'un prompt debit, en la Completant. Mais pour cet effet il faudroit qu'il refondit tous les morceaux tronqués, et qu'il Suprimat tous ceux indignes d'y entrer, Ce qui n'est pas aisé, et peutëtre pas praticable. D'un autre coté, je crains la piraterie des Libraires, dont l'avidité fomente lés infidelités les plus odieuses. Voila m'assure-t-on, l'oraison funebre de feu Duc d'Orleans imprimé en Hollande^e. Il est fort à craindre que la Constitution de la Pologne n'ait le même sort, d'après ce que vous me mandés. La Veuve Seroit la victime de ces Voleurs, et j'en Suis au desespoir. Je n'ai point encore reponse de M^r. Moultou au Sujet de la proposition contenüe dans vôtre lettre, et quoique disposé, S'il le faut, á me charger Seul dés interets de cette Veuve, je suis trop peu au fait de cette matiére, pour faire ladessus des ouvertures. Mais comme le tems est précieux, et qu'il n'en faut point perdre, Je vais vous proposer Monsieur, le choix de més deux propositions. 1°. que Madame Rousseau mette un prix, Soit en argent comptant, en Rentes Viagéres, ou enfin qu'elle determine Sa quotité dans lés

produits d'une Edition Generale, en faisant cession de tous ses autres droits. 2°. Ou bien qu'elle Consente, que renvoyant l'Edition Generale, on Se borne aujourd'hui á l'annoncer, et qu'on fasse paroitre les VI premiers livres, morceau le plus piquant, accompagné d'un autre morceau déja imprimé, mais restitué comme il doit ëtre, le tout précedé d'un avertissem^t au Publiq, pour le premunir contre les faussaires, et lui donner la preuve en meme tems, des friponeries dont il est la Victime. Si Madame Rousseau prefere le premier parti, il faut determiner un dés objets indiqués. Si elle prend le Second parti, je traiteray incessament avec dés Libraires pour cet objet. Dans lá Note presentée aux Entrepreneurs, je n'ay point Specifié tous lés articles que vous m'indiqués, la plupart devant composer la partie de la Correspondance. Par lá, nous restons libres de ne donner que ce qui est digne de paroitre. Ce que vous dites de l'Article 9, doit le rendre interessant au public^f. Reste á Savoir si Madame de Lessert voudra ceder cet ouvrage. Elle est á Paris. C'est la fille, non de Madame de Luze, mais de Mad^{me}. Boy de la Tour. On pourroit la pressentir Sur cet objet, et la prier du moins de ne pas Se désaisir de l'ouvrage qu'en faveur de la Veuve.

[3] Vous verrés Monsieur, que je ne fais aucune mention des morceaux N° 1, 2 et 3 en la disposition de diverses personnes par la raison que nous ne pouvons les promettre, et que d'ailleurs le dernier morceau ne doit paroitre qu'aprés le Siécle^g. Mais la traduction du 1er. Livre du Tasse etant á la disposition de la Veuve, vous ferés bien Monsieur de vous en procurer la Copie, ainsi que vous l'avés du N°. 2.^{h}

[4] Je ne sais Monsieur, S'il n'existe comme vous le dites qu'un Seul exemplaire des Confessions. Mais en ce cas il n'existe pas ou vous le suposés. Je crains qu'il n'en existe plus d'un Exemplaire, et j'en Suis persuadé S'il est vray comme vous le croyés qu'il y en ait un á Geneve.^{i} C'est ce que j'ignore. Mais je dois croire qu'á Paris l'ouvrage existe en Son entier.^{k} Un homme de cette Ville a écrit á la Societé Typographique de la Notre, qu'il a passé 17 heures á la lecture de cet ouvrage, et qu'il ne seroit pas impossible de S'en procurer une copie.^{l} Voila ce qui m'a été dit par un dés membres de cette Societé, Sans me nommer son Ecrivain.^{m} Je ne pense pas que celui que vous indiqués, soit depositaire d'un autre Exemplaire. Vous verrés que dans mon depot, Se trouve le commencement de cet ouvrage.^{n} Vous verrés encore que tous les paquets reçus cachetés, Sont restés tels que je lés ay reçus, ayant pensé que quoi qu'ils fussent etiquetés á moi apartenant, je devois les laisser à la disposition de leur Auteur, tels qu'il me les avoit fait tenir. Mais je seray dans le

cas de les parcourir, S'il faut traiter d'une Edition quelquonque á faire, et l'attente ou j'etois de vous voir arrivé ici avec Mad: Rousseau et vous rendre temoin l'un et l'autre de l'etat dés choses, et de ma façon de penser, S'etant á mon grand regret eloignée plus que jamais, et lés circonstances ayant changé, je pense Monsieur que pour le bien de la chose, et pour ne pas me compromettre dans les engagemens que je seray peut ëtre apellé á signer au nom de Mᵉ. Rousseau, il convient que je connoisse par moy même, ce qui existe entre més mains, et de plus que je Sois nanti de ce qui n'y est pas, avant de prendre engagement de les fournir aux Entrepreneurs. Cette precaution me paroit indispensable pour traitter de bonne foy, et honorer sa paroleᵒ. Quant à la Collection de Musique, je pense Monsieur qu'il ne faut pas perdre de tems á en traitter. Celle d'Eglise pourroit comme vous le dites ëtre livrée á un Graveur, á prix fait. Quand au Recueil contenant la Musique de Chambre[1] le fragmentᵖ de Daphnis et Chloé, ainsi que lés autres fragmens, il me Semble que le parti le plus avantageux á la Veuve, Seroit d'en proposer la Souscription, en indiquant au public le nombre et l'Espéce de Morceaux qui composeront ce Recueil, dont il sera facile de fixer le prix d'après le Volume. On verra ce que cette Annonce produira, et l'on coupera court á toutes les infidelités particulieres de ceux qui ont copie de quelques uns de ces Morceaux. Quant á la crainte que vous aviés de voir paroitre quelque parent reclamant l'heritage de la Veuve je ne Saurois, Monsieur, la partagerᵠ. Ce Role á jouer Seroit infame, et ne produiroit l'infamie qu'a pure perte. Il faudroit produire dés titres, et meme en ce cas, je pense que les Volontés de l'auteur consignées dans des lettres que j'ay reçues de lui, constateroient Sufisament Sés intentionsᵏ. Mais permettés moy de vous dire Monsieur, ce qu'en votre place, je voudrois faire. En faisant graver cette Musique, je ne fournirois que des Copies que j'aurois fait tirer, pour ne point maculer lés originauxʳ qui auront aux yeux d'un Amateur un prix relatif á la beauté dés Caracteres, et au nom du Compositeur; Ensuite les originaux Serviront á Verifier la Correction des Epreuves qu'il faudroit revoir avant de faire tirer les feuilles, pour donner au Recueil toute la Correction possible. Cela vous demandera je le Sens, un peu de tems et de travail mais je Suis persuadé que vous les y consacrerés avec plaisir pour le merite du Recueil.

[5] Je pense Monsieur que les precautions indiquées Sont bonnes á prendre pour la majeure partie. Mais S'il se commet des infidelités aux Bureaux dés postes, ce ne peut ëtre qu'á celui de Paris, et de quelque façon que je m'y prenne, més lettres y doivent passer. Je

vais donc prier M^r. Junet Directeur des Postes ²à Pontarlier², Sur qui je crois pouvoir compter, par quelques legeres obligations qu'il m'a, de mettre une Envelope á més lettres et de vous les faire ainsi passer. Il les recevra Sous Son couvert, et vous Sous le Sien, S'entend celles qui exigeront cette precaution.

[6] J'ay commis á plusieurs personnes la demande des Semences de Peisse, Sans que jusques á present j'en aye reçu. Je vais reïterer cette demande, et m'adresser á d'autres personnes. Certainement j'ay trop de desirs de vous procurer cet objet, pour ëtre négligent Sur les moyens. Recevés Monsieur, mes assurances d'attachement³

[7] Ma lettre prete á partir, je reçois d'une Societé typographique, l'offre de 10 mille Livres de France [un]e⁴ fois payées, ou d'une rente Viagére de 600 [Livres]⁴ pour lés droits á tous les ouvrages connüs ou incon[nus]⁴.⁵ Je vous passe cette proposition, Sans observation[s]⁴. Elles sautent aux yeux. Je dois aussi vous dire qu'une autre societé qui ne voudroit que lés ouvrages manuscrits, propose un interet dans l'Edition á en faire, qui Seroit d'un Sixieme dans les profits, que la Societé garantiroit á la Veuve jusqu'á concurence de 5 mille Livres pour sa portion. Je ne vous parle de cette derniére que pour m'acquitter du role que je fais de raporteur; car je conçois combien cette derniere proposition est peu acceptable. Voyés donc Monsieur, avec Madame Rousseau, á mettre vous meme un tarif qui puisse me diriger, en attendant que je reçoive reponse de Mr Moultou.¹

⁵A Monsieur / Monsieur de Gerardin / En son Chateau / D'ERME-NONVILLE / *par SENLIS*⁵

MANUSCRIT
    * Chaalis, fonds Girardin D⁴ 33, n° 10; 8 p., l'ad. p.8; cachet de cire rouge; orig. autogr.

NOTES CRITIQUES
    ¹ Chambre ⟨et les⟩ ² [écrit au bas de la page et inséré ici par un signe d'omission] ³ [suivi d'une sorte de paraphe que Du Peyrou ajoutait d'habitude à sa signature] ⁴ [trou du cachet] ⁵ [de la main de Jeannin]

NOTES EXPLICATIVES
    a. le n° 7321.
    b. cet état, de la main de Jeannin, n'est plus joint à la lettre, mais se trouve dans un autre dossier conservé à Chaalis: voir le n° 7334 bis. Les articles 2 et 3 énumérés par Du Peyrou se trouvent compris dans un document de la main de Girardin, où il a noté quelques articles de plus, et ajouté son estimation du prix qu'on devait demander (19000 livres pour la liste de 1765, plus 5000 livres pour les pièces de l'article 3 de Du Peyrou, aucun chiffre pour les articles ajoutés par Girardin: Chaalis D⁴35, n° 8; 4 p., p.4 bl.).
    c. voir le n° 7327.
    d. celle de Boubers.
    e. voir le n° 7332, premier alinéa et note *i.*

f. voir le n° 7313, alinéa 31.

g. voir le n° 7313, alinéa 38.

h. la lettre circulaire, A647 (t.xl).

i. Girardin a noté ici, dans la marge de gauche: 'sur'.

k. Girardin a noté ici, dans la marge de gauche: 'non'.

l. voir le n° 7301 (t.xli).

m. Girardin a noté ici, dans la marge de gauche: 'Roman'.

n. c'est le ms. conservé aujourd'hui à la BV de Neuchâtel, ms. R 17, et qui donne le premier état des livres I-IV des *Confessions*.

o. au-dessous du mot 'parole', Girardin a noté: 'assurement'.

p. Girardin a noté ici, dans la marge de gauche: 'non'.

q. Girardin a noté ici, dans la marge de gauche, quelques mots presque indéchiffrables: 'cela peut être mais [. . . . . . .] il peut y [?] avoir parents de plus [. . .]'.

r. Girardin a noté ici, dans la marge de gauche, 'C'est ce que j'ai fait'.

s. voir le n° 7333.

t. Girardin a noté, au bas du texte: 'Point presenter ses Muses galantes qu'elles n'auront été jouées'.

7334bis

Note Spécifique des papiers de Mr. J:J:R: ### entre mes mains.

A {
Quatre Cartons pleins de Manuscrits de main étrangére, qui doivent être de Mr. de St. Pierre.

Un gros paquet de differens Manuscrits, de main étrangére sur differens objets, notamment sur la Chymie.

Un livre Cartonné en blanc, in 8°. Manuscrit de main étrangére, intitulé Principes de la Medecine.

Un livre 8° en papier bleu, manuscrit de main étrangére, intitulé Versets choisis des Psaumes, avec la Musique.
}

N.B. Tous les articles cottés A n'étant point de l'Auteur ne peuvent faire partie de l'Edition générale.

B {
Un paquet contenant les Cahiers ou brouillon du Dictionnaire de Musique.*a*

Un livre petit in folio, en Parchemin, contenant plusieurs idées de l'Auteur sur differens objets.

Un dit grand in 4°, relié en veau, intitulé au dos Recueil B, ne contient que peu d'idées de l'Auteur.

Un dit de meme intitulé Recueil C contenant quelques Copies de Lettres et des idées sur Geneve, mais en petit nombre.

Un livre Cartonné en bleu in 4° intitulé, Lettres reçuës depuis le 9 Juin*b* 1762 inclusivement. Ce Recueil contient plutot des Copies de Lettres écrites par l'Auteur, que reçuës

Un dit in 4° intitulé Lettres ecrites depuis le 15 Juin 1762 inclusivement.*c* Ce sont des brouillons et des idées sur differens objets.

Un dit petit in 4° Cartonné en papier marbré, contient des brouillons de sa lettre à moi, Sur le P. de M.*d*

Deux petits Manuscrits en papier bleu in 12°. Contenant des notes sur l'histoire de Geneve.*e*

Un petit in 24°. en papier marbré rouge et or, contenant peu de premiéres idées.
}

Tous ces articles cottés B sont détachés et ne contiennent la plûpart que des matériaux déja mis en Oeuvre par l'Auteur.

CONTENU DE QUELQUES PAQUETS FICELÉS.

N° 1

L'Engagement téméraire, Comédie en Vers en 3 Actes.*f*

Quatre Lettres à M*r*. le Président de Mallesherbes, Copies d'une main étrangere.

Un Livre contenant la Declaration de J.J.R.: relative à M*r*. le Pasteur de Vernes.

Essai sur l'Origine des Langues, où il est parlé de la Mélodie & de l'imitation musicale par J. J. Rousseau. Cotté 9.*g*

Une Lettre Anonyme à J.J.R.

Une dite à l'Abbé Rainal.

Lettre à M*r*. de Voltaire du 18 Aoust 1756. Idem à M*r*. de Scheyb du 15 Juillet 1756.*h*

Lettre à M*r*. J.J.R: et sa reponse du 15 8bre 1758.*i*

Note des piéces qui doivent composer le Recueil

Lettre d'un Symphoniste de l'Academie Royale de Musique à ses Camarades de l'Orchestre.*k*

Suite du paquet N° 1.

Les Muses galantes Ballet.*l*

Epitre à M^r. de l'Etang Vicaire de Marcoussis.^{*m*}
Projet concernant de nouveaux Signes pour la Musique, lû le 22
Aoust 1742 à l'Academie par l'Auteur. Cotté 1.^{*n*}
Traduction de l'Apocolokintosis de Seneque sur la mort de l'Empe-
reur Claude. Cotté 8.^{*o*}
Lettre de J.J.R: à M^r. Philopolis. Cotté 10.^{*p*}
Lettres à Sara, au nombre de 4 en un Cahier.^{*q*}

     N° 2.
Discours sur l'Origine et les fondements de l'inégalité parmi les
hommes.
Discours sur l'Economie Politique. Imprimé comme le précédent.
Du Contrat Social. Imp:
Projet de Paix perpétuelle. Imp.
Extrait de la Polysynodie. Manuscrit. Cotté 3.^{*r*}
Jugement sur la Paix perpetuëlle. Man. Cotté 2.^{*s*}
Jugement sur la Polysynodie. Man: Cotté 4.^{*t*}
Traduction du premier Livre de Tacite. Man:^{*u*}

     N° 3.
La Nouvelle Heloïse. Imprimé.

     N° 4.
Emile jusqu'à la fin de la profession de foi. Imp.

     N° 5.
Suite d'Emile. Imp.
Lettre à M^r. l'Archevêque de Paris. Imp.
Lettres écrites de la Montagne. Imp.

     N°. 6.
Lettre sur la Musique françoise. Imp.
Lettre à M^r. Grim. Imp:
Le Devin du Village. Intermede. Imp.
Table des Matieres pour les deux premiers Vol: d'Emile. Imp.
Lettre à M^r. d'Alembert sur son Article Geneve. Imp.
Lettre à M^r. Grim. Imp.
Reponse au Roy de Pologne Duc de Lorraine. Imp.
De l'Imitation Théatrale. Imp.
Discours sur la premiére vertu du Heros. Manuscrit.^{*w*}
Le même Imprimé, mais incomplet.
Discours qui a remporté le prix à Dijon. Imp.
Préface de la Nouvelle Heloise. Imp:
Un autre Imprimé de 38 p: de l'Imitation Théatrale.
Recueil d'Estampes pour la nouvelle Heloïse. Imp.
Autre Volume de la Lettre à M^r. d'Alembert, imprimé à Amster-

dam.

Préface & Prospectus du Journal Etranger. Imp.

Deux Lettres imprimées de J. J. Rousseau.

Suite du paquet N°. 6.

Derniére reponse de J:J:R. Imprimé.

Dissertation sur la Musique moderne avec une Estampe &c. Imp.

Narcisse ou l'Amant de Lui même, Comédie en Un Acte en prose. Imp.

N°ˢ 7 & 8.

Ces deux paquets ne sont point entre mes mains, l'Auteur depuis Son départ de Suisse me les ayant redemandés, ainsi que quelques morceaux détachés, tels que les *Solitaires*, le *Levite d'Ephraim*, *Pygmalion* &c. Ce qu'attestent plusieurs de ses Lettres que j'ai en mains.

N°. 9.

Contient cinq Rouleaux de Lettres Originales de diverses Personnes, dont plusieurs avec la Copie des Reponses de l'Auteur. Trois de ces Rouleaux sont Cottés Copies 2. 3 et 4 & un Simplement Copies. Le dernier ne porte aucune Etiquette.

N°. 10.

Contient des Lettres reçuës dont quatre paquets étiquettés

1 Cent depuis mon départ de Paris 9 Juin 1762 jusqu'à la fin d'Aoust.

2 Cent depuis la fin d'Aoust 1762 jusques à la fin de Janvier 1763.

3 Cent Février 1763 jusqu'en Avril.

4 Cent Depuis Avril 1763 jusqu'en Juin.

Enfin un gros paquet depuis Aout jusqu'en Décembre 1763.

N°. 11.

Contient un paquet de Lettres depuis la fin de Décembre 1763 à la fin de 1764 avec un dit roulé des mêmes dâtes.

Item un paquet de Lettres pendant l'année 1765.

N°. 12.

Manuscrit in folio intitulé, Doutes sur la Religion, dont on cherche l'éclaircissement de bonne foi. Ecrit d'une main Etrangére.[x]

Un Cahier contenant quelques annotations eparses sur Geneve.

Quelques additions ou Corrections pour le Dictionnaire de Musique.

Un Manuscrit en 7 Cahiers de main Etrangére contenant les Considerations sur les Milices par André Fletcher.[y]

Un Manuscrit intitulé Idilles françoises par Seguier de S. Brisson.[z]

Imprimé de 8 pages 8°. intitulé Sentiment des Jurisconsultes.

Manuscrit de main ètrangére sur la Religion.*aa*
Epitre Manuscrite à R: une feuille.*bb*
Lettre de Naturalité du 16 Avril 1763*cc* et de Communier de Couvet
du 1*er* de 1765*dd* accordées à M*r*. J. J. Rousseau.
Manuscrit de main Etrangére en 2 Cahiers in folio, intitulé Suite
du Contract Social.*ee*
Trois petits Cahiers, contenant quelques idées jettées par l'Auteur,
Sur differens Sujets.*ff*

   N°. 13.
Un Paquet de Lettres reçuës à l'Ille de S*t*. Pierre en 7*bre* & 8*bre* 1765.

   [1] De plus
Dix Paquets Cottés de A à K, Cachetés & ficelés avec l'Inscription
suivante de la main de l'Auteur sur chaque Paquet, *Appartenans à
M*r*. Du Peyrou de Neufchâtel en Suisse.* Ces Paquets venus d'Angleterre
par le Canal de M*r*. de Cerjat à qui M*r*. R. les avoit remis pour moi
en 1767 sont restés sous cachet, tels que je les ai reçus, mais la
Copie cy jointe d'une note fournie par M*r*. Rousseau lui même
indiquera leur Contenû.
A. Diverses pieces de mes Ecrits tant en brouillons qu'au net.
B. Lettres avant mon départ de Montmorency cottées N°. 7 à l'Isle
de S. Pierre.
C. Lettres depuis mon départ de l'Isle de S*t*. Pierre jusqu'à Wootton.
D. Lettres reçuës à Wootton durant le cours de l'année 1766.
E. Les deux liasses B & C de Lettres Originales, et les 41 premieres
de la liasse D. NB que j'ai à part la liasse A contenant 100 Lettres
Originales de 44 à 57.
F. Lettres de mon cher Hôte.
G. Supplement et piéces éparses, entr'autres les Lettres Originales
de M*r*. Paoli & Buttafoco.
H. Un Livre in 4°. Contenant les trois premiers Livres de mes
Confessions et le commencement du quatriéme.*gg*
I. Lettres à Wootton 1767 avec quelques autres papiers importans
à conserver entr'autres un morceau du S*t*. James Cronicle N° 803.
K. Fin de 1760. 1761. et lettres éparses.[1]

Copie d'une Note dressée par l'Auteur, des piéces qui devoient
composer le Recueil d'une Edition générale projettée en 1765. [. . .]*hh*
   A la Note Cy dessus on peut joindre
Le Dictionnaire de Musique.
L'Eloge du feu Duc d'Orléans.
Sur la Constitution de Pologne.
Les six premiers Livres des Confessions.

Quatre Lettres à M^r des Mallesherbes.
Plusieurs autres Lettres sur differens Sujets.
Les Reveries du Promeneur Solitaire.
Quelques morceaux déjà imprimés, relatifs au Sejour de l'Auteur en Suisse.
NB: C'est d'après cette note de l'Auteur & d'après celle qui y est jointe qu'a été dressé l'Etat de ce que l'on pouvoit présenter aux Libraires pour les mettre en état d'aprécier l'entreprise d'une Edition generale & de faire en conséquence leurs propositions pécuniaires aux conditions & engagemens suivans que je crois necessaire de Stipuler. [. . .]^{ii}

MANUSCRIT
    *Chaalis, fonds Girardin D²; 4 p.; copie de la main de Jeannin.
    Ce texte a été séparé de la lettre qui l'accompagnait, et se trouve actuellement dans un autre dossier.

NOTE CRITIQUE
    Dans son article, 'Histoire du Fonds des manuscrits Rousseau [. . .]' (*Revue Neuchâteloise*, v, 1962, 20), mlle Rosselet a imprimé un passage de ce document.
    ¹ [passage imprimé en 1962]

NOTES EXPLICATIVES
    La plupart de ces mss se trouvent aujourd'hui à la BV de Neuchâtel. J'en donne les cotes lorsque l'identification en est certaine, sauf en général des lettres missives et des brouillons de lettres, dont les textes, tous imprimés dans cette édition, sont accompagnés à leur date des cotes de la BV de Neuchâtel.
    a. ms.R55.
    b. ms.R92.
    c. ms.R91.
    d. lire 'pasteur de Montmollin': ms.R286.
    e. ms.R23.
    f. ms.R28.
    g. ms.R11.
    h. ms.R285.
    i. c'est la lettre des 'gens de loi' (n°s 710 et 712, t.v): ms.R285, fol.132-134.

    k. ms.R61.
    l. ms.R7.
    m. ms.R12.
    n. ms.R57.
    o. ms.R10.
    p. ms.R283.
    q. ms.R8.
    r. ms.R1.
    s. ms.R34.
    t. ms.R3.
    u. ms.R5.
    w. ms.R29.
    x. ms.R278.
    y. ms.R277.
    z. ms.R296.
    aa. peut-être le ms. de Charier, ms.R299: voir au t.xix le n° 3118.
    bb. celle de Farsetti, ms.R306: voir au t.iii le n° 333.
    cc. ms.R123: voir au t.xvi le n° A308.
    dd. ms.R124: voir au t.xxiii le n° A347.
    ee. ms.R276.
    ff. sans doute le ms.R50.
    gg. ms.R17.
    hh. suit une copie de la liste envoyée par JJ à Du Peyrou le 24 janvier 1765, sans les astérisques et la note qui s'y rapporte (t.xxiii, alinéa 5).
    ii. suivent les 'conditions à stipuler' déjà envoyées à la STN, n° 7327.

7335

Guillaume Olivier de Corancez à Jean-François de La Harpe.

[vers le 29 octobre 1778]

Monsieur,

[1] Eloigné par état de la carrière des Lettres, je suis assez indifférent sur les petites tracasseries qu'ont entre eux ceux qui les cultivent. J'ai ignoré jusqu'à present comment & pourquoi vous avez le grand nombre d'ennemis dont vous vous plaignez & que vous défiez cependant avec tant de courage; mais je ne le rencontrois qu'avec chagrin. J'avois cependant remarqué avec une espèce de répugnance, que six semaines au plus après la mort de Voltaire, vous aviez voulu le juger, & qu'au lieu de voir dans ce grand-homme l'Auteur de *Mérope*, d'*Alzire*, de *Mahomet*, &c. vous aviez affecté de ne nous montrer que celui de *Zulime*ᵃ; mais par suite de ma bonhomie, je trouvois encore le moyen de vous excuser. Je concevois que travaillant pour le Théâtre, vous pourrez avoir le desir de vous placer à côté de cet homme célèbre, & ne pouvant monter jusqu'à lui, il me paroissoit assez naturel que vous voulussiez l'abaisser jusqu'à vous, non pas que l'un ne me parut aussi impossible que l'autre; mais je louois votre intention.

[2] J'arrive de la campagne & je lis dans votre Mercure du 5 de ce moisᵇ: *On souffre pour l'amusement de la malignité, que le talent dans un homme vivant soit déchiré; mais ce talent n'est jamais plus intéressant que lorsqu'il disparoît pour toujours. Il faut l'avouer, ce sentiment est équitable; la tombe sollicite l'indulgence en inspirant la douleur, & il y a un temps à donner au deuil du génie avant de le juger.*

[3] Qui se seroit attendu que cette belle tirade dût amener un jugement sur les ouvrages & la personne de J. J. Rousseau, & une critique aussi amere que peu fondée de l'un & de l'autre? Il suit de-là, ou que vous ne mettez dans la classe des hommes de génie ni Voltaire, ni Rousseau, ou que vous bornez à bien peu de jours le deuil que vous devez en porter. Nous les pleurons, Monsieur, nous les pleurerons encore longtems.

[4] Le premier ouvrage de Rousseau, selon vous, est le moins estimable de tous. 'Il commença', dites-vous, 'la réputation de son Auteur, quoiqu'il ne prouve que le talent *facile* de mettre de l'esprit

75

dans un paradoxe. Ce Discours entier n'est qu'un sophisme continuel, *fondé sur un artifice commun & aisé*. Le Discours sur l'inégalité, n'est que la suite des mêmes paradoxes & un sophisme qui tombe devant une vérité simple. . .' Vous avouez qu'il dut avoir & qu'il a même encore beaucoup d'enthousiastes parmi les femmes & les jeunes gens; mais qu'il est jugé plus sévèrement par les hommes mûrs, qui le placent cependant dans le rang des plus grands *prosateurs*, jugement dont il ne peut se plaindre.

[5] Je vous demanderai d'abord, si les ouvrages de Rousseau sont nécessairement de la compétence du Mercure; car il semble que pour en parler comme vous faites, il faudroit pouvoir vous excuser sur la nécessité. Je vous demanderai ensuite si c'est en quatre pages in-douze que vous prétendez réfuter les deux Discours qui ont commencé & qui seuls auroient fait la réputation de ce grand homme. Vous prouvez, & j'en suis fâché, que non-seulement vous n'avez pas entendu un mot du premier, mais que vous n'avez pas même conçu la question; car qu'importe que vous prouviez, ce que vous êtes bien eloigné de faire: que les Lettres peuvent ajouter aux vices d'un homme déja corrompu, mais qu'elles ne corrompent point l'individu qui les cultive. Cette question n'a point été proposée, & Rousseau ne l'a point examinée. Il s'agissoit de savoir, si le rétablissement des Sciences & des Arts avoit influé sur les mœurs générales, c'est-à-dire, sur ceux mêmes qui ne les cultivent pas, & c'est ce que Rousseau a discuté.

[6] Mon intention n'est pas de soutenir contre vous les Ouvrages du plus profond & du plus éloquent des Philosophes, ils subsisteront malgré votre critique, & se défendront eux-mêmes. Nous ne nous informons pas, pour régler notre opinion, comment les Mercures de la Grece & de Rome traitoient les Socrate, les Démosthene, les Cicéron & les Virgile, je desire que la postérité puisse juger entre la lettre sur les Spectacles & la reponse de M. Marmontel, dont vous faites tant de cas. Je ne vous tairai pas cependant que j'ai ri de bon cœur de l'embarras où vous paroissez être pour assigner un rang à Rousseau; car encore falloit-il, comme Sofie, qu'il fût quelque chose. Vous vous êtes souvenu heureusement de la distinction établie par le Maître à écrire de M. Jourdain, que tout ce qui n'est point vers est de la prose[c], & voilà pour vous mettre hors de page, Rousseau au rang des bons prosateurs, & ce sont des gens mûrs qui vous ont dit cela. Il faut être bien mûr en effet pour ne voir dans Rousseau que de la prose.

[7] Après vous avoir ainsi éclairé sur les Ouvrages de Rousseau, vous jugez sa personne, & vous descendez dans sa conscience, à

l'exemple de ces Faiseurs de Roman, dont il parle lui-même, qui savent tout ce qui se passe dans le cœur de leurs héros. Vous prétendez qu'il ne pensoit pas un mot de ce qu'il disoit lorsqu'il prenoit le parti des Mœurs contre les Lettres, & vous fondez cette opinion sur une Anecdote que vous rapportez en ces termes: 'Quel parti prendrez-vous', dit un homme célèbre à Rousseau, qui vouloit composer pour l'Academie de Dijon? 'Celui des Lettres', dit Rousseau; 'Non', lui répondit l'homme de Lettres célèbre, 'c'est le pont aux ânes, prenez le parti contraire & vous verrez quel bruit vous ferez'.

[8] D'abord que fait à la question l'opinion prétendue d'un Auteur lorsqu'il donne ses raisons? Mais comment ne vous êtes-vous pas apperçu que cette Anecdote, telle que vous la rapportez, est du nombre de celles qu'on laisse tomber malicieusement pour examiner ceux qui les ramassent? Ne voyez-vous pas qu'elle inté-resse plus l'homme célèbre que vous designez, qui n'eut jamais dit *le pont aux ânes* & *le bruit que vous ferez*?

[9] Rousseau étoit à cet égard d'une opinion bien contraire à la vôtre, & sur cet article son suffrage doit être de quelque poids. Il prétendoit que tous ses Ouvrages étoient conséquens entre eux; il se reposoit sur la nature même de son style, qui feroit dire à la postérité que l'on ne parloit pas ainsi lorsque la persuasion n'étoit pas dans le cœur. Il m'a conté à cette occasion un trait assez plaisant, que je veux vous dire, puisque vous aimez les Anecdotes. Deux Jésuites se présentèrent chez lui pour le prier de leur faire part du secret dont il se servoit pour écrire sur toutes les matieres avec tant de chaleur & d'éloquence. J'en ai une[1] en effet, mes Peres, leur répondit Rousseau, je suis fâché qu'il ne soit pas à l'usage de votre Societé, c'est de ne dire jamais que ce que je pense.

[10] Vous dites encore qu'il n'aimoit pas les Gens de Lettres, & en le comparant à *Marius* vous en voyez la raison dans une autre Anecdote, qui est qu'étant Commis chez M. *D*., il ne dînoit pas à table les jours où les Gens de Lettres étoient invités. Si cette Anecdote est vraie, elle ne donneroit pas une grande idée des Gens de Lettres, choisis & invités par un homme qui ayant chez lui Rousseau ne l'avoit pas jugé digne de sa table; & je ne vois pas matiere à humiliation pour ne pas dîner avec MM. Vadé*d* & Poinsinet*d* à la table de M. *D*. Les Conséquences que vous tirez de ce fait prouvent que vous dîniez à table même avant d'être de l'Académie, & qu'aujourd'hui vous estimez très heureux ceux qui, à leur tour, sont admis à dîner avec vous. Je ne connois pas ce bonheur-là, je n'en puis juger, mais je vous jure que sa privation

ne me donne aucune aigreur, & sans trop la priser, je puis supposer
que la tête de Rousseau pouvoit être aussi forte & aussi philosophique que la mienne.

[11] Vous me dispensez sans doute de répondre aux *vingt années de
misere & d'obscurité*. Il a regretté long-temps cette heureuse obscurité;
mais de bonne foi, un homme tel que Rousseau étoit-il obscur parce
qu'il n'étoit connu ni de M. D. ni de ses Convives? De quel droit
donnez-vous, à la médiocrité sublime & volontaire dans laquelle a
vécu & est mort ce grand homme, l'odieux nom de *Misere*? Pourquoi
surtout affirmez-vous qu'elle a influé sur ses opinions, lorsqu'elle
n'a influé ni sur sa conduite ni sur ses écrits? Avez-vous jamais
rencontré cet homme sublime sur vos pas? Alloit-il dîner chez MM
D.? Ecrivoit-il pour imprimer, & faisoit-il avec ses Imprimeurs des
marchés que l'honnêté obligeoit de résilier? Adressoit-il des louanges
par intérêt? Blamoit-il pour de l'argent? Empruntoit-il à des gens
riches, & leur proposoit-il des Dédicaces en payement? C'est par
ces moyens que l'on prouve sa misere & que le misérable, sans
cesser de l'être, parvient à se cacher sous un surtout de velours.
L'ame noble & sublime de ce Philosophe s'est trop nourrie du lait
de la liberté, & c'est sans doute ce qui l'a rendu si étranger au
milieu de nous.

[12] Voulez-vous, Monsieur, prendre des idées plus justes de ce
grand homme & le connoître mieux que par vos Anecdotes. J'ai eu
le bonheur de vivre familièrement avec lui les douze dernieres
années de sa vie[e]; jamais pendant ce long intervalle je ne lui ai rien
entendu dire contre aucun homme de Lettre vivant; je l'ai vu s'élever
avec chaleur contre ceux qui blâmoient les honneurs décernés à
l'Auteur de Mahomet[f]: il avoit de l'homme de Lettres que vous
désignez dans votre premiere Anecdote[g], une si haute opinion, qu'il
ne faisoit pas difficulté d'avouer qu'il lui avoit les plus grandes
obligations littéraires; jamais il n'a vu dans les Auteurs les plus
médiocres, que leurs côtés louables. Au milieu de cette fierté dans
ses principes, j'ose affirmer qu'il ignoroit sa force & ne se voyoit
qu'à travers le voile de la modestie. Son caractere m'étoit tellement
connu, qu'en lui parlant de la chute des Barmécides[h], je n'aurois
pas osé lui ajouter que cette chute faisoit pour ainsi dire la joie
publique; son ame sensible en eût frémi. Pesez cette maniere de voir
avec l'opinion où il étoit d'être haï de tous les gens de Lettres. Je crois
au surplus que cette équité dégagée de tout sentiment personnel est
comune aux grands hommes & les distingue. Un homme de Lettres
prétendoit que M. de Buffon avoit dit & prouvé avant Rousseau
que les meres devoient nourrir leurs enfans. 'Oui, nous l'avons tous

dit', répondit M. de Buffon; mais M. Rousseau seul le commande
& se fait obéir'. Il est permis à un homme comme Voltaire de dire
plaisamment qu'il voudroit arracher les bonnes pages du Roman
de Julie: le vœu de Rousseau eût été d'arracher les mauvaises des
Œuvres de Voltaire. Pour nous, sans nous permettre de rien déchirer,
n'ayons jamais les yeux fixés que sur ce qu'ils ont tous deux
d'admirable.

IMPRIMÉ

* *JP* n° 303 du vendredi 30 octobre
1778, p.1213-1215.

NOTES CRITIQUES

Ce texte est intitulé: 'A M. *DE LA
HARPE, sur son article concernant J. J.
ROUSSEAU'*. Il n'est pas signé. Corancez en revendique la paternité dans
une lettre imprimée dans le *JP* le 2
novembre: voir le n° 7338.

¹ [voir au t.iii le n° 272, note *i*]

NOTES EXPLICATIVES

a. en rendant compte, dans le *Mercure*
du 5 juillet 1778, d'une représentation
de *Bajazet* au Théâtre français, La
Harpe avait rappelé que Voltaire, tout
admirateur de Racine qu'il était, esti-
mait peu cette tragédie. Il avait ajouté:
'Ce furent toutes ces raisons qui l'enhar-
dirent vers l'an 1740 à traiter dans *Zulime* un sujet à-peu-près semblable à
celui de Bajazet. Mais jamais tentative
ne fut plus malheureuse. Il y a dans
le rôle de Zulime quelques traits de
passion; mais d'ailleurs la pièce manque
à la fois par l'intrigue qui est froide &
embrouillée, & par le style qui n'est pas
celui de Voltaire. Quelle distance de
Zulime à Roxane & au Visir Acomat!
C'est donc une terrible entreprise que
de refaire une pièce de Racine, même
quand Racine n'a pas très-bien fait!'
(p.68). Ces réflexions valurent à La
Harpe une riposte cinglante dans le *JP*
du 10 juillet, lettre signée 'le Marquis
de Villev***', et où la personne du critique ne fut pas épargnée (p.761-763). A
son tour, La Harpe répondit longue-
ment dans le *Mercure* du 15 juillet, où,

tout en protestant de son attachement
pour la personne de Voltaire, et de son
admiration pour le génie du poète, il
s'éleva contre le ton de la lettre attribuée
au marquis de Villev[ielle], laquelle aurait été dictée bien plus par le désir de
diffamer La Harpe, que par la nécessité
de défendre Voltaire (p.178-185). Voir
aussi le *JP* des 11 et 14 juillet 1778
(p.766-767 et 779).

b. voir le n° 7314.

c. Molière, *Le Bourgeois gentilhomme*,
II.vi.

d. Jean-Joseph Vadé (1719-1757), in-
venteur du genre poissard: et Antoine-
Alexandre-Henri Poinsinet (1735-
1769), auteur de nombreuses pièces de
théâtre (opéras-comiques, parodies,
etc.), et dont le nom était devenu, à tort
ou à raison, synonyme de la bêtise, de
la naïveté et de la crédulité. On voit que
Corancez avait bien choisi ses exemples.

e. cette affirmation, répétée à plusieurs reprises par Corancez, est in-
exacte. Son 'intimité' avec JJ semble
avoir commencé vers 1774. Pour 'douze' lire 'quatre', ou, à la rigueur, 'cinq
ou six'.

f. Voltaire.

g. Diderot.

h. de La Harpe. Cette tragédie, représentée pour la première fois le 11 juillet
1778, n'eut aucun succès.

REMARQUES

i. La lettre de Corancez fit du bruit.
A la date du 5 novembre, Bachaumont,
en signalant l'impopularité de La
Harpe, laquelle lui aurait fait enlever la
direction littéraire du *Mercure*, ajoutait:

'[. . .] il est incroyable combien la fa-
tuité de cet auteur, qui n'est pas sans
mérite, lui a fait d'ennemis. Il n'est pas
jusques à un Sieur Olivier de Corancès,
qui, se mettant sur les rangs, a critiqué
amérement le journaliste sur ce qu'il a
dit de Rousseau. Ce Corancès n'est
point Littérateur, c'est un Commis aux
fermes; mais ayant épousé la fille du Sr.
de Romilly, fameux horloger, le compa-
triote & l'ami de Rousseau, il a cru
devoir prendre la défense du Philosophe
Genevois, & profiter de cette occasion
pour répandre plusieurs anecdotes le
concernant qu'on ignoroit' (éd. de 1780,
xii.153-154). – A noter qu''Olivier' est
bien le nom de famille de Corancez, et
non un prénom.

ii. A son tour, à la date du 21 novembre, Métra, en qualifiant la critique de
La Harpe comme 'aussi sotte qu'indé-
cente', fit circuler la lettre de Corancez
dans son intégralité (éd. de 1787,
vii.118-126).

7336

René-Louis, marquis de Girardin, au Journal de Paris

[vers le 29 octobre 1778][1]

Il n'y a point, Messieurs, d'endroit a Ermenonville qui S'apelle
L'Elisée[a], et vous auriés pu Sentir que L'endroit ou est enterré un
Chrétien ne peut ni ne doit [2]S'apeller[2] de ce nom fabuleux. La
gravure que vous annoncés au Public Sous ce titre (Dans votre
feuille N°. 299)[b] peut être *picquante* par Le talent de L'artiste, mais
L'empressement precipité avec le quel il L'a [3]presentée au Public[3],
ne Lui a pas donné Le tems de Sçavoir que Le tombeau de M[r].[4]
Rousseau[5] n'etant encore qu'en plâtre ne sera pas executé dans [6]la
forme actuelle[6].[c]

J'ay L'honneur d'être Messieurs Votre tres humble &c

A M. Le Directeur du journal de Paris / Rue du fau. S[t]. Honoré au
dessus de La ruë des Deux écus / en face de L'hotel de Soissons.

MANUSCRIT
*Chaalis, fonds Girardin D[4] 37, dos-
sier F, n° 10, p.1; copie autogr.

IMPRIMÉ
JP du 31 octobre 1778, p.1218-1219.

NOTES CRITIQUES
Ce texte est intitulé, de la main de
Girardin: 'Aux auteurs du journal'. Plus
tard, il a ajouté, au-dessous de ce titre:
'aux journaux'. C'est là, probablement,
tout simplement une note de classe-
ment, et non une indication qu'il entendait donner à sa protestation une publicité plus large.

[1] [le ms. n'est pas daté. La lettre du
marquis se place entre la notice du 26
octobre (voir la note *b*) et le 31.] [2] impr.
de 1778: se nommer [3] ms.: ⟨executée⟩
[4] ms.: M[r] ⟨Jean Jacques⟩ [5] ms.: Rous-

seau ⟨n'est point encore fini, et ne re-
stera pas⟩ [6] ⟨l⟩a ⟨même⟩ forme ⟨où il
⟨n⟩'est qu'en attendant⟩

NOTES EXPLICATIVES

a. on comprend mal cette protestation de Girardin, alors qu'il avait accepté et même repris à son compte le
terme 'Elisée' (voir au t.xli les n°s 7202,
alinéa 6, et 7208, alinéa 5). Peut-être
craignait-il des complications du côté
des autorités ecclésiastiques. Cependant, l'antipathie qu'il éprouvait pour
Corancez le portait à chercher noise au
JP à toute occasion. Pour la réponse de
Corancez, voir ci-dessous, note *c.*

b. voir le n° 7328.

c. le 1er novembre, Moreau le jeune
écrivait au *JP* une lettre où il défendait
son estampe: voir le n° 7337. Quant à
Corancez, il riposta tout de suite assez
vertement par une 'Note des Rédacteurs' ajoutée à la lettre de Girardin:
'Nous observons qu'en annonçant la
Gravure du tombeau de Jean-Jacques
Rousseau, nous en avons copié littérale-
ment le titre suivant l'usage, & que c'est
seulement dans ce titre que se trouve
employé le mot *Elisée.* D'ailleurs qu'y
auroit-il d'étonnant qu'il y eût dans un
parc un lieu appellé Elisée?' (p.1219).

7337

Jean-Michel Moreau au Journal de Paris

[vers le 31 octobre 1778]

Messieurs,

Je suis fâché que l'Estampe que je viens de publier vous ait attiré
des reproches[a]. Vous pouviez répondre que son vrai titre est *Tombeau
de J.J. Rousseau,* car il importe peu que je donne a l'Isle des
peupliers le surnom d'*Elisée.* Cela ne contraint point le Propriétaire
à lui laisser ce nom. Jamais je n'ai mis de précipitation dans ce que
j'ai offert au public. Je me suis bien apperçu que ce tombeau étoit
en plâtre, & qu'il pouvoit être changé: mais outre qu'il est à
présumer que l'on lui laissera sa forme actuelle, en la supposant
changée, cela ne nuira point à la fidélité de mon Estampe: attendu
que le monument n'est qu'un point dans mon Tableau, lequel peut
être rond, carré, ovale, &c. sans préjudicier *au piquant,* qui consiste
non dans la forme du tombeau, mais dans la vérité du sîte que j'ai
rendu avec l'attention la plus scrupuleuse.

J'ai l'honneur d'etre, &c.

MOREAU le jeune.

IMPRIMÉ

* *JP* du 1er novembre 1778, n° 305,
p.1223.

NOTE EXPLICATIVE

a. voir le n° 7336.

REMARQUE
Vers la fin d'octobre 1778, Girardin
écrivait à Wielhorski une lettre au sujet

du ms. des *Considérations*: voir au t.xxxix
le n° A620.

7338

Guillaume Olivier de Corancez au Journal de Paris

[vers le 1ᵉʳ novembre 1778]

Messieurs

D'après la précaution que j'avois prise de déclarer que je n'avois pas l'honneur de courir la carrière des Lettres, j'avois cru pouvoir me permettre de ne pas signer la Lettre que j'ai adressée à M. de la Harpe au sujet de son article sur J.J. Rousseau et que vous avez insérée dans votre Numero 303ᵃ.

J'apprends dans ce moment avec surprise que quelques personnes l'attribue à un homme de Lettres trés-connu: quoique cet Ecrivain n'ait pas à craindre que les gens de goût puissent tomber dans une pareille méprise, je crois devoir à l'admiration que j'ai pour ses talens & à ma délicatesse de ne laisser subsister aucune équivoque à cet égard.

J'ai appris également que l'on fait d'un passage de ma Lettre une application qui peut être très-choquante pour M. de la Harpe: je lui déclare dans ce moment, & si j'avois l'honneur d'être connu de lui, il m'en croiroit sur ma parole, que je n'ai eu aucun dessein d'attaquer sa personne; que je n'ai été entraîné que par mon respect & mon enthousiasme pour la mémoire de J.J. Rousseau, enthousiasme qu'il partageroit sans doute & dont il pourroit s'honorer, si après une lecture réfléchie des Ouvrages de ce grand homme, il l'avoit suivi comme moi dans les détails de sa vie privée.

J'ai l'honneur d'être, &c

Olivier de Corancez

IMPRIMÉ
* *JP* du 2 novembre 1778, n° 306,
p.1225.

NOTE EXPLICATIVE
a. voir le n° 7335.

7339

René-Louis, marquis de Girardin, au Journal de Paris

Du 2. 9bre [1778]

Dans aucun Cas Messieurs et encore moins que jamais depuis La Lettre en reponce a M de La Harpe*[a]* que je viens de trouver dans votre journal La feuille que je reçois je n'ai pas eu La moindre pensée de vous desobliger en aucune maniere par ma reflexion sur L'annonce de la gravure du S. Moreau*[b]*. J'ai cru que je devois a La bienseance et a la verité de prevenir Le public sur Le Defaut d'exactitude dans L'Intitulé et dans L'objet principal de cette publication[1] qu'autrement on auroit pu Croire avoir eté faite de Concert avec moi. Ce que j'en ai dit ne peut donc avoir aucun rapport a vous puisque votre usage est de transcrire Litteralement. Il ne seroit peutetre pas étonant qu'il y eut dans un parc un Lieu que de plaisanterie ou autrement on apellat du nom pompeux D'Elizée, mais le fait est qu'il n'y en a point dans le mien qui s'apelle ainsi, et il vous est facile de Concevoir que par toutes sortes de raisons Cette denomination ne Convient point a La Circonstance. De plus il y a un procès verbal et un acte D'inhumation que vous avés raportés vous mêmes dans vos feuilles*[c]* qui fixent La Dénomination de ce Lieu fatal par le nom d'Isle des peupliers qu'il a toujours porté. Cette Lettre Messieurs n'étant que pour vous et pour vous assurer de mes sentiments particuliers a votre egard, je vous prie de ne la point publier.

MANUSCRIT
  * Chaalis, fonds Girardin D⁴ 37, dossier F, n° 10, p.2; copie autogr.

NOTES CRITIQUES
  Le ms. est intitulé, de la main de Girardin: 'Lettre particuliere aux auteurs du Journal de Paris.'

[1] ⟨gravure⟩

NOTES EXPLICATIVES
  a. voir le n° 7335.
  b. voir le n° 7336.
  c. voir au t.xli le n° 7205, remarque ii.

7340

Jean-Guillaume Virchaux à Marie-Thérèse Levasseur

[le 2 novembre 1778]

Madame

Depuis que le bruit s'est répandu qu'on imprimoit les Mémoires de feu Monsieur votre Epoux, je me vois assalli de tous côtés de lettres par lesquelles on me les demande. J'ai beau renvoyer aux journaux les personnes qui me pressent à ce sujet, on me soutient qu'ils sont imprimés, & qu'il est surprenant que je n'en sois pas pourvu. Il y a longtems, Madame, que j'ai prié tous mes amis de Paris de la Hollande & la Suisse, entr'autres M^r. de Pourtalès, M^r. Eberts de me guetter lesdits Mémoires, pour m'en faire parvenir une centaine d'exemplaires. Quelques-uns de ces amis m'ont répondu qu'ils ne paroitroient pas de sitôt, & que vous vous proposiés, Madame, de garder tous les Manuscrits du Bon Jean Jacques pour les joindre à une nouvelle Collection de ses Œuvres que vous publîriez pour votre compte.

Je vous prie donc, Madame, de vouloir bien m'instruire de ce qui en est de l'un & l'autre de ces deux objets; & si vous publiez effectivement les Œuvres complettes, Vous aurez la bonté de me noter pour 50 exemplaires. Moyennant que vous n'epargniez rien pour les gravures, ni pour la partie typographique, vous pouvez compter que cet ouvrage vous sera un Pérou.

Si une lettre que j'avois ecrite à feu Monsieur Rousseau, peu de tems avant sa mort^a est tombée en vos mains, vous y aurez trouvé, Madame, combien je le révérois, & combien je fais de cas de tout ce qui a rapport à lui. C'est avec ces sentimens que j'ai l'honneur d'être,

Madame,

Votre très humble &
très obéissant serviteur
G. Virchaux, libraire
françois & marchand d'estampes

Hambourg le 2e. Novembre 1778.

A Madame / Madame la Veuve / Rousseau / A / Ermenonville / en *France*

MANUSCRIT

* Chaalis, fonds Girardin D⁴ 32, n°
2; 4 p., l'ad. p.4; cachet de cire rouge;
m.p.: timbre: 'HAMBOURG'; paraphe; orig. autogr.

NOTES EXPLICATIVES

L'auteur de cette lettre (1739 – après
1784) était originaire de Saint-Blaise,
commune de la principauté de Neuchâtel. Fils de David, et de Suzanne [-Mar-
guerite] L'Ecuyer, il y fut baptisé le 29
mars 1739. En 1765, on le retrouve à
Kiel où il épousa Ursula Hesse, fille
d'Emmanuel, et d'Augusta Esther

Imhoff. Elle mourut le 30 septembre
1767, à Hambourg où son mari s'était
établi, et où il acquit, en mai 1771, la
qualité de 'habitant' (Einwohner). Peu
après, il convola en secondes noces avec
Maria Catharina Flindt (?1750-1818).
En décembre 1779, on le trouve associé
avec B. G. Hoffmann, libraire hambour-
geois, sous la raison sociale de 'J. G.
Virchaux et Cie', mais il se sépara de
son associé vers la fin de mars 1781
(Staatsarchiv, Hambourg: AE, Neuchâtel).

a. lettre inconnue.

7341

? au Journal de Paris

Ce 2 Novembre 1778

J'étois à la campagne, Messieurs, lorsque l'article J.J. Rousseau
de M. de la Harpe*ᵃ* m'est parvenu. Je conçus dès-lors le projet de
venger cet homme célebre, autant que mes forces pourroient me le
permettre. A mon arrivée, je trouvai l'affaire faite dans le n° 303 de
votre Journal*ᵇ*, & j'en fus charmé. Cependant on a omis de relever
une erreur échappée à M. de la Harpe, & d'autant plus impardonna-
ble dans cet Ecrivain qu'il s'est quelquepart mêlé de parler de
Musique, *comme tout l'univers le sait.* M. de la Harpe nous donne pour
Premier ouvrage de Rousseau son Discours sur la question proposée
en 1750 par l'Académie de Dijon. *Ami Jean Georges*, tu as dit la chose
qui n'est pas.*ᶜ*

Le premier ouvrage de Rousseau est une Dissertation sur la
Musique moderne, imprimé in 8°. en 1743, chez Quillau pere. Cet
ouvrage avoit été lu par Rousseau le 22 Août 1742 à l'Académie
des Sciences, & est assez considérable, soit pour le fond des choses,
soit par la maniere dont elles y sont traitées pour assurer à son
Auteur au moins la réputation d'un Philosophe Musicien; & Rousseau ne mérite pas moins d'être connu de la posterité sous cette
qualité que sous celle du plus éloquent de nos Philosophes Moralis-
tes modernes. *Qu'ainsi ne soit*, Messieurs, donnez-vous la peine
d'envoyer chercher un exemplaire de cette Dissertation chez le sieur

Quillau[d], rue S. Jean de Beauvais, vis-à-vis le passage de St. Jean de Latran, vous serez convaincu de la vérité de ce que j'avance, & vous aurez de plus la satisfaction d'avoir à la fin du volume une table générale de tous les tons & de touttes les clefs de son sistême, laquelle manque à l'impression faite de cette Dissertation dans la Collection des ouvrages de Rousseau[e], & sans laquelle pourtant il est difficile de bien comprendre quelques raisonnemens répandus dans cet ouvrage.

Je pourrois en passant dire un mot de ce sistême, qui est un chef-d'œuvre d'imagination & de style, mais j'ennuyerois ceux de vos Lecteurs qui n'aiment pas la Musique.

J'ai l'honneur d'être, &c

A.

IMPRIMÉ

* *JP* du 22 novembre 1778, n° 326, p.1306.

NOTES EXPLICATIVES

a. voir le n° 7314.

b. voir le n° 7335.

c. je n'ai pu éclaircir cette allusion.

d. Quillau n'avait donc pas encore écoulé l'édition de cette dissertation, imprimée il y avait plus de 35 ans.

e. la *Dissertation* ne figure ni dans l'édition Duchesne ('Neuchâtel'), ni dans celle de Rey. Elle ne figure pas non plus dans les volumes parus à cette date de l'édition de Boubers, qui cependant devait l'insérer dans son t.x (p.433*s*), qui ne sortit de presse qu'en 1782. Comme c'est là le t.i des *Œuvres posthumes* on voit que la *Dissertation* y était mal à sa place. Mais on la trouve aussi dans une variante (ou contrefaçon) de l'édition Duchesne, datée de 1764, v.[1]-132, et c'est à cette édition que fait allusion l'anonyme.

7342

René-Louis, marquis de Girardin, à Pierre-Alexandre Du Peyrou

Ermenonville par Senlis 4 8bre [lire novembre][1] 1778

Puisque vous avés reçu, Monsieur, ma precedente Lettre[a], en bon tems, je suppose[2] que vous y avés trouvé joint un état détaillé de touttes nos affaires. En attendant La reponce plus detaillée qui demande d'etre faitte a Loisir sur La masse générale a établir et sur vos idées a cet égard, je vous accuse toujours la réception de La votre du 20 du mois dernier[b]. Je ferai ce que vous me marqués au sujet de la Dame a La marmelade de fleur d'orange[c] et s'il est

Impossible d'icy a quelque tems de trouver aucun moyen assuré de transmission, je ferai Le voyage moi même. Je ne pense pas que les Confessions aient jamais ètè entre Ses mains,*d* et j'imagine que ce que vous apellés Les memoires qui ont été demandés par L'auteur et qui servent de suitte aux Confessions ne ³sont autre³ chose que Les Dialogues dont une⁴ partie ainsi que je vous Le marquois dans ma derniere, est entre Les mains D'un jeune Anglois*e*, L'autre ⁵est à⁵ M. D'Ang***f et L'autre chés L'abbé de Cond***g. Je n'ai rien vu ni de ces Confessions*h* ni de ces mémoires ou Dialogues.⁶ Tout ce que je Sçais par lui même, c'est que son vœu particulier ètoit autant que faire se pourroit que ses Confessions ne fussent Imprimées ⁷autant que faire se pourroit⁷ que longtems après sa mort et celle des personnes Interessées, ce qui ètoit une Suitte de son Charactere incapable de haine et de vengeance, n'ayant jamais dit La verité que pour La vérité et non pour nuire a personne. D'après cela je ne puis ni Conseiller, ni m'opposer à Leur publication. C'est aux depositaires particuliers de Chacun de Ces écrits a sçavoir Les Conditions et les Intentions préfixes en deposant Lorsqu'il Les Leur a remis. Je puis etre dans l'erreur, attendu notre éloignement, sur la main dont je Soupçonnois que pouvoit venir Le manuscript des six premiers Livres, mais soyés assuré, Monsieur, que je n'y suis pas sur L'endroit ou je vous ai marqué qu'a ètè remise au mois de mars dernier La totalité*i*. Il est certain qu'il Les a Lues deux fois dans sa vie une chés M*de* La comtesse D'Egmont a La campagne, L'autre chés M. de Pezay a Paris. Ces ceux personnes sont mortes*k*, et ceux qui étoient presents a cette Lecture, tels que les belles soeurs et beaux freres de M*de* D'Egmont, et MM*rs* Dorat Dusaulx, et Neuville chés M*r* de Pezay, peuvent bien en avoir retenu Les faits, et quelques Phrases, mais Le manuscript n'est jamais [sorti]⁸ un Instant D'entre Les dix doigts de L'auteur*l*. Il me semble d'après son procedé que vous pouvés compter comme sur vous même sur L'honneteté de celuy qui vous a fait offrir Les 6 premiers Livres, par Consequent S'il y avoit La moindre Infidélité, Elle ne pourroit venir que de l'autre part ou est Le seul autre éxemplaire dans Le cas ou celuy qui vous est offert viendroit D'ailleurs. Mais C'est une chose que je crois ne pouvoir pas être, quoique cette personne etant venu⁹ tout près d'icy ait paru eviter d'y venir, et de Convenir de rien vis a vis d'aucun de nous, et malgré La publicité de La preface qui a paru dans Le journal de Paris dans Le tems de Son dernier voyage*m*, je pense ¹⁰qu'il a¹⁰ peutetre ètè determiné a tenir cette conduitte par menagement pour ses concitoyens, et qu'il aura peutetre cru, qu'en en laissant seulement transcrire et publier La préface, ce[11] seroit de rehausser La valeur de L'ouvrage en picquant La Curiosité du public. D'après ces Eclaircissemens, Peutetre pense-rés vous, Monsieur, qu'il vaudroit mieux attendre pour reunir Le tout, en annonçant que ce qui ne seroit pas susceptible [12]de L'etre[12] pour Le moment, mais qui pourroit etre publié par La suitte seroit toujours donné comme supplément dans Le même format et Charactere, et qui rehausseroit de beaucoup La valeur, et assureroit pour Longtems La préférence a cette edition generale. En attendant nous contribuons toujours de notre mieux aux Interets de La veuve. Le nouveau Devin ou il n'a refait que 7 airs vient[13] d'etre vendu Deux mille ècus aux Directeurs de L'opéra[n]. Le Recueil de ses Romances &c. est actuellement en train de graver. J'ai même pris La Liberté de compter assés sur votre bienveillance pour Indiquer aux souscripteurs des Environs de chés vous votre adresse a Neuf-chatel, je vous Envoye Le prospectus cy joint[o] et vous prierai d'en faire Imprimer quelques Centaines a Neufchatel pour La faire distribuer dans Les villes de Suisse et aux adresses que vous jugerés a Propos d'y ajouter. J'espere que Le produit de cette souscription sera tres profitable a La veuve, et donnera par ce moyen une valeur a cet objet sans embarras ni Inconvenients, fort au dela de Celle qu'il auroit eue naturellement. Nous ne pouvons mieux affectioner La memoire de L'ami que nous avons perdu qu'en Contribuant a faire ce qu'il auroit desiré. En faisant tout pour celle qui fut nécessaire à ses besoins et à sa destinée errante et poursuivie, c'est faire pour lui tout ce que nous pouvons faire pour lui de plus amical. Car du reste a L'exception de quelques ROQUETS, qui aboyent a L'ombre des grands hommes comme Les Chiens enragés a celle de La Lune, il me semble que tous les honnetes gens de[14] L'univers Se réunissent unanimement, a respecter sa memoire, et que La Calomnie est ecrasée sous le poids de son genie et de sa vertu. Eh que seroit il possible de dire? on ne peut plus parler contre ses ecrits Sans etre convaincu d'imbecillité, ni contre sa personne Sans etre convaincu de noirceur, et de malhonnêteté, puis qu'il est bien demontré apresent que sa vie et sa mort a[15] répondu a ses ecrits, et que L'un et L'autre repondent sans replique aux[16] ennemis de son genie et de La vérité[p]. Recevés, o vous son Sincère et digne ami, recevés Les assurances de L'estime, et de L'attachement Inviolable de Celui qui partage vos sentiments.

A Monsieur / Monsieur du Peyrou / A Neufchatel / En Suisse.

MANUSCRIT

*1. Neuchâtel ms. R118, fol.26-27; 4 p., l'ad. p.4; cachet de cire rouge; taxe postale; '2 cr.'; orig. autogr.

2. Chaalis, fonds Girardin D⁴ 33, n° 41, fol. 14-15*v*; brouillon.

NOTES CRITIQUES

Le brouillon est daté du '4 9bre 1778'. Il porte le n° 8.

Variantes du ms. 1:

¹ [la correction a été faite par Du Peyrou, qui a biffé '4 8bre' pour y substituer '4 9bre'] ² suppose ⟨j'ai supposé⟩ [cette seconde formule n'est pas biffée] ³ ⟨n'est⟩ [en surcharge] ⁴ ⟨La⟩ [en surcharge] ⁵ ⟨entre les⟩ [en surcharge] ⁶ Dialogues. [suivi de sept ou huit mots lourdement gribouillés, peut-être une anticipation d'une phrase qu'on lira plus bas:] ⟨c'est pourquoi je ne puis ni conseiller⟩ ⁷ [cette répétition est bien dans le ms. 1, mais ne se trouve pas dans le ms. 2] ⁸ [c'est la fin de la page: en la tournant, Girardin a oublié ce mot] ⁹ [Girardin ne fait pas cet accord] ¹⁰ qu⟨e par⟩ [en surcharge] ¹¹ ⟨il⟩ [en surcharge] ¹² [ajouté dans l'interligne] ¹³ ⟨sera⟩ [en surcharge] ¹⁴ ⟨se⟩ [en surcharge] ¹⁵ [Girardin prend peut-être 'sa vie et sa mort' comme une notion indivisible] ¹⁶ ⟨a ses⟩ [en surcharge]

NOTES EXPLICATIVES

a. le n° 7313.

b. le n° 7321.

c. mme de Nadaillac.

d. JJ avait bien confié à mme de Nadaillac un ms. des *Confessions*, et c'était de ce même ms. que Girardin s'était emparé. Il lui était facile de prévoir que, s'il était établi que mme de Nadaillac avait reçu de JJ un ms. des *Confessions* qu'elle lui avait rendu, on serait amené à soupçonner que ce ms. aurait pu se trouver à Ermenonville à la mort de Rousseau, conclusion que Girardin cherchait à éviter à tout prix.

e. Brooke Boothby.

f. le comte d'Angiviller.

g. Condillac (en toutes lettres dans le brouillon).

h. Girardin récidive. Il avait non seulement 'vu' les *Confessions*, il les avait parcourues.

i. c'est, bien entendu, à Moultou que Girardin fait allusion, mais c'est au mois de mai 1778 que JJ avait remis à ce dernier un ms. intégral des *Confessions*.

k. mme d'Egmont était morte le 14 octobre 1773 (voir au t.xxxix le n° 6987, remarque). Quant à Pezay, il était décédé le 6 décembre 1777.

l. d'après JJ lui-même, il l'aurait prêté pourtant à Duclos, et même il lui en aurait laissé 'le dépot assez longtems' (*Dialogues* II, *Pléiade* i.903; cp. i.977 et i.290, en note).

m. voir le *JP* du 30 juillet 1778, p.843, et le n° 7253, note *c* (t.xli).

n. voir le n° 7360, alinéa 3.

o. le n° 7323.

p. on voit, hélas, à parcourir la littérature rousseauiste des deux derniers siècles que ces affirmations de Girardin étaient pour le moins un peu prématurées.

7343

Marie-Anne de Franqueville, née Merlet de Foussomme, à Louis-Marie-Stanislas Fréron

[le 4 novembre 1778]¹

Monsieur,

[1] Dans le premier mouvement d'indignation que me causa la lecture de l'article qui se trouve dans le Mercure du 5 octobre concernant *J.J. Rousseau*ᵃ, je vous demandai si vous vous proposiez de défendre ce grand homme. [. . .]ᵇ

[2] Vous connoissez, sans doute, Monsieur, une lettre qui a paru dans le Nᵒ. 303 des feuilles de Parisᶜ. [. . .] Cette lettre a causé la plus grande sensation: quelques personnes en ont été transportées; s'annoncer comme ami de *Rousseau*, c'est le moyen de se concilier le suffrage de tous les gens qui l'aiment; & chez presque tous ces gens-là, le sentiment prévaut sur la réflexion. [. . .]ᵈ

[3] [. . .] je trouve ses intentions louables; son style naturel; le rôle dont il s'est chargé, fait bien présumer de son cœur, & la façon dont il le remplit fait l'éloge de son esprit. Avec tout cela, sa lettre me laisse beaucoup à desirer. Loin de trouver qu'il dit à *M. de la Harpe* des vérités trop dures, j'aurois voulu qu'il relevât avec plus de fermeté, la révoltante légèreté avec laquelle l'auteur du Mercure donne pour vraies, des anecdotes qui ne peuvent pas l'être, [. . .] Quand ces anecdotes controuvées par malignité, & adoptées par sotise, seroient incontestables, il y auroit de la barbarie à les rapporter. [. . .] Eh! quel tort plus grave peut on imputer à un philosophe, qui a pris pour devise, *Vitam impendere vero*, que d'avoir abandonné le prix de la vérité pour courir après celui de l'éloquence? Que la calomnie ne se rassure pas, sur ce que la mort enchaîne les facultés de *Jean-Jacques*: si un homme de lettres avoit l'audace de dire, *c'est moi qui ai donné à* Rousseau *le conseil qui lui a valu la couronne académique*, mille voix s'élèveroient pour lui répondre: Vous êtes un imposteur; celui qui a renoncé à la fortune, sacrifié sa liberté, exposé sa vie par attachement à la vérité, ou aux sublimes erreurs qu'il prenoit pour elle, n'a jamais établi ce qu'il ne pensoit pas. C'est pour cela que son éloquence étoit si soutenue, si magnifique, si entraînante: l'énergie naît de la persuasion. Voilà, Monsieur, d'où

il me semble que M. *Olivier de Corancez* devoit partir, pour nier qu'un homme de lettres eût tenu le propos cité, & non pas de sa trivialité. [. . .] Ne trouvez-vous pas aussi, Monsieur, que M. *Olivier de Corancez* relève bien foiblement la vile adresse avec laquelle M. *de la Harpe* insinue que M. *D*[upin] excluoit *Jean-Jacques* de sa table, quand les gens de lettres s'y rassembloient? Je sais qu'il y a des gens lettrés dans les classes les plus élevées de la société: mais qui sont donc les gens de lettres par état (les exceptions ne tirent point à conséquence) pour que le citoyen de Genêve ne pût être admis à manger avec eux? Du côté de la naissance, il les valoit tous: du côté du mérite, il valoit mieux qu'eux tous. Si j'étois à la place de ce M. *D.* je me trompe fort, ou j'apprendrois à M. *de la Harpe* qu'on ne couvre pas impunément de ridicule un homme qui a des *commis* de l'espèce de *J.J. Rousseau*. Quant à moi, je ne pourrois admettre la vérité de ce fait si malhonnêtement allégué, qu'à l'aide de cette supposition. Si *Rousseau* ne dînoit pas avec les gens de lettres convives de M. *D* c'est que dès lors il les connoissoit assez pour les fuir.

[4] Je ne conçois pas, Monsieur, comment quelqu'un qui annonce autant d'esprit, de jugement, de sagacité que M. *Olivier de Corancez*, & qui a vécu familièrement avec *Jean Jacques* peut dire: *J'ose affirmer qu'il ignoroit sa force, & qu'il ne se voyoit qu'a travers le voile de la modestie.* Je n'ai pas eu l'inestimable avantage de vivre familièrement avec *Jean-Jacques*; mais j'ai étudié son caractère dans ses ouvrages, où il se peint si bien; [. . .] Eh bien! Monsieur, je suis forcée de l'avouer, si cela étoit en mon pouvoir, je retrancherois de la touchante énumération que M. *Olivier de Corancez* nous fait des vertus pratiques de son ami, le mot de *modestie*; & je lui substituerois celui de *modération*, vertu que l'extrême sensibilité de *Rousseau* rendoit en lui si admirable, & que M. *Olivier de Corancez* se contente d'indiquer. *Jean Jacques* n'étoit point modeste, il étoit bien mieux que cela, il étoit vrai. *Les gens d'esprit*, disoit-il, *se mettent toujours à leur place, la modestie chez eux est toujours fausseté.* Que l'on pèse cette phrase dans le silence de l'amour propre, & on conviendra que ce qu'on appelle *modestie*, n'est une vertu dans un homme supérieur, qu'aux yeux de ses concurrens offusqués de sa gloire. Trop sincère pour être modeste, trop grand pour être vain, celui que nous regrettons s'appré-cioit, comme l'auroit apprécié tout autre, qui auroit eu autant de lumières, & d'impartialité que lui: il connoissoit bien la trempe des armes qu'il employoit pour combattre les préjugés & les vices, fléaux de la nature & de la société: il goûtoit le premier, & mieux qu'aucun de ses lecteurs, les charmes inexprimables qu'il répandoit sur ses ouvrages; l'accord de ce qu'il disoit & de ce qu'il sentoit, lui

garantissoit leur succès. Quelquefois sa fierté s'indignoit des odieuses interprétations de ses adversaires; mais sa bonté, qualité que personne n'a jamais portée plus loin que lui, l'amenoit bientôt à les plaindre: non, avec cette compassion insultante à l'usage de la médiocrité; mais avec cette tendre commisération, que l'ami de la vérité devoit avoir pour tous ceux qui s'éloignoient d'elle. Il jouissoit, sans doute, du sentiment de sa propre valeur; mais il n'en tiroit pas le droit de dédaigner les gens d'un mérite ordinaire, & pourvu qu'on ne fût ni fourbe ni méchant, on étoit, à son avis, tout ce qu'il est nécessaire d'être.

[5] Souffrez, Monsieur, que je me permette encore une observation sur la lettre de M. *Olivier de Corancez*. Je suis blessée d'y voir les noms de *Voltaire* & de *Rousseau*, ornés des mêmes épithètes, & placés à côté l'un de l'autre. Je crois que le premier doit retentir dans les académies & le foyer de la comédie françoise; & le second, par-tout où sont encore en honneur, l'amour de la vérité, la rectitude des principes, l'austérité de la morale, la pureté des mœurs, & la saine philosophie. Il y a long temps qu'on l'a dit: *on est de la religion de ce qu'on aime*. Je suis trop l'amie de *Rousseau* pour être l'ennemie de *Voltaire*: mais il me semble que le plus bel esprit, & le plus grand génie de ce siècle, ne sont pas faits pour figurer ensemble; & je dirois volontiers que M. *Olivier de Corancez* est trop l'ami de *Voltaire*, pour être autant qu'il le faudroit celui de *Rousseau*. [. . .]*

[6] Ne pensez pas, Monsieur, que j'aie voulu faire l'éloge de *J.J. Rousseau*; ce seroit encore le reduire au taux général. [. . .] Eh! ne l'a-t-il pas fait lui-même, toutes les fois qu'il a écrit, parlé, agi? Il ne nous a laissé qu'un moyen de le louer, c'est de nous rendre ses bienfaits utiles, en méditant ses ouvrages, en nous pénétrant de ses principes, en nous rappellant ses exemples, & sur-tout en imitant ses vertus.

J'ai l'honneur d'être,
Monsieur,
Votre très-humble & très-
obéissante servante,
DU RIEZ-GENEST.²

[7] P.S. Je vous prie, Monsieur, de vouloir bien insérer dans votre journal, en même-temps que ma lettre, l'épitaphe qui suit. Elle fut faite dans les premiers jours de juillet: mais elle n'a point encore paru; & je crois que sa simplicité la rend digne d'être offerte au public.

Sous cette tombe aux vertus consacrée,
De *Jean-Jacques Rousseau* la dépouille sacrée,
Par les soins d'un ami, brave l'effort des ans;
Et sa mémoire à jamais révérée,
Du nom de *Gérardin* portera la durée
Au delà des bornes du temps.[^1]

IMPRIMÉ

*1. *AL* vii (1778). 308-319 (Lettre XV).

2. *La vertu vengée par l'amitié, Œuvres* (Genève 1782) xxx.93-103 (soit le t.vi du *Supplément*, éd. in-8°).

NOTES CRITIQUES

[^1] [dans l'imprimé 1, ce texte n'est pas daté: la date est suppléée par l'impr. 2]
[^2] [c'est ainsi qu'elle signe dans l'imprimé 1. Dans l'imprimé 2, elle réduit sa signature aux initiales. 'D.R.G.'.]

NOTES EXPLICATIVES

Tout de suite après la mort de Rousseau, madame de Franqueville assuma le rôle de champion de son idôle. De 1778 à 1781, elle enfanta toute une série de lettres et de brochures, les unes anonymes, les autres signées de pseudonymes divers, qu'elle réunit d'abord, en partie, dans un opuscule intitulé *Jean Jaques Rousseau vangé par son amie ou morale pratico-philosophico-encyclopédique des coryphées de la secte*. Au Temple de la vérité, 1779 (brochure devenue assez rare), et ensuite dans le t.vi du tirage in-8° du *Supplément* des *Œuvres* de Rousseau (édition de Genève, 1782). Sa prolixité, fruit autant de sa disposition naturelle que de sa combativité qui ne lui permettait de négliger aucun détail, rend impossible ici la réimpression intégrale de tous ces documents: je ne les donne que sous une forme abrégée.

La présente lettre constitue une critique de Corancez bien plutôt que de La Harpe.

A cette époque, le directeur de l'*AL* et le propriétaire du privilège était Louis-Marie-Stanislas Fréron (1754-1802), fils d'Elie-Catherine (1718-1776) et de sa première femme, Thérèse-Jacquette Guyomar (1730?-1762). Celle-ci était la petite-fille de Daniel Fréron, père d'Elie-Catherine, par sa première femme, le fondateur de l'*AL* étant le fils de la troisième épouse de son père. – On a nié que Stanislas ait jamais participé à la rédaction de l'*AL*, mais cela n'est pas démontré. Quoi qu'il en soit, on lui adressait les lettres destinées à la rédaction. Il est vrai que plus tard, découragé, il devait abandonner le journal à sa belle-mère (Annatic Royou-Pennanrun, 1748-1814, seconde femme d'Elie) pour se lancer dans une carrière qu'en 1778 rien ne laissait présager. Dès avant la Révolution, peut-être sous l'influence de Robespierre et de Camille Desmoulins, ses condisciples à Louis-le-grand, il adoptait les nouvelles idées. En 1789 il fonda *L'Orateur de peuple*, et se lia avec Marat. Conventionnel, il vota la mort du roi. Envoyé en mission à Marseille et à Toulon pour y réprimer le mouvement fédéraliste, ses excès choquèrent ses maîtres, et il fut bientôt chassé du club des Jacobins. Il participa activement à la réaction thermidorienne, et se rallia au Directoire. Son élection au Conseil des 500 ayant été annulée, il partit avec Leclerc à Saint-Domingue, où il mourut.

a. le n° 7314.

b. mme de Franqueville reproche au rédacteur de l'*AL* de s'être dérobé à cette mise en demeure.

c. le n° 7335.

d. mme de Franqueville fait des réserves sur la lettre de Corancez, qu'elle trouve faible et tiède, et exprime son mépris de La Harpe.

e. mme de Franqueville cherche à at-

ténuer la vivacité de sa critique de Corancez par quelques paroles flatteuses.

f. cet hommage offert à Girardin ap-

puie l'hypothèse que la lettre n° 7196
(t.xli) n'a pas été envoyée.

7344

Pierre-Alexandre Du Peyrou à Paul-Claude Moultou

Neufchatel 4 9bre 1778.

[1] Vous recevrés Monsieur, cy incluse une copie tant de l'etat dressé en 1764 par Mr Rousseau, pour l'Edition projettée alors*, et des articles qui pourront être joints à cet etat, que dés conditions à exiger, ou accorder pour cette entreprise. Vous trouverés encore une nôte de ce qui me reste en mains indépendament de ce premier etat. Mais il faut vous dire ce que signifient lés lettres qui precedent lés articles du premier et second etat. *M* est l'initiale de vôtre nom, et indique que l'ouvrage qui suit, est entre vos mains, de même que G et D initiales du nom de Mr de Gerardin et du mien, vous feront connoitre chez qui se trouvent les articles qui les accompagnent. La lettre I indique lés morceaux imprimés qui ne sont pas chez moy. Enfin, les articles sans aucune de ces lettres, me sont inconnûs, ou du moins, s'il sont chez moy, je lés ignore.

[2] Au moien¹ de cette explication, vous verrés, Monsieur d'un coup d'oeïl sur quoi l'on peut faire fonds. ²Les dix paquets cottés de A à K, contiennent peut être quelques chose de plus. Mais les ayant reçûs à mon retour du Chateau de Trye, par consequent après la resiliation de nos engagemens, je ne me suis point crû le maitre de les ouvrir, lés tenant tels quels à la disposition de l'auteur. Je lui ay demandé plus d'une fois ses ordres tant sur ces paquets cachetés que sur le reste dés papiers. Il m'a repondû une couple de fois qu'il ne vouloit plus entendre parler de ces papiers, que je n'avois qu'à les bruler; Ensuite un peu revenû de cette idée que je me suis bien gardé de suivre, il m'a écrit dans un moment ou il se croyoit en danger de mourir 'Quand à ce qui est entre vos mains, et qui peut être completé par ce qui est dans celles de la Dame à la marmelade de fleurs d'orange, je vous laisse absolument le maitre d'en disposer après moi, de la maniére qui vous paroitra la plus favorable aux interets de ma Veuve, à ceux de ma filleule, et à l'honneur de ma mémoire'².ᵇ Cela paroit positif. Mais m'étant adressé à la Dame designée, pour l'objet cy dessus elle m'a mandéᶜ

que l'auteur avoit retiré lui même les papiers en question 7 à 8
mois aprés cette lettre écrite, de quoi elle m'a fourni dés preuves
complettes par deux lettres de Rousseau à elle addressées, pour
faire la demande et pour accuser la reception de ces papiers*d*. Vous
voyés Monsieur que son intention ne fut jamais constante, ou du
moins que sa conduite peut me le faire suposer. Mais enfin, sans
me croire en droit de disposer seul de sés ouvrages, je ne pense
pourtant pas pouvoir négliger de remplir autant qu'il est en moy,
ses intentions connuês en 1769, à moins qu'on n'en produise d'autres
posterieures. M*r* de G. m'a mandé sur la connoissance que je lui ay
donnée de cette lettre, que cette filleule, fille de M.M. Rey devoit
etre morte depuis deja du tems*e*. Je ne sais comment j'ay négligé
d'en écrire à Rey, ce que je veux faire au premier jour*f*. Tout cela
posé, Monsieur, et d'après les précautions que vous même m'avés
indiquées comme nécessaires, pour l'honneur de la memoire de
Rousseau, je pensois que sans aucun motif d'interets, mais simplement pour assurer l'etat de la Veuve, tout en nous assurant nous
même qu'il ne seroit rien distrait, ou changé dés ouvrages de
Rousseau, il nous convenoit aprés avoir proposé l'entreprise à
diferens libraires, de nous charger de faire les fonds convenûs et
aprouvés par la Veuve, afin d'etre lés maitres de diriger l'entreprise
comme elle doit l'etre. Car d'après vous même, Monsieur, j'ay
compris la nécessité de ne me désaisir d'aucun manuscrit que pour
l'impression, à mesure qu'elle se fera, et si l'on traite, sans reserver
cet article, il en peut resulter de facheuses conséquences. Je crois
donc Monsieur que sans y mettre du nôtre pour la Veuve, mais
aussi sans chercher à faire aucun gain, nous pourrions transiger
avec la Veuve pour la même somme qu'elle accepteroit d'un entrepreneur, et independament dés raisons cy dessus alléguées en
faveur de cette opinion, je pense qu'une Edition generale pour être
telle que nous devons la souhaitter, doit être belle, complette exacte,
et correcte. Tout cela demande du tems, et beaucoup, vû surtout
des manuscrits en brouillons tres difficiles à déchiffrer, et que je
veux faire copier sous més yeux. Or en traittant avec des libraires,
ils ne chercheront que leur lucre, et nous ne serons pas lés maitres,
des qu'ils auront acquis les droits de la Veuve, qui de plus sera
obligé*3* d'attendre les payemens, à moins que nous ne les fassions
nous même*3*. Il me semble donc que le seul parti à prendre, est celui
de nous rendre maitres de l'Edition generale, soit pour le choix des
piéces, soit pour celui du tems, sans nous mettre à découvert, et
sans compromettre lés interets de la Veuve. Pour cet effet, nous
nous chargerions de fournir à la Veuve les mêmes fonds qu'elle

pourroit tirer d'un libraire, et au lieu de donner à present l'Edition generale, nous nous bornerions à l'annoncer et à la faire préceder de l'Edition in 8° ou in-12° dés VI premiers livres des Confessions, ainsi que du morceau deja imprimé, mais absolument tronqué de *la vertu la plus nécessaire au Heros*. Je choisis cés deux morceaux de preference. Le 1° par l'empressement qu'aura le public de le connoître. Le 2° pour constater à ce même public les friponeries dont il est la victime, et le prémunir contre les annonces de toute Edition generale diferente de la nôtre, ce qui formera le sujet d'une preface aux deux morceaux proposés par souscription au profit de la Veuve. Je suis persuadé Monsieur qu'un pareil arrangement produiroit seul, ce que les libraires offriront à la Veuve, et peut être plus. En ce dernier cas, ce plus lui sera remis; car encore un coup, je ne veux non plus que vous, faire d'autre profit dans tout ceci, que celui de concourir avec vous, à l'interet de la memoire de Rousseau et à l'entretien de Sa Veuve. Ce dernier objet se trouvant rempli par le moyen proposé, ce sera le cas de travailler à l'Edition generale, dont nous serons d'autant plus lés maitres que n'y voulant aucun benefice pour nous, nous obtiendrons des libraires les conditions que nous voudrons imposer, et nous nous donnerons tout le tems nécessaire pour examiner lés manuscrits, les faire copier, suivant le besoin, et choisir dans la correspondance, ce qui sera jugé digne d'entrer dans la Collection.

[3] Voyés Monsieur, ce que vous croirés voir de reprehensible dans ce projet, qui réunit suivant moy tous lés avantages pour la Veuve et pour Rousseau, et pour le publicq, et pour nous.

[4] J'ay remis à deux societés d'ici, l'etat, et lés conditions d'une Edition generale. Une de ces societés, voudroit se borner à donner lés morceaux manuscrits, et offre à la Veuve, un 1/6 du benefice, évalué et garanti pour L 5000 de F^c. au moins. Ce qui n'est pas acceptable. L'autre societé entreprendra l'Edition generale, et offre à la Veuve une somme de £10⁴/m une fois payée ou une rente viagére de L 600 ce qui n'est pas proportionel. J'ay fait part à Mr de Gerardin de cés deux propositions, en lui envoyant l'etat et les conditions presentés aux libraires^g. Cette negociation avec l'une et l'autre de cés societés, m'a confirmé dans le projet que je vous propose ici, vû lés difficultés les conditions onéreuses, les engagemens temeraires que ces Messieurs faisoient ou exigeoient.

[5] Je n'avois proposé d'adopter l'Edition de Bruxelles que comme une facilité de completter une belle Edition. Je savois bien qu'un des morceaux seroit un obstacle, et qu'il faudroit le suprimer, pour le donner tel qu'il existe. Mais 1° j'ignorois que Mr Rousseau ne

voulut pas que les morceaux auxquels il a repondû, ou qui ont occasionné quelques uns de ses ouvrages, ne fussent pas compris dans l'Edition. Croyant au contraire rendre service au public, et l'Edition projettée plus recommandable j'ay inseré un article relatif à ce prejugé, dans les conditions. 2° Je doute fort que dans lés morceaux deja imprimés, l'auteur ait fait des changemens ou corrections de quelque importance: Je parle dés imprimés de son aveu.

[6] Quand aux *Solitaires*, je ne l'ay vû qu'en fragmens. Le manuscrit au net a été entre més mains et redemandé par l'auteur. Je ne sais ce qu'il est devenû depuis. Mr de Gerardin n'en a que des brouillons incomplets, à ce qu'il m'a mandé^h. Cette incertitude, Monsieur, de pouvoir rassembler les differens morceaux, ou de les completter, est une raison de plus pour nous et pour la Veuve, de ne point contracter legerement avec aucun libraire, dans la crainte d'avoir dés difficultés, si quelque morceau promis ne se trouvoit pas, ou ne fut pas aussi complet qu'il peut l'être en d'autres mains, Pour moy du moins, je suis décidé à ne signer aucun engagement au nom de la Veuve, que je ne sois nanti de tous les articles promis, et je vous conseille d'en faire autant, si vous traittés à Geneve. En relisant une lettre de Mr de Gerardin, j'y trouve qu'on a proposé à la Veuve du Chesne le manuscrit sur la Pologne, qu'on pretend avoir acheté de la Veuve pour mille Ecus. Cette copie vient sans doute de quelque négligence de Mr Willosky qui doit avoir l'original^i. Ce seroit peut être une raison de joindre ce morceau aux deux indiqués. Voyés Monsieur ce qu'il convient de faire.

[7] Ma lettre est bien longue. Je la termine en vous reîterant Monsieur, le plus tendre interet à ce qui vous concerne, et bien des voeux pour la conservation ou le parfait retablissement de vôtre santé. Votre exemple me prouve de plus en plus que la goute a un principe jusqu'à present inconnû, et tient plus à l'organisation de l'individû, qu'à toute autre cause.[5]

MANUSCRIT
  [1. pour l'orig. autogr. de cette lettre (7 p., p. 8 bl.), voir au t.xli le n° 7243]
  *2. transcription faite par mlle Rosselet, d'après le ms. 1.

NOTES CRITIQUES
  Moultou a noté, p.8: 'Mr Dupeyrou 4 9bre 1778. Avec note de l'éd. projettée par R. lui-même'.
  [1] [je corrige le 'moins' du ms. 2]

[2] [cité par Gagnebin 2, 1982, p.162]
[3] [inadvertance de la part de Du Peyrou] [4] [je corrige le '20' du ms. 2] [4] [suit le paraphe de Du Peyrou]

NOTES EXPLICATIVES
  a. la copie envoyée par Du Peyrou manquait au dossier lors de son acquisition par m. Gagnebin. Pour l'original, voir au t.xxiii le n° 3921, alinéa 5. Cp. aussi le n° 7322.

b. voir au t.xxxvii le n° 6526, alinéa 4.

c. voir au t.xxxviii le n° A614.

d. pour ces lettres, vour au t.xxxviii les nᵒˢ 6756 et 6761.

e. voir le n° 7313, alinéa 5.

f. voir le n° 7356.

g. voir le n° 7334.

h. comme on le sait, cette continua-tion de l'*Emile* ne fut jamais achevée. On verra par la suite que Girardin envoya le ms. qu'il possédait à Du Peyrou. Il se trouve aujourd'hui à la BV de Neuchâtel (ms. R36), – Voir aussi au t.xl le n° A659, alinéa 12, et note *i.*

i. sur toute cette histoire, voir au t.xxxix les nᵒˢ A617 – A632.

7345

François-Joseph de Foulquier à René-Louis, marquis de Girardin

[le 5 novembre 1778]

J'ay reçu de Mʳ de Gerardin par les mains de Son Suisse le premier Cayer de la Copie des romances de J.J. Rousseau

Paris Ce 5ᵉ 9ᵇʳᵉ. 1778   Foulquier

MANUSCRIT

* Chaalis, fonds Girardin D⁴ 37, dossier A, n° 2; 2 p., p.2 bl.; orig. autogr.

REMARQUES

i. Dans son n° 309 du jeudi 5 novembre 1778, le *JP* imprime des 'Vers / *Sur le Tombeau* de J.J. ROUSSEAU, *dessiné & gravé par M. Moreau le jeune*:

Grace aux soins d'un Artiste à nos
                cœurs précieux
De l'Urne qui contient ta cendre,
Rousseau, l'image est sous nos yeux;
On sent couler ses pleurs, on ne peut
                s'en défendre.
Du Génie & de la Vertu
Tel est l'irrésistible empire!
Pour toi, tous deux ont combattu,
Et nous saurons toujours te pleurer &
                te lire.
        Par M. GUICHARD'

Il s'agit sans doute de Jean-François Guichard (1731-1811), auteur de poésies légères et de plusieurs pièces de théâtre.

ii. Dans le *Mercure* du 5 novembre 1778, le nom de Rousseau est évoqué à propos d'une 'cause intéressante'. Il s'agissait d'un faux testament inspiré par *Le Légataire universel* de Regnard: 'Le célebre J.J. Rousseau a dit que la Comédie du *Légataire* de Regnard, loin d'avoir un but moral, ne pouvoit au contraire inspirer que l'idée de commettre un des crimes les plus dangereux pour la société (celui de faux). Cette critique, peut-être trop rigoureuse, vient cependant d'être justifiée par un exemple récent. [suit le résumé du procès] L'Histoire de ce procès prouve que J.J. Rousseau a eu raison d'écrire que la Pièce du *Légataire* de Regnard, étoit bien éloignée d'être une école de vertu' (p.57-61).

C'est dans la *Lettre à d'Alembert* que JJ parle du *Légataire*, mais sans donner le

titre de la pièce en toutes lettres: voir
éd. Fuchs, p.61-62.

7346

René-Louis, marquis de Girardin, à Anne-Jeanne Du Poujet
de Nadaillac, abbesse de Gomerfontaine

[vers le 5 novembre 1778][1]

Madame[2]

Je reçois une Lettre de Mr du Peyrou[a] ancien ami de M. Rousseau
qui veut bien concourir avec moy [3]et de concert avec Sa veuve[3]
pour remplir Les dernieres Intentions [4]de notre ami commun[4] en[5]
recherchant de ses ouvrages tout ce qui sera possible d'en rassembler
pour L'avantage de Sa veuve dont c'est L'unique et Legitime
ressource.[6] Il me marque, Madame, [7]qu'ayant l'honneur d'etre conu
de vous il a eu celuy[7] de vous ecrire[b], et que vous Luy avés[8] repondu[c]
que vous remettriés volontiers à La veuve ou [9]a [la] personne
chargée de[9] son consentement exprès, Le Dépot[10] dont vous avés
bien voulu vous Charger. Elle[11] me Charge Madame de vous
renouveler[12] Les assurances des respectueux sentiments qu'elle vous[4]
doit et qu'elle Continuera toutte sa vie des bontés dont vous L'avés
honorée, et que vous voulés bien Luy continuer.[13] L'embarras seroit
donc de faire passer icy [4]ce[14] que vous avés[4] par un Exprès[15] de
Confiance que vous en Chargeriés où que je pourrai envoyer Selon
que vous le jugeriés plus apropos, ou bien si m. votre frère[d] alloit
vous voir qu'il voulut bien Les em[4]porter avec luy a Paris où[16]
j'irois Les prendre, Sinon, mad[e]. si vous jugiés tous ces moyens
Insuffisants, quelque[17] derangement que[18] put me Causer un[19]
voyage dans ce moment cy ou je Suis très[4] chargé d'affaires et [4]en
outre[4] du soin d'une nombreuse famille, je[20] me determinerois a
aller[21] moi meme [4]chés vous[4], madame, et j'en serois dédomagé
autant qu'il seroit possible par L'avantage de[22] faire conoissance
avec[23] une personne que j'ai tant de raisons d'honorer et d'estimer.
L'amitié Mad[e] que vous avés eu[24] pour m. Rousseau, et qui[25] ne me
laissoit pas douter de La sensibilité avec laquelle vous partagés[26] La
Cruelle perte que nous en avons faitte au moment où il paroissoit[27]
retrouver Le plus parfaittement La santé, La paix et La tranquillité,
sans doutte que Dieu, qui L'[28]avoit tellement eprouvé[29] a voulu Le

faire enfin jouir d'un bonheur au dessus de celuy que Les hommes pouvoient Luy procurer. Je meurs tranquille a t'il dit, dans le peu d'Instants que Luy a Laissé[24] Le Coup de L'apoplexie Cereuse dont il est mort, je meurs tranquille. Je n'ai jamais voulu du mal a personne, et je dois compter sur la misericorde de dieu. Consolés vous ma femme, ne pleurés pas mon bonheur éternel[30] qu'il n'est plus au pouvoir des hommes de troubler. [31]Voyés comme[31] Le Ciel est sans aucun nuage, n'en voyés vous pas La porte qui m'est ouverte, et Dieu qui m'attend[*]. [32]A ces mots[32] il est mort[33], ou plutot on eut dit qu'il[34] s'etoit endormi du sommeil de L'homme juste dont[35] La fermeté, et Le sourire de la paix et de La bonne Conscience a toujours Continué de regner Sur son visage. Ces sentiments madame[4] ne laissent aucun Lieu de douter que La vertu trouve toujours grace devant un Dieu dont Le principal attribut est La justice, mais si cette[36] mort a été douce pour cet homme de bien combien n'a t'elle pas été fatale pour moy qui ne L'ai pour ainsi dire reçu dans mes bras que pour le voir expirer sous mes yeux; et [37]quel sujet de regret[37] pour tous ceux qui ont Connu comme vous Madame[4] la tendre sensibilité, et L'excellence[38] de son Cœur.

MANUSCRIT
 * Chaalis, fonds Girardin D⁴ 38, n° 12, p. 1 et 2; brouillon.

NOTES CRITIQUES
 Le ms. est intitulé, de la main de Girardin: 'A Madame de Nadaillac Abbesse de L'abbaye / a Gomerfontaine Pres Chaumont / En Vexin françois / L'adresse de son Correspondant a Paris / M Bernard Bourgeois de Paris rue Sᵗ Jacques prés Les Urselines'.
 [1] [le ms. n'est pas daté. La lettre de Du Peyrou que Girardin venait de recevoir est du 20 octobre 1778] [2] [faux départ:] ⟨Je reçois Madame⟩ [3] ⟨pour remplir a L'execution de ses⟩ [4] [ajouté dans l'interligne] [5] en ⟨rasse⟩ [6] ressource. ⟨Il me marque madame, L'amitié que vous aviés pour⟩ [7] Madame, ⟨que vous aviés⟩ ⟨L'amitié que vous a⟩ ⟨Madame que vous aviés pour un homme qui par L'excellence de son cœur, et La sensibilité de son cœur La meritoit⟩ ⟨qu'il a eu l'honneur⟩ [8] ⟨avés fait celuy de luy⟩ [9] ⟨a personne

Chargée de sa part Les papiers dont vous etiés dépositaire, ⟨L'embarras⟩ ⟨sur⟩ [10] Depot ⟨que vôtre amitié vous a fait recevoir d'un homme qui La meritoit Si bien par sa sensible ⟨reconoiss⟩ ame et L'excellence de son Cœur.⟩
 [11] ⟨La veuve que son mari a Laissée⟩ ⟨demandé en mourant⟩ ⟨a recomandée a mes soins⟩ [12] renouveler ⟨d'abord⟩ [13] continuer. ⟨Elle demeure toujours ici dans le même endroit ou j'ai eu Le malheur de ne recevoir dans mes bras L'homme que j'aimois et j'estimois Le plus, que pour le voir mourir Sous mes yeux. Il a compté assés sur mes sentiments pour luy ⟨devoir⟩ dans ses derniers moments pour dire qu'il me Confioit sa femme, et Le soin de ses affaires comme entre Les mains d'un pere; et vous jugés Madame, combien je dois tacher de repondre à Sa confiance.⟩ [le tout biffé de plusieurs grands traits] [14] [4]⟨ce que vous voulés⟩[4]ce [15] Exprés ⟨qui⟩ [16] où ⟨je Leur⟩ [17] quelque ⟨dédom⟩ [18] que ⟨me fait⟩ [19] ⟨ce⟩ [20] je

⟨L'entreprendrois⟩ ⟨veux (?)⟩ je ⟨Le sens⟩

[21] ⟨y⟩ aller [biffé par mégarde] [22] de ⟨vous p⟩ [23] avec ⟨vous⟩ [24] [Girardin ne fait pas l'accord] [25] qu⟨il meritoit ainsi que celle de tous ceux qui L'ont Connu particulierement par sa tendre sensibilité car L'excellence de son Cœur⟩ [26] partagés ⟨cette⟩ [27] paroissoit ⟨heureux⟩ [28] [inséré après coup dans l'espace entre les mots] [29] eprouvé ⟨Sa vertu et Sa⟩ [30] eternel ⟨que Les hommes ne troubleront plus⟩ [31] ⟨ne voyés vous pas comme⟩ [32] ⟨il est mort à ces mots ou plutot ce fut avec⟩ [33] mort ⟨en disant ces mots⟩ [34] qu'il ⟨s'endo⟩ [35] dont ⟨il avoit⟩ ⟨L'av⟩ ⟨La⟩ [36] ⟨La⟩ [37] ⟨cette perte est grande pour L'univers dont il faisoit L'ornement et sa Veuve et⟩ [38] L'excellence ⟨du Cœur⟩

NOTES EXPLICATIVES

a. le n° 7321.

b. cette lettre manque.

c. voir au t.xxxviii le n° A614.

d. mme de Nadaillac avait deux frères. Le cadet, François-Joseph, était capitaine au régiment de Condé-Infanteries en 1761. L'aîné, François-Louis, né en 1702, était un officier plus distingué. Mousquetaire en 1721, et capitaine de cavalerie, il eut la croix de Saint-Louis en 1743. Nommé mestre de camp au début de 1745, il fut promu brigadier en 1748 et maréchal de camp en 1761. Il avait épousé en 1740 Adelaide-Françoise-Claude du Pille de Monteil.

e. c'est de nouveau une version bien succincte des 'dernières paroles' de JJ. On avait déjà sans doute objecté que JJ s'était montré bien bavard pour un homme frappé d'une apoplexie, d'où la brièveté de la version présentée par Girardin à mme de Nadaillac et l'observation 'dans le peu d'instants que Luy a Laissé Le Coup de L'apoplexie Cereuse dont il est mort'. On verra plus tard que dans un de ses entretiens Thérèse prétendra que JJ aurait parlé (d'une manière fort édifiante) pendant deux heures avant de rendre l'âme.

REMARQUE

Le 6 novembre 1778, Panckoucke écrivait, de Paris, à Ostervald, à Neuchâtel:'[...] Il n'y a rien à faire du Rousseau, sans Les memoires. [...]' (Neuchâtel BV, ms. 1189 (arch. STN), fol. 369; première page d'une lettre de 4 p,. p.3-4 bl.).

7347

René-Louis, marquis de Girardin, à Madeleine-Catherine Delessert, née Boy de La Tour

Ermenonville par Senlis 7. 9bre 1778.

A Madame De Lessert Boy de La Tour / a Boulogne pres Paris ou / rue Mauconseil vis avis le Cloitre

Je viens de retrouver, Madame, parmi quelques brouillons très griffonés de Lettres de M. Rousseau qui roulent sur des Elements de Botanique: La Derniere de ces Lettres est dattée du 2. may 1773[a], et elles sont adressées à une Douce et aimable personne, qu'il apelle sa Chère Cousine. M^de^. Rousseau pense que Cette Chere Cousine C'est vous, Madame, et Sur La ressemblance du Charactère de La personne a qui ces Lettres s'adresseent [1]il n'est pas[2] plus possible de S'y meprendre que sur L'auteur des sentiments de reconnoissance d'une mere de famille a L'ombre de L'auteur d'Emile[b]. Si vous avés donc madame les originaux de ces lettres[1] voudrés vous bien nous en anoncer[3] une Copie[4] [5]qu'on n'imprimeroit[6] [5] qu'après votre bon plaisir et avec omissions que vous desireriés.

Autant que j'en puis dechiffrer[7] La clarté et La precision avec laquelle Les conoissances élementaires de cette Science sont presentées pourroit rendre ce petit ouvrage tres propre a offrir aux femmes un moyen de rendre leurs promenades plus amusantes, en Les Conduisant a Connoitre facilement Le systeme, et Les Classes des productions végétales, Sans avoir besoin de tous les Enormes bouquins dont L'aspect pesant et les noms barbares[8] herissent D'epines L'etude des fleurs. Par Consequent son objet et La plume dont il sortiroit pourroit Le faire entrer d'une maniere tres Interessante dans Le supplement des ouvrages de l'auteur. Nous avons, Madame, des preuves trop touchantes de vos sentiments pour luy et pour tout ce qui luy appartient[9] pour que nous ne puissions douter un instant de vos sentiments ni vous des notres[10]

MANUSCRIT
* Chaalis, fonds Girardin D⁴ 34; 2 p.; brouillon.

NOTES CRITIQUES
[1] ⟨j'espere egalement que vous en avés L'original entre Les mains. Si cela est Madame⟩ [2] [quelques mots indéchiffrables, biffés: 'pas gueres'?] [3] ⟨donner⟩ [4] Copie ⟨au net⟩ [5] ⟨parce que La precision et La Clarté avec laquelle⟩ [6] imprimeroit ⟨ou vous les ratureriés⟩ ⟨que vous desireriés (?)⟩ [la leçon définitive, écrite fort mal dans l'interligne, est en partie conjecturale] [7] dechiffrer ⟨dans ce que nous avons⟩ ⟨Les Elements⟩ [8] barbares ⟨ont⟩ [9] appartient ⟨pour n'etre pas bien assurés⟩ ⟨ne pas douter⟩ pour n'etre ⟨pas bien assuré que vous Concourirés avec⟩ ⟨bien volontiers avec nous a L'avantage de Mme La veuve, et de sa memoire⟩ ⟨Mr du Peyrou et moy⟩ ⟨a tout ce qui pourra luy en faire L'avantage⟩ ⟨contribuer a en faire L'avantage⟩ ⟨on auroit pour⟩ ⟨pour douter de vos dispositions en⟩ [10] notres ⟨j'eusse bien desiré Mad^e^ pouvoir vous les temoigner moi meme si Les soucis d'une m⟩ ⟨devoirs d'une mere n'eussent retenu⟩ ⟨qui vont avant tout dans un Cœur Comme le votre⟩ ⟨comme le votre, ne nous eut privé de la triste consolation de meler nos larmes aux votres Sur cette tombe⟩ ⟨ce monument d'un rig⟩

NOTES EXPLICATIVES
a. le n° 6992 (t.xxxix).
b. le n° 7320. Ce texte n'est pas de mme Delessert.

7348

Jean Ranson à Frédéric-Samuel Ostervald

La Rochelle le 7ᵉ. 9ᵇʳᵉ 1778.

Monsieur

[. . .] Pavie*ᵃ* m'a dit que c'etoit son commissionnaire de Paris qui lui avoit proposé les Memoires de J.J. Rousseau pour 15 louis; mais il n'a point répondu à ce commissionnaire qui paroissoit ne point avoir cet ouvrage; &[1] qui croyoit pouvoir se le procurer: je n'ai pu savoir son nom. On a rapporté ici que le garde des sceaux avoit envoyé chercher Rousseau quelque temps avant sa mort & lui avoit dit: vous m'aviez promis que vos Memoires ne seroient jamais imprimés de votre vivant, cependant ils le sont & les voici en deux volumes. Le Genevois l'assura que c'etoit un vol qu'on lui avoit fait, ne les ayant confiés à personne. Il retourne chez lui où sa femme lui confesse que, manquant d'argent, elle les avoit vendu[2]. On ajoute que cette infidélité a avancé[3] [la fin][4] de ses jours. Tout cela peut être faux*ᵇ*; mais la d[éclarat]ion[4] de la veuve qu'on trouve dans le Courier de l'Europe*ᶜ* ne sauroit la décharger de cette accusation si l'imprimé existe*ᵈ*. N'avez-vous avec Rey aucune relation pour savoir de lui s'il n'est point chargé de l'impression de quelques ouvrages de l'illustre deffunt? Ne pourroit-on pas savoir de M. de Girardin s'il existe réelement des manuscrits de lui & s'il sont destinés à voir le jour? Vous, ou quelques uns de vos amis de Paris devriez bien en prendre des informations directes. [. . .]

à Monsieur / Monsieur Junet, fils, / Directeur des Postes, pour Mʳ / le Banneret Ostervald, / *à Pontarlier en Franche-Comté.*

MANUSCRIT

* Neuchâtel, archives de la STN, ms. 1024, fol. 46-47; 4 p., l'ad. p.4; cacheté d'une oublie (empreinte armoriée); m.p.: timbre: 'LA ROCHELLE'; taxe: '20'; orig. autogr.

NOTES CRITIQUES

[1] ⟨mais⟩ [en surcharge] [2] [Ranson ne fait pas l'accord] [3] [ce mot, emporté par le trou du cachet, se trouve conservé sur une bribe de papier adhérant au cachet] [4] [trou du cachet]

NOTES EXPLICATIVES

a. libraire à La Rochelle: voir au t.xli le n° 7297, note *c.*

b. tout cela était faux, en effet. Ce récit circonstancié paraît un écho déformé de l'entretien de JJ avec Le Noir,

et du fait qu'à un moment donné il
croyait avoir égaré le ms. de ses *Confes-*
sions.

c. voir le n° 7305 (t.xli).

d. bien entendu, l'imprimé n'existait
pas.

7349

Samuel Swinton à Marie-Thérèse Levasseur

Boulogne sur Mer ce 8 9bre 1778

J'ai reçu Les deux notes datées d'Ermenonville le 3 9bre courant
destinées pour Le redacteur du Courier de L'Europe[a]. Le Zele que
J'ai mis à faire inserer Votre premiere Lettre[b], vous prouvera que
Je n'aurois pas diferé a faire inserer encore[1] L'avertissement que
Vous m'Envoiés, si je n'eusse pas cru necessaire de Vous faire
quelques observations; tous Les avertissemens inserés dans Les
papiers de Nouvelles en Angleterre paient un droit au Roi, et une
forte Co[n]tribution aux proprietaires. Le droit du Courier de
L'Europe est double, pour des raisons particulieres. Il est d'usage
en Angleterre que Les auteurs paient ces droits, et pour le Courier
C'est à raison de 12^d. par chaque[2] Ligne d'une colonne. Cependant
J'insererai gratuitement Votre avertissement mais [2]J'espere que
vous vous preterés[2] aux conditions observées par tous Les Journalistes, de donner au redacteur du Courier un Exemplaire de chacun
des ouvrages qu'il sera chargé d'annoncer pour vous. Sans cela Je
perdroit Le droit que Je Suis obligé de paier au Roi, et ceux qui me
sont dus. Comptés au Surplus sur mon Empressement à vous rendre
service, et a procurer autant qu'il Sera En Moi La Vente des
ouvrages posthumes de Monsieur Votre Mari, pour Les quels Je
Vous ofre tous Mes services en Angleterre; et si vous desirés que Je
L'annonce dans Les gazettes Angloises Je le ferai aussitot, à mon
retour à Londres. Je suis avec la Consideration la plus grande
Madame

Votre très humble et ob^t serviteur
Sa^l Swinton
Proprietaire du Cour. de L'Europe

T.S.V.P.

P.S. Indépendamment de La raison qui Engage tout Journaliste ou
gazetier, à ne pas annoncer où faire mention des ouvrages qui ne
passent pas directement Sous Leurs yeux, La Celebrité Justement
meritée de La Musique de Monsieur Rousseau et de ses autres

ouvrages est un attrait qui me fait solliciter plus Vivement La faveur d'obtenir de Vous ses œuvres posthumes. Si vous me L'acordiés dans ce cas Je vous prie de les faire remettre cacheté a L'hotel des trois Evechés Rue Mauconseil[c] à Paris à L'adresse de M. Swinton Proprietaire du Courier de L'Europe, ou L'adresser ici si vous avés votre port franc.

A Madame / Madame Veuve Jean Jaques Rousseau / A Ermenonville / *Par Senlis*

MANUSCRIT

* Chaalis, fonds Girardin D⁴ 34, n°
28; 4 p., p.3 bl., l'ad. p.4; cachet armorié
sur cire rouge; m.p.: timbre: 'BOULO-
GNE SUR MER' (mal venu); taxe: '8';
orig. autogr.

NOTES CRITIQUES

¹ encore ⟨Les deux⟩ ² [inséré dans
l'interligne]

NOTES EXPLICATIVES

a. je n'ai pas retrouvé ces notes. Sans

doute se rapportaient-elles à la publication des *Consolations*, et des *Œuvres* de JJ.

b. le n° 7306 (t.xli).

c. les Trois-Evêchés étaient une province de Lorraine (Verdun, Metz et
Toul). L'Hôtel se trouvait rue Mauconseil, quartier des Halles. Cette rue très
ancienne (le nom est attesté dès le XIII°
siècle) a conservé son nom.

7350

René-Louis, marquis de Girardin, à Pierre-Antoine Benoît

Ermenonville le Lundy 9 9ᵇʳᵉ. 1778

Je viens de recevoir, Monsieur, Les Prospectus que vous avés bien voulu m'envoyer, et La Lettre qui y etoit jointe.[a] Elle contient des reflexions dignes de votre prudence et ¹du Sentiment qui vous¹ guide. J'ay envoyé véritablement samedy dernier[b] un second Cahier de Copie[c] qui a Du être remise Chés mon Portier a Paris avec ordre de Le délivrer au sieur Marchand sur Son récépissé. Mais Comme Le sieur Marchand n'a pas été prevenu d'y aller Le prendre peutêtre Le Cahier est il encore chés mon portier et vous seriés Le maître de L'y aller retirer en luy montrant Cet article de ma Lettre sur Le quel il vous Le remettroit. J'avois pris cette voye plus directe pour accélérer L'expedition, et pour epargner a M. Foulquier qui s'est deja donné beaucoup de peine pour Le Devin L'embarras des petits details. Mais dorenavant je lui ferai remettre a Lui même Le Cahier que je compte envoyer touttes Les semaines, parceque mon Portier sçait Sa Demeure et Le Connoit lui même. Ainsi vous Les trouverés ches luy, et vous aurés pu voir par La dernière Lettre que je luy ai écrit[2d] ou je Le priois de faire un marché avec Le Sr Marchand pour arreter Le prix de La gravure des planches, et de ne luy remettre Les Cahiers a mesure que sur Ses récépissés, Combien je desirois aussi de mon Côté qu'il fut possible de prendre touttes Les précautions que L'ordre et La prudence pourroient exiger, et que mon éloignement de Paris ne me permet pas de prendre moi même, et des quelles vous voulés bien vous Charger avec une honnetêté, et un Zèle rempli D'amitié dont Madame Rousseau est bien reconoissante, ainsi que moy que vous voulés bien aider Si efficacement dans cette operation et dans La multiplicité de soins qu'elle entraine.

J'ai ecrit a M[r]. Du Peyrou et luy ai envoyé un prospectus a La main, pour qu'il Le fit reimprimer S'il etoit besoin et Distribuer dans differentes Villes de Suisse[e]. Comme C'est un amy de M. Rousseau, et un homme riche, Il seroit malhonête de Luy offrir La moindre retribution comme aux Commissionaires qui sont dans Le Commerce. J'ai aussi envoyé un Prospectus au Courier de L'Europe[f]. Vous avés très bien fait d'en envoyer Sous simple Lettre un seul a tous Les Correspondants qu'ils feront reimprimer et traduire chacun dans leur Langue pour être distribués dans leur paiis. Je pense aussi qu'il faudroit tacher d'en faire envoyer a Rome a Naples, a Florence, a Milan, et a Turin et a Venise ou il a été connu personellement. Quant a L'espace de tems fixé pour Les souscriptions d'icy a La fin du mois prochain, il me semble que ce tems est beaucoup trop court. Car a peine D'icy La La proposition pourra t'elle être parvenue et Connue, il me semble qu'il vaudroit mieux La reculer d'une Couple de mois, ainsi que La Distribution S'il ètoit necessaire. Le retard ne peut porter de prejudice aux souscripteurs puisqu'on ne prend point Leur argent D'avance. Je pense que vous aurés eté content du format que donne[3] nos Copies, il sera exactement Le même que celuy du Devin de Village et Cela renferme tres bien La Musique et Les paroles Sans perdre de place, et vraisemblablement Economisera un assès grand nombre de planches puis que je crois que cela n'ira gueres a plus de 200 pages en total. Ce qui ne feroit que deux cent planches tant Lettres que gravure. Quant a La gravure du nouveau Devin de Village je pense qu'il vaudroit mieux en faire graver Separement ces nouveaux airs dans Le même format que L'ancien afin qu'il peut être achepté par tous ceux qui ont Deja L'ancien et qui n'ont pas besoin [4]d'avoir doubles du[4] recitatif, de L'ouverture et Les airs de ballet puis qu'ils sont aux transitions près absolument La même Chose. J'ay L'honneur d'etre Monsieur avec un sincère attachement votre tres humble et tres obeissant serviteur.

Gerardin

Je suis etoné que la souscription n'aille pas mieux a Paris. Peut etre cela vient il de cette cause de la quantité de monde qui est encor a la Campagne, raison de plus pour reculer Le terme de la souscription.

MANUSCRIT

* Chaalis, fonds Girardin D⁴ 37, dossier F, n° 9; 4 p., p. 4 bl.; orig. autogr.

NOTES CRITIQUES

A noter que la plupart des lettres de Girardin à Benoît conservées à Chaalis sont des originaux autographes. Benoît, ou ses héritiers, ont dû remettre le dossier à Girardin. Par contre, on n'y trouve pas, en général, les lettres de Benoît. Sans doute s'agit-il d'un échange.

Benoît a noté, p.1: 'R. le 17'.

¹ [en surcharge sur une première version devenue indéchiffrable]
² [Girardin ne fait pas cet accord]
³ [inadvertance]   ⁴ ⟨de⟩

NOTES EXPLICATIVES

Pour le destinataire de cette lettre, voir le n° 7250, premier alinéa et note *a*.

a. ces documents n'ont pas été conservés. Les prospectus étaient sans doute des exemplaires imprimés du n° 7323.

b. samedi 7 novembre.

c. du ms. des *Consolations*.

d. cette lettre manque.

e. voir les n°ˢ 7323 et 7342.

f. voir le n° 7350.

REMARQUE

Le 10 novembre 1778, Ostervald, qui avait été en correspondance avec Panckoucke au sujet de la publication éventuelle des *Œuvres* de Rousseau, écrivait de nouveau à l'éditeur parisien, en le félicitant de son projet de publier aussi les *Œuvres* de Voltaire: '[...] Il sera toujours glorieux pour vous de donner au public les portefeuilles des deux plus grands hommes du siècle, Car le Rousseau sera aussi une grande entreprise. Nous espérons de pouvoir v[ou]s en dire des nouvelles avant peu. La partie des memoires qui existe est très considerable. Il y aura beaucoup de pieces neuves & tres interessantes. On compte sur 8 vol. 4°. Vous serez contrefait p[ou]r Voltaire et non p[ou]r Rousseau. La chose est plus difficile quand nous serons reunis [...]': Neuchâtel, arch. de la STN; copie-de-lettres ms. 1105, p.1166-1167; copie, de la main d'un employé. Pour la correspondance précédente avec Panckoucke, voir au même volume les p.1063, 1098, 1109, 1122, lettres des 28 juillet, 1ᵉʳ, 15 et 27 septembre 1778.

7351

Alexandre Deleyre à René-Louis, marquis de Girardin

au Coudray sur Seine, ce 12 9bre 1778

[1] Je ne sçais, Monsieur, ce que deviendra notre amitié; mais il me semble qu'elle commence à peu prés, comme la plûpart des autres finissent, par des querelles et des reproches. Ce n'est pas que je me plaigne de ceux que j'ay trouvés dans votre dernière Lettre^a; car j'aime la verité, même lors qu'elle m'accuse. Cependant ne vous pressés pas, je vous prie, de me juger tout-à-fait à mon desavantage.

[2] L'action *atroce* dont le bruit étoit venu jusqu'à moi n'a point de fondement. Je me suis tranquillisé sur cet objet dans un voyage que je viens de faire à Paris, où l'on n'en parle pas, ce me semble, quelque intérêt qu'aient la jalousie et la haine à diffamer la mémoire du grand homme qui fait trembler les méchans du fond de son tombeau. Oui, Monsieur, jusque dans ma retraite il m'étoit parvenu qu'on débitoit à Paris que Rousseau avoit noyé, ou tué, une maitresse dont il avoit été trahi. Je croyois cette vengeance possible, même à l'honnête homme, qui pour être vertueux n'en est pas moins passionné; parce que je sentois que j'en aurois été capable, à moins que je ne me fusse tué moi-même. Il me sembloit voir des traces de remords dans quelques endroits de ses Ecrits. J'étois frappé de ce qu'il dit dans son Contract Social, Liv. II. à la fin du chapitre V. sur le *Droit de vie et de mort.* 'Les fréquentes graces annoncent que bientôt les forfaits n'en auront plus besoin ... Mais je sens que mon cœur murmure et retiens ma plume: Laissons discuter ces questions à l'*homme juste qui n'a point failli, et qui jamais n'eut lui-même besoin de grâce.*'

[3] Dans sa Lettre à M. d'Alembert, un peu plus avant que le tiers de cet ouvrage, il dit au sujet de la Zaïre de Voltaire, 'il en coute la vie aux deux amans, et il en coute bien plus ¹que¹ la vie à Orosmane; puisqu'il ne se donne la mort que *pour se délivrer du plus cruel sentiment qui puisse entrer dans un cœur humain,* le remord d'avoir poignardé sa maîtresse.'^b Enfin, Monsieur, j'attribuois à ce malheur dont je plaignois ROUSSEAU l'espéce de célibat où il a presque toujours vécu, et le refus où il s'est obstiné d'avoüer et d'élever ses enfans naturels. Je sentois combien il lui devoit etre affreux de leur

que j'avois coulé d'arranger ainsi.

 Parmi les peupliers, sous leur ombre paisible
  repose jean jacques Rousseau.
 venés, meres, Enfans, cœurs droits, ames sensibles,
  votre ami dort sous ce tombeau.

L'audace de ma franchise doit vous en attester la solidité. Si vous devenez amis, vous pouvés compter sur la même rigueur, et je la réclame de votre part.

De quel Prospectus parlés-vous, monsieur, qui se débite sous le manteau? personne ne m'en a rien dit à Paris. j'ai vu seulement qu'on y craignoit et qu'on y désiroit beaucoup les Mémoires de Rousseau. Savés vous s'ils paroîtront, et quand? Dois-je vous le demander, et vous me le dire? Avés-vous du moins reçu les Entretiens de jean jacques avec Rousseau, qu'il avoit confiés à ser. D'Angiviller? on m'a assuré de sa part qu'il les rendroit à l'avenue de l'homme immortel. Quels-ce que cette lettre Posthume adressée à tout François aimant encore la justice et la vérité? avés-vous vu comme Mer. de Corancer a rembarré m. de la Harpe? la petitesse de nos Gens de Lettres, est de ne considérer jamais dans l'homme qu'ils lisent que l'Écrivain. mais Rousseau qui n'écrivoit que pour faire le bien, en l'inspirant, pour diriger les hommes dans le chemin du bonheur, ou les y ramener, parce qu'il les aimoit. Rousseau est un Philantrope assassiné par les hommes, avant et après sa mort. Parlés moi je vous prie, encore de lui, de vous, de sa veuve, et de tout ce qui touche à sa mémoire. adieu, monsieur, je me flatte encore de vous aimer, quoique vous ne vous hâtiés pas de me le rendre. Paix et bonheur à l'honnête homme au bon pere de famille à l'ami de la justice et de la vérité.

      Deleyre

149. Lettre de Deleyre à Girardin du 12 novembre 1778; orig. autogr.

donner publiquement un pere coupable d'homicide, et qu'il ne pouvoit se croire digne du nom de pere, aprés avoir été le meurtrier d'une femme. J'imputois à ce sentiment qui empoisonnoit sa vie, cette mélancolie profonde, et l'espéce d'insociabilité où il s'étoit condamné; quoique je fusse moi-même autant et plus Misantrope, avec moins de sujet. Voilà, monsieur, mon apologie, pour avoir trop aisément donné croyance à un bruit qu'il m'en coutoit pourtant d'écouter et d'approfondir. Parlons maintenant d'autre chose.

[4] J'ay vû les bustes de ce grand homme; et j'ai osé dire à m. Houdon que celui de terre cuite me paroissoit moins ressemblant que les deux autres. Je lui ai suggéré l'idée s'il le représentoit à l'antique, de lui donner une sorte d'habillement ou de *Pallium* qu'il semblât repousser; ce qui rappelleroit le caractere de ses mœurs et de ses Ecrits, entierement opposés à la maniere de vivre et de penser des peuples policés, quels qu'ils aient été.

[5] J'ai souscrit pour un Exemplaire de sa *musique de chambre*; et à ce sujet je me suis promis de vous adresser une remarque. C'est que j'aurois voulu tracer un modéle de souscription, qui renfermât un engagement réciproque entre sa veuve et les souscripteurs, engagement par lequel celle-là s'obligeât à livrer un Exemplaire de cette musique à tout souscripteur qui se présenteroit avec un Loüis pour le payer: comme celui-cy s'obligeoit à payer le Loüis, dés qu'on lui présenteroit la musique. Cette observation m'est venue à l'occasion d'une infidelité commise par feu m. de la Baumelle^c, qui reçut ainsi des souscriptions de 36^{ll} pour 13 ou 15 volumes des mémoires de mme. de Maintenon, et qui, lorsqu'il vit son Edition courue et recherchée, en vendit à deux Loüis, je ne sçai combien d'Exemplaires dont il frustra des souscripteurs, qui ne purent reclamer pour trente-six francs un ouvrage qu'ils s'étoient obligés de prendre à ce prix, fût-il bon ou mauvais. J'ai cru qu'un exemple nouveau de délicatesse et de bonne foi, méritoit d'etre donné par la veuve de l'honnête homme qui doit instruire les humains même aprés sa mort, par tous les moyens et les rapports qui tiennent à sa mémoire.

[6] A propos de cette musique de chambre; s'il s'y trouve ¹deux morceaux¹ dont j'ai fait les paroles^d, je voudrois y changer deux ou trois mots, sans altérer en rien la musique, et vous consulter pour ce changement. L'un regarde le Dialogue *sur les roses*, et l'autre ¹est¹ dans celui des *deux amies*. Un mot de réponse, je vous prie, sur cet article.

[7] Autre verité que je vais vous dire, Monsieur, pour vous prouver combien je crois à votre amour pour la verité. Vous vous

êtes plaint mal-à-propos, ce me semble, du mot d'*Elisée*^{e} qu'un
artiste a donné à la terre, où vous avés recüeilli les cendres de notre
vénérable ami. Du moins votre mécontentement n'est pas fondé,
quand il porte sur ce que le mot d'*Elisée* ne convient pas à la tombe
d'un chrétien: car il peut convenir à celle d'un Déïste de profession
qui regarda tous les cultes comme indifférens; dés-que par le dogme
ou la morale, ils ne deshonoroient pas la Divinité. Vous avés l'air
de vous défendre, ou vous prémunir contre la soupçon d'adopter
une semblable opinion qui, je crois, nous est commune à vous et à
moi, avec le ^{2}*seul vrai*^{2} *philosophe* de notre siecle. Je crois qu'il vous
suffisoit de dire qu'il y avoit dans votre *Parc*, un autre endroit que
vous appellés l'*Elisée*: et que celui où repose la cendre de Rousseau,
ne se nomme que l'*isle des peupliers*.

[8] J'oserai vous dire encore que je ne suis^2 pas aussi content de
l'Epitaphe que vous avés gravée sur le mausolée de notre ami, que
des quatre vers que vous avoit envoyés m. Ducis, et que j'avois
tenté ^{3}d'arranger^3 ainsi.

> Parmi ces peupliers, sous leur ombre paisible
>   repose Jean Jacques Rousseau.
> Venés, Meres, Enfans, cœurs droits, ames sensibles,
>   votre ami dort sous ce tombeau.

L'audace de ma franchise doit vous en attester la solidité. Si nous
devenons amis, vous pouvés compter sur la même rigueur, et je la
reclame de votre part.

[9] De quel *Prospectus* parlés-vous, Monsieur, qui se débite sous
le Manteau? Personne ne m'en a rien dit à Paris. J'ai vû seulement
qu'on y craignoit et qu'on y desiroit beaucoup les Mémoires de
Rousseau. Sçavés vous s'ils paroîtront, et quand? Dois-je vous le
demander, et vous me le dire? Avés-vous du moins reçu les *Entretiens
de Jean Jacques avec Rousseau*^{f}, qu'il avoit confiés à mr. D'Angivilé?
On m'a assuré de sa part qu'il les rendroit à la veuve de l'homme
immortel. Qu'est-ce que cette Lettre Posthume adressée à *tout
François aimant encore la justice et la vérité*?^{g} Avés-vous vû comme Mr.
de Corancez a rembarré M. de la Harpe?^{h} La petitesse de nos gens
de Lettres, est de ne considérer jamais dans l'homme qu'ils lisent,
que l'Ecrivain. Mais Rousseau qui n'écrivoit que pour faire le bien,
en l'inspirant, pour diriger les hommes dans le chemin du bonheur,
ou les y ramener, parce qu'il les aimoit; Rousseau est un Philantrope
assassiné par les hommes avant et aprés sa mort. Parlés moi, je
vous prie, encore de lui, de vous, de sa veuve, et de tout ce qui
touche à sa Mémoire.

[10] Adieu, Monsieur, je me flatte encore de vous aimer, quoique vous ne vous hâtiés pas de me le rendre. Paix et bonheur à l'honnête homme au bon pere de famille, *à l'ami de la justice et de la vérité.*

DELEYRE

MANUSCRIT
* Chaalis, fonds Girardin D⁴ 34, n° 39; 4 p.; orig. autogr.

IMPRIMÉ
Molinier (1970), p.162-165.

NOTES CRITIQUES
¹ [ajouté dans l'interligne] ² [en surcharge sur une première version devenue indéchiffrable] ³ [en surcharge sur '⟨de refaire⟩'?]

NOTES EXPLICATIVES
a. le n° 7319.
b. *Lettre à d'Alembert*, éd. Fuchs (1948), p.73.
c. La Beaumelle (t.xxxviii, n° 6904, alinéa 2 et note *d*) mourut à Paris le 17 novembre 1773. Les *Mémoires pour servir à l'histoire de Mme de Maintenon* parurent en 1756.
d. Deleyre avait fourni les paroles pour *Edwin et Emma* (n° 30), pour *Je l'ai planté* [. . .] (n° 31), pour *Les deux Amies* (n° 68), et pour le *Duo des Roses* (n° 82). C'est aux nᵒˢ 68 et 82 qu'il fait allusion ici.
e. voir le n° 7336.
f. un ms. des *Dialogues*: voir le n° 7313, alinéa 38, 3°, 2°, et note *aaa*.
g. voir au t.xl le n° A647.
h. voir le n° 7335.

7352

Pierre-Alexandre Du Peyrou à René-Louis, marquis de Girardin

Neufchatel 12 9ᵇʳᵉ *1778* N°9

[1] A la reception Monsieur de vôtre lettre du 4ᵃ, j'ay passé à la Societé Typographique de cette Ville, pour concerter le moyen de repandre promptement et universellement le prospectus de la Souscription proposée. Il a été convenû d'imprimer un millier de ces annonces pour les distribuer en Suisse; de la faire inserer dans les Gazettes, et feuilles d'avis des diferentes villes. Cette depense peu considerable pourra valoir beaucoup de Souscriptions. Enfin ce sera la Societé Typographique qui recevra les engagemens des souscripteurs en Suisse; ce qui Simplifiera l'envoy des Exemplaires, et la Recette de leur valeur. Si vous ne m'eussiés pas marqué que l'on etoit actuellement occupé á graver la Musique, j'aurois Suspendû l'annonce cy dessus, pour vous faire observer que le

format choisi est peu commode, et que les portées à l'Italienne conviennent mieux. M^r. Rousseau dans Son Dictionnaire de Musique observe qu'á Paris on nomme papier reglé à la françoise, ce qui l'est réellement á l'Italienne, et vice versa^b. Mais j'entends par portées à l'Italienne, celles qui le sont réellement, et vont Suivant la longueur du papier et non Suivant sa largeur. Enfin il n'y faut plus penser, et la gravure etant commencée et l'annonce faite, il S'agit á present de veiller á la plus grande Correction de la gravure, et au bon choix du papier, que je Supose que vous avés bien duement exigé de celui qui doit le fournir.

[2] Je vois avec plaisir le parti que la Veuve a tiré de l'Opera pour les 7 morceaux renouvellés du Devin de Village. Je compte que la Souscription proposée produira encore mieux. Je Suis Surpris que vous n'ayez pas Monsieur fait passer l'annonce en Italie, en vous y procurant un homme pour recevoir les Engagemens. Ce seroit encore une chose á faire. Par le prospectus, je dois penser que les fragmens de Daphnis et Chloé n'entreront point dans le Recueil. Il me Semble qu'alors on en pourra tirer parti par la Suite.

[3] Je vois Monsieur par vôtre incertitude Sur ce que je nomme Confessions, ou Memoires, que je ne me Suis pas expliqué assés clairement. C'est d'après l'auteur lui mëme que je nomme Sés *Confessions*, ce que le publiq nomme Sés *Memoires*. C'est donc le meme ouvrage. Mais les *Dialogues* Sont un ouvrage diferent que je ne connois point.

[4] Ma precedente lettre du 29 8bre ^{c} a dü vous porter Monsieur, un Etat de ce que j'ay en mains. Celui des morceaux a composer le Recueil general; Le precis des conditions à accorder ou à exiger. Mais cette Edition generale pour etre complette demande beaucoup de tems. Il faut auparavant avoir rassemblé tous les morceaux epars; Avoir fait transcrire au net, les manuscrits chargés de renvoys, et de corrections; avoir trié dans la Correspondance ce qui peut paroitre et Enfin avoir établi un arrangement convenable pour la distribution de chaque piéce á sa place. Ce ne sera gueres qu'alors que l'on pourra traiter de bonne foy avec des Libraires et leur prescrire les conditions essentielles á la beauté de cette Edition. Il me semble donc Monsieur, que nous avons deux choses á soigner comme vous le dites; Le bien-etre de la Veuve; Et l'honneur de la Memoire de nôtre Ami. Les offres faites ici me semblent insufisantes; mais il y a bien des considerations qui doivent les rendre mediocres; comme le nombre deja des Editions prétendües Generales; le peu d'assurance que nous pouvons donner aux Libraires de leur fournir tous les ouvrages de l'auteur, &c. &c. Il me Semble donc que pour

accorder cés deux interets Si chers, il nous reste un parti á prendre. Ce Seroit d'annoncer par Souscription au profit de la Veuve, deux ou trois morceaux formant deux Volumes 8°, Savoir 1° Les VI premiers livres des Confessions; ouvrage le plus interessant et le plus propre á piquer la Curiosité du publiq. 2° L'ouvrage Sur le Gouvernement de la Pologne; pour prevenir la publication par d'autres mains. 3° Le discours Sur la vertü la plus nécessaire au heros, tel que l'auteur l'a fait, et non comme il a eté imprimé á Son inscü, et tronqué Sur un manuscrit non corrigé. Ce troisieme morceau Serviroit á convaincre le publiq des friponneries dont il est la dupe; á le premunir contre toute annonce d'une Edition generale; ou de quelques morceaux qui ne 'Seroit pas avoué[1] par la Veuve et les Amis de l'auteur; Enfin la preface qui contiendroit ces observations serviroit encore á prevenir le publiq que l'on Se propose de lui donner une Edition generale de tous les ouvrages de l'auteur et digne de la preference Sur toutes les autres. Le produit de cette petite Edition avec celui de la Musique, fera un Sort honnête des á present á la Veuve, et nous en Serons plus libres de traiter avec les Libraires pour donner á l'Edition Generale toute la beauté requise pour en faire un chef d'Oeuvre de Typographie, Sans y mettre un prix extraordinaire, et rendre ainsi á la memoire de l'auteur, ce que nous croyons lui devoir.

[5] Si vous aprouvés cette idée, mandés le moy et j'engageray M^r. Moultou á y travailler avec moy. Je dresserois un prospectus pour cette Souscription, et ne ferois rien qu'apres avoir pris les meilleurs renseignemens.

[6] De vôtre coté, vous devriés tacher Monsieur, de vous procurer la Copie de la traduction du 1er. Livre du Tasse afin de rassembler insensiblement les materiaux pour l'Edition Generale. Recevés Monsieur les assurances de mon devouement.[2]

MANUSCRIT
* Chaalis, fonds Girardin D⁴ 33, n° 11; 4 p.; orig. autogr.

NOTES CRITIQUES
[1] [inadvertance de Du Peyrou]
[2] [suivi du paraphe de Du Peyrou]

NOTES EXPLICATIVES
a. le n° 7313.
b. *DM*, éd. orig. p.365, article 'Papier réglé'.
c. le n° 7334.

7353

Pierre-Alexandre Du Peyrou à Paul-Claude Moultou

Neufchatel 12 9bre 1778

[1] Depuis ma lettre precedente du 4^a qui vous portoit Monsieur, l'etat de ce que j'ay en mains, et les conditions à proposer ou à prendre pour une Edition generale, j'ay reçu de Mr de G. un prospectus pour une souscription que la Veuve propose de la musique de chambre de son mari, avec priére à moy de le faire imprimer et repandre en Suisse^b. C'est ce que je viens de faire, et presumant que vous ne vous refuseriés pas à concourrir à la publicité de cette annonce, j'ay chargé lés imprimeurs de vous en faire passer une couple de centaines, par le carosse qui partira de Morat mardi prochain^c. Vous voudrés bien Monsieur, charger quelque personne de votre connoissance, de cette distribution soit parmi les libraires des nouveautés, soit dans les caffés ou lieux publicqs, soit enfin parmi quelques particuliers amateurs de la musique. Cette annonce sera encore rendûe publique par la voye des feuilles d'avis de chaque ville, et des Gazettes de Berne et de Bâle. Il est vraisemblable que cette entreprise sera tres lucrative pour la Veuve. La souscription est d'un Louis par exemplaire pour environ cent morceaux de musique, tels que Romances, Airs, Ariettes, Duos dialogués, le tout avec accompagnement. Cela ne me paroit pas cher, pour le publicq et suposant un benefice de 6^{ll} par exemplaire, cela fera au moins deux mille Ecus. Car surement il y aura au moins un millier de souscripteurs en Europe^d. M. de G. me marque en outre avoir traitté avec lés Directeurs de l'Opera pour les sept morceaux du Devin de village, renouvellés par l'auteur, moyennant deux mille Ecus; ce qui me semble bien considerable. On peut juger par là, de ce qu'auroit valû l'opera de Daphnis et Chloé, s'il eut été fini. Malheureusement il n'y a que le premier acte de fait, et quelques fragmens du second. Je dis malheureusement, autant pour les amateurs de bonne musique que pour les interets de la Veuve.

[2] J'attends, Monsieur, vôtre sentiment sur le projet que je vous ay communiqué dans ma precedente lettre, d'une Edition à faire par souscription au profit de la Veuve, de trois morceaux, savoir lés VI premiers livres des Confessions; 2° Le morceau sur le Gouver-

nement de la Pologne et 3° Le Discours sur la vertu la plus necessaire au heros. Le 1er comme le plus propre à piquer la curiosité du publicq. Le 2^d pour en prevenir une edition par d'autres mains. Le 3me pour constater au public la foy qu'il doit donner aux editions non avouées par la Veuve ou les amis de l'auteur; Cette petite edition servira d'ailleurs d'annonce publique de la generale que les amis de l'auteur prepare, et contiendra sans doute l'avidité des typographes. Si cette proposition vous plait, je dresseray un brouillon de prospectus, pour la souscription après avoir pris ici tous les renseignemens nécessaires, et je vous prieray de travailler à une preface particuliére à cette edition, dans laquelle vous deduirés les raisons qui nous determinent à la publication de cés morceaux et vous annoncerés le projet d'une edition generale etc. etc. Il me faudroit alors lés quatre, cinq et sixieme livres dés Confessions ou Memoires, que je ferois copier sous més yeux par mon secretaire; ainsi que l'ouvrage sur la Pologne. J'ay deja pret le *Discours* formant le 3me morceau du Recueil projetté.

[3] J'attends Monsieur, la dessus vôtre decision soit pour assurer à la Veuve les dix mille Livres offertes pour tous ses droits, avec intention de lui faire bon du surplus, s'il y en a; soit pour faire l'entreprise comme je viens de vous le marquer, sans aucun droit au restant dés ouvrages, et par consequent, à pouvoir transiger pour une Edition generale.

[4] Recevés, Monsieur, les assurances de mon sincere devouement.[1]

A Monsieur / Monsieur Moultou / à Geneve.

MANUSCRIT

[1. pour l'orig. autogr. de cette lettre (4 p., l'ad. p.4, taxe postale '8 cr.'), voir au t.xli le n° 7243]

*2. transcription faite d'après le ms.1 par mlle Rosselet.

NOTE CRITIQUE

[1] [suivi du paraphe de Du Peyrou]

NOTES EXPLICATIVES

a. le n° 7344.

b. voir le n° 7342.

c. mardi 17 novembre: Du Peyrou écrivait un jeudi.

d. le nombre des souscripteurs (y compris les libraires et les marchands de musique) ne devait dépasser 374, et ceux-ci souscrirent en tout pour 578 exemplaires. On y remarque très peu de Genevois domiciliés à Genève (six seulement y compris un libraire). On peut conclure que Moultou ne s'était guère mis en frais pour y recruter des souscripteurs. – Du reste, comme on le verra plus loin, même le chiffre de 578 exemplaires est un peu gonflé. Certaines souscriptions ne figuraient dans la liste que pour la forme, il y eut des refusants, des absents, des morts etc.

7354

René-Louis, marquis de Girardin,
à Pierre-Alexandre Du Peyrou

Ermenonville Par Senlis 13 9bre *1778*

[1] Votre Lettre, Monsieur, du 29 du mois dernier, ainsi que La note spécifique qui y etoit jointe[a] me sont parvenues en tres bon ètat Sous Le Double Couvert. Cette Lettre et Cette Note sont si Claires, et Si parfaitement bien raisonées que voicy maintenant de part et d'autre une baze Sur La quelle nous pouvons désormais savoir a quoi nous en tenir sur toutte espèce d'objets. Avec Ce tableau Complet de la situation actuelle des choses, après de mûres réflexions, et en avoir Conferé avec M^e R, il nous paroit plus que jamais désirable pour La mémoire de L'auteur, et pour la tranquillité de sa veuve, que ses amis intimes, Éclairés, et *LIBRES*, tels que vous monsieur, et M^r. de M[oultou] puissiés de maniere ou D'autre vous mettre a La tête de La possession generale de tous Les écrits tant imprimés que manuscripts connûs ou Inconnûs, rassemblès actuellement où qui pourroient L'être par La suitte; Pour Cet effet La Veuve vous remettroit tout ce qu'elle a, et vous cèderoit tous Les droits à tout ce qui pourroit Se réunir par La suitte, objet dans Le quel vous ne sçauriés douter Lorsque cette Entreprise Seroit dans Les mains de L'amitié que nous n'agissions de Concert avec vous en tout tems, et en tous points. Si vous acceptés, Monsieur, Cette proposition, qui n'est pour ainsi dire que L'execution de votre arrangement avec M. R et de L'idée de votre Lettre du 27 7bre dernier[b] vous seriés Le maitre du prix, des termes de paiement, des Conditions, et d'entretenir Soit directement en votre nom, et en Celuy de M. M. et tels associés qu'il vous plairoit, de Choisir ou Sous des noms Empruntés par La voye d'une contre lettre qui resteroit secrette entre vous et Me Rouss[eau] mais Si par malheur, Monsieur, vous Changiés[1] D'avis a cet égard et que Les Circonstances vous empechassent de vous rendre au désir qu'a principalement M^de. R[2] d'etre assurée que La mémoire et Les Intentions de son mari reposassent[3] en d'aussi bonnes mains que Les Vôtres, et qu'il Lui fallut absolument Se reduire a traitter avec

des Etrangers: Dans ce dernier cas voicy Sauf votre meilleur avis a quoy Elle se détermine.

[2] 1° a se reserver en tout état de cause La totalité de La musique en y comprenant Le ballet des Muses galantes dont l'Auteur faisoit grand Cas, et qui peut etre⁴ employé bien plus avantageusement au theatre que dans un Livre.

[3] 2° en traittant de tous Ses droits aux reserves soigneusement exprimées que vous avés Stipulé⁵ dans Les conditions proposables où n'en traitter que pour une somme d'argent Comptant qu'elle puisse placer a portée d'elle, afin D'eviter tout embarras d'affaires, et de recouvrements éloignés, et souvent difficiles avec des Libraires.

[4] Quant au tarif ou prix a mettre a Cette transaction M^de R. ou moy ne serions pas assés au fait de Ces objets pour Le bien determiner: mais il me semble qu'on pourroit L'etablir entre nous Sur Les propositions qui avoient été faites a L'auteur Par Reguillat Libraire a Lyon^c qui Luy avoit offert pour tous Les ecrits existants en 1764 tant imprimés que manuscripts Seize Cent Livres de rente viagere et qui represente un Capital de seize mil Livres et en outre trois mil Livres d'argent comptant ce qui represente au total 19000^#. La societé de Neufchatel lui fit a peu près pour lors Les mêmes offres, et lorsque Les malheurs et Les persecutions que L'auteur eprouva pour lors firent manquer Cet arrangement, vous Cherchates, Monsieur, a L'en dedomager en retablissant pour lui Les mêmes avantages, par les propositions de votre généreuse amitié. Si Le scrupule qu'il se fit quelque tems après que cet arrangement ne fut trop a votre detriment Le portat a vous demander qu'il n'eut plus lieu, il ne s'en crut pas moins redevable pour vous d'une Éternelle reconnoissance, c'est ce dont j'ai en ce moment sous Les yeux Le témoignage écrit de sa propre main^d, Ecrit dont je pense que vous devés avoir un double et dont je vous enverrai copie⁶ Si vous ne L'aviés pas.

[5] La Diférence qu'il y eut pour lors, Monsieur, entre L'arangement qu'il avoit fait avec Les Etrangers, et Celui qu'il faisoit avec vous, c'est que Se raportant du tout a votre discretion et a votre amitié pour n'en faire qu'un usage Conforme a La prudence et aux Intentions de votre ami, il vous laissoit a vous, où a vos heritiers pour vous dédomager d'un arangement qu'il regardoit comme trop à votre désavantage, sa vie qu'il Se proposa alors d'achever d'écrire, et dont il vous remettoit toujours en attendant Le Commencement, comme aussi Le Recueil de touttes Les Lettres pièces et papiers qui S'y rapportoient. Mais c'est ce qu'il n'avoit point⁷, et n'eut vraisemblablement pas fait pour aucun traitté avec des Étrangers.

[6] D'après ces observations préliminaires, ne sommes nous pas en état de juger, monsieur, que Les objets dont il avoit traitté avec Réguillat et La société Typographique de Neufchatel Consistoient uniquement dans ceux Compris dans La Note dressée par L'Auteur lui-meme des pieces qui devoient Composer Le Recueil de L'Edition projettée en 1765 de Laquelle Note vous avés Monsieur, L'original entre vos mains.

[7] Aux objets compris dans cette Note qu'on peut regarder comme faisant La masse de La quelle on avoit offert 19000ᴵᴵ il reste a⁸ ajouter et a mettre prix Sans parler du Dictionnaire de musique et autres morceaux déja imprimés, aux ouvrages fait depuis, qui sont aisés a recouvrir et de nature a etre imprimés hic et nunc sans aucun in[con]venient⁹ᵉ.

[8] 1° L'Eloge du feu Duc d'Orleans entre les mains de M. de M[oultou] qui a sans doutte aussi Emile et Sophie ou Les solitaires article compris dans La note, et qui ne se trouvent point icy au net, n'y ayant que Le Lévite d'Ephraim et La Scène de Pigmalion ainsi que j'ai eu l'honeur de vous Le marquer.

[9] 2° La Constitution de Pologne dont La Copie au net est Sans doutte également entre les mains de M. de M ou tout au moins dans celles de M. Le Comte de WIELHOSCKY dont L'adresse que je me suis procurée est à HOROCOW en Pologne Par *VIENNE*, *ZAMOSE* et *LEOPOLD*.

[10] 3° quatre Lettres a M. de Malesherbes dont j'aurois eu Copie, Si vous ne Les aviés pas, et plusieurs autres Lettres Sur Differents Sujets qui pourront etre rassemblées de differents cotés.

[11] 4° Lettres Sur La Botanique a Mᵈᵉ de Lessert a laquelle je viens D'ecrire a ce sujet.ᶠ

[12] 5° La traduction d'un Livre du Tasse que je suis assuré de ravoir de mʳ Foulquier conseiller au parlement de Toulouse auquel je viens encor d'ecrire a ce sujet.

[13] 6° Les Rêveries du Promeneur solitaire que j'ai entre les mains et Sur lesquelles il y a beaucoup a travailler.

[14] Je penserois donc que ces nouveaux objets ajoutés a la masse ancienne de Laquelle sans cela Le prix avoit dejà été porté à dix neuf mil Livres, doit L'elever facilement jusques a vingt quatre mil francs, Sans qu'il fut question ni des memoires ni de la Correspondance. Car a L'egard de ces deux derniers objets, je ne puis Monsieur, que vous repeter ce que j'ai déja eu L'honneur de vous dire, que n'en ayant aucune Conoissance précise⁸, je ne puis ni Conseiller, ni empecher leur publication, Lorsqu'elle se fera pour l'avantage de La veuve. Mais je suis sur autant qu'on peut l'etre

qu'a L'exception de La personne qui vous a offert Les 6 premiers
Livres, et de celle de Geneve personne n'en a d'autre exemplaire,
et que par Consequent tout ce qu'on a debité, et ce qu'on peut
debiter encore a ce sujet, ne sont que des fables dictées par La
malice, L'Interest, ou Le bavardage.

[15] Ayant donc, ou étant Sur de rassembler entre vous, Monsieur, Mons. de M. et moy tous Les objets qui doivent Composer
La masse de L'edition projetté en 1765; et augmentée par Les six
articles cy dessus, il ne reste[10] plus visà vis et de La part des
Etrangers aucune objection a cet égard, puisqu'on ne S'engageroit
a leur fournir, que ce que vous auriés reellement entre Les mains
ou que vous pourrés y avoir d'un moment a L'autre et dans Le Cas
de traitter avec eux M^{de} Rouss. pourroit vous envoyer[11] un[12] pouvoir
de transiger pour elle aux Conditions cy dessus jointes a celles dont
vous avés dressé L'état et en même tems pour accélérer et faciliter
Les offres des Libraires et la remise entre vos mains des papiers qui
peuvent se trouver dans celles de differentes personnes, Peutetre
jugeriés vous monsieur, qu'il Seroit expedient de faire annoncer
dans Les journaux des differents paiis, qu'étant les Depositaires de
L'Edition génerale des œuvres de M.R. corrigée par lui même et
augmentée de divers ouvrages posthumes[13], que vous êtes de plus
fondé de pouvoir de m^{de} R pour traitter avec tous Libraires qui
voudront vous adresser des offres en Consequence de La Note
présentèe, et que vous priés en même tems tant pour procurer au
public L'avantage de jouir de tout ce qui est sorti de La plume d'un
aussi grand homme, que pour Contribuer à L'avantage de sa veuve,
tous ceux qui seroient depositaires de quelques papiers de sa main
dignes d'etre imprimés de vouloir bien vous les faire remettre, pour
n'en faire usage que suivant Les Indications convenables etant
authorisé a leur donner a cet égard touttes les assurances, recûs et
décharges requises.

[16] Si au Contraire, Monsieur, Comme je L'espere vous persistés
dans votre premier projet, et dans L'intention de vous mettre avec
M. de M. à La tête de cette entreprise de maniere qu'elle soit
éxécutée Sous vos yeux et sous votre direction immédiate, alors,
Monsieur, non Seulement M^{de} R. transigeroit avec vous de ce qui
doit composer L'Edition projettée Suivant La Note Ostensible, mais
encor de tous Ses droits a tous Ecrits quelconques tant connus
qu'inconnus, en sa disposition ou hors de sa disposition, sans
neammoins s'engager comme de raison a garantir qu'ils seront
fournis, mais en quoy vous ne pourriés douter qu'elle ne Contribuat
de tout son coeur a vous aider autant qu'il seroit possible. Toutes

fois je crois qu'elle ne devroit jamais visà vis d'Etrangers Se preter
à une semblable clause, ou du moins Sans rediger tres soigneusement
touttes Les exceptions que vous avés observées, et que ce ne pourroit
etre qu'en traittant avec Les amis Les plus intimes de son mari
qu'elle pourroit S'en rapporter à eux autant ⁶et plus⁶ qu'a elle même
sur Le Choix du tems, du Lieu et des Objets, conformément aux
Intentions Connues de L'auteur, et à La dignité¹⁴ de sa mémoire.

[17] Je crois qu'il n'a encor rien⁶ paru de L'edition in 4° faite a
Bruxelles*h*, La seule Chose que j'aie vu⁵ qui soit encor Sorti⁵ Sur ce
sujet de La boutique de Boubert, c'est une brochure de 234 pages
in 8° ayant pour titre Supplement aux oeuvres de J.J. Rousseau
Citoyen de Geneve pour servir de suitte a toutes Les Editions.*i* Ce
n'est qu'une miserable rapsodie pleine de Contresens et d'anachro-
nismes qui prouve que rien ou du moins La plus grande partie de
Ce Composé n'est point de L'auteur, ainsi il est fort à présumer
que Ce Boubert aura farci son contenu de nouvelles pièces dont
l'attribution a J.J.R. tombe d'elle même.

[18] En tout ètat de Cause je ne puis donc Monsieur, qu'applaudir
infiniment a votre prudence de n'avoir dans la Note presentée aux
Entrepreneurs, Specifié aucun des articles qui peuvent Composer
La partie de la Correspondence dont la Disposition ne peut etre
qu'une affaire de Confiance tout intime, et La Note ostensible doit
donc ⁶aussi il me semble⁶ desormais se reduire ainsi que j'ai eu
L'honneur de vous L'observer plus haut.

[19]1° a toutes Les pieces qui devoient Composer Le recueil de
L'Edition projettée en 1765 En en exceptant La publication et
Impression des Muses galantes jusques a ce que ce ballet ait eté
representé et que La Partition musicale en ait eté gravée au profit
de La veuve.*

2° Les six objets composés depuis Le projet de Cette edition et
mentionés cydessus, dont Les Deux premiers sont entre Les mains
de M. de M. Le 3ᵉ. entre Les votres Le 6ᵉ entre Les miennes, Les
4ᵉ et 5ᵉ entre Les mains de Mᵈᵉ de Lessert et de M. Foulquier, à qui
je viens encor d'ecrire et dont j'attens reponce.

[20] Mᵈᵉ Rousseau est trop reconoissante de toutte maniere,
Monsieur, de ce que vous voulés bien faire pour elle, et trop
Convaincue de vos sentiments pour ne pas s'en rapporter entiere-

---

* je vous prierois Même, Monsieur, Si vous aviés quelqu'occasion sure de me faire
parvenir ce ballet des Muses galantes en vous en donnant mon récépissé, parce
que je pourrois peutetre en traitter cet hyver avec Les Directeurs de L'opera de
Paris ou je me rendrai au mois de janvier et où je demeure *ruë sᵗᵉ. Anne visàvis La
ruë de Chabanois.*

ment a vous Sur l'ouverture des pacquets cachetés que vous avés, et que vous êtes Le maitre d'ouvrir aussitot que vous Le jugerés a propos. Le retard que Les Circonstances ont apporté dans notre reunion personelle n'en apporte maintenant que dans la satisfaction qu'elle m'auroit procuré[5], mais Elle n'en apportera actuellement que tres peu dans Les affaires de M[d]. R. Surtout depuis que votre derniere Lettre nous met a portée reciproquement de nous entendre Clairement sur tous Les points. Il Sera egalement necessaire Lorsqu'il Seroit question de signer que vous fussiés nanti de tous Les objets, C'est a dire de tout ce que j'ai et de tout ce [que je][15] pourrai rassembler d'icy La Si c'est avec vous que La Veuve est assés heureuse pour pouvoir traitter, et au moins de tout ce qui entre dans La Note ostensible Si c'est vis avis des Etrangers.

[21] Vous aurés vu Monsieur par Le Modele de prospectus[k] que j'ai eu L'honeur de vous envoyer que je n'ai pas perdu de tems pour La musique. La Collection des airs est actuellement a La gravure, La musique d'eglise est un objet de tres peu de valeur, par ce qu'il n'y a point de débit de Ces sortes de morceaux. Quant au fragment de Daphnis et Chloé je ne l'ai point compris dans La collection proposée par souscription, parce que cela L'eut beaucoup rencherie, et n'eut point eté du même genre que Le reste. D'ailleurs Les 7 nouveaux airs du Devin de Village venant d'etre vendus Six mille francs, cela me Laisse L'esperance de pouvoir tirer un parti plus avantageux de Daphnis et Chloé si par la suitte plus à loisir je pouvois réussir a faire terminer ce fragment de maniere à etre representable. Si Le Second ou du moins Le plan de La piece eut eté fait, mon Idée etoit d'envoyer Les paroles des Differents airs restant a faire a tous Les plus grands Compositeurs de L'Europe chacun suivant Le Charactere Le plus[16] analogue à Leurs genres, en Les priant de vouloir bien placer chacun un Chef d'oeuvre de Leur façon dans un ouvrage commencé par J.J. comme un hommage de Leur part a La memoire de ce grand homme.

[22] Je n'ai pas manqué Monsieur d'avoir attention, ainsi que vous me faites L'amitié de me L'observer tres judicieusement, de faire copier La musique Sous mes yeux, tant pour menager Les originaux, que parce qu'il etoit necessaire de donner un ordre plus Convenable, a La modulation et a La succession des Airs. Le Recueil de L'auteur n'ayant eté fait que pour son plaisir, tous les morceaux en etoient épars et melés, suivant que le tems et la fantaisie L'avoient Conduit à y travailler. Ce soin joint a La Correspondance pour Les affaires de notre ami et aux miennes propres, absorbe tellement tout mon tems, que vous voudrés bien m'excuser,

Monsieur, Si je n'ai pas toujours été et notamment dans cette derniere occasion aussi exact a vous repondre que j'eusse désiré de L'etre.

[23] Je n'imagine pas non plus que vous, Monsieur, que la Crainte de voir paroitre quelque parent éloigné reclamant contre La veuve des ressources aussi fictives, et aussi Legitimement disponibles que Les productions de L'esprit de son mari, puisse etre un objet de crainte bien vraisemblable. Les Intentions Consignées par écrit que vous avés a cet égard sont[17] un grand avantage qui bannit[18] presqu'entierement toutte inquiettude[19] mais en affaires et visa vis de gens assés noirs pour diriger La manoeuvre de Hume, de Thevenin aux Verrieres suisses, et autres de Cette espèce, Le plus sur est de se méfier de tout. C'est pourquoi dans La souscription de la musique proposée, j'ai trouvé à propos de ne point annoncer qu'on imprimeroit La Liste des souscripteurs bien que Cela eut pu en attirer quelques'uns de plus, parce qu'il m'a paru plus prudent de ne donner aucune base prefixe au Calcul entier des frais et des bénéfices, et c'est pour cette même raison qu'il me paroit également plus sage à tous égards, outre que C'est L'intention formelle de M^{de} R. de ne traitter jamais qu'en argent Comptant, ce qui laisse beaucoup moins de part aux speculations, aux Calculs, et aux réclamations.

[24] Je vous reitere Monsieur tous mes remerciements et mes excuses des peines que vous voulés bien prendre au sujet des graines des arbres de votre paiis, et surtout de Celuy D'ABIES RUBRA ou SINUS ABIES, qui est tres commun dans La Vallée de Motiers, et au Champ du moulin. Pour le Larin peut etre beaucoup plus difficile a trouver dans vos environs, j'en ai deja icy en pots de tout élevés. Mais LE SINUS ABIES dont la forme me Semble La plus belle de touttes parce que ses branches garnissent de haut en bas, et retombent presque jusques a terre dans La forme de belles palmes, est celuy qui me manque absolument, et que je desirerois Le plus de multiplier tant pour sa beauté que pour L'utilité et la qualité de son bois.

[25] Recevés, Monsieur, mes assurances du plus sincere attachement.

[26] P.S. Je ne repons point particulierement aux deux offres dont vous me parlés dans Le Postscriptum de votre Lettre parce qu'elles se resolvent d'elles mêmes dans Le corps de Cette reponce.

MANUSCRIT

*1. Neuchâtel ms. R118, fol.29-32; 8p.; orig. autogr.

2. Chaalis, fonds Girardin D⁴ 33, n° 41, fol. 15v-18v; brouillon.

NOTES CRITIQUES

Le brouillon est daté du '11 9ᵇʳᵉ 1778', et porte le n° 9.

Variantes du ms. 1:

¹ ⟨aviés⟩ Chang⟨é⟩ ² R. ⟨de s'assurer de⟩ ³ repos⟨ent⟩ ⁴ etre ⟨rendu [?] plus⟩ ⁵ [Girardin ne fait pas ces accords] ⁶ [inséré dans l'interligne] ⁷ point ⟨fait⟩ ⁸ a ⟨mettre⟩ ⁹ [inadvertance de la part de Girardin] ¹⁰ ⟨resteroit⟩ reste ¹¹ envoyer ⟨une procuration⟩ ¹² ⟨de⟩ [en surcharge] ¹³ posthumes, ⟨tous écrits de ses mains⟩ ¹⁴ dignité ⟨de ses⟩ ¹⁵ [c'est la fin de la page: Girardin a négligé d'insérer ces mots en haut de la page qui suit] ¹⁶ plus ⟨convenable⟩ ¹⁷ ⟨est⟩ ¹⁸ ⟨la⟩ bannit ¹⁹ inquiettude ⟨a cet égard⟩

NOTES EXPLICATIVES

a. les nᵒˢ 7334 et 7334 bis.

b. le n° 7310 (t.xli).

c. voir au t.xii le n° 2098, note *b*, etc.

d. voir au t.xxxiv le n° n° 6123.

e. sur les textes énumérés dans les alinéas suivants, voir les notes explicatives du n° 7313, alinéa 22 et *s*.

f. voir le n° 7348.

g. toujours le même mensonge.

h. Girardin se trompait: l'édition de Boubers in-4° avait commencé à paraître dès 1774.

i. ce volume était dû, non à Boubers, mais probablement à Durand et à la Veuve Duchesne: voir le n° 7402, note *a*.

k. le n° 7323.

REMARQUE

Dans le fonds Girardin de Chaalis, on trouve (D⁴ 35, n° 7) une note sans date, de la main du marquis, sur le prix à demander aux libraires pour l'édition des œuvres complètes de Rousseau. Cette note semble se rapporter aux alinéas 4 et 5 de la présente lettre: 'Edition de Reguillat. 1600ᴴ Viag. 3000ᴴ argent comptant.

ayant manqué ainsi que Celle de Neufchatel qui avoit offert 1600ᴴ de pension viagere M. Du Peyrou offrit de luy faire des lors La pension de 1600ᴴ au moyen de quoy Mʳ Du [Peyrou] deviendroit possesseur de tous Les Ecrits tant manuscripts qu'imprimés pour lors qui luy furent remis des lors tous corrigés arrangés et en etat d'etre mis sous presse des qu'il Le jugeroit apropos.

Pour Laisser a luy ses heritiers un Dedomagement à ses avances, M. R. y a ajouté La Cession de sa vie qu'il se proposoit alors d'ecrire et dont il Luy a remis le Commence[ment] comme aussi Le receuil de toutes Les Lettres pieces et papiers qui s'y rapportent et dont le receuil devoit faire un ouvrage a part. Depuis Lors après avoir touché une année et demi de Cette pension, M. Rousseau navré de l'idée que cet arrangement n'etoit [qu']une munificence de Mʳ du Peyrou qui pouroit luy etre onereuse, Luy demanda en grace de luy rendre sa parole, et luy rendit les 100 Louis qu'il en avoit déjà touché pour une année et demi' (recto d'un feuillet dont le verso est occupé par huit vers italiens).

7355

Le docteur Achille-Guillaume Lebègue de Presle à René-Louis, marquis de Girardin

A Chatillon ce 13 Novembre 78

[1] J'ai differé de vous faire reponse, Monsieur, parceque j'avois ecrit la veille de la reception de votre lettre*a* a votre secretaire intime*b*; et encore parceque je comptois vous annoncer sous peu de jours que j'avois fait ce que vous desirés de moi. Mais je n'ai pas pu aller a Paris depuis le 5; et je ne prevois pas pouvoir y aller ces jours ci. J'ai le jour des travaux de jardinage a faire ou a conduire, et le soir un certain extrait de la vie de Pope qu'il faut remettre avant le 25 decembre*c*. Ainsi je dois du moins vous certifier que je m'acquitterai le plutot possible de tout ce dont vous me faites L'amitié de me charger.

[2] Je n'ai point eu L'honneur de vous ecrire aussitot mon arrivée parceque j'ai vu lors de la lettre de m. de Turpin*d* que vous n'aimez pas recevoir de simples lettres de complimens: mais je profite avec grand plaisir de celle ci pour vous reiterer Monsieur et a Madame de Girardin mes remercimens de la satisfaction dont j'ai joui durant mon sejour chez vous.

[3] Je prendrai a mon retour a Paris, qui sera vers le 22 ou le 25, des prospectus pour la souscription de la musique de m*r* Rousseau; et je les envoyerai a m*r* Magellan*e* par un paquet que j'expedierai pour Londres dans la quinzaine; et j'y joindrai les recommendations convenables.

[4] Comme j'ai oui dire a Mad*e* Aldi*f* qui est avec nous depuis quelque temps que son beau frere doit aller vous voir a la fin du mois, je lui remettrai les 50 ecus que je receverai de mad*e* Duchesne.

[5] Vous me faites plaisir, Monsieur, de m'apprendre que les Directeurs de L'opera ont acquis les nouveaux airs du Devin. Je suis curieux de savoir si le public les goutera davantage que les anciens; et si le plaisir qu'on est dans l'habitude de recevoir des premiers n'empechera pas que les nouveaux ne fasse autant de sensation.

[6] Des que je serai a Paris, je vous envoyerai le procès verbal*g* après en avoir pris copie pour joindre a L'acte de sepulture au

cimetiere des etrangers. Je ne L'ai point fait plutot a cause de la maniere dont les ennemis d'un homme pouvent abuser de ces procès verbaux pendant un certain tems après la mort; quoique j'aie fait ce qui est possible pour prevoir les inconveniens.

[7] Votre cassette n'est point encore revenue ne l'ayant demandé que pour mon retour. Je ne croyois pas que vous fussiés pressé de ce petit meuble qu'il m'a paru que vous destiniés a servir en voyage. Je vous L'avoue parceque je suis sur que vous ne m'en sçaurez pas si mauvais gré que m'en temoigne depuis un mois une Miss fort gratieuse*b* d'ailleurs, pour le retard de quelques cartons, pour les quels, soit dit sans reproche, j'ai eté trois fois a Paris dont une ¹s'est passée¹ a courir les cartonniers renommés et voila comme les femmes ne nous tiennent compte ni de la plus grande bonne volonté pour service, ni de tous nos efforts sans succès.

[8] Comme il arrive quelquefois qu'on prend mal tout ce qui vient de personnes contre lesquelles on est indisposé, je crains fort d'avoir aggravé ma faute par des reflexions sur la lecture dont j'ai allongé une lettre; et parceque je vous ai entendu dire a cette sensible Miss ¹qu'il falloit qu'elle lut¹ et parceque je venois d'etre temoin qu'il y a dans des ouvrages alamode² et *nouveaux* que les femmes lisent, une multitude de mots ²qui ne sont entendus² que par celles qui ont beaucoup lu, dans l'age ou on ne se fait pas une peine de demander L'explication de ceux qu'on ne comprend pas. Si je me suis noirci par mon zele, c'est un malheur qui je ne devois pas prevoir, en ecrivant a une personne a qui je connois de la fermeté dans l'esprit. Supposez que malgré mes explications, elle continue a vouloir se croire offensée par mon retard a la servir en cartons, ou mon zele a la servir en reflexions; je lui en fais mes excuses. Je ne doute pas de mon pardon si elle a fini la lecture des deux beaux traités de Seneque sur la clemence et sur la colere*h* qu'elle m'a demandé de lui laisser lors de mon depart.

[9] Mʳ Sage*i* a obtenu pour ses leçons de metallurgie une salle magnifique a la Monoye; son cabinet y est rangé avec avantage. Je compte qu'il commencera les premiers jour de Decembre: je me suis engagé a aller l'entendre, parceque je crois qu'il parlera de sa science avec autant de chaleur et de noblesse que mʳ Bailli*k* a traité de l'Astronomie. Des corps aussi anciens que le monde, aussi indestructibles, dont les proprietés sont si merveilleuses et les usages si interessans pour l'homme sont une belle matiere qui est inseparable de l'histoire du monde et de celle des arts. Je voudrois vous donner la curiosité d'entendre cet adepte, et pour propre satisfaction, et parceque j'aurois le plaisir de vous saluer plutot.

125

[10] J'espere que Mademoiselle de Gerardin aura reçu mon paquet au commencement de cette semaine et une lettre par duplicata qui en detaille le contenu. Comme le paquet a du etre porté en mon abscence, j'irai a mon arrivée a Paris demander a m^r Fortise^l s'il l'a reçu a tems, et s'il est sur qu'il soit arrivé.

[11] Je prie Madame de Gerardin d'agreer les assurances de mon respect.

MANUSCRIT
* Chaalis, fonds Girardin D⁴ 34, n° 20; 4 p.; orig. autogr.

NOTES CRITIQUES
^{1} [inséré dans l'interligne]
^{2} [remplace une première version, gribouillée]

NOTES EXPLICATIVES
a. lettre inconnue.
b. probablement la fille aînée de Girardin, Sophie-Victoire-Alexandrine.
c. voir au t.xl le n°A677, note *a.* Il était domicilié à Londres.
d. lettre inconnue. S'agit-il du comte Turpin de Crissé, qui avait écrit à JJ en 1754? Voir au t.ii le n° 220.
e. voir au t.xl le n° A677, note *a.*
f. voir au t.xli le n° 7235, premier alinéa et note *c.*
g. voir au t.xl le n° A684.
h. De Clementia: *De Ira.*
i. Balthasar-Georges Sage (1740-1824), fils d'un apothicaire, étudia au Collège des Quatre-Nations, où il se consacra aux sciences naturelles. Ses talents furent reconnus de bonne heure, car il entra à l'Académie des Sciences dès 1762. Aide-major à l'Hôtel des Invalides, il venait d'être nommé en 1778 professeur de minéralogie expérimentale à l'Hôtel des Monnaies. En 1783, il devint le premier directeur de l'Ecole des Mines qu'on venait de fonder.
k. Jean-Sylvain Bailly (1730-1793), fils d'un garde des tableaux du roi. S'étant consacré surtout à l'astronomie, il entra en 1763 à l'Académie des Sciences, et en 1783 à l'Académie française. La Révolution l'attira vers la politique, et le lendemain de la prise de la Bastille il fut élu par acclamation maire de Paris. Compromis par sa participation aux massacres du Champ-de-Mars, il dut quitter la mairie en novembre 1791, et mourut sur l'échafaud le 11 novembre 1793.
l. je n'ai pu l'identifier.

7356

Pierre-Alexandre Du Peyrou à Marc-Michel Rey

Neuchâtel 14 9bre 1778

[1] Depuis un tems infini, je n'ay, Mon cher Monsieur point eû de vos nouvelles, et la peine que j'ay ressentie de la mort de nôtre Ami, avec le travail que cette mort a entrainé pour moy, tout a rallenti le dessein que j'avois de vous demander de vos nouvelles. Je viens aujourd'hui vous parler de diferentes choses qui tiennent á toutes

ces idées. D'abord, ¹dites moy je vous prie, S'il est vray que la filleule de nôtre ami Jean Jaques, a fini Sa carriére*a*. Je vous le demande par la raison, qu'ayant parcourü les lettres que j'en ay reçües, pour connoitre toutes Sés intentions et les pouvoir remplir, j'ay trouvé qu'il me disoit dans une de sés lettres, de disposer à sa mort, de ce que j'avois en mains, comme je le croirois le plus convenable aux Interets de Sa *Veuve* et de Sa *filleule* ainsi qu'á l'honneur de Sa Memoire*b*. J'ay mandé cela à M*r*. de Gerardin qui m'a repondû qu'il falloit Se conformer á cés dispositions, mais que Sa filleule dont il ne connoissoit pour telle que Votre fille, avoit fini Ses jours. Je n'en doute point; mais il me convient d'en ëtre certioré*c* par vous¹ mëme.

[2] Quand a Sés ouvrages, ceux qui Sont entre més mains ne complettent point tout ce qu'il a fait, et dont quelques morceaux ne doivent point devenir publics avant la revolution du Siécle. Mais enfin en recueillant ce qui est entre lés mains de la Veuve, et de quelques amis fidelles de l'auteur, et le réunissant á ce que j'ay en mains, il seroit aisé de faire au profit de la Veuve, une Edition generale qui porteroit au moins 8 Volumes, in 4*o* mais qu'il conviendroit de rendre aussi correcte et aussi belle que l'auroit pû desirer l'auteur lui même. Mais comme cette Edition Generale demandera du tems, Soit pour ramasser les morceaux épars, Soit pour faire transcrire les manuscrits en brouillon ou avec des renvois, Soit enfin pour d'autres objets, et qu'il faut néantmoins pourvoir au Sort de la Veuve, il me Semble que l'on pourroit faire preceder cette Edition Generale par celle de deux ou trois morceaux choisis Soit pour piquer la curiosité du public, Soit pour le premunir contre toute autre Edition generale, Soit enfin pour lui mettre Sous les yeux la preuve de falsification de certains ouvrages donnés furtivem*t*. Je vous parle de cela Monsieur, comme á l'ami de feu M*r*. Rousseau, à celui de Sa Veuve, et au mien. Je vous en parle encore comme á l'honnete homme bien au fait de ce qui concerne la Librairie, et je vous prie de me dire votre Sentiment sur cés differentes idées. Pour assurer un sort dés á present à la Veuve, mon Sentiment Seroit d'ouvrir une Souscription á Son profit pour les deux ou trois morceaux Seulement, dont le choix Seroit propre à multiplier les Souscriptions, de façon que la Veuve assurée de Son etat, nous puissions lés Amis de Rousseau, travailler à tete reposée et Sans autre interest que celui de donner á l'Edition generale toute la beauté requise, Sans Surcharger le prix. Mais j'ay besoin de quelques renseignemens Sur un objet aussi peü connû de moy, À quoi par exemple peut on évaluer argent de France, le prix á payer aux

Typographes, par feuille d'impression in 8° eux fournissant le papier, et tout le travail nécessaire? Le papier d'une bonne qualité, Sans être Superbe, du reste Sans aucune recherche pour le luxe Typographique. Je voudrois encore Savoir combien d'exemplaires peuvent fournir les memes caracteres arrangés pour tirer lés feuilles. Enfin S'il conviendroit ouvrir la Souscription pour tout le publiq, ou Simplement pour les Libraires de l'Europe, aux quels on remettroit l'Exemplaire à un meilleur prix. Voila Monsieur, dés idées Sur lesquelles j'attends de vôtre part dés éclaircissemens.

[3] Le Bome de Caraïbe*d* vous fait il aussi bien qu'á moi? Je le Souhaitte bien Sincerement, etant comme je le suis votre tres devoué Serviteur

du Peyrou

[4] Recevés les complimens de ma femme.

A Monsieur / Monsieur Marc / Michel Rey Libraire / á AMSTERDAM

MANUSCRIT

* La Haye, collection de S. M. la Reine des Pays-Bas, G 16 – A 340, n° 3; 4 p., l'ad. p.4; cachet de cire rouge; orig. autogr.

IMPRIMÉ

Bosscha (1858) p.313 (fragment).

NOTE CRITIQUE

[1] [fragment cité par Bosscha]

NOTES EXPLICATIVES

a. voir au t.xli le n° 7264, note *c.*

b. voir au t.xxiii le n° 3922, alinéa 5.

c. voir au t.xxiv le n° 4148, premier alinéa et note *b*, et au t.xxviii le n° 4979, premier alinéa, etc.

d. voir le n° 7332, note *m.*

REMARQUE

Le 14 novembre 1778, Métra écrivait: 'Je vous avois marqué que J.J. Rousseau avoit condamné aux flammes, avant de mourir, une suite qu'il avoit faite à son immortel ouvrage d'Emile, un des plus beaux monumens, selon moi, s'il n'est pas le plus beau, qui soient sortis de la main des hommes. Cette nouvelle qui n'étoit que trop vraie a excité vos justes regrets: mais aujourd'hui, je viens vous apporter une bien douce consolation, en vous apprenant qu'on a retrouvé une seconde copie de cette suite, & que sa veuve se propose de la joindre à la nouvelle édition qu'elle se prépare à publier des œuvres complettes de son illustre époux. On nous fait espérer aussi incessamment ses mémoires si ardemment désirés. En attendant, on vient de donner au public un recueil de ce qu'il a fait dans sa jeunesse [c'est le *Supplément* dont il est question dans le n° 7402]. Je vous en entretiendrai une autre fois. Vous êtes sans doute curieux de voir le point d'où le grand homme est parti, & enfin d'examiner par vous-même, dans plusieurs lettres qu'on a rassemblées de lui, si ce caractère qui a paru si ferme & si inébranlable, dans les jours de sa gloire & de ses malheurs, étoit le même dans un temps où il ignoroit la célébrité qu'il devoit avoir un jour. Ce recueil contient encore plusieurs drames en vers et des épitres qui doivent au moins indiquer l'homme sensible & le philosophe, s'ils n'annoncent point le poëte' (éd. de 1787, vii.113-114).

7357

René-Louis, marquis de Girardin, à Pierre-Antoine Benoît

[vers le 15 novembre 1778][1]

N.B.[2] La Suitte des Couplets de L'air précédent N° 36 et de Celui cy N° 37[a] ne se trouvoit point dans Le manuscrit de M[r] Rousseau qui avoit negligé des Les y transcrire[3] de Rolli et de Metastasio[b], Mais j'ai pensé qu'il etoit convenable pour la plus grande Commodité du public de Les rechercher[4] et de Les placer a La suitte de Leur air.[5] C'est ce qui a obligé a rechanger Les feuilles que Le Copiste avoit copiées exactement sur L[6]'original, Sans Reserver de place pour la suitte des Couplets. [7]En retrouvant[7] ces Couplets [8]il m'a paru qu'il y avoit[8] des longueurs et des repetitions [9]de la meme pensée et[9] que pour eviter[10] L'ennuy qui en resulteroit dans le Chant, il valloit mieux n'offrir que Les meilleurs,[11] mais comme cela m'a obligé pour La transition dans Le retranchement a Changer quelques vers [12]dans les Couplets[12] du[13] N°. 37. je vous prie avant de faire transcrire Sur Le Cahier Ces Couplets que j'ai mis pour cet effet uniquement sur feuille volante, de vouloir bien vous assurer s'il n'y a point de fautes dans La versification.

MANUSCRIT

* Chaalis, fonds Girardin D[4] 35, n° 21; un demi-feuillet oblong de 2 p., p.2 utilisée par Girardin pour des notes diverses; brouillon.

NOTES CRITIQUES

[1] [le ms. n'est pas daté. Ce billet paraît avoir accompagné l'un des cahiers des *Consolations* envoyés à Benoît. Le premier a été envoyé le 5 novembre (voir le n° 7345), le second le 7 (voir le n° 7350, premier alinéa) et le troisième le 17 (voir le n° 7361). Mais il y eut en tout plus de vingt cahiers, et le ms. n'était pas encore complet le 27 novembre. Comme les airs dont il s'agit ici se trouvent p.65-67 d'un volume qui en comporte 199 de musique gravée, on peut situer ce billet aux alentours du 15 novembre.]   [2] ⟨Comme⟩   N.B. [3] transcrire, ⟨en se Contentant de renvoyer aux oeuvres gravées⟩ [4] rechercher ⟨dans les⟩ [5] air. ⟨Comme⟩ [6] L⟨e manuscrit⟩ [7] ⟨mais comme j'ai trouvé parmi⟩ [8] [ajouté dans l'interligne] [9] ⟨je me suis co⟩ ⟨j'ai cru⟩ [10] eviter ⟨une trop longue⟩

[11] meilleurs, ⟨et comme⟩ [12] ⟨dans le Couplet 4⟩ [13] [biffé par inadvertance]

NOTES EXPLICATIVES

Ce billet accompagna l'un des cahiers des *Consolations* envoyées par Girardin à Foulquier ou à Benoît.

a. le n° 36 des *Consolations* est un air sans titre, dont les paroles ont été 'fournies par Madame Josse'. Le n° 37 est

intitulé 'L'Hyver: Paroles de Rolli'.
Voir aussi la note *b*.

b. il s'est produit quelque confusion
dans les notes de Girardin (à moins
d'un changement subséquent de numé-
rotation), car si les paroles du n° 37 sont

bien de Rolli, celles du n° 36 ne sont pas
de Metastasio. Par contre, celles du n°
38, 'La Primavera', (p.67-69) sont bien
du poète italien, et comportent toute
une page de couplets (neuf couplets en
tout, de huit vers chacun).

7358

Un anonyme au Journal de Paris

[vers le 15 novembre 1778]

[. . .]*ª* L'anecdote du *Pont aux Anes*ᵇ n'est pas de l'invention de m.
de la H[arpe], vraie ou fausse, elle a été répandue, je ne décide point
qu'elle soit vraie, mais elle n'a rien qui choque la vraisemblance, elle
ne contredit pas même la réputation d'honnêteté dont Rousseau,
malgré ses inconcevables bizarreries, avoit le bonheur de jouir;
car enfin un Discours Académique qui concourt pour un prix
d'Eloquence sur un sujet donné, n'est pas une profession de foi;
c'est un jeu d'esprit, un exercice purement littéraire; comme ce n'est
point un prix de Morale ou de Philosophie, mais encore une fois un
prix d'*Eloquence* qu'il s'agit de disputer, je crois que l'Ecrivain qui
concourt peut sans blesser sa conscience, embrasser non la cause
qui est intrinsèquement la meilleure, mais celle dont le développement sera le plus propre à attirer l'attention des Juges & du Public,
& à faire briller les ressources du talent, & réciproquement: Les
Juges du concours couronnent le style & l'éloquence sans s'embarrasser du système. Il peut ensuite arriver que l'Auteur s'attache de
bonne foi par une suite de son travail & son succès à une opinion
qu'il n'avait adoptée que par convenance littéraire. M. de la Harpe
penche pour cette opinion qui en effet me paroît vraisemblable.ᶜ

[. . .]*ᵈ* Cette médiocrité, dans ce tems-là, n'étoit ni *sublime*, ni
volontaire; elle n'a été *volontaire* que depuis sa célébrité, lorsque par
un désinteressement rare, bizarre peut-être, et que beaucoup de
gens ont pris pour de l'orgueil, il s'est refusé à la faveur des Grands,
aux pensions des Souverains, & même à la légitime rétribution qu'il
pouvoit retirer de ses ouvrages. Je ne réclame point contre l'épithete
de *sublime* que le Critique donne à cette conduite, mais ne serois-je
pas excusable de penser & de dire qu'il eût été plus sage à lui, &
non moins honnête, de ne point se réfuser à une modique aisance

dont la source eût été pure, que de s'exposer, ainsi qu'il l'a fait, & à exposer sa Compagne à passer dans l'indigence les dernières années de la vie, le tems des infirmités & du déperissement? une mort prématurée lui a épargné ce malheur. [. . .]

Chose étrange! Voltaire depuis bien des années n'a cessé de railler & d'invectiver Rousseau, soit en vers, soit en prose, sans que personne ait osé elever la voix contre un excès aussi indécent, & l'on vient aujourd'hui reprocher à M. de la Harpe d'avoir mal parlé de Rousseau au moment où il en fait l'éloge. Il y a assurément de l'humeur à cela. Une observation importante, que la réflexion ci-dessus me suggere, c'est que M. de la H. a toujours fait, comme l'on sait, profession d'une déférence entiere & aveugle à l'autorité de Voltaire, & que cependant le mépris & la haine que celui-ci témoignoit pour Rousseau ne l'a point empêché de témoigner publiquement le cas qu'il faisoit du Citoyen de Geneve; il s'en est expliqué clairement & a plusieurs reprises, du vivant de Voltaire, & il me semble qu'il faut lui en savoir quelque gré.

IMPRIMÉ

* *JP* n° 321 du mardi 17 novembre 1778, p.1285-1287.

NOTES EXPLICATIVES

Cette longue défense de l'article de La Harpe, par un anonyme, fut insérée dans le *JP* par la rédaction 'pour prouver son impartialité'. Qui en est l'auteur? Girardin soupçonnait, ou faisait semblant de soupçonner, que c'était La Harpe lui-même, mais jamais Corancez ne se serait prêté à une telle manœuvre. D'après l'anonyme lui-même, il aurait habité Genève pendant 'les vingt ans de l'obscurité' de JJ (note *d*). Il s'agirait donc de trouver, s'il dit vrai, un Français qui aurait habité Genève de 1730 à 1750 approximativement.

a. l'anonyme commence par s'élever contre 'la critique amère et peu fondée' (n° 7335) des observations de La Harpe.

b. d'après laquelle Diderot aurait conseillé à JJ la ligne à suivre dans son premier *Discours*.

c. en d'autres termes, le premier *Discours* n'aurait été qu'un exercice académique, et JJ n'aurait pas cru un traître mot de ce qu'il y disait. Il va sans dire que cette 'explication' est impossible à concilier avec le récit de JJ dans les *Confessions* (lesquelles n'étaient pas encore imprimées). Du reste, l'argument de l'anonyme tombe de lui-même quand on se rappelle que ce n'était pas pour un prix d'*éloquence* que JJ concourait, mais bien pour un prix de *morale* (voir au t.ii le n° A67, premier alinéa, et A68, troisième alinéa).

d. l'anonyme affirme dans le passage supprimé ci-dessus, qu'il habitait Genève pendant les vingt ans de l'obscurité de JJ.

7359

René-Louis, marquis de Girardin, à Alexandre Deleyre

[le 16 novembre 1778]

[1] Quelque surchargé d'affaires que je sois, Monsieur dans ce moment cy je me hate neanmoins de vous repondre aussitot Le reçu de votre Lettre*a* afin que vous ayés encor Le tems de m'adresser Le plus promptement qu'il vous sera possible les Changements que vous vous proposés de faire aux paroles de vous que M. Rousseau a mises en musiques en vous observant de ne rien changer au nombre de sillabes Car on est actuellement en train de Copier et de graver Cette précieuse Collection La premiere et La plus sure ressource de La veuve de L'ami auquel je dois de m'occuper toutte ma vie des dernières Intentions de la sienne. Il y a des Choses qui vous font dire Lorsqu'on n'est pas entre procureurs tant pis pour Ceux qui Seroient Capables de penser que la femme de J.J. et celui qui est Chargé du triste devoir de luy servir de père Seroient Capables d'agir comme un La Baumelle ou Comme Ces Messieurs du nom et armes de Mercure qui fut ¹de tous tems¹ Le Dieu Des Voleurs et qui en L'honeur de leur patron viennent² d'executer Le double tour de passe passe de voler Le denier de la veuve en Escamotant La musique de son mari, et vos paroles, même sans vous nommer de La Romance d'Edwin et Emma, dont ils ont ressuscité quatre mortelles pages de Leur brochure*b*.

[2] Je ne vous repondrai pas Monsieur sur Le premier article de votre lettre parce que Les Choses de sentiment ne sont pas une affaire de Discussion. Tous, comme disoit notre bon ami sur sa montagne, tous peuvent bien quelquefois convenir des mêmes Choses mais il est tres rare qu'ils en Conviennent par les mêmes raisons. Ce qui pour le dire en passant montre Combien La dispute est peu sensée, autant vaudroit vouloir forcer autruy de voir par nos yeux. C'est pour cela que je ne disputerai pas non plus sur le buste de M. Houdon dont la ressemblance m'a frappé jusques aux larmes. Je crois vous avoir dit une bonne fois ce qui en est au sujet des ouvrages posthumes Si je ni l'ai pas fait Le voicy, je n'ai rien de Caché pour personne encor moins pour ses amis. Il ne s'est trouvé icy que de La botanique de la musique, et quelques brouillons tres Incomplets.

Ma situation ni ma Capacité ne me permettent pas de me meler d'aucune redaction a cet egard, tout ce que je puis, ce que je dois, et ce que je fais, c'est de rassembler Le plus qu'il m'est possible des ressources pour L'avantage de La veuve, et de veiller a ses Interets du mieux qu'il m'est possible. Tous les papiers Interessants ont été remis par lui même en des mains étrangères, il m'a Chargé de reclamer la parole des dèpositaires. Je l'ai fait, c'est a eux maintenant a agir chacun suivant ce que lui dicteront Les Conditions de son Depot, et les loix de la probité et de L'honneur. Un jeune Anglois[c] a deja ecrit de lui même a la veuve qu'il etoit depositaire d'un Ecrit semblable a Celuy de M. D--[d] et a offert de le lui remettre ou de Le faire Imprimer pour son avantage en Angleterre. M. D. n'a point encor remis Le sien, Il en existe encore un autre semblable entre Les mains de l'abbé de C.[e] qui paroit se refuser totalement a Le remettre. Quant aux memoires celuy qui en est depositaire ne les a point avoués vis avis de nous. Ainsi je ne sçais ce qui en adviendra et ne puis ni ne dois m'en meler en aucune manière n'en ayant point de Conoissance particuliere je ne puis ni conseiller ni empecher Leur publication. J'ai vu une[3] lettre dont M. de Corancez se vante.[f] Je souhaitte pour Le mal que je lui veux qu'elle soit effectivement de luy et que ses œuvres eussent toujours repondu a ses discours. Quoi qu'il en soit il devient tellement Impossible de dire du mal des Gestes de JJ. sans être Convaincu d'absurdité, et de la personne de M. Rousseau sans etre convaincu de malhonêteté, qu'il ne sera jamais difficile de répondre a ses Detracteurs lorsqu'ils en vaudront La peine. C'est une opinion qui nous est tellement Commune que je m'y reposerai avec vous dans L'unanimité, car je vous avoue que je ne m'acomode pas dans ma vie grossiere et rustique de La superfine metaphysique en fait de sentiment d'amitié, de Phisique ni même de morale et de Religion. C'est toujours Le moment qui me Determine, et ayant souvent La veille Contre moy je n'ai pas Comme JJ La ressource du Lendemain. Pour vous Monsieur qui avés Les doux plaisirs de l'entretien des muses qui vous Cherissent je suis bien sur que vous vous plaisés plus avec elles qu'avec le Pere Mallebranche et vous souhaitte toujours la Continuation de la paix et aise que vous devés gouter dans la jouissance de leurs faveurs.

G.

[3] P.S. Je L'oubliois, il faut que j'ajoute encor trois mots de justification: ce que j'ai dit au sujet de L'Estampe, j'ai cru Le devoir dire 1°. qu'il n'y a aucun endroit icy qui s'appelle L'Elisée parce que C'est une Chose de fait. 2°. que ce n'étoit pas le Cas de donner

un pareil nom parce que c'est une affaire de Convention. Intelligenti pauca. 3°. que Le point Sur lequel[4] devoit porter tout l'Interest de cette Estampe n'etoit pas éxact parce que C'etoit celui dont La verité importoit Le plus au public qui Sans cela eut vraisemblablement jugé que L'artiste au lieu[5] d'avoir cherché a m'en imposer furtivement avoit agi de Concert avec moy.

[4] Quant a mes vers je ne suis pas comme L'homme au sonnet[g], comme ils ne sont ni a vendre ni a louer, L'opinion est Libre, mais vous et M. Ducis qui en faites de si bons, je ne puis pas Croire serieusement que vous fassiés comme M. Jourdain, que vous vous amusiés à mettre Les vers des autres en prose Sans le sçavoir.

[5]Ah, J'oubliois encor de vous expliquer Le Prospectus[6] c'etoit un mot emblematique que j'emploiois pour vous dire que ce bruit etoit Sans doutte une calomnie preparatoire[7] a quelque forgerie de faux memoires, et cette Lettre[8] aux François[h] est une vieille[9] lettre circulaire[9] dont il a remis des exemplaires a differentes personnes[10].

MANUSCRIT

* 1. Chaalis, fonds Girardin D⁴ 34, n° 40, p.3 et 4, et n° 38 p.3; copie autogr.

2. Chaalis, fonds Girardin D⁴ 35; 2 p.; brouillon.

IMPRIMÉ

Molinier (1970), p.166-169.

NOTES CRITIQUES

La date est fournie par une note de Girardin, placée au début du ms. 1: 'Reponce a La Lettre de Mʳ. de Leyre du 12 9ᵇʳᵉ 1778 / Repondu Le 16. 9ᵇʳᵉ. 1778.'

Le brouillon offre un texte beaucoup plus court. Je n'en relève pas les variantes. Cependant, il présente un faux départ qui confirme dans une certaine mesure la date du n° 7378: ⟨Vous ne devés pas etre etonné du refus qu'il v⟩ [voir le n° 7378, première phrase].

Variantes du ms. 1:

¹ ⟨toujours⟩ ² viennent ⟨de se⟩ ³ ⟨la⟩ [en surcharge] ⁴ lequel ⟨part⟩ ⁵ lieu ⟨de C⟩ ⁶ Prospectus ⟨c'est une allegorie⟩ ⁷ preparatoire ⟨aux faux memoires qu'on a⟩ ⁸ Lettre ⟨est⟩ ⁹ [ajouté dans l'interligne: omis, impr. de 1970] ¹⁰ personnes ⟨qui me l'ont fait voir⟩ ⟨communiquée⟩

NOTES EXPLICATIVES

a. le n° 7351.

b. voir le *Mercure* du 15 novembre 1778, p.139-142.

c. Brooke Boothby. Il s'agit des *Dialogues*.

d. le comte d'Angiviller.

e. Condillac.

f. voir les nᵒˢ 7335 et 7338.

g. Girardin pense sans doute à Oronte (Molière, *Le Misanthrope*, I.ii).

h. voir au t.xl le n° A647.

7360

François-Joseph de Foulquier à René-Louis, marquis de Girardin

[le 17 novembre 1778]

[1] Je Crois Monsieur que l'on ne peut S'empecher de penser Comme M^r. Benoit et ses preuves sont Concluantes, il faut graver en Cuivre un ouvrage que nous voulons rendre le plus parfait possible. Il ne peut y avoir aucun doute a Cella et je crois M^r. que vous serez de notre avis. Il y a trop d'avantages dans Ce parti pour se refuser a le prendre. L'ouvrage ira de Suitte a present.

[2] Je voulois vendre la nouvelle musique du devin du village mais Je n'en ai pas trouvé un prix qui fut raisonable*ᵃ* et je crois qu'il faut le faire graver et Courir les risques du debit. Les planches d'etain que nous avions achetées pour les romances et que j'ai payées nous Serviront a Cet ouvrage. J'avois d'abord cru¹ avoir le droit de vendre la nouvelle partition en entier mais j'ai Senti en reflechissant que Ce seroit exposer mad^e. Rousseau a un procés de vendre les divertissements dans lesquels il n'y a eu rien de changé. Ainsi il faut le borner a vendre les nouveaux airs et C'est Ce que je vais faire.

[3] J'ai esté convaincu par tout Ce que j'ai entendu dire, par tout Ce que m'a dit M. de Vismes*ᵇ*, et par mon Sentiment intime que j'avois vendu le devin du village un prix exhorbitant et j'en Suis enchanté.*ᶜ* Mais j'ai cru pouvoir en meme temps faire une douceur a M^r. de Vismes, C'est de lui donner un mois de terme pour payer la Seconde Somme de mille ecus. Il m'en a passé Son billet payable au 12e. janvier, C'est a dire au 22. Il a acquitté Les premiers trois mille livres lors de la remise de la partition. Je n'ose pas vous dire mon Sentiment Sur Cette nouvelle musique. Je l'ai faite essayer en Secret entre quatre et je n'en ai pas esté bien bien content. Voyons Ce qu'en dira le public.

J'ai l'honneur d'estre avec l'attachement le plus Sincere
 Monsieur
        Vostre tres Humble Serv.
        Foulquier

Paris Ce 17e 9bre 1778.

[4] Personne ne Connoit le prix auquel j'ai vendu le devin du village a M^r. de Vismes, et il ne l'a dit a personne mais j'ai entendu raisonner Sur le prix probable auquel on soupçonnoit qu'il a esté vendu.

MANUSCRIT
* Chaalis, fonds Girardin D⁴ 37, dossier A, n° 12; 4 p., p. 4 bl.; orig. autogr.

NOTES EXPLICATIVES
a. Foulquier semble contredire ici ce qu'il dit plus loin (alinéa 3). Sans doute faut-il distinguer entre la vente à l'Opéra du droit de représentation de la nouvelle musique du *Devin*, et la vente

à un libraire du droit d'impression de cette musique.
b. Anne-Pierre-Jacques de Vismes de Valgay, directeur de l'Opéra. En mars 1780, il dut céder son poste à La Ferté, ci-devant Intendant des Menus, et à Le Berton.
c. le prix était de deux mille écus (n° 7342), soit six mille livres.

7361

François-Joseph de Foulquier à René-Louis, marquis de Girardin

[le 17 novembre 1778]

J'ay recu du Suisse de m^r le marquis de Gerardin le troisieme Cayer de la copie des romances de J.J. Rousseau.

Foulquier

Ce 17e 9bre 1778

MANUSCRIT
* Chaalis, fonds Girardin D⁴ 37, dossier A, n° 3; 2 p., p.2 bl.

7362

Madeleine-Catherine Delessert, née Boy de La Tour,
à René-Louis, marquis de Girardin

[le 17 novembre 1778]

J'ai, Monsieur, différé d'un Jour à l'autre de répondre A vôtre obligeante Lettre*a* dans L'esperance de vous faire parvenir en même temps la Copie que vous me demandés, mais différentes occupations ne m'ont pas encore permis de la commencer. Ne voulant remèttre en aucunes mains étrangeres les Lettres qui Contiennent des choses particulieres a moi et a ma famille, Je ne pourrai peutètre Vous Satisfaire aussi promptement que Je le souhaiterai. Cependant si ce retard avoit de l'inconvénient et que ce petit précis des Elémens de la Botanique vous prèsse plus que je ne pense, je vous prie de me le mander pour que je me hâte, étant trop emprèssée de répondre a vos vuës, pour me consoler, si Sans intention je les contrarierois.

Ce n'est point moi Monsieur qui ai Sçu exprimer d'une maniere aussi touchante *Les sentimens de reconnoissance d'une Mere* [1]*à L'ombre de*[1] *L'auteur d'Emile*b; Je suis bien loin de mériter L'honneur que vous vouliez bien me faire en me les attribuant. C'est en Silence que mon Coeur pleurera et honnorera toute[2] sa vie L'homme que vous étiez digne de Connoitre; et qui par cette raison Ettes peut être le Seul, capable d'aprecier Les Amers regrèts que Je donne tous les Jours a la perte que nous avons faite. Ma Soeur est des plus sensible Monsieur! à vôtre gracieux Souvenir.

J'ecrirai a mon beau frere L'honneur que vous voulez bien aussi lui faire, il est repartit depuis peu de Jours pour la Suisse, où il serroit bien flatté de vous prouver Sa reconnoissance à L'obligeant acceuil et aux politesses qu'il a reçû[3] de Vous. Voulez vous bien Monsieur! remettre L'incluse*c* et Agréer L'assurance de la Consideration distinguée avec Laquelle J'ai l'honneur d'Être!

Monsieur!

Votre très humble
très obéissante Servante
De Lessert Boy de La T.

Boulogne 17 no^bre

A Monsieur / Monsieur De Gérardin / A *Ermenonville* / Par Senlis

MANUSCRIT

* Chaalis, fonds Girardin D⁴ 34; 4 p., l'ad. p.4; cachet armorié sur cire rouge; m.p.: timbres: 'BOULOGNE' (encre rouge); date: $\frac{11}{18}$; paraphe; orig. autogr.

NOTES CRITIQUES

¹ ⟨à⟩ ² [en surcharge sur un autre mot devenu indéchiffrable] ³ [mme Delessert ne fait pas cet accord]

NOTES EXPLICATIVES

a. le n° 7347.

b. voir le n° 7320.

c. peut-être une lettre pour Thérèse.

7363

Pierre-Alexandre Du Peyrou à Paul-Claude Moultou

Neufchatel 18 9bre 1778.

[1] En attendant Monsieur, vôtre réponse à mon envoi du 4ᵃ j'ay diferé aussi longtems que je l'ay pû, celle que je devois à Mr de G. et interpretant vôtre silence sur ma proposition, comme une improbation, j'ay mandé à Mr de G.ᵇ lés offres faites ici pour l'Edition generale, et en même tems, mon sentiment sur l'affaire. Je lui ay donc observé qu'ayant deux objets à remplir savoir à pourvoir au sort de Mᵈ. Rousseau, et à l'honneur de la memoire de nôtre ami, il n'etoit gueres possible de remplir ce double objet par une Edition generale donnée à present. Cette Edition demandera beaucoup de tems pour rassembler les manuscrits épars, pour les faire transcrire au net, et enfin pour lés mettre à leur place, ce qui priveroit la Veuve, d'une jouïssance actuelle, qui lui est essentielle, ou nous forceroit par trop de precipitation, à faire une Edition peu digne du but que nous devons nous proposer. D'ailleurs traitant avec les libraires pour cette Edition generale, sans être assurés de posseder tous les manuscrits de l'auteur, ou du moins de les posseder seuls, nous risquerions d'éprouver des dificultés desagréables, ou de faire un mauvais traitté. D'après ces reflexions, je lui ay proposé d'imprimer dés à present par souscription, lés trois morceaux suivans; 1° Les VI premiers Livres dés Confessions, comme le morceau le plus piquant. 2° Le Gouvernement de la Pologne, pour prevenir toute autre Edition de cet ouvrage. 3° Le Discours sur la vertu etc. pour convaincre le public des fraudes dont il est la victime, et le premunir contre toute annonce d'Edition des ouvrages de R. qui n'aura pas l'aprobation de la Veuve ou dés amis de l'auteur. Qu'au moyen de ce que produiroit cette petite Edition, le sort de la Veuve seroit assuré, et que nous pourrions ne nous occuper qu'à donner

à l'Edition generale toute la perfection que nous devons y chercher,
ce qui nous deviendroit d'autant plus facile, que nous ne cherche-
rions que cela, et que nous aurions le loisir nécessaire. Dans cet etat
des choses, je ne peux rien proposer à Mr de G. avant la reception
de sa reponse à ma lettre. S'il adopte le projet, il faudra s'y tenir.
S'il y trouve quelque difficulté, je lui feray l'offre dont vous me
chargéz, aux conditions que tous les manuscrits nous soyent remis.

[2] J'avois deja pensé que l'Edition generale seroit mal exécutée
ici, mais qu'il seroit à souhaittér qu'elle pût l'etre sous vos yeux, ou
les miens, pour la correction. Je craignois qu'à Geneve, cette Edition
qui doit étre telle que l'auteur l'eut donné lui même, sans addition
supression, ou correction, ne soufrit quelque dificulté, puisque
q[uel]-ques uns des ouvrages qui la composent, ont été proscrits,
et ont occasionné ce que vous savés mieux que moi. Dans cette idée,
j'ay écrit à M.M. Rey⁶ d'abord pour m'informer si la filleule de R.
est encore en vie. C'etoit une fille de Rey. Ensuite pour lui demander
quelques avis et renseignemens sur le prix de ce que l'on devoit
payer à des typographes, pour la fourniture du papier bon, sans
être parfait, et leur soins et peines, à tant par feuille. Rey est un
honnete homme qui a toujours eu pour R. les meilleurs procedés
comme libraire, et les sentimens d'un ami. Vous savés Monsieur,
qu'il a fait £300 de rente viagere à Mlle Le Vasseur, à la suite d'un
ouvrage par lui imprimé, et qui lui avoit beaucoup valû. Je lui ay
donc écrit non comme à un libraire pour traitter avec lui, mais
comme à un ami de R. pour ma direction, reservant moi même
l'idée confuse qu'il pourroit servir à l'Edition generale. Mais ce qui
doit nous occuper à present c'est l'Edition particuliére. Or je ne
crois pas Monsieur qu'il soit necessaire de calquer cette petite
Edition sur la Generale. Cette première suivant moy doit se faire
sans luxe typographique, et d'un format portatif. Elle doit encore
se faire par souscription au profit de la Veuve et l'on ne doit la
commencer que lorsqu'on sera sur d'un nombre de souscriptions
sufisant pour les fraix prelevés, procurer à la Veuve une somme
équivalente aux offres qui lui sont faites, ou que nous lui ferons.
Cette petite Edition precedera de trois ans au moins l'Edition
generale et lui servira d'annonce, afin que la public prevenû ne s'en
laisse point imposer par d'autres annonces. Il est assés indiferent
d'après cela, ou se fasse l'Edition des trois morceaux. Elle ne doit
être qu'au profit de la Veuve, et non dés libraires, ou typographes
qui en seront chargés. On devra la preference à ceux qui feront
meilleur marché de leurs presses.

[3] J'ay examiné Monsieur, les ouvrages imprimés et corrigés par

l'auteur lui même*d*. La majeure partie dés corrections roule sur le changement des titres, et sur l'ortographe ou la ponctuation. Il y a quelques additions en forme de notes, mais en petit nombre, Ce qui pourtant donne un prix réel à l'exemplaire que j'ay en main. Les lettres à Sara*e*, au nombre de quatre, sont la suite d'une espece de défi, et l'auteur a voulu prouver que sans etre ridicule, un barbon pouvoit écrire jusqu'à quatre lettres d'amour. Les deux lettres sur la Suisse*f* sont ici en brouillon presque indéchifrable. Il seroit utile de les avoir de Madame la Marechale de Luxembourg, pour s'éviter la peine de les déchiffrer sur le brouillon. Je n'ay point noté tous les chifons qui se trouvent chez moy, ce qui m'eut mené trop loin. Je m'occupe à faire copier une partie de la correspondance qui est en més mains, ainsi que je feray copier les manuscrits qui en ont besoin. Ce sera un ouvrage tres long, ne pouvant y employer qu'un copiste homme exact attentif, fidelle, et déchifrant aisément le caractere de Mr R.*g*

[4] En parcourant l'exemplaire en mes mains, j'ay trouvé ce qui suit, à la tête du premier morceau. 'NB. En tête de tout l'ouvrage, sera la Preface generale qui ne doit être composée et imprimée qu'à la fin de l'Edition, afin de prendre le jugement du public deja meuri sur l'ouvrage et sur l'auteur. Si je ne vis plus, je ne connois que deux hommes qui puissent faire cette Preface, l'un est M*r* Deleyre auteur de l'analyse de Bacon, lequel est à la cour de Parme, en cette année 1765. L'autre est M*r* Moultou, cy devant Ministre à Genève'.

[5] Recevés Monsieur mes tendres salutations.

[6] P.S.: Ma lettre finie je m'aperçois Monsieur que j'oubliois de vous parler de deux articles. Lés voici.

[7] Le premier regarde un passage tiré d'Isidore dans sés origines Livre 1. chap: 20. qui commence *Praeterea quaedam*. Rousseau dans son Essai sur l'origine des Langues allegue ce passage ainsi qu'un autre de Ciceron en disant qu'il va les transcrire afin que le lecteur puisse juger de leur vray sens, et il se borne à les indiquer. Ces passages sont allégués par R. contre l'opinion de ceux qui pretendent que les Grecs ont connu et pratiqué dans l'ecriture les signes apellés accens, et qui autorisent cette opinion par les deux passages cités. Comme je n'ay point trouvé ici l'ouvrage d'Isidore et qu'il est convenable que je le fasse transcrire dans la copie de ce manuscrit, voudriés vous Monsieur me l'envoyer. J'ay celui de Ciceron de l'Orateur Livre III. n.44. *Hanc diligentiam* etc.*h*

[8] L'autre article dont je veux vous parler Monsieur regarde un jeune homme de bonne famille qui a reçu son education à l'Ecole

militaire mais que des travers, et la rigueur de son pere fomentée par une belle mere, a forcé de se retirer en Suisse, ou il a fait un mariage heureux, mais ou les convenances de la societé se trouvent blessés. Je le connois depuis deux ans, et je n'ay aucun reproche à lui faire. Il travaille à se procurer le nécessaire en donnant des leçons de mathematiques. Mais sa santé est éprouvée par l'air vif de nos montagnes ou il s'est établi. Il se verra dans peu obligé de se transporter ailleurs. Il est en etat de faire un cours complet de ce qui constitue celui de l'Abbé Bossut*i* et d'enseigner par conséquent l'aritmétique, l'algébre, la geometrie, l'aplication de l'algebre à la geometrie, le calcul des infinitesimales, la statique, la dynamique et l'hydrolique. Croyés vous Monsieur qu'il trouve à Geneve de quoi exercer cés connoissances, et se faire une ressource qui avec quelque chose qu'il a ou doit avoir, puisse le faire vivre. Il est François et catholique. Sa femme est protestante. Encore un coup, je le connois pour un bon sujet, et je le crois tres en etat de former de bons eleves dans les parties enoncées cy dessus. Je vous seray bien obligé, Monsieur, de me dire vôtre sentiment sur ma proposition. Je vous reître mes voeux pour vôtre bonheur.[1]

A Monsieur / Monsieur Moultou / à Geneve

MANUSCRIT

[1. pour l'orig. autogr. de cette lettre (8 p., p.7 bl., l'ad. p.8, taxe postale '8 cr') voir au t.xli le n° 7243]

*2. transcription faite d'après le ms. 1 par mlle Rosselet.

NOTE CRITIQUE

[1] [suivi du paraphe de Du Peyrou]

NOTES EXPLICATIVES

a. le n° 7344.

b. voir le n° 7334, alinéa 7.

c. voir le n° 7356.

d. pour cet exemplaire corrigé par JJ, voir au t.xxiv le n° 4157, alinéa 5. – La BPU de Genève possède un exemplaire de l'*Emile* corrigé par Rousseau en vue d'une édition définitive de ses œuvres complètes. Cet exemplaire provient de la Collection Coindet et ne fut acquis par la BPU qu'en 1854.

e. les *Lettres à Sara* nous sont connues par deux mss conservés à Neuchâtel (mss R 7 et 8, anciennes cotes de la BV 7833a et 7833b, cote primitive du XVIIIe siècle: 'n° 5'). Ce texte parut pour la première fois en 1781 dans l'édition de Genève, seconde livraison (voir l'in-4°, v. 187-198, ou l'in-8°, xiii.275-289). On ne donna que quatre lettres, soit parce que la cinquième n'existait qu'à l'état de brouillon inachevé, soit parce qu'on avait égaré le ms. de ce fragment, qui effectivement se trouvait dans un autre paquet. Il ne fut imprimé qu'en 1946 (Henri Guillemin, 'Sur quelques inédits de J.-J. Rousseau', *RP* liii, n° 9, septembre 1946, p.104).

f. voir au t.xv les n°s 2440 et 2457. On les imprima dans l'édition de Genève d'après une excellente copie autographe que Du Peyrou a dû retrouver plus tard, et qui portait la cote ancienne 'N° 39'. M. Frédéric S. Eigeldinger a donné une belle édition illustrée de ces deux lettres, avec une fac-similé du ms., Neuchâtel [1977], un vol. in-4°.

g. Jeannin.

h. effectivement, dans le ms. de l'*Essai*, qui est une copie autographe (Neuchâtel ms. R 11, ancienne cote de la bibliothèque 7835, cote du XVIII⁰ siècle 'n° 9'), Rousseau ne donne que les premiers mots de chacune de ces deux citations. Celle tirée de Cicéron a été complétée par Jeannin. Par contre, celle tirée d'Isidore de Séville n'a pas été complétée sur le ms. Cependant, comme elle figure dans l'imprimé (*Œuvres*, Genève, 1782, éd. in-8° xvi.244), on a dû l'ajouter

directement sur la copie envoyée à l'imprimeur.

i. Charles Bossut (1730-1814), quoiqu'ordonné prêtre, se consacra entièrement aux mathématiques, et sut par ses travaux s'attirer la protection de Clairaut et de d'Alembert. En 1768 il fut élu membre de l'Académie des Sciences. Il composa plusieurs cours de mathématiques (*Cours complet*, 1765, souvent réimprimé, *Cours de mathématiques à l'usage des élèves du corps royal de génie*, 3⁰ édition 1781, etc.).

7364

René-Louis, marquis de Girardin, à François-Joseph de Foulquier

[vers le 19 novembre 1778][1]

Le tems a manqué tous ces jours cy mon tres[2] Cher Consort non a ma pensée mais a ma main pour m'entretenir avec vous. Avés vous Lu le Mercure bleu du 5 8bre [a], La Lettre a La Harpe journal de Paris n° 303 du 30 8bre [b], et Les observations Sur cette lettre journal de Paris n° 321 17 9bre[c]. Vous verrés que Le tems est venu d'employer vos tres precieuses reflexions[3], ce que je viens de faire[4] ici, m'en usant comme bien de Communauté dans La Lettre que je vous envoye cy joint[5].[d] Vous de votre Coté mon Cher Consort[6] faite acte de fraternité, taillés, rognés, corrigés, augmentés a votre gré comme d'un bien propre. Je n'en veux rien voir qu'imprimé mais ayés la bonté de Copier ou de faire copier[7] La cy jointe[d], il ne faut pas qu'elle arrive aux journalistes de ma main pour Cause a moy connue et a vous tres sensible, puis envoyés la au journal de Paris ce qui est le plus court, et aux autres journaux qu'aviseriés bon être et qui seroit[8] Le plus general, et le plus durable et que ce sujet vaut bien de s'en occuper plus d'un jour, [9]car cela requiert que nous aions meme alors zele et[9] Diligence ami, et secret[10]. Je vois bien qu'il n'y a plus que les nuages et les frimats qui puissent ramener Pilade au repaire d'Oreste[e], et puisque vous ne voulés pas venir vous Chauffer a la Campagne il faudra bien finir par aller geler a Paris.

MANUSCRIT

*Chaalis, fonds Girardin D⁴ 38; brouillon très raturé.

NOTES CRITIQUES

Le destinataire n'est pas indiqué, mais c'est à Foulquier que Girardin donnait le sobriquet de 'mon Consort'.

¹ [le ms. n'est pas daté. Les allusions de la première phrase du texte montrent que cette lettre dut être rédigée peu après le 17 novembre 1778.] ² [ajouté dans l'interligne] ³ reflexions ⟨et que⟩ ⁴ faire ⟨comme d'⟩ ⁵ [Girardin ne fait pas cet accord] ⁶ Consort ⟨usés en⟩ ⁷ copier ⟨et pour C⟩ ⁸ ⟨est⟩ ⁹ ⟨je vo⟩ ⟨je vois bien qu'il n'y a plus que la⟩ [la

leçon définitive, fort mal écrite dans l'interligne, est en partie conjecturale] ¹⁰ secret ⟨Si on vous rebutoit au journal ⟨Phar⟩ Parisien, ne nous rebutons pas, il faudra envoyer au Courier de L'eur⟩ ⟨Par hazard on nous rebutoit au⟩ ⟨Paris n'en veut point ne nous rebutons pas⟩

NOTES EXPLICATIVES

a. voir le n° 7314.
b. voir le n° 7335.
c. voir le n° 7358.
d. le n° 7365.
e. les noms de ces deux célèbres personnages légendaires étaient devenus synonymes de l'amitié.

7365

René-Louis, marquis de Girardin, au Journal de Paris

[vers le 19 novembre 1778]¹

Messieurs

[1] En renvoyant comme vous faites Les lecteurs² à L'article dont ³M de La Harpe³ a farci Le Mercure du 5 octobre*a*, et à La Lettre qu'on a eu L'honneur de lui écrire a cet égard*b*, Ce seroit éffectivement La meilleure reponse ⁴aux observations insérées dans votre feuille du 17 9ᵇʳᵉ *c* mais cet observateur digne⁴ eleve de M. de La Harpe dont⁵ [il]⁶ imite Si bien Le⁷ Style et sa profonde maniere de raisoner qu'on diroit que C'est lui⁸, ne s'est pas Contenté de faire⁸ L'eloge de la sagesse et surtout de La modestie de Son⁹ maitre, il¹⁰ [a]⁶ malicieusement profité de L'opinion générale qu'en a Le public, et de la persuasion ou on me paroit être généralement qu'en fait D'injures Monsieur de La Harpe n'est jamais L'aggresseur, pour traduire devant ce tribunal¹¹ ou il a tant de crédit L'humoriste auteur de La rèponce au sage et modeste Examinateur de La Personne et des ouvrages de Jean-Jacques Rousseau et¹² L'y accuser Coram populo d'une Injustice d'autant plus Criante que son grand¹³ maitre La Harpe a La bonté d'accorder ¹⁴au petit¹⁴ J.J. Rousseau tant d'eloges qu'il est Impossible de rien dire de plus a sa Louange. Il n'y en a qu'un petit Inconvenient dans ¹⁵ce factum du bon¹⁵ Eleve

Identifié qui jure Si confidemment Sur les paroles de son[16] illustre maitre, C'est qu'il ne peut S'empecher de Convenir des L'Exorde que les bornes d'une Notice ne permettent pas au PHILOSOPHE PARISIEN de refuter méthodiquement et Complettement Les Deux fameux systemes du Philosophe Genevois. Il Les traitte tout bonnement de PARADOXES ce qui effectivement est le plus court, et C'est aussi Le Chemin battu frayé comme Celui du mouton, que Les gens qui S'attachent aux lettres, ont pris contre Les deux hommes de Ce siecle qui se sont Le plus attaché[17] a La chose – Montesquieu et Jean Jacques, mais traitter Sans raisons des[18] Sistêmes fortement raisonnés de *PARADOXES Insoutenables*, apeller d'un petit ton Leger celuy qui Le presente Auteur à Paradoxes et Cela sans le prouver Pour Les gens qui [19]sans avoir l'honneur d'etre de[19] L'Academie françoise, [20]ont la capacité d'entendre[20] le françois, Cela s'appelle Dire une Injure, ou ne sçavoir ce qu'on dit. En cela Le Conseiller du Mercure faisant Comme Ces Conseillers de village qui opinent par Echo, soutient qu'il n'y a rien dans son opinion qui Lui soit particulier et qu'il n'est que[21] La Nimphe Echo de L'opinion générale. Or pour aider a L'opinion générale a soutenir comme elle fait Les productions de M. de La Harpe, il faut au moins qu'elle soit generalement Instruitte de L'Etat de La question. Les voicy donc Ces deux fameux systèmes accusés impartialement[13] de Paradoxes Par Le juge botté[22] Sans Justifier du titre D'accusation. En voicy même trois objets rebattus [23] en Chorus par nos Lettrés[23]

Que Le Progrès des Lettres a nui aux mœurs

Que nos Spectacles nous Corrompent

que nous n'avons ni ne pouvons avoir une bonne musique (françoise)

[2] Il faut observer d'abord que Jean-Jacques Rousseau n'a jamais dit *que Les Lettres doivent necessairement corrompre Les mœurs ni que Le Spectacle ne put Les réformer; et qu'on ne put avoir une bonne musique* (en France et en françois). Mais ce qu'il a dit sont trois faits justifiés par les Evenements de tous Les jours.

[3] Depuis 25 ans que Ses ouvrages ont Commencé de paroitre, Quel bien ont fait Les Lettres aux mœurs? quel bien y a fait notre Theatre? et n'a t on pas abandonné ce qu'on apelloit alors La musique (*françoise*) car La nouvelle musique n'est point françoise mais imitée de L'Italienne autant que La Langue a pu Le permettre. Nos grands Compositeurs mis en Liberté par La secousse que Rousseau avoit donnée a L'opinion ont pu donner Impunement L'essor a Leur genie, en conformant La *Melodie* au sens des paroles, et à L'accent de La Langue, et L'*harmonie* au charactere de La

situation, ils ont fait precisement ce que Rousseau avoit proposé de faire, et ils ont[24] reussi admirablement. Y a t'il rien La qui argumente Contre luy? On veut jouir de La revolution, et en proscrire L'auteur. Ce n'est pas La premiere fois. D'un autre Côté[25] La pluspart de nos tragedies ne nous montrent que des vices brillants de sectaires illustres qu'on admire, ou des héros inimitables et fantastiques au lieu de presenter des Crimes blamés, des Vertus recomandées, et des méchants[26] malheureux et punis par L'effet de leur mechanceté même.[27] Combien de[28] spectateurs dans le fonds de leur ame[29] n'auront[30] ils pas èté plus eblouis par la grandeur de L'horrible Neron maitre du monde et de luy au point d'en Imposer [31]a Agrippine Burrhus et Seneque[31] *d* ou [13]par Le succès de[13] L'affreux Mahomet*e* qui reussit[32] a force de sceleratesse [33]plutot que par la vertu du[33] bon Britannicus, et qu'un Esclave Balotte, ou [34]Les sermons du bonhomme[34] ZOPYRE qui succombe? La Comedie ne Critique t'elle pas plus nos ridicules que nos mœurs[35], et ne fait'elle pas toujours grace aux vices du Cœur, en faveur des agrements de L'esprit.

[4] En un mot Le paiis Le plus Letré et qui a Le meilleur Theatre est celuy a qui L'on reproche Le plus de vices et qui en vend[36] a toutte[37] L'Europe. Les defauts des Lettres et des spectacles ont toujours eté, et seront peutetre toujours comme La plupart de nos abus très réformables et jamais rèformés. Pourquoy? C'est qu'il est bien[13] plus aisé aux Lettres et au Theatre de reussir en favorisant Le vice qu'en la Corrigeant. Rousseau L'a dit, et en est bien L'exemple. Il employa une plume Celeste a L'avantage de La vertu et fut traitté comme un scelerat.[38] Accusé d'irreligion par des Athées declarés, persecuté par les prêcheurs de La tolerance,[39] et taxé de renverser Le Christianisme par ceux auxuels il a fourni les meilleures raisons pour en soutenir La doctrine et Le veritable esprit.

[5] Presenter a chaque Page que [40]La croyance[40] d'un Dieu juste et tout puissant[41] Importe a la securité sociale, au bonheur des hommes, et a La Consolation des malheureux.

[6] Maintenir[42] que La Divinité de l'Evangile est suffisamment etablie par L'excellence unique et divine de sa morale. En effet tous les Philosophes humains on[t][43] dit *faittes du bien,* Jesus Christ seul a dit ne *faittes point de mal.* L'un n'est pas toujours possible, et par Consequent souvent Contre nature. L'autre est toujours possible donc conforme a la nature et Consequent a son auteur.

[7] Faire Sentir jusques au fonds du Cœur que Le[44] veritable esprit du Christianisme, Le principe fondamental de l'Evangile,[45] *ne faites point à autruy ce que vous ne voudriés pas qu'on vous fit,*[46] ayant

pour base Le principe même de La nature LA SENSIBILITÈ étoit Le lien divin qui devoit unir entr'eux tous Les Etres sensibles.

[8] Proclamer que Le Divin auteur de l'Evangile Embrassant egalement tous les hommes dans sa Charité sans bornes est venu Lever La barrière qui separoit Les nations et reunir tout Le genre humain dans un Peuple de frères (Car en toutte nation Celui qui le Craint et qui s'adonne a la justice Luy est agreable dit L'apotre, Acte X.35), toucher[47] les cœurs des hommes en leur faisant sentir que [48]La justice et l'amour de son prochain telle est La doctrine importante que dans[48] son extreme amour pour eux Jesus Christ[49] [50] a scellè[51] de son sang.

[9] [52]Faire voir[52] [à] L'homme que ce n'est pas a L[53]'auteur [13] de la nature[13] mais a lui même qu'il doit s'en prendre des Calamités qui affligent La nature humaine[54], que L'homme de La nature n'est point mechant mais que ce sont Les hommes de la societé qui le sont devenus [55]qu'il n'est pas un etre malfaisant mais que ce sont Les vices de l'imitation[56] et de la Société qui le rendent tel[55] [en substituant] a L'amour de soy qui donne[57] des besoins réels[13] et des plaisirs reels [13]en exaltant[13] L'amour propre qui fonde sur des relations etrangeres [13]a nous memes[13]. La[58] Comparaison des Inegalités[59] conduit à envier ce qui est au dessus, a mépriser ce qui est au dessous, et a composer son bien etre du maletre des autres.

[10] Rendre[60] aux enfants L'amour de leur mere et aux meres L'amour de leurs enfans.

[11] Indiquer que [61]La force[61] de L'enfant[62] arrêtée[63] par La Contrainte [13]et les ligatures[13] se developent par la liberté[64] [13]et que[13] Leur raison [65]s'affermit[65] par les experiences Phisiques [66]auxquelles leur libre mouvement Les Conduit sans Cesse[66] que par les discours[67] des mies et des Pedagogues.

[12] Soutenir qu'avant tout L'homme doit etre juste, et qu'il vaudroit[68] encore mieux[69] qu'il fut bon que sçavant [70]et que la justice[71] [est] fondée sur le sentiment de La verité et L'observation de L'ordre et de La place que chaque Individu [72]doit[73] tenir[72] dans La Chaine des êtres Sans nuire aux autres et sans que Les autres[74] [lui] nuisent[74] [70].

[13] Si ce sont La[75] Des Paradoxes, qu'on nous montre donc[76] de plus grandes[77] [78] verités de plus utiles au bien de L'humanité et au bonheur des hommes. En attendant nous [79]respectons trop Le[79] Public pour Croire que L'opinion generale a L'egard de ces Paradoxes du Philosophe genevois soit conforme a L'opinion tres particuliere du Philosophe Parisien M. de la Harpe [80]qui pour etre [81]un[82] genie[81] extraordinaire soutient que Le mot nature n'est qu'un mot[83]

tres peu philosophique tandis que [84]Le[85] genevois[84] L'auteur a Paradoxes qui[86] ne veut etre que singulier s'est avisé suivant son usage ordinaire du Paradoxe de soutenir[87] au Contraire que la nature renferme tous les sens, et par opposition tous les Contresens, parce qu'elle existe dans tout ce qui est vray, et que tout ce qui est faux est hors d'elle, que Le mot de nature si ètranger a la Philosophie de Mr de la Harpe Signifie positivement La Masse universelle de tous les rapports et de touttes les Combinaisons Phisiquement possibles et que la verité qui est La Consequence de La nature consiste dans le Sentiment du rapport[88] de la partie au tout, et du tout a La partie. C'est encor là un de ces paradoxes que nous avons oublié de denoncer avec ceux cy dessus[89] [90]nous n'osons pas nous vanter[90] [80] comme luy[91] de faire *unus et omnes*, neanmoins nous sommes encore en assés grand nombre pour que nos noms[92] au bas de Cette Longue Lettre ne pussent pas etre Contenus dans L'espace de vôtre feuille. C'est pourquoy Messieurs en ayant L'honneur d'etre Vos tres humbles et tres Obeissants serviteurs, nous nous souscrirons pour abreger nos signatures

LES ASSOCIÉS DE L'OPINION ANTIHARPISTE ANTI PHILO-SOPHISTE, ET ANTI LA LISTE de tous LES GENS EN ISTE

MANUSCRIT

* Chaalis, fonds Girardin D[4] 35, n° 20; 6 p., p. 6 bl. pour le corps du texte, + 1 feuillet plus petite de 2 p. pour les passages ajoutés; brouillon.

NOTES CRITIQUES

[1] [le ms. n'est pas daté. Girardin semble avoir rédigé ce texte en lisant le n° 7358, paru dans le *JP* du 17 novembre 1778.] [2] Lecteurs ⟨des observations Sur La Lettre a Monsieur de La Harpe⟩ [3] ⟨il⟩ [4] ⟨aux observations⟩ ⟨a faire a ces observations de cet⟩ [5] ⟨qui⟩ [6] [omis par inadvertance] [7] ⟨son⟩ [8] ⟨en faisant⟩ [9] son ⟨docte⟩ [10] ⟨n'avoit pas⟩ [11] tribunal ⟨qui luy est⟩ [12] ⟨pour⟩ [13] [ajouté dans l'interligne] [14] ⟨a⟩ [15] ce⟨t apel au futur Concile de L⟩ [16] son ⟨maitre⟩ [17] [Girardin ne fait pas l'accord] [18] ⟨un⟩ [19] ⟨sans être⟩ ⟨pour n'etre pas de⟩ [20] n'⟨en entendent pas moins⟩

[21] que ⟨L'Echo⟩ [22] ⟨Impartial⟩ [23] ⟨du cri des Lettres des Philosophes parisiens⟩ [24] ont ⟨admirablement⟩ [25] Côté ⟨notre tr⟩ [26] mechants ⟨punis, ou⟩ [27] même. ⟨y a t'il⟩ [28] de ⟨gens⟩ [29] ame ⟨n'ont'ils pas preferé⟩ [30] n'auront ⟨ils pas preferé⟩ [31] ⟨a Sene⟩ [les trois noms propres ont été d'abord écrits dans un autre ordre] [32] ⟨ne⟩ reussit ⟨qu'⟩ [33] ⟨au⟩ [34] ⟨L'honneteté et Les principes de⟩ [35] ⟨Vices⟩ [36] ⟨re⟩vend [37] toutte ⟨L'heuro⟩ [38] ⟨[13] Il a eté[13]⟩ [39] tolerance, ⟨et traitté de⟩ [40] ⟨L'existence⟩ [41] puissent ⟨Importe a La securité et⟩ [42] ⟨Demontrer⟩ [43] [inadvertance de Girardin] [44] Le ⟨principe fondamental⟩ [45] L'Evangile, ⟨etant fondé⟩ [46] *fit*, ⟨étant fondé⟩ [47] ⟨montrer⟩ toucher [48] ⟨dans⟩ [49] Christ ⟨est venu sceller de⟩ [50] [ce passage, à force de ratures et d'ajouts, est devenu incohérent. Le texte imprimé ci-dessus représente, semble-

t-il, la pensée définitive de Girardin. Mais en réalité son texte se lit: que telle est La justice et L'amour de son prochain dont la doctrine importante que dans son extreme amour pour eux La ⟨verité Importa⟩ Doctrine ⟨Importante a leur bonheur que⟩ Jesus Christ ⟨est venu sceller de⟩

[51] [Girardin ne fait pas cet accord] [52] ⟨Chercher a Conduire⟩ [53] ⟨son⟩ [en surcharge] [54] humaine, ⟨que⟩ ⟨Et dans un ouvrage⟩ [55] ⟨en substituant⟩ [ces mots, nécessaires au sens de la phrase, ont été biffés par erreur: je les restitue un peu plus loin] [56] [leçon conjecturale][57]⟨se Contentant de son⟩ [58] ⟨Ce fut⟩La [59] Inegalités, ⟨en regardant toujo⟩ [60] ⟨Rapeller aux mères que leur lait est du a leurs e⟩ / Rendre

[61] L⟨es⟩ force⟨s⟩ [62] L'enfant ⟨se develope par⟩ [63] arrêté⟨s⟩ [64] [au-dessus de 'liberté', qu'il n'a pas biffé, Girardin a écrit 'exercice'] liberté ⟨relativement⟩ ⟨et que⟩ ⟨et que Leur raison se develope en même tems que leur Corps par L'experience plus⟩ ⟨se forme mieux par Le mouvement⟩ [65] ⟨se forme mieux⟩ [66] ⟨de leur fo⟩ ⟨qu'ils font eux memes⟩ [67] discours ⟨souvent inintelligibles des Pedagogues⟩ [68] vaudroit ⟨mieux⟩ [69] mieux ⟨qu'il ne sçut rien que de mal sçavoir et⟩ [70] [ce passage est écrit au verso du feuillet dont il est question dans la note 80, sans signe de renvoi ni dans le texte ni dans l'ajout; mais il semble difficile de le placer ailleurs]

[71] justice ⟨etant⟩ [72] ⟨tient⟩ [73] doit ⟨occuper⟩ [74] ⟨pussent lui⟩ nui⟨re⟩ [en surcharge partielle] [75] La⟨des herésies et⟩ [76] donc ⟨avec plus d'eloquence et⟩ [77] grandes ⟨de plu⟩ [78] ⟨et de plus utiles verités⟩ ['et de' non biffé] [79] ⟨trop

bonne opinion du⟩ [en surcharge partielle: 'avons' n'est pas biffé] [80] [Girardin a inséré ici un signe de renvoi. L'ajout se trouve sur un feuillet à part, mais le signe de renvoi n'y est pas répété. Au verso de ce feuillet se trouve le passage que j'ai placé plus haut: voir la note 70.]

[81] ⟨un homme⟩ [82] un ⟨homme⟩ [83] mot ⟨oratoire⟩ ⟨vague⟩ ⟨vuide de sens et⟩ [84] ⟨Le Philosophe genevois qui n'est que singulier⟩ [85] Le ⟨Philosophe genevois qui n'est que singulier s'est avisé de joindre encor⟩ ⟨estime un de ses⟩ ⟨de joindre encor a tous ses paradoxes⟩ ⟨Suivant⟩ ⟨Auteur⟩ [86] qui ⟨n'est que singulier⟩[87]soutenir ⟨que La nature⟩ [88] rapport ⟨du tout a La partie et⟩ [89] dessus ⟨et comme⟩ [90] [le passage ajouté rejoint ici le corps du texte, où ces mots font double emploi avec la même formule precédemment écrite, mais où cependant on lit 'osions' pour 'osons']

[91] luy ⟨d'etre ministre de L'opinion generale⟩⟨d'etre les truchements de l'opinion générale⟩ [92] noms ⟨ne pussent pas etre contenus⟩

NOTES EXPLICATIVES

Cette diatribe fut-elle envoyée au *JP*? En tout cas, elle n'y fut point imprimée.

a. voir le n° 7314.

b. le n° 7335.

c. le n° 7358.

d. allusion à la tragédie *Britannicus*, de Racine.

e. allusion à la tragédie *Mahomet, ou le Fanatisme*, de Voltaire. Zopire, shérif de la Mecque, est un personnage de cette pièce.

7366

René-Louis, marquis de Girardin, à Anne-Jeanne Du Poujet de Nadaillac, abbesse de Gomerfontaine

[vers le 20 novembre 1778][1]

Comme vous m'aviés fait L'honneur Madame de me marquer que[2] vous[3] auriés la bonté d'envoyer icy un exprés fort peu de jours des que le tems Le permettroit[4], j'ai jugé qu'il ne seroit peutetre pas possible[5] qu'une Lettre eut encore le tems de vous parvenir avant Le depart de L'exprés. C'est pourquoy je me reservois[6] de vous reiterer par la meme occasion tous Les sentiments dont[7] vos procédés me penetrent de plus en plus.[8] Mais comme je vois Mad[e].[9] par La Lettre que je reçois dans cet Instant que L'incertitude de La routte [10]vous a retenue[10] [11] La voicy, de Chaumont [12]a Chambli[12] a Beaumont [12]9 Lieues[12], de Beaumont[13] à L'abbaye du Lys [12]2 Lieues[12], de L'abbaye du Lys[14], croix de Pontarmé, et a Ermenonville 4[15] ou 5 petites Lieues. D'après cet itineraire S'il vous est possible Mad[e] puisque vous avés un homme[16] sur auquel il ne manqueroit que cette Intelligence de se charger de cette commission[17] dont[18] je luy rembourserai Comme de raison tous Les frais, vous m'obligeriés infiniment de me L'envoyer parce que[19] mon homme d'affaires Le plus sur[20] lequel je pourrois compter essentiellement a cet egard est[21] malade dans ce moment cy.[22] Du reste M[de] j'observerai exactement vos ordres mais non par la raison que vous m'en donnez, [23]Vos Lettres étant trop precieuses pour n'etre pas Conservées avec grand respect et reconoissance plus q[ue] par obeissance[24].[23]

MANUSCRIT

* Chaalis, fonds Girardin D⁴ 38; brouillon.

NOTES CRITIQUES

Le ms. est intitulé, de la main de Girardin: '2ᵉ Lettre à Mᵈᵉ L'abbesse de Gomerfontaine'.

[1] [le ms. n'est pas daté. Mme de Nadaillac dut recevoir la première lettre de Girardin vers le 8 novembre. Elle dut répondre vers le 10, mais Girardin avait

differé sa réponse de quelques jours, en attendant l'exprès qui ne venait pas.]
[2] que ⟨sous peu de jours⟩ [3] vous ⟨enver⟩
[4] permettroit ⟨je n'ai pas jugé que⟩
[5] possible ⟨que je puisse⟩ [6] reservois ⟨d'avoir l'honneur⟩ [7] ⟨que⟩ [en surcharge] [8] plus ⟨mainten⟩ ⟨je ne crois pas dans ce⟩ ⟨si⟩ [9] Madᵉ ⟨que L'Incertitude⟩[10][ces mots biffés par inadvertance]

[11] retenue ⟨C'est ainsy de vous en

Instruire⟩ [12] [ajouté dans l'interligne] [13] Beaumont ⟨a Luzarches et de Luzarches 3 Lieues de Luzarches a Ermenonville Par Jonvaux⟩ [14] Lys ⟨a la Croix des Pres⟩ ⟨a la table⟩ [15] 4 ⟨Lieues⟩ [16] ⟨domestique⟩ [17] commission ⟨Importante⟩ ⟨vous m'obli⟩ [18] dont ⟨tous Les frais comme de raison⟩ [19] que ⟨le seul⟩ [20] [le sens exige un deuxième 'sur'] [21] est ⟨retenu dans ce moment ci⟩ ⟨n'a⟩ [22] cy. ⟨j'offre⟩ [23] [continué le long de la marge de gauche, d'une écriture fort négligée: texte en partie conjectural] [24] obeissance ⟨et r⟩

7367

Jacques-Pierre Brissot à René-Louis, marquis de Girardin

Boulogne sur Mer ce 20 9ᵇʳᵉ 1778

Monsieur

M. Swinton est à Paris[a]. Je lui Envoie Votre Lettre[b] qui Lui fera Sans doute beaucoup de plaisir. Je prens La Liberté en attendant de Vous prévenir que L'article de Mᵈᵉ J.J. Rousseau Sera inséré dans Le Courier de L'Europe au plutot[c]. M. Swinton preferera Sans contredit un exemplaire d'une Musique aussi précieuse que celle de L'homme Celebre dont[1] Vous avés reçu Les derniers soupirs, et croiés qu'il s'empressera de Rendre à Sa Veuve tous Les Services possibles.

Quant à L'article Redigé par M. de Presle, je Soupçonerois presque qu'il n'a pas été fidelement remis au Redacteur du Courier de L'Europe à Londres, car il n'auroit pas eu de Raison de se refuser à La pressante Invitation de ce Docteur. Au Surplus M. Swinton qui peutetre plus instruit que moi sur cet article Vous le dira ou En aprendra La raison de[2] M. De Laire.

J'ai L'honneur d'etre très parfaitement
Monsieur   Votre très humble et obᵗ
                                              Serviteur De Warville

A Monsieur / Monsieur Gerardin / Seigneur d'Ermenonville / à Ermenonville par Senlis.

MANUSCRIT
    * Chaalis, fonds Girardin D⁴34, nᵒ 30; 4 p., p.2-3 bl, l'ad. p.4; cachet armorié sur cire rouge; m.p.: timbre: 'BOULOGNE SUR MER'; taxe: '8'; orig. autogr.

NOTES CRITIQUES
    [1] ⟨du quel (?)⟩ [2] [lire 'à'?]

NOTES EXPLICATIVES
    a. sur Samuel Swinton, et son jour-

nal, voir au t.xli le n° 7252. On a vu
qu'il avait installé sa maîtresse à Boulo-
gne-sur-mer, et c'est là également qu'il
venait d'établir Jacques-Pierre Brissot
(1754-1793, guillotiné). Le futur chef
des Girondins tirait alors le diable par
la queue, et n'était que trop heureux de
s'acquitter des humbles tâches que lui
confiait Swinton. Brissot arriva à Boulogne, semble-t-il, en avril 1778. A partir
de cette date, le *CE* demande qu'on
adresse les lettres à 'M. de Warville
[Brissot], poste restante à Boulogne-
sur-Mer'.

b. cette lettre manque. Sans doute Girardin y priait Swinton d'insérer l'annonce du recueil de romances, et lui
demandait s'il preférerait être payé, ou
bien s'il aimerait mieux recevoir un exemplaire du volume.

c. l'annonce du recueil des romances
parut effectivement dans le *CE* du 27
novembre 1778, n° xliii, iv. 345: voir
le n° 7323. On imprima un extrait du
prospectus, un modèle de l'engagement,
et une liste des libraires chez qui on
pourrait souscrire.

7368

René-Louis, marquis de Girardin, à Pierre-Antoine Benoît

Ermenonville samedy 21 9bre 1778

[1] Les observations, Monsieur que vous me faites L'honneur de
m'adresser sont remplies de toutte la sagacité et L'interest dont
vous voulés bien nous donner tant de preuves. Elles sont redigées
d'une maniere si claire et Si concluante qu'il n'y a pas a hésiter de
s'y conformer. Il est seulement facheux que M. Le Marchand qui
devoit avoir une Conoissance precise de ces objets ne nous Les eut
pas présenté[1] plutôt. Quoique L'employ des planches d'etain Se
trouve remplacé en quelque sorte par la gravure des airs du nouveau
devin, je Crains cependant que La quantité n'en soit très Surabon-
dante, Les 7 nouveaux airs ne devant pas naturellement employer
plus d'une cinquantaine de planches ou Environ, et Le reste Se
trouvera en pure perte. Mais a Cela près Encor vaut'il bien mieux
a tous égards pour La souscription prendre Le parti du Cuivre.

[2] D'aprés cela Les attentions Suivantes deviennent Indispensables. 1°. L'habileté du graveur en Notes et la netteté de La[2] musique,
et La revision des planches par un habile correcteur.
2°. La belle écriture et surtout bien nette du graveur en Lettres, La
plus Scrupuleuse attention a bien mettre Les paroles Sous La note,
une Connoissance de L'ortographe qui Le garantisse de faire des
fautes grossières, et La revision par un Correcteur tant pour Le
françois que L'Italien, et La ponctuation.
3°. La grandeur des planches qui doivent embrasser tous Le

même espace que contiennent Les quinze parties de nos Cahiers avec La marge necessaire pour que notre format a L'Impression reponde Si exactement a Celuy de L'Edition ³d'Hollande³ du Devin par Michel Ray*ᵃ* qu'on put dans un besoin Les relier ensemble et Du moins Les mettre a Côté L'un de L'autre dans une biblioteque. J'observe aussi a M. Foulquier que c'est a Ce même format de L'Edition d'Hollande du Devin que doit se rapporter exactement celuy des 7 nouveaux airs afin qu'ils puissent se relier avec elle. C'est un Egard qu'on doit a Michel Ray et un avantage reciproque pour Le debit de⁴ L'ancienne partition et les nouveaux airs, et par ce moyen tous Les ouvrages de musique de Mʳ. Rousseau Se trouveront rassemblés sous le même format qu'on fera toujours observer, Si on en donne encor quelqu'autres par la suitte.

[3] C'est absolument nécessaire d'envoyer des Prospectus et meme de tacher d'etablir quelque correspondent en Italie, ne fut ce qu'a Rome, on me L'a deja observé de plusieurs endroits. Quant au terme de La souscription ⁵C'est⁵ un bien de Le reculer, Car il eut été trop court pour donner Le tems a La publicité de se repandre Suffisamment. Ainsi il sera nécessaire d'en faire repandre La suspension. A Neufchatel ce ne sera point M. Du Peyrou mais La societé Typographique qui se Chargera Du Débit, et on y a déja meme Imprimé un millier de prospectus qu'on fait repandre en consequence dans touttes Les villes de La Suisse; je ne suis pas faché qu'on ait eté un peu sensible a Geneve a n'y pourvoir de Correspondent etabli pour recevoir Les homages a La memoire d'un homme qui est pour Leur ville un monument d'illustration, et qu'ils ont tellement méconnu.

[4] J'ay L'honneur d'être Monsieur avec un véritable attachement Votre très obeissant Serviteur

Gerardin.

[5] P.S. Il est d'autant plus nécessaire de se Conformer dans La gravure page pour page aux Cahiers que j'ai eu Le plus grand soin autant qu'il a été possible de Dis[poser]⁶ les Couplets de manière qu'on ne fut pas [obligé]⁶ de tourner La page ce qui ⁷nuiroit beaucoup⁷ a L'accompag[nement]⁶ et au Chanteur.

A Monsieur / Monsieur Benoit ancien / Controleur des Domaines et bois / rüe du gros Chenet / A PARIS

MANUSCRIT

* Chaalis, fonds Girardin D⁴ 37, dossier A, n° 28; 4 p., l'ad. p.4; cachet de cire rouge, arraché; taxe postale: '6'; orig. autogr.

NOTES CRITIQUES

Benoît a noté, p.1, 'R. le 23'.

¹ [Girardin ne fait pas l'accord] ² de La ⟨gravure⟩ ³ [ajouté dans l'interligne] ⁴ de ⟨La pa⟩ ³ [ajouté dans l'interligne] ⁴ de ⟨La pa⟩ ⁵ ⟨il seroit⟩ [en surcharge] ⁶ [trou du cachet] ⁷ ⟨nuit⟩

NOTES EXPLICATIVES

Cette lettre se rapporte au recueil des romances, plus tard intitulé *Les Consolations* [. . .]

a. je n'ai pu voir un exemplaire de cette édition: mais voir au t.xxxv le n° 6270, note *b.*

REMARQUE

Dans son Supplément du samedi 21 novembre 1778, p.3, la *GB* annonçait: 'On souscrit chez les *Sociétés typographiques* de *Berne* et de *Neuchatel* pour un Recueil de Musique contenant un très grand nombre de Morceaux différens sous le titre de *Musique de Chambre*, de la composition de *J.J. Rousseau*, & que cet Homme celébre à laissés à la disposition de Madame Sa Veuve. Ce recueil paroitra en Fevrier 1779. Le prix de la souscription est d'un Louis neuf.'

7369

Alexandre Deleyre au Journal de Paris

Ce 23 Novembre 1778

Messieurs

On avoit inséré dans le Mercure du 15 de ce mois*ᵃ*, une Romance sous le nom de J.J. Rousseau, comme si les paroles & la Musique étoient de lui; vous avez réparé cette erreur, en me restituant le peu qui m'appartient dans ce léger ouvrage*ᵇ*. Rousseau en a composé l'Air, précieux à double titre, dans un de ses derniers amusemens en musique. Je n'en ai fait que les vers; encore ne sont-ils qu'une traduction de l'Anglois. L'Original est de feu M. de Mallet*ᶜ* [. . .]

Au reste, Messieurs, ce n'est pas, je vous l'assure, pour ma gloire que je revendique ces Couplets [. . .], mais je les réclame pour l'honneur de Rousseau. Cet homme juste, qui n'a jamais voulu du bien d'autrui, même à titre de don, auroit désavoué ces vers, & plus encore, s'ils eussent été bons. [. . .] Ne croyez pourtant pas que je lui dispute le frivole mérite d'une vaine Chanson, moi qui sacrifierois le peu de jours & de facultés qui me restent, à la défense de sa mémoire, si sa tombe n'avoit enfin fermé la bouche à ses ennemis.

¹Ce ne sont point¹ des Vers, ni même ¹ses grands talents que j'envierois ²à cet homme extraordinaire²; mais sa vertu qui fut la source de son éloquence, & l'ame de ses Ouvrages. Je l'ai connu & pratiqué depuis vingt-cinq ans, toujours le même, plein de droiture, de franchise & de simplicité, sans aucune espèce de faste, ni de

double intention, ni d'art pour cacher des défauts, ou montrer des vertus. Je l'ai toujours aimé, sans attendre ni m'inquiéter qu'il me le rendît. On doit pardonner, peut-être, à ceux qui l'ont décrié, de l'avoir mal connu. Telle etoit la sublimité de son ame, que moi qui la voyois, à peine ai-je pu la concevoir; tant elle s'élevoit au dessus de ma foible portée; car on n'est jamais bien jugé que par ses Pairs. Quoi qu'on pense ou qu'on dise de lui pendant un siecle encore (c'est l'espace & le terme que l'envie laisse à ses détracteurs) je n'ai jamais vu d'homme aussi vertueux, puisqu'il le fut avec la persuasion qu'on ne croyoit pas à la sincérité de ses ecrits & de ses actions. Il le fut malgré la Nature, la fortune & les Hommes, qui l'ont accablé de souffrances, de revers, de calomnies, de chagrins & de persécutions. Il le fut avec la plus vive sensibilité pour l'injustice & les peines. Il le fut enfin malgré des foiblesses que j'ignore, mais qu'il a, dit-on, révélées dans les Mémoires de sa vie; il arracha mille fois plus à ses passions, qu'elles n'ont pu lui dérober. Doué, peut-être, de l'ame corruptible & voluptueuse d'un Epicurien, il conserva dans ses mœurs, au moins depuis que je l'ai connu, la rigidité du stoicisme. Quelques abus qu'on puisse faire de ses propres confessions; elles prouveront toujours la bonne foi d'un homme qui parla comme il pensoit, écrivit comme il parloit, vécut comme il écrivoit, & mourut tel qu'il avoit vécu.[1]

J'ai l'honneur d'être, &c.

DELEYRE.

IMPRIMÉS

* 1. *JP* du 2 décembre 1778, n° 336, pp.1352-1353.

2. Arsenne Thiébaut de Berneaud, *Voyage à Ermenonville* [. . .],Paris 1819, p.171-172 (fragment).

NOTES CRITIQUES

Dans l'impr. de 1819, Thiébaut de Berneaud affirme que c'est à Dusaulx que Deleyre avait adressé cette lettre, qu'elle était datée de 1780, et qu'il a transcrit son texte de l'orig. autogr. Ces trois affirmations sont inexactes.

[1] [texte de l'impr. de 1819] [2] impr. 2: Jean-Jacques Rousseau

NOTES EXPLICATIVES

a. voir le n° 7359, premier alinéa et note *b*.

b. dans le n° 327, du lundi 23 novembre 1778: 'Paroles de M. de LAIR' (p.1309), 'AIR de J. J. ROUSSEAU, Accompagnement de M***' (p.1312). C'est la romance d'*Edwin et Emma*, 'Au fond d'une sombre vallée [. . .]', n° 30 des *Consolations*, où cependant on lit 'Au fond d'une heureuse vallée'.

c. David Malloch (1705?-1765), auteur écossais qui changea son nom en Mallet (1724), forme plus acceptable aux oreilles anglaises. La ballade d'*Edwin et Emma* est de 1760. Son monument le plus durable n'est pas son œuvre littéraire (pièces de théâtre et poésies), mais son édition des *Œuvres* de Bolingbroke.

7370

René-Louis, marquis de Girardin [?], au Journal de Paris

Paris ce 24 Novembre 1778

Messieurs

J'ai vu avec etonnement, dans votre Feuille d'hier, N° 327, une Romance mise en musique par J.J. Rousseau[a], du nombre de celles qui doivent composer le Recueil de sa Musique de Chambre ou de Société, proposée par Souscription au profit de la Veuve & dont vous avez annoncé le Prospectus. Je pense qu'en mettant entre les mains de tout le monde quelques-uns des morceaux de ce Recueil précieux, vous nuisez necessairement aux intérets de celle qui a seule le droit de le publier. Cette considération est suffisante pour déterminer votre conduite à cet égard, & vous empêcher d'insérer dans votre Journal aucune des Pieces du Recueil jusqu'après sa publication. Une remarque qui n'est pas moins essentielle, est qu'en donnant la Musique de Rousseau avec un accompagnement qui lui est étranger[a], vous l'avez entierement dénaturé en changeant la basse, ce qui est plus sensible dans Rousseau que dans tout autre Compositeur, parce que sa maniere d'écrire tenoit si fort à un système particulier, qu'il n'existe presque aucun Air, vraiment de lui, dans lequel le commun des Musiciens ne crut trouver des fautes. Il est cependant probable que J.J. Rousseau, qui a étudié la Musique pendant toute sa vie, qui a pratiqué long-tems les Professeurs les plus célebres de l'Italie, qui a écrit de si excellentes choses sur cet Art, en connoissoit tous les moyens & n'a rien fait que sciemment.

Votre délicatesse est trop connue, pour laisser aucun doute sur l'attention que vous aurez à ne point faire usage de la Musique de J.J. qui pourroit-être en votre pouvoir, d'après les réflexions que je me permets de vous faire & dont vous ne pouvez que me savoir gré.

J'ai l'honneur d'être, &c

Un Abonné

IMPRIMÉ

* *JP* du 28 novembre 1778, n° 332, pp.1336-1337.

NOTES EXPLICATIVES

Cette protestation est probablement de Girardin. Corancez lui répondit par une 'Note des Rédacteurs', imprimée à la suite de la lettre: 'Nous serions plus sensibles aux reproches qui nous sont faits par cette Lettre, si nous les avions mérités. Nous observons à l'Anonyme que nous avions long-tems dans nos mains & la Romance de M. de Leyre, & d'autres Airs de J.J. Rousseau, dont nous étions bien déterminés à ne faire aucun usage, sur-tout depuis la publication que nous avions faite du Prospectus de sa Veuve. Il paroit que l'Anonyme ignore que cette Romance a été insérée dans le Mercure du 15 de ce mois. Nous avons cru que nous devions à ceux de nos Abonnés qui mettoient quelque prix à cette espece de production, de leur envoyer ce qu'ils pouvoient se procurer facilement sans nous. L'annonce du Mercure pouvoit d'ailleurs induire le Public en erreur, puisqu'il paroissoit que les paroles étoient également de J.J. Rousseau; enfin sans prétendre justifier une publication qui peut-être n'auroit pas du avoir lieu, nous ne sommes point entierement de l'avis de l'Anonyme sur la crainte des conséquences. Le Recueil doit être d'autant plus desiré que ce qui en est connu est plus goûté. Nous sommes instruits par nous mêmes d'une circonstance qui doit piquer la curiosité des Amateurs. J.J. Rousseau faisoit ordinairement plusieurs Airs sur les mêmes paroles; il donnoit sans beaucoup de difficulté l'un de ces Airs; mais personne au monde n'auroit pu le faire consentir à donner celui qu'il avoit adopté pour lui: de façon qu'il est très-possible qu'il n'y ait pas un seul des Airs déja publiés qui soient compris dans le Recueil de sa Veuve.'

a. voir le n° 7369, note *b.*

7371

[le 25 novembre 1778]

Musique
*Avis concernant un Recueil de Musique de Chambre,
composée par J.J. ROUSSEAU*

Toutes les productions du célèbre Rousseau, publiées pendant sa vie, ont toujours été reçues avec une sorte d'enthousiasme; celles qu'on annonce aujourd'hui, obtiendront sans doute un accueil encore favorable. On a vu dans le *Devin du Village*, & dans le *Dictionnaire de Musique*, à quel degré cet homme extraordinaire possédoit la pratique & la théorie du plus ravissant des beaux Arts. Il est à présumer qu'on retrouvera la même source de plaisirs dans les nouvelles productions musicales que sa Veuve vient offrir au public.

On aime à se représenter l'éloquent & profond Auteur du *Contrat-Social*, modulant sur un clavier des airs champêtres, des vaudevilles & des romances. Mais on s'étonne de voir ce véhément Ecrivain, ce génie libre & fier, accoutumé à méditer sur les intérêts des Souverains & des peuples, & né, ce semble, pour leur faire adorer la justice, oubliant tout-à-coup sa destinée glorieuse, pour embrasser la profession des mercenaires, & devenir un simple Copiste de musique. Celui qui consacra des hymnes à la vertu, qui sut réveiller en nous l'instinct sublime de la liberté, qui fait encore retentir la voix de la nature dans le cœur des mères, n'a-t-il donc pu subsister du produit de ses chef-d'œuvres? La langue françoise, entre ses mains, n'est-elle pas devenue un instrument aussi mélodieux que celle du Tasse, aussi riche que celle de Pope, aussi expressive que celle des Orateurs de Rome & d'Athènes? L'homme enfin qui devoit tenir un des premiers rangs parmi ses semblables, à qui, tôt ou tard, on élevera des monumens publics, étoit-il donc fait pour vivre & mourir au sein de l'indigence? Est-ce là le sort d'un bienfaiteur de l'humanité? Proscrit par ses concitoyens, fugitif au milieu des Alpes, toléré chez une Nation hospitalière, mais obligé d'imposer à son génie un silence absolu, il ne laisse pour héritage à sa respectable veuve, que des *Mémoires* dont elle ne peut tirer aucun parti, parce que des convenances sociales en arrêtent la publicité. L'unique ressource de Madame Rousseau consiste en un *Recueil de petits airs*, composés par l'Auteur d'*Emile* & d'*Héloise*; elle offre ce Recueil au public, moyennant une souscription d'un louis.

Ceux qui voudront souscrire, pourront s'adresser, avant la fin du mois de Décembre, à Paris, chez *Marchand*, rue de Grenelle-Saint-Honoré; à Marseille, chez *la Porte*, Libraire; à Lyon, chez *Gastard*, Place de la Comédie; à Bordeaux, chez les frères *Labottière*, Marchands Libraires.

IMPRIMÉ
    * *Mercure* du 25 novembre 1778, p.308-309.

NOTES EXPLICATIVES
    Le ton de cette annonce, composée dans les bureaux du *Mercure*, déplut à Girardin, qui fit signer à Thérèse une lettre de protestation qui ne fut pas insérée: voir le n° 7386 bis.

7372

René-Louis, marquis de Girardin, à Anne-Jeanne Du Poujet de Nadaillac, abbesse de Gomerfontaine

Ce 26 9bre [1778]

[1] La Cassette que vous avez eu la bonté, Madame de nous faire parvenir d'une maniere si obligeante[1] est arrivée hier au soir en[2] tres bon etat[3], et il a fallu que Le Domestique qui en etoit Chargé ait eu beaucoup de force et d'Intelligence pour s'etre tiré [4]aussi bien[4] de La difficulté [5]des Chemins[5] qu'il a trouvé[6] [7] mauvais[8]. Il n'a pu arriver icy hier[9] qu'à la nuit fermée [10]ayant longtems[10]. La Cassette Contenoit[11] un Carton dans Lequel il n'y avoit que plusieurs Livres[12] Imprimés en Italien avec quelques Commencements d'extraits et de traductions[13] de ces memes[10] Livres et des Liasses de toutes Les Lettres[14] Reçues pendant qu'il habitoit dans [15]votre voisinage[15] mais pas un seul manuscrit ni ouvrage[16]. Parmi toutes ces Lettres Madame, j'ai retiré touttes celles qui m'ont paru etre de votre écritture, et je vous Les renvoye avec Celles que vous m'avez fait L'honneur de m'ecrire pour me Conformer Scrupuleusement [10]quoiqu'a regret[10] a vos ordres et a votre delicatesse.[17] Nous avons reçu Madame Cette Cassette avec Le meme attendrissement que vous aviés eprouvé à vous en dessaisir, mais pour que vous Conserviés du moins Ce qui doit vous en paroitre Le plus Interessant puisque C'est un ouvrage[18] Dicté par L'amitié, comme un homage a La bienfaisance et a La vertu[19] j'ai remis Madame dans Le meme pacquet que vos Lettres Le motet^a que vous aviés La generosité d'envoyer a sa veuve, parce que j'ai recherché a cette occasion dans sa musique, et j'y en[10] ai trouvé[20] une Copie. Mais La veuve n'en est pas moins penetrée de reconoissance de touttes Les marques d'attachement dont vous honorés La memoire de son mari. Si cette ame si tendre et si expansive Conserve encor quelque Communication avec Les notres C'est sans doutte dans Les affections des Cœurs sensibles et vertueux tels que le votre qu'elle goute une partie de Cette joye pure et Inefable [21]Laquelle[22] dans ses derniers moments cet homme[23] juste et vertueux apelloient avec des[24] transport[s] vraiment céleste[s], actes d'amour et de Confiance en Dieu.[21]

[2] Tant de marques de bonté Madame que vous venés de nous

uuuuu. Lettre de Girardin à mme de Nadaillac
du 26 novembre 1778: brouillon.

donner en si peu d'instants me laisse a jamais le regret de[25] ne pouvoir pas vous[26] presenter moi meme [27]Les plus sinceres assurances[27] des sentiments de La veuve et des miens, je ne desespere pas cependant qu'il se presente quelque moment heureux ou je puisse vous offrir Le tribut de reconoissance et de respect avec Lequel je serai toutte ma vie Madame &c.

[3] Je ne vous renvoye point La Cassette parce qu'elle blesse Le Cheval ce qui a meme obligé votre Domestique de sejourner icy aujourd'huy pour Le laisser reposer. Je la rendrai[28] a Mr Bernard a Paris^b, [29]pour qu'il vous la fasse passer par quelque occasion[29]. M^de Rouss.[30] a remis a L'exprès Le montant de ses depences[31] et en eut voulu pouvoir Le recompenser de Son exactitude et de ses soins encor mieux qu'elle n'a fait.

[4] Modele Du Reçu que M^de Rousseau a Envoyé a M^de de Nadaillac.

Je soussignée femme Jean Jacques Rousseau reconois que M^de de Nadaillac abbesse[32] de Gomerfontaine a eu La bonté de me renvoyer un Carton Contenant des Livres Italiens et Neuf Liasses de Lettres adressées a feu mon mari Lesquels papiers j'avois Laissés chès elle Lors de mon Depart de Trye Le Chateau. A Ermenonville ce 26 9bre. 1778.

MANUSCRIT
* Chaalis, fonds Girardin D⁴ 38, n° 12, p.3 et 4; brouillon.

NOTES CRITIQUES
[1] obligeante ⟨nous est par⟩ [2] ⟨a⟩ [3] ⟨port⟩ [4] ⟨avec autant d'Intelligence⟩ [5] d⟨u⟩ chemin [6] [Girardin ne fait pas cet accord] [7] trouvé⟨tres⟩ [8] mauvais ⟨Ce qui ne luy a permis⟩ [9] ⟨qu'assés⟩ [10] [ajouté dans l'interligne: Girardin ne semble pas avoir achevé cette phrase. Sans doute faut-il comprendre un mot comme 'voyagé', ou 'été en route'.] [11] Contenoit ⟨Madame differentes Liasses⟩ [12] Livres ⟨Italien⟩ [13] traductions ⟨de sa main⟩ [14] lettres ⟨qu⟩ [15] ⟨vos environs⟩ [16] ouvrage ⟨qui puisse etre dans le Cas d'être Imprimé⟩ [17] delicatesse. ⟨C'est bien le moins Madame⟩ ⟨je vous⟩ [18] ouvrage ⟨fait en part⟩ ⟨pour vous et⟩ [19] vertu ⟨je vous⟩ [20] trouvé ⟨La Copie de ce motet⟩ [21] [texte difficile à reconstituer à force de ratures et de renvois] [22] La quelle ⟨avec [un] transport de Confia⟩ d'amour et de Confiance en Dieu, ⟨ne se⟩ ⟨paroissoient⟩ ⟨apelloient⟩ [23] homme ⟨vertueux et⟩ [24] des ⟨vertueux avec des transpo⟩ ⟨un ravissement Céleste⟩ [25] de ⟨n'avoir⟩ [26] vous ⟨en remercier⟩ [27] ⟨L'homage⟩ [28] ⟨remettrai⟩ [29] ⟨avec ga⟩ ⟨Remis a L'exprès Le montant⟩ [30] Rouss ⟨a remis a L'exprès La [. . .]⟩ ⟨monta⟩ ⟨qu'il etoit pour La com⟩ [31] depences ⟨malhe⟩ [32] abbesse ⟨de L'abbay⟩

NOTES EXPLICATIVES
a. *Quam dilecta tabernacula.*
b. voir le n° 7346, notes critiques.

7373

*Contrats passés avec les graveurs (musique et paroles) du
recueil des* Consolations

[le 26 novembre 1778]
Engagement du graveur de Musique

Je soussigné Antoine Richomme graveur de Musique Rue des
Noyers*a* la porte cochere vis a vis le Commissaire promets et
m'engage de graver sur cuivre toute la musique des Romances,
ariettes et autres morceaux composant Le Recueil de J.J. Rousseau
proposé par souscription au profit de la veuve moyennant trois
livres dix sols par pages petites et grandes c'et a dire que celles ou
il n'y aura que peu de portées me seront comptées comme une
page entiere, pour compenser celles qui se trouveront chargées,
promettant de faire mon travail d'une maniere satisfaisante par la
puretté et neteté des differentes nottes et signes qui entrent dans la
musique en me conformant pour les Poinçons aux caractéres des-
ignés par un B. dans le petit modèle que j'ai fait; je m'engage
d'accellerer mon ouvrage autant qu'il sera possible et de me faire
aider s'il étoit nécessaire pour cela; je m'engage de plus de fournir
à la veuve Richard marchande de Cuivre une Reconnoissance
contenant Le nombre et le poids des Planches qu'elle me remettra
pour etre employée a cet ouvrage et enfin je m'engage a donner
Reconnoissance des manuscrits qui me seront remis pour led.
ouvrage et de ne remettre les planches de Musique avec le manuscrit
au S. Drouet graveur de Lettres que sur la Reconnoissance et
decharge qu'il m'en donnera sur un Livre que je tiendrai a cet effet.
Fait double a Paris le 26. 9bre. 1778.

Graveur d'ecriture

Je soussigné Jacques Jean Drouet graveur a Paris y demeurant
enceinte du Colège de Cholets*b* Porte St. Jacques promets et m'engage de graver sur cuivre toute l'ecriture necessaire à l'ouvrage de
Musique de J.J. Rousseau proposé par souscription au profit de la
veuve, du caractere appellé *Italique* et de l'executer avec toute la
pureté qu'exige un pareil ouvrage, moyennant 3^ll par cent des mots
qui seront comptés des petits et grands suivant l'usage du discours,

c'est a dire que les Lettres isolées seront comptées pour un mot comme ceux qui contiendront plusieurs Lettres; et a l'egard de l'ecriture du caractere *Romain* qui se trouvera employé a la tête des airs suivant l'indication qui m'en sera donnée elle me sera payée à raison de douze Livres du cent des mots composés comme il est dit ci dessus; je m'engage de plus à donner Reconnoissance des planches qui me seront remises avec les manuscrits par le S. Richomme graveur de la musique et d'en écrire le detail a proportion de lad. Remise sur le Livre qu'en tiendra led. S^r. Richomme; je promets en outre de ne remettre lesdits manuscrits et les planches sur lesquelles j'aurai gravé les Paroles qu'aprés qu'il m'en aura été donné une reconnoiss^{ce}. et décharge par M. Benoit fondé de Procuration pour cet ouvrage par mad^e. Veuve Rousseau. Fait double a Paris ce 26. 9bre. 1778.

MANUSCRIT

* Chaalis, fonds Girardin D^4 35, n° 36; 2 p.; copie de la main de Benoît.

NOTES EXPLICATIVES

a. la rue des Noyers, qui a disparu, reliait autrefois la place Maubert à la rue Saint-Jacques, non loin de l'emplacement actuel du Collège de France.

b. ce Collège, situé alors dans la rue Saint-Symphorien (disparue), avait été fondé en 1292. Il se trouvait presque vis-à-vis le grand couvent des Jacobins. La rue Saint-Symphorien était une petite rue parallèle à la rue Saint-Jacques, et située un peu au nord de la rue des Fossés Saint-Jacques. Richomme et Drouet habitaient donc très près l'un de l'autre.

7374

René-Louis, marquis de Girardin, à Pierre-Antoine Benoît

[le 27 novembre 1778]

[1] Je Connois trop, Monsieur, Le Zèle et L'Amitié que vous portés aux Interêts de M^{de}. Rousseau, pour avoir besoin de vous representer que Le prix de La Souscription ètant modique vû que Le Receuil fera a peu près Le Double d'une partition ordinaire d'opera Comique, nous devons éviter Le plus qu'il sera possible d'absorber Son bènèfice. Ainsi je m'en rapporte a vous avec toutte sorte de Confiance pour allier d'une manière convenable L'interest de L'ouvrage avec celuy de La veuve. Puisque vous jugés qu'il est encor absolument necessaire de recopier Les cahiers, L'Idée de M^r. Foulquier de remettre tous Les sopranos Sur La Clef de sol Suivant

L'usage tres raisonable que nous venons de prendre de L'Italie, peut facilement et a tres peu d'augmentation de frais s'executer en même tems que La nouvelle Copie. Mais il faut être bien assuré que Ce Copiste Soit bon musicien et que Cette nouvelle Copie ne donne pas lieu a de nouvelles fautes et Cela obligera de La Collationer revoir et Corriger ¹de nouveau¹ avec un grand soin. Il est sur qu'au moyen de Cela Cette nouvelle Copie offrira tous Les avantages possibles pour L'execution Typographique et pour La Commodité du Public ou il y a beaucoup Surtout a présent qui ne Lisent² facilement que sur La Clef de Gérésol.*ᵃ*

[2] Avés vous Lu, Monsieur L'avis concernant notre Collection Inséré dans Le dernier Mercure du 25. de Ce mois.*ᵇ* Vous me ferés plaisir de me mander de qui est cette Paraphraze, car nous étions Convenus expressement que Cette annonce seroit Conforme a nos prospectus et toujours très simple parce que ce n'est pas La Le Cas de Louer L'auteur, il n'en a pas besoin, ni de parler de ses malheurs ce qui est fort etranger a ce dont il est question et que ce n'est pas La Le lieu, ni de La mercenarité*ᶜ* de son metier de Copiste qui etoit Si noble par Les actes de bienfaisance et de Charité aux quels il en emploioit Le produit, ni de son Indigence puis qu'il ne vouloit rien recevoir; et qu'il donnoit encor plus que La pluspart des riches ni de L'indigence De sa veuve ce qui donne a son³ annonce un air de quèmanderie qui va si mal a son nom, ni des memoires de son mari⁴ à moins qu'a cet egard L'auteur de L'annonce n'en sache plus qu'elle qui ne Les a point, et qui ne sçait pas encore ou ils sont ni ce qu'ils contiennent son mari ne les luy ayant jamais⁵ lus. Comme Les Us et Coutumes des journaux sont de transcrire mot pour mot Les Avis qu'on leur envoye pour Inserer Il est absolument necessaire de sçavoir Si tout cela est de La facunde*ᵈ* des auteurs du Mercure, et Mᵈᵉ. Rousseau vous prie Instamment de vouloir bien m'en informer afin qu'on puisse faire connoitre au Public que tout⁵ cela n'est ni ne vient d'elle. Ce qu'elle fera avec sagesse et simplicité, Telle qu'il Lui convient.

[3] Si Rome est Le seul endroit ou vous ne puissiés pas etablir de Correspondent pour La souscription je me Chargerai d'en ecrire au Consul françois*ᵉ*, mais il faudroit pour cela qu'en y envoyant un prospectus a La main, je pusse y joindre Les noms et Demeures des Correspondents a Turin, Milan, Florence, Venise, et A Gesnes et Naples. Comme il y a des ariettes Italiennes dans le Recueil que D'ailleurs c'est En Italie que Mʳ. Rousseau avoit appris La musique et qu'il en a Constamment soutenu Le Sistème et Le bon systeme, je pense que Les Italiens seroient Choqués et avec raison, Si La

patrie de la musique etoit Le seul paiis de L'Europe où on parut avoir negligé d'etablir Le Debit de Celle de Jean Jacque Rousseau premier auteur de L'Introduction de La leur en France, ainsi soit par La voye des banquiers ou autrement je crois qu'il est indispensable d'indiquer des adresses de souscription dans touttes Les grandes villes D'Italie.

[4] Je n'envoye point de Cahier*ᶠ* cette semaine parce que M. de Leyre auteur de plusieures pieces mises en musique par M. Rousseau, m'a demandé quelques jours pour faire de Legers changements dans quelques uns de ses vers*ᵍ* et je Les attends Incessamment. D'ailleurs vous avés actuellement assés D'avance pour pouvoir faire aller La besogne sans retard ni Interruption. Je suppose que Les Planches D'etain donneront egalement un format exactement ègal a celuy de La partition Edition d'Hollande Du Devin afin que Les nouveaux airs puissent se relier avec, et que notre Collection puisse y faire second tome des œuvres musicales de J.J. Rousseau.

[5] Il seroit aussi tres a propos de s'informer exactement ce que c'est qu'un Receuil anciennement gravé au quel il renvoye*⁶* dans les notes qui sont a La tête de plusieurs de ses airs ainsi que vous le verrés dans les Cahiers. Ce Receuil il ne L'avoit point, et n'avoit jamais pu en retrouver D'Exemplaire, de maniere qu'il avoit refait de nouveaux airs aux paroles qui luy plaisoient Le plus, et qu'il avoit employé dans Ce Receuil, et dont il ne se rapelloit plus la musique n'ayant Conservé aucun manuscrit de tout ce qui etoit dejá gravé ou imprimé de Luy.*ʰ*

[6] Je ne repons pas autrement au petit mot que Mʳ. Foulquier a Inseré dans votre Lettre*ⁱ*, parce que La reponce est comprise dans celle cy avec approbation et remerciement de ses Sucès et de ses soins. En Concourant ainsi au même objet par L'impulsion du même sentiment, c'est Le meilleur moyen de parvenir au bien de La Chose, parce que Les Sucès qui èchapent a L'un se Complettent par celles qui viennent a L'autre.

[7] J'ay L'honneur d'être avec un véritable attachement Monsieur Votre très humble et très obeissant serviteur.

Gerardin.

Ermenonville 27. 9ᵇʳᵉ. 1778.

MANUSCRIT

* Chaalis, fonds Girardin D⁴ 35, n° 39; 4 p., orig. autogr.

NOTES CRITIQUES

En haut de la première p., à gauche, Benoît a noté: 'R. le 30'.

¹ [inséré dans l'interligne] ² ⟨Con-

noissant⟩ ³ son ⟨offre⟩ ⁴ mari ⟨puis que⟩ ⁵ [en surcharge sur un autre mot devenu indéchiffrable] ⁶ renvoye ⟨dans plusieurs de Cas⟩

NOTES EXPLICATIVES

a. la clef de sol, qu'on appelait souvent alors 'G re sol' (voir plus loin). Rappelons qu'au XVIIIᵉ siècle on avait simplifié dans une très grande mesure le système des clefs, autrefois beaucoup plus nombreuses. Seules ont survécu aujourd'hui les clefs de sol (seconde ligne de la portée), de fa (quatrième ligne), et d'ut (variable). Mais autrefois les clefs de sol et de fa pouvaient également se déplacer. Dans les *Consolations* les trois clefs sont toutes utilisées pour les voix, mais pour les sopranos uniquement la clef de sol sous sa forme moderne. Cp. au *DM* l'article CLEF, alinéa 4: 'Nous avons donc trois *Clefs* à la Quinte l'une de l'autre. La Clef d'*F ut fa*, ou de *fa*, qui est la plus basse; la *Clef* *d'ut* ou de *C sol ut*, qui est une Quinte au-dessus de la première; & la *Clef* de *sol* ou de G re sol qui est une Quinte au-dessus de celle d'*ut*'. Pour les huit positions des clefs, voir le même article, alinéa 8*s*.

b. voir le n° 7371.

c. ce mot semble avoir échappé à tous les lexicographes tant anciens que modernes, sauf au grand Larousse, qui le qualifie de 'peu usité'.

d. forme latinisée du mot, dont Girardin se sert peut-être pour exprimer son mépris de la prolixité incontinente des journalistes.

e. voir le n° 7394.

f. des *Consolations*.

g. voir le n° 7351, alinéa 6.

h. il s'agit du recueil des *Canzoni da batello*: voir au t.iii le n° 249, note *a* et fig. l.

i. lettre inconnue.

7375

Samuel Swinton à René-Louis, marquis de Girardin

[le 28 novembre 1778]

Sir,

Having been absent from Boulogne ever since the 10ᵗʰ. of this Month I have been deprived¹ of the honour of your Letter of the 15ᵗʰ. current*ᵃ* till yesterday it was sent me with several others from Boulogne under cover of our mutual Friend Mʳ. de Beaumarchais whom no Doubt you know is returned in good Health to this Place after a tedious Expedition to Rochfort Bordeaux &c*ᵇ* – having left orders with Mʳ. De Warville*ᶜ* to make an Extract of Madᵉ. Rousseau's Prospectus & send it to the Redacteur of the Courier de L'Europe at London*ᵈ*. I make no doubt it will appear in the first or 2ᵈ. Number of that Gazette that comes to France & would have done so sooner but from Mʳ. Warville's indolence in neglecting to send it Sooner*ᵉ*; With Regard to the Price it never was my Intention to make any Charge to Mad^e, Rousseau, therefore it is needless to say any more about it.

As to the Circumstance of Doctor Magellan's having been refused in his Application (if he made any) to have the Report relative to M^r. Rousseau's Death in the Courier de L'Europe, I declare to you upon my Honour that I am totally ignorant of the Matter and that if any Application was made, it was not to me, but must have been to[2] M^r. Delatour^f the Redacteur in my Absence, & of which he has never made any Mention to me. –

If Madame Rousseau thinks proper to send me an Examplaire of the Musick she will be pleased to address them for me at Boulogne sur Mer.

I have the honor to be with Regard
Sir

rue Mauconseil	Your most obed
Hotel des trois	Hble Servt.
Evechés^g a Paris	Sa^l Swinton
28 Nov. 1778	

A Monsieur / Monsieur Gerardin / Seigneur d'Ermenonville / par Senlis

MANUSCRIT

  * Chaalis, fonds Girardin D⁴ 34, n° 29; 4 p., p.3 bl., l'ad. p.4; cacheté d'une oublie; m.p.: paraphe; timbre: 'P' (dans un triangle); orig. autogr.

NOTES CRITIQUES

¹ ⟨prevented⟩ deprived ² to ⟨the⟩

NOTES EXPLICATIVES

  a. lettre inconnue.
  b. effectivement, très occupé par les efforts qu'il prodiguait à cette époque pour ravitailler les Américains, Beaumarchais venait de rentrer d'une grande tournée qu'il avait faite à Nantes, à La Rochelle, à Rochefort et à Bordeaux, où il organisait le départ d'une flotte de douze navires.
  c. Brissot: voir le n° 7367.
  d. l'annonce était parue la veille: voir le n° 7367, note *c*.
  e. voir le n° 7367, note *c*.
  f. Alphonse Serres de La Tour: voir au t.xli le n° 7252, notes explicatives.
  g. voir le n° 7349, note *c*.

REMARQUE

  Le 29 novembre 1778, Wielhorski écrivait à Girardin une lettre au sujet des *Considérations* (voir au t.xxxix le n° A621) et le 30 une lettre à Thérèse (n° A622).

7376

Pierre-Alexandre Du Peyrou à Paul-Claude Moultou

Neuchatel 28 9bre 1778.

J'ay passé hier quelques heures avec Mess^s d'Ivernois^a et Boin^b porteurs de vôtre derniére lettre^c, et d'après la conversation que j'ay eûe avec ces Messieurs, je crois inutile d'insister sur la petite Edition, puisque le motif qui m'y determinoit essentiellement ne subsiste plus. Mais remarqués Monsieur, que l'idée de faire cette petite Edition, vient originairement de vous; que je n'avois fait que l'adopter, la modifier, et l'appuyer sur de nouvelles considerations. Vous aviés paru craindre que quelque depositaire infidelle dés Confessions, ne nous prevint dans la publication de ce morceau, le plus essentiel aux interets de la Veuve. A ce motif, j'en joignois d'autres encore plus preponderans suivant moy. J'envisageois la publication de ce morceau, comme un moyen prompt et suffisant, pour assurer le sort actuel de la Veuve, pour nous donner la facilité de prevenir le public sur le projet d'une Edition generale; et de preparer a tete reposée les materiaux qui doivent la composer, et la rendre peu dispendieuse pour le publiq, quoique digne de l'auteur. Lés objections que vous me faites sur cette entreprise etoient prevûes. On n'auroit pas tiré une feuille, que les souscriptions nécessaires pour assurer l'etat de la Veuve, n'eussent été remplies. Ainsi le debit des exemplaires une fois assuré, je me serois moqué dés contrefaçons. Ajoutés que j'aurois reservé pour l'Edition generale, les piéces justificatives que j'ay en mains. Mais le publiq eut payé deux fois le même ouvrage. Et bien, le grand malheur! Ce publiq qui encourage et autorise la piraterie qui s'exerce en librairie ne force t il pas les auteurs à se defendre comme ils peuvent? Ajoutés qu'une edition faite pour satisfaire la premiére avidité du public, ne doit pas avoir d'autre merite que la correction, tandis que l'Edition generale fait pour les Bibliotheques, doit être decorée de tout le luxe typographique. Mais n'en parlons plus Monsieur. Mes raisons cessent des que les entrepreneurs consentent à assurer au moment que l'on sera d'accord, la jouissance du prix convenû, sous bonne et dûe caution du principal^d, et à me laisser le tems nécessaire de parcourir tout ce que j'ay en mains pour m'assurer des intentions de Rousseau, et

examiner avec vous, les morceaux à suprimer. Il ne m'entroit point
dans l'idée que l'on pût à Geneve imprimer dés ouvrages qui avoient
attiré à leur auteur, des procedés si atroces de son ingrate patrie.
Mess. d'I. et B. m'en assurent pourtant, et sont assurés d'une
permission tacite. Certainement c'est de tous les lieux, celui que
pour l'honneur de la memoire de nôtre ami, je prefererois, surtout
avec les assurances que vous veilleriés à l'execution de cette entreprise, et que Mr Cramer^e y donneroit quelques soins. Mais j'ay
déclaré à ces Messieurs, que quelque parti que voulut prendre la
Republique, le marché une fois conclû, devoit tenir pour M^{de}
Rousseau, et que je voulois que l'auteur parut tel qu'il etoit, et non
autrement. Ces Messieurs ont eû l'honneteté de s'en remettre à moy
pour lés conditions. Je leur ay dit que Mr de G. trouvoit que
l'entreprise devoit valoir un millier de Louis, vû les morceaux
ajouttés à ceux qui devoient composer l'Edition projettée en 1765
et dont on avoit offert 16 / m Livres à l'auteur, ce qui est vray. Mais
en repondant à Mr de G.^{f} je lui marqueray les differences auxquelles
il n'a point fait attention, et qui doivent entrer dans son calcul et
dont les principales sont, 1° qu'une Edition donnée par l'auteur
dans ce moment auroit eû toute la faveur du public. 2° que dans ce
tems il n'existoit aucune édition generale, tandis qu'on en compte
sept aujourd'hui^g. Au surplus, Mr de G. me dit que nous sommes
ceux avec qui la Veuve aimeroit le mieux traitter, et je joins ici
copie de l'article de cette lettre ou plutôt la lettre même^h qui n'etant
pas répondûe, me devient nécessaire. Je ne sais Monsieur, s'il ne
seroit pas utile à la memoire de R. que nous fissions l'acquisition
des droits de la Veuve, sans autre vûe que celle de nous soustraire
en cas de mort de cette femme, à des difficultés avec ses heritiers
que nous ne connoissons pas. Quoiqu'il en soit, je pense que si l'on
obtenoit de la Veuve une cession de ses droits, pour la somme de
16 / m Livres, Mess. d'Iv. et B. consentiroient à donner cette valeur,
pour l'Edition generale. Mais je voudrois que la cession fut faite à
nous, et non à eux. Dites moy ce que vous pensés sur cette proposition, que je ne feray à Mr de G. qu'aprés vôtre lettre reçue. J'en
attends une de lui responsive à la proposition de faire une petite
Edition.

A l'egard de Rey, je crois Monsieur que vous etes mal informé.
Je vois par sa correspondance avec Rousseau, qu'il se fondoit sur
son privilége exclusif, pour croire qu'aucun libraire de Hollande ne
pouvoit faire et débitter cette Edition generale pour laquelle il se
proposoit. Mais il ne conteste point du tout à l'auteur le droit de la
faire faire par qui bon lui sembleroit dans les autres paÿs. Au

surplus, je ne voudrois pour nôtre entreprise, ni Rey, ni aucun autre libraire trop éloigné de nous.

Je comprends Monsieur, combien il est essentiel que le manuscrit dont vous me parlés[i], ne sorte de vos mains que pour passer directement dans les miénnes. Il faut attendre que nous puissions nous raprocher, et si vôtre santé et la mienne le permet, nous pourrons faire la moitié du chemin, pour nous entretenir, et determiner quelquechose. J'ay chez moy un copiste affidé[k], et dont je reponds. Je l'occupe deja depuis quelque tems à la copie des manuscrits en brouillon. Et des que j'auray entre mains les 3 derniers livres, je l'employeray à cette besogne sous més yeux. Il ne convient pas que ce soit vous qui la fassiés, je le sens, et d'ailleurs cela seroit trop penible, et prendroit trop sur vos autres occupations. Ainsi nous attendrons que nous nous raprochions pour nous communiquer ce que nous avons. Quand à l'ouvrage sur la Pologne, si vous n'y voyés pas d'inconvenient à me l'envoyer par le carosse publiq, je seray bien aise de le connoitre. Mais ce carosse depose à Morat les paquets destinés à notre ville, qui nous parviennent par le lac. C'est un inconvenient que l'on peut éviter difficilement. Reglés vous la dessus. L'occasion de vos deux compatriotes eut été bonne pour l'envoy du tout; mais sans doute, vous avés eu de bonnes raisons pour n'en point faire usage, et je conçois trés bien Monsieur, combien vos precautions sont naturelles. Au surplus si l'Edition generale a lieu, je pense qu'il faudra jetter dans la derniere livraison tout ce qui pourroit occasionner des acrocs, mais il faudra aussi suivre autant que possible l'ordre des ouvrages indiqué par l'auteur, ou par le tems de leur composition. Et cet ordre jettera sans doute les Confessions dans lés derniers volumes. Plus je reflechis aux soins que demande cette entreprise, et plus je me desole d'etre éloigné de vous, de ne pouvoir nous réunir. Tachons Monsieur de surmonter les obstacles, et que le plus heureux en santé aille consoler le plus malheureux.

MANUSCRIT

[1. pour l'orig. autogr. de cette lettre (4 p.) voir au t.xli le n° 7243]

*2. transcription faite d'après le ms. 1 par mlle Rosselet.

NOTES EXPLICATIVES

a. François d'Ivernois (1757-1842), fils du correspondant de JJ. Il venait de constituer avec Boin (note *b*) et Bassom-pierre (voir la remarque) la Société typographique de Genève, qui devait entreprendre la publication des œuvres de Rousseau. 'Représentant' comme son père, il fut étroitement mêlé aux événements de 1782, et après le triomphe des Négatifs, assuré par des baïonnettes étrangères, il dut prendre le chemin de l'exil. Il composa alors son *Tableau historique et politique des révolutions de Genève* _dans le dix-huitième siècle_ (Genève 1782), en partie pour répondre au _Tableau historique et politique_ [. . .] de Mallet-Dupan, qui justifiait l'occupation. François d'Ivernois passa en Angleterre, où il resta jusqu'en 1814, et où, ayant été fait chevalier le 11 mai 1796, il fut connu sous le nom de sir Francis d'Ivernois. Entre temps, en 1794, un tribunal révolutionnaire genevois l'avait condamné à la peine de mort par contumace. A son retour à Genève, il joua un rôle important dans les affaires de sa patrie et au Congrès de Vienne, où il insista sur la nécessité de rattacher Genève à la Suisse. Pour l'ensemble de sa carrière, voir l'ouvrage d'Otto Karmin, _Sir Francis D'Ivernois_ [. . .], Genève 1920. Pour la Société typographique, voir par exemple Kleinschmidt (1948), p.64-67, 71-72, 107-108.

_b._ Pierre Boin (1755-1815), avocat, reçu bourgeois de Genève le 30 juin 1770, avec son père André, graveur, et ses frères Georges et Louis, dans une grande 'promotion' de 'natifs'. Voir au t.xxiii le n° A 344, note _c_.

_c._ lettre inconnue.

_d._ ces assurances et cette caution devaient s'avérer, hélas, insuffisantes, et les dispositions financières adoptées par les trois 'amis de Rousseau' et la STG devaient susciter des complications inextricables.

_e._ Gabriel Cramer, le 'caro Gabriele' de Voltaire. Ainsi, par un juste retour des choses d'ici-bas, l'imprimeur attitré du patriarche devait concourir, dans une certaine mesure, à la publication des œuvres de l'homme que son ancien patron détestait le plus, mais Cramer devait bientôt se retirer.

_f._ voir le n° 7352, alinéa 4.

_g._ affirmation qui peut surprendre, à première vue. Cependant, il y a même lieu de croire qu'elle sous-évalue le nombre des éditions que l'on pouvait se procurer à cette époque. En effet, outre celles de Duchesne (en deux formats), de Rey, de Fauche et de Boubers, il y avait de nombreuses contrefaçons des deux premières.

_h._ le n° 7354.

_i._ le ms. des six premiers livres des _Confessions_.

_k._ Jeannin.

REMARQUE

Le troisième associé de la nouvelle STG est le moins connu, et jusqu'ici a été peu ou mal documenté. Jean-François Bassompierre appartenait à une famille de libraires. Fils de Louis (1719-?) et d'Anne-Jeanne Paschale, il fut baptisé à Liège le 14 février 1748, et fut d'abord employé par son oncle Jean-André-François (1709-1776 ou 1777), libraire. Ayant eu des sujets de mécontentement chez ce dernier, il se rendit d'abord à Berne, ensuite à Genève, où il fut commis chez les Cramer (1765) et chez De Tournes (1770). Gabriel Cramer en dit beaucoup de bien dans une lettre de septembre 1772, adressée à Panckoucke: d'après lui, ce serait 'un homme bien né et bien élevé, poli, bien fait, laborieux, intelligent, exemple d'honneur, d'activité, mais un peu étourdi. [. . .] Il entend la librairie et l'imprimerie, il parle également le français et l'allemand, il entend un peu l'italien [. . .] il est catholique romain'. Bassompierre dut se convertir au protestantisme, car le 24 novembre 1782 il épousa à Genève Jeanne-Marie Liotard (fille du peintre Jean-Etienne, et de Marie Farquet), qui devait mourir, divorcée, le 13 décembre 1813. Son futur mari avait cherché à s'établir pour son propre compte dès la fin de 1775, mais eut des ennuis avec les autorités genevoises pour avoir tenté de gérer un commerce, quoique étranger. Néanmoins, il eut l'autorisation au début de 1779 de s'associer avec d'Ivernois et Boin pour fonder la ST de Genève. Après la faillite de cette société, il quitta Genève en 1786, mais semble y être revenu vers 1794. On ignore la date de sa mort (Archives de l'Etat à Liège; Kleinschmidt; S. Tucoo-Chala, _Charles-Joseph Panckoucke_

[. . .] Paris et Pau, 1977, p.407; M. Ho-
deige, 'Les Catalogues de bibliothèque
comme source pour l'histoire', *Bulletin
de l'Institut archéologique liégois*, lxxxix
(1977). 70-71. J'ai à remercier m. Raymond Trousson pour ces deux dernières
références).

François d'Ivernois et Pierre Boin ap-
partenaient donc à la catégorie privilé-
giée des Citoyens et Bourgeois, mais
Bassompierre n'était qu'habitant. C'est
ce qui explique peut-être que la formation de la Société, annoncée dès le premier octobre 1778, en même temps que
l'acquisition de l'imprimerie De Tournes, ne fut enregistrée que le 28 janvier
1779. En effet, le *PC* dut statuer sur
la situation de Bassompierre: 'Vû la
requête de Jean François Bassompierre,
Habitant, aux fins qu'il plaise au Conseil lui permettre de s'associer avec les
Sʳˢ F. D'yvernois, Citoïën, & Pierre
Boin, Bourgeois, pour exercer un commerce d'imprimerie & de librairie: oui
le raport des Seigʳˢ de la Chambre de
commerce par devant lesquels le Sup-
pliant a été renvoïé par arret du 28. 7ᵇ
dernier, arrêté de permettre au Sup-
pliant de s'associer avec les dits Sʳˢ D'Y-
vernois & Boin Sous la condition que la
clause de la Scripte de leur Société par
laquelle il étoit stipulé que les Emprunts
faits par la Société devroient être Signés
par deux des associés Sera Supprimée,
& ne sera point enregistrée en Chancellerie & 2° Sous la condition que la raison
de la Société Sera Société Typographique de Boin, D'Yvernois, & Bassompierre; renvoïant le Supplicat par de-

vant les Seigʳˢ de la Chambre du commerce pour qu'ils règlent ce qu'il devra
païer pour le droit de protection' (*Registre du PC*, 1779, p.58, à la date du 26
janvier 1779).

Ces difficultés aplanies, la Société fut
dûment enregistrée le 28 janvier 1779:
'Ont comparu en Chancellerie Sieurs
François Dyvernois, Citoien, Pierre
Boin, Bourgeois, et Jean François Bassompierre, Habitant, lesquels ont
déclaré avoir contracté une Société
d'Imprimerie et de Librairie qui a commencé le premier octobre 1778, pour le
terme de Six années, Sous la raison de
Société Typographique de Boin, D'Y-
vernois et Bassompierre ayant tous les
trois la Signature.

En fin de quoi ils ont signé les an et
jour susdit
P.Boin   La Société typographique
          Boin, D'Ivernois & Bas-
          sompierre
D'Ivernois
    Cadet de La Société typographique
          Boin, D'Ivernois & Bas-
          sompierre
J Fʳˢ Bassompierre
          La Société typographique
          Boin, D'Ivernois & Bas-
          sompierre'
Genève AEG, Commerce D*, orig., les
signatures autogr.).

Dès le 1er juillet 1779, la nouvelle
Société put offrir au public une des pre-
mières productions de ses presses, les
Œuvres de Loyseau de Mauléon.

7377

Jugement de Linguet sur Voltaire et Rousseau

[fin novembre 1778]¹

[1] [. . .] Par exemple, on me reproche de n'avoir encore rien dit des deux hommes célèbres que la Littérature vient de perdre dans le même moment. Sans doute j'en parlerai, & avec la franchise, l'impartialité dont je fais profession; mais c'est l'exactitude avec laquelle je veux remplir mon devoir, qui m'oblige à en reculer le moment. Pour être juste envers MM. *de Voltaire* & *Rousseau*; pour les apprécier, il faut les relire, & même faire, en quelque sorte, un nouveau cours de Littérature & de Philosophie. [. . .]

[2] Peut-être d'ailleurs les esprits ne sont-ils pas assez calmes sur l'article de ces deux hommes qui les ont si vivement échauffés de leur vivant, pour goûter un examen sans passion. L'enthousiasme bilieux de l'un, l'enjouement caustique de l'autre, joints à de très-grands talens, leur ont donné des partisans fanatiques. Tous deux ont acquis, tous deux méritent un grand nom. Tous deux ont rendu de grands services aux arts, à l'éloquence, à la langue *Françoise*, & même à l'esprit humain; mais tous deux en ont prouvé la foiblesse, & le danger de l'abus de ces talens qui ont fait leur renommée.

[3] Ennemis d'ailleurs, & même avec scandale, opposés dans le caractère, dans le style, dans les opinions, dans le genre de vie, dans la fortune, ils ne se sont ressemblés qu'en un point: c'est qu'ils ont chacun contribué aux progrès d'une secte ennemie de l'autorité dans tous les genres: sous prétexte de briser les liens de l'esprit humain, ils ont donné l'exemple de confondre la liberté avec les écarts de la licence: leur Philosophie a sur-tout eu pour but de rendre méprisables des objets consacrés d'abord par la Religion, & ensuite incorporés à la politique: & en cela certainement ils ont fait plus de mal que les lumières, dont ils ont été les canaux, ne feront jamais de bien.

[4] Quel est, après tout, le fruit de ces déclamations toujours contradictoires de l'un, de ces plaisanteries, souvent monotones, de l'autre, de ces discussions tant multipliées depuis vingt ans sur des matières, qu'il faudroit s'interdire même d'examiner? De scandaliser les simples, d'irriter les puissans, d'enflammer la tête trop

susceptible de quelques jeunes gens, d'occasionner de la part de ceux-ci des excès faciles à transformer en attentats, & de celle des autres des méprises terribles que les circonstances n'excusent pas, mais qu'elles rendent irrémédiables.

[5] Ce sont ces malheureuses productions d'un fanatisme, plus dangereux que celui qu'elles attaquent, qui ont conduit sur l'échaffaud ce sale polisson de Chevalier de *la Barre*. On a tâché de le faire passer pour un grand homme naissant, sacrifié par une barbarie religieuse, pour un martyr de la Philosophie; il ne l'a été que d'une perversité très-profane, armée de sa propre indiscrétion.

[6] Personne ne connoît mieux que moi cette déplorable affaire. J'en ai encore toutes les pièces, & toute la procédure. C'est moi qui l'ai suivie dans toute son étendue: j'ai arraché à l'ignominie, & au supplice, trois enfans enveloppés dans le procès de ce fou scandaleux: or je puis certifier qu'il vivroit encore avec honneur, s'il n'avoit jamais lu la *Pucelle*, le *Dictionnaire de la Raison*, *l'Emile*, &c. si le scandale universel résultant de ces manifestes contre les dogmes reçus, n'avoit fait paroître impardonnables des scandales particuliers infiniment moins criminels [. . .]

[7] Les vrais machinateurs de sa perte, ceux qui ont réellement préparé son bûcher, sont donc ces prédicateurs indiscrets, qui avoient commencé par embrâser son cerveau. On a crié que les Juges étoient des barbares: ne falloit-il pas ajouter que les Philosophes sont des incendiaires?*a*

[8] Voilà quelques-unes des réflexions qu'ameneront nécessairement les articles des deux plus fameux Patriarches de l'*Antichristianisme* dans ce siècle-ci; &, je le répète, l'émotion qu'ils ont causée est-elle assez refroidie pour que mes remarques puissent être vraiment utiles, ou du moins reçues sans occasionner des cris de rage? [. . .]

IMPRIMÉ

* Simon-Nicolas-Henri Linguet, *Annales politiques, civiles et littéraires du dix-huitième siècle*, iv (1778). 194-198.

NOTE CRITIQUE

¹ [en 1778 les fascicules des *Annales* ne parurent qu'avec un retard dont les lecteurs se plaignaient et dont Linguet s'excusait. Le n° 27 ne parut qu'au début de novembre, et le n° 28 dut suivre vers la fin du mois.]

NOTE EXPLICATIVE

a. Jean-François Le Fèvre (1747-1766), chevalier de La Barre, avait été décapité et brûlé le premier juillet 1766 pour le crime de sacrilège, malgré les efforts de Voltaire pour le sauver. Pour le rôle de Linguet dans cette affaire, voir J. Cruppi, *Un Avocat journaliste au XVIIIe siècle*, Paris 1895, p.69s.

7378

René-Louis, marquis de Girardin, à
François-Joseph de Foulquier

[fin novembre 1778][1]

Il me paroit tout Simple que La verité ait èté repoussée par Le journaliste de Paris[a], et qu'en ce tems ou l'on traitte Les Choses risibles serieusement on ne puisse pas parler[2] des Choses serieuses. Je conçois bien que Le privilege exclusif est in Cathedra, et qu'hors[3] de la on peut en rire tant qu'on voudra pourvu qu'on n'en parle pas. J'aurois seulement désiré mon cher Consort, que vous eussiés[4] demandé en Cas de refus qu'on soulignat les Endroits qui pouvoient y donner Lieu afin qu'on eut vû s'il eut èté possible de Supprimer ou de refondre; mais ne[5] parlons plus de tous ces gens en ISTE.[b] Dites moy Seulement Votre avis du fonds de La Chose et du fonds du Cœur, parce que nous verrons a placer tout cela dans son tems et place et peutetre d'une manière plus durable et plus Complette.

Je reçois dans L'Instant Le Linguet N° XXVIII.[c] Vous rapellés vous l'histoire de Ce Curé bas Normand auquel La justice ayant Interdit de mal parler d'un homme[6] qui n'etoit pas de sa paroisse, L'arret signifié Le samedy au soir au Presbitère, L'eglisier[d] Le Lendemain beau jour de Dimanche Se met à chanter a pleine gorge pendant La preface tout ce qu'il Souloit[e] dire du voisin Les jours ouvriers, en pretendant que Comme il ne le disoit qu'à dieu seul[7] L'arret du parlement n'avoit que voir a Cela. Rien ne ressemble tant au Curé Bas normand que L'avocat Rayé[f] qui en place de La *Chausse* S'est affublé du bonnet quarré de Loyola. On[8] me reproche dit il de n'avoir encor[9] rien dit Des[10] deux hommes Celebres que la Littérature vient de perdre[11] mais L'exactitude avec laquelle Suivant La franchise et L'impartialité dont je fais profession je veux remplir ce Devoir m'oblige d'en reculer Le moment. Pour etre juste envers MM de Voltaire et Rousseau, Pour les apprecier il faut les relire et meme faire en quelque sort un nouveau Cours de Littérature *et de Philosophie*[12]. et C'est de la[13] que mon homme part pour[14] en dire Le Diable[15]. Il etablit toujours Les[16] accusations en ne faisant que reculer les preuves qui doivent effectivement etre Longues a venir jusqu'a ce qu'il ait fini[17] lentement La Logique de son nouveau cours de Philosophie. Or ces accusations, avance notre Home[18] ce ne sont pas de petites disgraces Literaires et autre broutilles de Cette espèce, ce sont de beaux et bons crimes[19]. Ce qu'il y a de mieux trouvé c'est d'avoir reuni Voltaire et Rousseau precisement dans le même point qui Les a brouillé[20] c'est a dire a parler conformement contre Le gouvernement Les moeurs et La religion et de Les avoir accouplé[20] comme deux Patriarches de l'anticristianisme qui ont Conduit par Leurs impietés[21] La Lecture de La Pucelle du Dictionaire de La Raison, et D'Emile La Barre a l'echafaud.[22] Comment trouvés vous cette Ingenieuse accolade de Voltaire et de Rousseau [23]qu'il[23] apelle[24] *Les deux plus fameux Patriarches de L'antichristianisme.*[25] Ne trouvés vous pas surtout[26], que cela va[27] tout a fait bien a L'air du visage de J.J. Rousseau, qui a eté aussi Religieux[28] [29]qu'un bon Chretien[29] sans avoir le bonheur d'etre né Catholique et qui eut[30] eté aussi devot, aussi persecuté, et aussi persuasif que[31] Le tendre Evêque de Cambray[g] S'il eut Le bonheur d'être né dans la Religion Catholique

[32]Vive le Cy devant avocat dont la franchise
et L'impartialité dont il fait profession[33]
ma foi vive Valaque Pour le Roti
et Le cy devant Avocat pour le salmis.[32]

MANUSCRIT
* Chaalis, fonds Girardin D⁴ 37, dossier F, n° 11; 4 p., p.3-4 bl.; brouillon.

NOTES CRITIQUES
¹ [le ms. n'est pas daté, et le nom du destinataire n'est pas indiqué. La date est déterminée 1° par l'allusion au n° 28 du journal de Linguet, que Girardin vient de recevoir; voir le n° 7377. 2° par la première phrase de la présente lettre, qui se rapporte au refus du texte de Girardin envoyé par Foulquier au *JP*: voir les nᵒˢ 7364 et 7365. Foulquier dut recevoir le n° 7365 vers le 20, et il faut compter au moins cinq ou six jours pour l'envoi du texte au *JP*, pour le refus de la rédaction, et pour une lettre de Foulquier (perdue), qui annonçait ce refus à Girardin.] ² parler ⟨serieusement⟩ ³ [ainsi, ce qui était pour JJ, dans *La NH*, une sorte de licence poétique, était pour Girardin son usage habituel.

Du reste, on sait qu'au XVIIIᵉ siècle, la langue hésitait parfois entre les 'h' muets et les 'h' aspirés ('de Hollande', 'd'Hollande', etc.).] ⁴ eussiés ⟨seulement⟩ ⁵ ⟨n'en⟩ ⁶ homme ⟨de sa paroisse⟩ [Girardin a négligé de biffer 'de'] ⁷ seul ⟨Le Parlement⟩ ⁸ [en surcharge sur un autre mot devenu indéchiffrable] ⁹ [ajouté dans l'interligne] ¹⁰ [ce mot répété par inadvertance]
¹¹ perdre ⟨Sans doutte j'en parlerai⟩ ¹² *Philosophie* ⟨et c⟩ ¹³ la ⟨pour⟩ ¹⁴ pour ⟨ettablir⟩ ⟨Les accusations en ne faisant que reculer les preuves⟩ ¹⁵ Diable ⟨par⟩ ¹⁶ Les ⟨pret⟩ ¹⁷ fini ⟨son nouveau cours de Philosophie⟩ ¹⁸ Home ⟨ce n'est pas⟩¹⁹ crimes ⟨comme d'avo⟩ ⟨comme de faire reuni (?) avec Voltaire Suivant⟩ ²⁰ [Girardin ne fait pas l'accord]
²¹ impietés ⟨ont échauffé La tête de⟩ ²² echafaud ⟨comment trouvez vous que⟩ ²³ ⟨dans le⟩ ²⁴ apelle ⟨dans ⟨le factum⟩ la prose (?) du cy devant Avo-

cat⟩ ²⁵ *L'Antichristianisme* ⟨ne trouvés⟩
²⁶ surtout ⟨que en bon C⟩ ²⁷ va ⟨bien⟩
²⁸ Religieux ⟨qu'on peut être hors de la
Cat⟩ ⟨Chretien⟩ ²⁹ ⟨que la plupart (?)⟩
³⁰ eut ⟨sans⟩
   ³¹ que ⟨L'eveque de C⟩ ⟨Le sou⟩
³² [Girardin a disposé ces lignes comme
des vers. Une partie de ce passage a
été biffée, sans qu'il soit possible de
déterminer avec certitude ce que Girardin entendait retenir.] ³³ profession ⟨et
surtout pour bien⟩

NOTES EXPLICATIVES
   a. pour le texte rejeté, voir le n° 7365.

b. voir la 'signature' du n° 7365.
   c. voir le n° 7377.
   d. voir au t.xli le n° 7256, alinéa 3 et
note *b.*
   e. 'avait l'habitude'. 'Souloir' était
déjà désuet. L'*Académie* le retient toujours en 1762, mais dit: 'Il est vieux, &
il ne s'est guère dit qu'à l'imparfait'.
   f. Linguet. Il avait été définitivement
rayé du barreau par un arrêt daté du
29 mars 1775 de la Grand'chambre du
parlement de Paris.
   g. Fénelon.

7379

Une note de Diderot sur 'un artificieux scélérat'
et 'un homme atroce'

[début décembre 1778]

   Dans un *Essai sur la vie de Séneque le philosophe, sur ses écrits, et sur
les regnes de Claude et de Néron. Avec des Notes* [t.vii des *Œuvres de
Sénèque*], A Paris, chez les frères De Bure [. . .] 1779, un volume in-
12, Diderot parlait, p.120-121, des calomnies de Suilius contre
Sénèque, et les qualifiait d'"imputations [. . .] d'un délateur par
état, d'un furieux souillé, accusé, & puni de mille forfaits'. A cet
endroit, un appel de note '191' renvoyait à l'observation extraordinaire qui suit: 'C'est à cette occasion, & à la suite de plusieurs
réflexions très-sensées sur la nécessité de déterminer les différens
degrés de probabilité ou de certitude, d'invraisemblance ou de
fausseté d'une accusation, d'après le caractère, les actions, les
discours, & la teneur de la vie d'un accusateur; c'est à cette occasion,
dis-je, qu'un homme connu par sa probité & par ses lumieres*ᵃ*,
faisoit la remarque suivante: "Si par une bizarrerie qui n'est pas
sans exemple, il paraissoit jamais un ouvrage où d'honnêtes gens
fussent impitoyablement déchirés par un artificieux scélérat, qui,
pour donner quelque vraisemblance à ses injustes & cruelles imputations, se peindroit lui-même de couleurs odieuses; anticipez sur
le moment, & demandez-vous à vous-même si un impudent, un
Cardan*ᵇ*, qui s'avoueroit coupable de mille méchancetés, seroit un

garant bien digne de foi; ce que la calomnie auroit dû lui coûter, & ce qu'un forfait de plus ou de moins ajouteroit à la turpitude secrette d'une vie cachée pendant plus de cinquante ans sous le masque le plus épais de l'hypocrisie? Jettez loin de vous son infâme libelle, & craignez que, séduit par une éloquence perfide, & entraîné par des exclamations aussi puériles qu'insensées de ses enthousiastes, vous ne finissiez par devenir ses complices. Détestez l'ingrat qui dit du mal de ses bienfaiteurs; détestez l'homme atroce qui ne balance pas à noircir ses anciens amis; détestez le lâche qui laisse sur sa tombe la révélation des secrets qui lui ont été confiés, ou qu'il a surpris de son vivant. Pour moi, je jure que mes yeux ne seroient jamais souillés de la lecture de son ouvrage; je proteste que je préférerois ses invectives à son éloge." Quelqu'un lui répondit: & moi aussi; mais je ne pense pas qu'il ait existé ni qu'il existe jamais un pareil homme'.*c*

IMPRIMÉ

   * *Essai* (1779), p.120-121.

NOTES EXPLICATIVES

L'approbation de l'*Essai*, signée par Coqueley de Chaussepierre, est du 25 novembre 1778. Le livre dut paraître peu avant le 15 décembre, car à cette date et le 25 décembre, le *Mercure* en donna de longs extraits, mais sans parler de la note sur Rousseau (p.136-159 et p.275-294).

Cette note montre la grande peur qu'avait Diderot des *Confessions*, dont il cherche par avance à atténuer l'influence.

  a. était-ce Diderot lui-même ou bien Naigeon?

  b. sur Cardan et Rousseau, voir au t.i le n° 43, alinéa 14 et note *p.* Dans l'édition de 1643, son autobiographie *De propria vita* occupe les p.1-322 d'un volume in-8°.

  c. voire: mais s'il existait, soyons d'accord avec Diderot, et détestons 'l'homme atroce qui ne balance pas à noircir ses anciens amis'! Assez ironiquement, JJ dit très peu de mal de Diderot lui-même dans les *Confessions*. Et quant à la révélation des secrets qui nous ont été confiés, n'y avait-il pas eu certaine histoire d'enfants déposés aux Enfants trouvés?. . .

Voir aussi le n° 7380.

REMARQUE

Cette note devait soulever une tempête de protestations. Cependant, loin de se rétracter, dans la seconde édition de son *Essai* (1782), Diderot renchérit. Voir le t.xliv.

7380

Seconde Note, de Naigeon, sur Rousseau

[début décembre 1778]

Dans la première édition de son *Essai sur la Vie de Sénèque*, Diderot parle (p.267-270) des 'emprunts' fait à Sénèque 'par nos plus célèbres écrivains'. C'est le prétexte d'une nouvelle attaque contre JJ, cette fois de la part de Naigeon:

'De combien de grandes & belles pensées, d'idées ingénieuses, & même bisarres, on dépouilleroit quelques-uns de nos plus célèbres Ecrivains, si l'on restituoit à Plutarque, à Sénèque, & à Montagne, ce qu'ils en ont pris sans les citer'. Au mot 'Ecrivains', un appel de note '367' renvoie au passage suivant; 'Je n'en citerai qu'un seul, c'est M. R. de G. Il seroit aisé de prouver qu'il doit à Séneque, à Plutarque, à Montagne, à Locke & à Sidney la plupart des idées philosophiques & des principes de morale & de politique qu'on a le plus loués dans ses écrits: il doit même à Séneque quelques unes de ses sophismes & de ses paradoxes les plus étranges; c'est une source, où, pour me servir de l'expression de Montagne, *il a puisé comme les Danaïdes, remplissant et versant sans cesse.* Mais l'espèce d'enthousiasme, de fanatisme même, qu'il a sur-tout inspiré à ces êtres mobils & passionnés, dont l'imagination prompte à s'allumer, ouvre l'ame à toutes sortes de séductions, & qui toujours à la discrétion du moment, donnent la préférence sur le Philosophe qui les éclaire, au Sophiste éloquent qui les émeut, s'affoiblira peu-à-peu, & peut-être même se perdra tout-à-fait, à mesure que les Ouvrages des Auteurs dont on vient de parler, leur seront mieux connus. C'est alors que ceux ou plutôt celles à qui la magie du style de M. R. a si souvent imposé, retrouvant sans cesse dans ces Auteurs les mêmes idées & quelquefois les mêmes écarts, n'admireront plus que la forme séduisante sous laquelle il a su les présenter, & fixeront avec plus de justesse & d'impartialité le degré d'estime & de réputation qu'il mérite. En effet, ce n'est ni un penseur profond, ni un Logicien exact & severe, ni un Moraliste aussi instructif, aussi original, aussi agréable à lire que Montagne, ni même un ami très sincere & très zélé de la vérité: c'est un Ecrivain très éloquent, dont le style vif, élégant, rapide & plein d'énergie, entraîne presque toujours sans persuader: c'est un sophiste adroit, quelquefois même très subtil (a), qui se met fort peu en peine de se contredire, & à qui le choix des opinions est en général à-peu-près indifférent, pourvu que celle qu'il embrasse, vraie ou fausse, lui offre un champ assez vaste pour faire briller tous ses talents. S'il trouve par hasard sur son chemin une vérité piquante, dont le développement & les preuves exigent toutes les ressources de son esprit & de son éloquence, il la saisit ardemment, la pare, l'embellit, écarte, dissipe tous les nuages dont elle étoit environnée, & la porte même souvent jusqu'à la démonstration: mais un moment après, il fait les mêmes efforts pour appuyer un sophisme, pour établir un paradoxe ingénieux*a*, ou même pour consacrer une erreur, si ce dernier parti lui paroît plus favorable à l'emploi de ses forces, & à l'exercice de cette Réthorique brillante, que Montagne appelle quelque part *une art piperesse & mensongere*b.

La célébrité dont M. Rousseau a joui, & que peut-être il conservera long-tems encore, est une forte preuve de cette vérité: c'est que si les hommes veulent être instruits, ils désirent encore plus d'être amusés*c*. Ceux qui méprisent la grace du style, ne les connoissent pas assez, & ne sont pas assez jaloux de leur être utiles. Ils entendent encore mal l'intérêt de leur réputation: ils pensent; mais n'ayant pas le talent, peut-être plus rare encore, d'écrire avec cet agrément, ce nombre & cette harmonie dont le charme est irrésistible, ils rendent encore mal leurs pensées, & sont bientôt oubliés. [...] Tant que les langues latine & françoise subsisteront, Séneque & Montagne seront lus, médités & admirés des bons esprits: & toute l'éloquence de M. Rousseau, qui, en s'appropriant si souvent leurs pensées, s'est, pour ainsi dire, associé à leur gloire, & a brillé parmi nous d'un éclat emprunté, ne les fera jamais oublier; mais elle les fera négliger plus ou moins longtems, particulièrement des femmes et des gens du monde, en général peu instruits, mais surtout trop avides de jouissances, pour consacrer à l'étude un tems qui suffit à peine à leur amusement, & trop dissipés pour mettre dans leur lecture ce choix, cette suite & ce degré d'attention, qui peuvent seuls les rendre utiles & instructives.

Les Etrangers ont dit que M. R. avoit fait *secte* parmi nous; ils auroient pu ajouter que cette *secte* si aveuglément dévouée & soumise

(a) M. Helvetius, ce Philosophe dont la mémoire est si chere à tous les gens de bien, a réfuté pas à pas, & avec beaucoup de clarté, de force & de précision, quelques-uns des paradoxes de M. Rousseau, & par le simple rapprochement de ses idées, en a fait voir l'incohérence & la contradiction. [Naigeon renvoie ici à *De l'homme*, Sect. 5, chap. 7, et à la note 27 du chap. 11, qu'il cite *in extenso*].

à leur chef, est plutôt religieuse que philosophique. En effet, il n'y a guère que des opinions religieuses mal entendues, & portées à l'excès, qui puissent inspirer cet esprit d'intolérance, dont tous les partisans du citoyen de Genêve, sont plus ou moins animés. Quiconque ose avoir, sur ses écrits et sa personne, un sentiment contraire au leur, s'expose infailliblement à une espece de persécution[d], qui a tous les effets de la haine théologique. Que faire donc alors? Etre sincere avec soi-même, dire froidement[e], & d'une manière simple, ce que, d'après un examen très refléchi, on croit utile et vrai, &, s'opposant à toutes les critiques un silence obstiné, attendre en paix le jugement du Public éclairé & impartial. *Note de l'Editeur.*

IMPRIMÉ

* *Essai* (1779), p.267-272.

NOTES EXPLICATIVES

Cette note (reproduite intégralement dans l'édition de 1782, ii.352-356) a été un peu éclipsée par le bruit qu'avait occasionné la première (n° 7379). Elle n'est pas de Diderot, mais de Naigeon, qui, du reste, en a réclamé la paternité. De plus, dans la seconde édition de son *Essai*, en faisant semblant de se désolidariser un peu de cette note, Diderot reconnaît que Naigeon en est l'auteur: 'J'en demande pardon à mon premier éditeur [Naigeon], je fais très grand cas des ouvrages du citoyen de Genève [. . .]'. Voir au t.xlv, à la date du début de mars 1782, l'alinéa 20 (§65 de l'original). – Cette note se prêterait à des commentaires sans fin. Je me borne aux quelques observations qui suivent.

a. n'est-il pas singulier de voir cette accusation sous la plume d'un ami de l'auteur le plus paradoxal (et qui aimait à se proclamer tel) du XVIIIe siècle?

b. Montaigne, *Essais* I.li, *De la vanité des paroles*. En parlant d'un 'Rhétoricien du temps passé', Montaigne dit qu'on 'luy eust faict donner le fouët en Sparte, de faire profession d'un'art piperesse & mensongere'. – A noter que Montaigne varie sur le genre du mot 'art': il le fait tantôt masculin, tantôt féminin (genre étymologique).

c. c'est pour cette raison, sans doute, que 'les hommes' ont fait leur livre de chevet du *Contrat social*, ce livre follement amusant où l'on rit à chaque page.

d. ainsi, ce n'est pas JJ qui a été persécuté par Voltaire et les philosophes, mais ceux-ci qui ont été persécutés par les partisans de Rousseau.

e. comme, par exemple, dans le n° 7379, bel échantillon de 'froideur', d''examen réfléchi' et d'une absence totale de 'haine théologique'. Mais quand on est si préoccupé d'ôter la paille de l'œil de son prochain, on voit difficilement la poutre qui est dans le sien.

7381

Pierre-Alexandre Du Peyrou à René-Louis,
marquis de Girardin

Neufchatel 1ᵉʳ Xᵇʳᵉ *1778* Nº 10

[1] Je differois, Monsieur, ma reponse á vötre derniere lettre*a*
dans l'Esperance d'en recevoir ¹une á la mienne¹ du 12*b* qui a croisé
la vötre. Je Suis forcé aujourd'hui de vous écrire Sans details pour
vous communiquer par ce Courier, les propositions cy aprés que la
Societé typographique vient de de m'envoyer dans le moment avec
priére de vous les faire passer incessament. Vous les trouverés
transcrites cy aprés. Je ne vous cache point qu'elle Sont au dela, de
mon attente par diverses considerations que je n'ay pas le tems de
vous detailler, et Sur lesquelles je pourray revenir avec plus de
loisir.

[2] Je dois vous dire encore que Mʳ. Moultou avoit de Son coté
écouté des propositions faites par la Societé Typographique de
Geneve, dont il m'avoit fait part, et que ces Messieurs paroissoient
disposés á faire cette Entreprise Sous lés yeux de Mʳ. Moultou et
sous la direction de Mʳ. Cramer. Ceci entre nous.

[3] ²Je vous avoue Monsieur que l'idée de faire une Edition
Generale de notre Ami, á Geneve me paroissoit la plus belle apologie
pour l'auteur et la Satyre la plus Sanglante de sa Patrie ingrate. Ce
Seroit avec d'autres considerations pour la partie Typographique,
une raison qui me feroit preferer á conditions égales, que l'Edition
Se fit á Geneve². J'écriray demain á Mʳ. Moultou*c*, les offres que
l'on fait ici, afin qu'il Sache celles que l'on fera á Geneve, et vous
le mande incessament; et au cas que vous les trouviés équivalentes
á celles ci, je vous prie, toujours entre nous, de me mander que l'on
a accepté á Geneve vos offres et que vous vous étes lié. Je ne voudrois
pas me mettre á dos, notre Societé Typographique, et vous Sentés,
Monsieur, qu'après l'offre mesquine qu'elle a faite, il est naturel
que vous ayés écouté d'autres propositions. Je vous prie de ne pas
Seulement parler de ce que je vous dis ici, á Mᵈ. Rousseau. Je vous
écriray plus au long au premier jour.

[4] Recevés Monsieur, més trés humbles obéissances.³

[5] ⁴La Societé Typographique de Neufchâtel en Suisse informée

wwwww. Lettre de Du Peyrou à Girardin du 1er décembre 1778: première page et page de l'adresse.

par Monsieur Du Peyrou que Madame Rousseau éxigeroit une Somme de mille Louis pour prix des Manuscrits de M^r. Rousseau, dont Monsr Du Peyrou a fourni la liste; auroit d'abord hesité d'accepter la proposition d'une Somme aussi forte, vû qu'on ne lui garantit pas que cette Liste contienne tous les Manuscrits, et que même on ne lui laisse pas ignorer qu'une partie des Manuscrits, loin d'être livrés avec le reste, ne peut être imprimé[5] avant la fin de ce Siécle. Cependant la dite Societé dans l'esperance de s'en dédommager par un prompt écoulement de l'édition qu'elle projette se détermine dès aujourd'hui à acquerir les Manuscrits en question au prix fixé par Mad^e. Rousseau et cela aux Conditions suivantes.

1°. Que les dits Manuscrits lui seront fournis le plutôt possible, et Successivement de maniére que l'Edition projettée ne soit pas retardée.

2°. Quant à la partie des Memoires qui ne doit pas paroitre actuellement, la dite Societé en respectant les intentions de l'Auteur, ne demande autre chose sinon qu'on la tranquillise sur la crainte qu'elle pourroit avoir, que par quelque événement imprévu, ces mêmes Manuscrits ne parussent avant l'ecoulement de l'édition qu'elle projette; ce qui lui causeroit necessairem^t le plus grand préjudice.

3°. Pour ce qui est du payement de la somme dont les parties Contractantes sont convenües, il sera pris des arrangemens à la convenance de Madame Rousseau, lesquels seront incessament fixés.

4°. Enfin, il est trés important pour la Societé, qu'à mesure qu'elle se met en avant pour une somme considerable, l'edition qu'elle projette puisse S'executer le plus diligemment possible; et en consé-quence elle espere que Madame Rousseau & ceux qui veillent à ses interets; voudront bien se prêter à ceux de la Societé pour cet objet.

Neufchâtel 1er. Décembre 1778 Signé La Societé Typographique
de Neufchâtel en Suisse.

A Monsieur / Monsieur de Gerardin / en son Chateau / d'ERME-NONVILLE, / *par SENLIS*

MANUSCRIT

* Chaalis, fonds Girardin D^4 33, n° 12; 4 p., p.3 bl., l'ad. 4; cachet de cire rouge; m.p.: timbre: 'PONTARLIER'; taxe: '14'; note du commis: 'franco Pont-arlier' [biffé]; paraphe (sur un autre pli); orig. autogr. de la lettre, copie de la main de Jeannin des propositions faites par la Société typographique de Neuchâtel (alinéa 5).

L'adresse est de la main de Jeannin.

NOTES CRITIQUES

[1] [ces mots répétés par inadvertance]

² [ce passage cité par Gagnebin 2   NOTES EXPLICATIVES
(1982), p.165] ³ [suivi du paraphe de   *a.* le n° 7354.
Du Peyrou] ⁴ [ce qui suit est de l'écri-   *b.* le n° 7352.
ture de Jeannin] ⁵ [négligence de Jean-   *c.* voir le n° 7382.
nin, ou de l'original qu'il transcrivait]

7382

Pierre-Alexandre Du Peyrou à Paul-Claude Moultou

Neuchatel 2 X^bre 1778.

[1] Je vous ay écrit Monsieur, samedi passé*ᵃ* au sujet des ouvertures que Messrs. d'Ivernois et Boin m'avoient faites, et de ce que je
pensois devoir proposer à Mr de Gerardin en reponse à sa derniere
lettre*ᵇ* que je vous ay fait passer. Je suis obligé aujourd'hui de
vous instruire des circonstances ou je me trouve. Hier la Societé
typographique d'ici me fit demander une heure d'entrevûe que eut
lieu à onze heures du matin. Je me retranchay toujours dans mon
impuissance de rien conclurre sans l'aveu de la Veuve, et de prendre
des engagemens trop etendûs sur les morceaux à livrer. Aprés bien
des articles discutés, cés Messieurs m'ayant dit que pressés par
plusieurs considerations, de chercher à conclure, ils vouloient m'envoyer dans la journée, leur propositions me priant de lés acheminer
par le courier du jour à Mr de G. Ce que je n'ay pû leur refuser.
Vous trouverés cy aprés, copie de cés propositions*ᶜ*. Vous pouvés
juger de mon etonnement en voyant que leurs offres de 10/m ^#
étoient d'un seul bond parvenûes à 24/m, avec quelques conditions,
il est vray qui ne dependent, ni de M^d Rousseau, ni de moy, mais
que vous pourrés mieux aprecier que nous. En les faisant passer à
Mr de G. je n'ay eu qu'un moment pour lui dire, que j'allois vous
en faire part; que vous aviés deja de vôtre coté trouvé à Geneve
même, des entrepreneurs de l'Edition, et que si vos gens offroient
lés mêmes conditions, je ne pensois pas qu'il fallût balancer à leur
accorder la preference, par plusieurs considerations que je n'avois
pas le tems de lui detailler, me bornant uniquement à lui observer
combien seroit honorable à la memoire de nôtre ami, que cette
Edition generale se fit à Geneve même*ᵈ*. C'est à vous Monsieur,
presentement à sonder vos jeunes gens, à savoir d'eux, s'ils consentent à faire lés mêmes offres. Il faut qu'ils se décident promptement,
et que vous preniés la peine Monsieur, d'en écrire sans délais à Mr

de G. Je suis persuadé que la preference leur sera accordée, si [vous] voulés appuyer ce que j'ay marqué, et joindre vos propres reflexions aux miennes. Mais encore un coup, il n'y a pas de tems à perdre il faut se decider sur le champ; et pour ne pas tenir Mr de G. trop longtems en suspends, ayés la complaisance, Monsieur, de lui écrire pour l'informer du parti que prendront Mess. d'Ivernois et Boin, quelqu'il puisse être. Par ce que je fais, vous pourrrés juger, Monsieur, combien je suis de votre sentiment pour le lieu de l'Edition. Mais de grace, que cette lettre soit pour vous seul et bornés vous à dire à vos jeunes gens que vous etes informé de la valeur des offres, et qu'il faut qu'ils se décident incessament à en faire d'équivalentes, ou à perdre de vûe leur projet. Vous me commettriés Monsieur, en allant plus loin, et je serois au desespoir de me faire dés malveillans dans la ville que j'habite, pour une affaire que mon attachement seul pour Rousseau me rend interressante. J'auray soin d'écrire encore demain à Mr de G.*e* pour l'informer plus précisement des raisons qui me font pancher pour Geneve.

[2] Je vous diray encore Monsieur, mais je ne le dis qu'à vous que cela peut interresser, que j'ay lieu de croire que Panckoucke*f* qui a acquis le portefeuille de Voltaire, et a reçû de lui, ses ouvrages corrigés de sa main, sur la derniere edition, se propose de venir pour deux ou trois ans en Suisse, afin d'en faire une Edition generale. Qu'il y a aparence qu'il s'associera pour cette entreprise avec nôtre Societé typographique, ainsi que pour l'Edition generale que nous avons en vûe. Au moyen [de] quoi, il est aparent que la partie typograp[hique] sera mieux soignée, que sans lui; surtout avec les precautions que nous prendrons. Quoiqu'il arrive, je compte sur vous Monsieur, sur vos soins, et vos lumieres.

[3] Comme c'est par vous que m'est addressée l'offre des VI premiers Livres des Confessions, c'est à vous aussi Monsieur, que je m'addresse pour l'assurance exigée dans le 2*d* article des conditions offertes par nôtre Societé typographique*g*. Veuillés donc savoir du depositaire de ces Confessions, si l'on peut donner l'assurance en question.

[4] Recevés Monsieur les assurances de mon plus sincere attachement.[1]

A Monsieur / Monsieur Moultou / à Geneve.

MANUSCRIT

[1. pour l'orig. autogr. de cette lettre (4 p., l'ad. p.4), voir au t.xli le n° 7243]

*2. transcription faite d'après le ms. 1 par mlle Rosselet.

NOTES CRITIQUES

La dernière phrase de l'alinéa 3 de cette lettre fut citée par De Crue (1926), p.171.

A cette lettre était jointe une copie, de la main de Jeannin, des propositions faites par la Société typographique de Neuchâtel, et datées du 1er décembre 1778 (n° 7381, alinéa 5).

¹ [suivi du paraphe de Du Peyrou]

NOTES EXPLICATIVES

a. voir le n° 7376.

b. le n° 7354.

c. voir la note critique ci-dessus, et le n° 7381, alinéa 5.

d. voir le n° 7381, alinéa 3.

e. il a écrit, non le 3, mais le 6: voir le n° 7385.

f. Panckoucke s'était créé une situation dominante dans la librairie de Paris. Propriétaire du *Mercure*, éditeur de Buffon et d'une foule de livres de référence impossibles à énumérer ici, il devait bientôt lancer l'*Encyclopédie méthodique* et préparait une nouvelle édition des œuvres de Voltaire pour laquelle il avait fait le pèlerinage de Ferney afin de consulter le patriarche, qui lui avait remis un exemplaire de ses *Œuvres* corrigé de sa main; voir aussi le n° 7350, remarque.

g. voir le 7381, alinéa 5, 2°.

7383

Jacques Mallet Du Pan au pasteur Jacob Vernes

Lausanne le 3 X^bre 1778

[...] Quant à moi, je vous avoue que Son jugement*a* sur J. Jaques assimilé dans Ses torts philosophiques avec Voltaire m'a fait palpiter d'indignation. Je rougis d'être le complice de pareils arrêts en aidant à les répandre*b*. J'ai pour la Religion un respect plus epuré que le Sien [...], en conséquence, je suis bien loin d'applaudir aux doutes de Rousseau plus dangereux qu'utiles à publier; mais Sa bonne foi, manifestée même par ses fréquentes contradictions, le ton décent et plein de franchise qui caractérise ses *hérésies*, son attachement au théisme le plus pur, Sa chaleur pènètrante à ramener les esprits aux dogmes fondamentaux, et les coeurs aux vertus, méritent au moins, des mènagemens, et Surtout une distinction du Bouffon Sceptique et baladin qui depuis 25 ans inondait l'Europe de Ses turlupinades Juïves. Ce n'est pas seulement le Christianisme dont Voltaire a fait une farce aussi dégoutante que puérile, c'est encore les moeurs, la fidélité conjugale, le désinteressement, toutes les vertus domestiques. Il n'a jamais articulé net le dogme d'une vie à venir, et il l'a rendu mille fois ridicule; Est-il permis de confondre un pareil

homme avec un Ecrivain qui à chaque page brule de l'amour de
l'honnêteté, et des vertus. Rousseau ne Sera lû, ne Sera gouté que
des ames encore pures. Le mal que peuvent faire à l'esprit de
quelques personnes La Confession du Vicaire et Ses apologies porte
le remède avec lui par la Sainteté de la morale prêchée avec cette
eloquence de Sentiment qu'il a eu Seul et qu'il emporte au tombeau.
Quelqu'aient été ses faiblesses, Ses caprices, Ses torts réels, il
Sera toujours un homme et un Ecrivain respectable.[1] Malgré les
reproches que vous Seriez trop fondé à lui faire, je me persuade que
vôtre opinion ne diffère point de la mienne.

M. L[inguet] n'a lu JJ qu'en courant; Surtout l'*Emile* qu'il regard
comme une *bêtise* à ce qu'il m'a dit, vû que *l'Education en est une*. Il
promet de le[2] relire, mais Son jugement est fait; il ne lira que ce qu'il
a jugé. Il laisse absolument echaper la plus admirable occurence de
frapper du coup mortel nos philosophes. Au lieu de faire d[e][2]
Rousseau leur porte Massue, il fallait le peindre les ecrasant de la
Sienne, et n'étant devenu l'objet de leur haine que pour n'avoir pas
voulu devenir le complice de leurs doctrines. Telle est l'exacte
Vérité. Ils l'ont regardé comme une apostat[c]; j'en ai des preuves
bien singulières. Il fallait donc leur opposer ce formidable déserteur
au lieu de le ranger sous leurs enseignes pour le combattre par des
capucinades; en fesant contraster leurs théories Scandaleuses sur
les remords, la pudeur, l'intérêt personnel, la matérialité de toutes
nos actions et de tous nos Sentimens, et par conséquent de nos
devoirs, avec les hymnes de JJ Sur tous ces objets profanés et avilis
Sans retour par nos *Sages*, il eut rendu hommage à la vérité et
Service au genre humain. Mais pour aimer les principes de Rousseau
et ses écrits, il faut s'en approcher, comme du Sanctuaire, les mains
nettes.

Voilà, Mon cher Monsieur, les idées que j'avais jettées à M.
L[inguet]. Il les a méprisées, comme de raison, je m'y attendais; il
est vrai que je ne fesais pas ma cour à l'Archevêque de Paris. Je
Souhaite que le public goute Son opinion parce que je l'aime, mais
je garde la mienne, je m'occupe même de la dèveloper et de la
produire. Ayant dans 7 ans de liaisons chez M. de Voltaire
rassemblé beaucoup de materiaux Sur cet illustre mort, je les mets
à leur place, et ceux que l'étude de *Rousseau* m'a fourni trouveront
la leur. Si vous voulez même le Souffrir, je vous consulterai sur
plusieurs points historiques ou autres; mais je réserve à cet objet
une lettre particulière[d], le Courier me presse, je n'ai que le tems de
finir et de vous offrir mes hommages, avec l'assurance du devoue-

ment et de l'estime de
    Vôtre très humble Et très ob. Servit[r].
        Mallet

A Monsieur / Monsieur le pasteur Vernes / *A GENÈVE*

MANUSCRIT
    * Genève BPU, ms. fr. 297, fol.72-73;
4 p., l'ad. p.4; cacheté d'une oublie;
taxe: '4'; orig. autogr.

NOTES CRITIQUES
    [1] respectable. ⟨Quelque⟩ [2] [ajouté
dans l'interligne]

NOTES EXPLICATIVES
    Sur l'auteur de cette lettre, voir le n°
7112 (t.xl).
    a. celui de Linguet; voir le n° 7377.
    b. Mallet était chargé de la diffusion
en Suisse du journal de Linguet.
    c. grief formulé vingt fois par Vol-
taire.

    d. je n'ai pas retrouvé cette lettre, si
tant est qu'elle ait jamais été écrite.
Le 4 février 1779, Mallet écrivait de
nouveau à Vernes: '[. . .] Je le lui ai fait
observer l'autre jour tout au long [à
Linguet, qui se serait fait trop exclusivement l'apologiste du catholicisme, au
lieu de défendre le christianisme en gé-
néral], en lui envoyant quelques articles
dont un entr'autres est un examen de
l'influence que l'incrédulité de Voltaire
comparée à celui de J.J. a eu sur la
societé. Vous connaissez mes idées à ce
Sujet, elles servent de base' (Genève
BPU, ms. fr.297, fol.76).

7384

Pierre-Alexandre Du Peyrou à Paul-Claude Moultou

Neufchatel 5 X[bre] 1778

[1] Vous aures vû, Monsieur dans ma lettre du 2 de ce mois[a] que
d'aprés les propositions faites par la S.T. de cette ville il ne falloit
plus penser à l'acquisition des droits de la Veuve, mais voir avec
vos jeunes gens, ce qu'ils avoient envie de faire, et en prevenir Mr
de G. J'espére que vos Messieurs ne se seront pas rebutés, et que
l'Edition pourra se faire à Geneve. Je dois aujourd'hui vous repondre
Monsieur sur bien des objets contenûs dans votre envoy de mercre-
dy[b]. Je n'insiste plus sur la petite Edition. Je vois que tous les
libraires pensent de même, et d'ailleurs, les raisons essentielles ne
subsistent plus. Mais je diray simplement que si la grande Edition
n'eut dû renfermer que dés morceaux non connûs, il est bien certain
que chaque libraire qui a fait une edition generale, les auroit
incessamment imprimé[1], pour faire une suite. Mais observés, Monsieur, qu'il y a des additions aux ouvrages deja publiés, et quoiqu'en

petit nombre, elles eussent toujours donné la preference à nôtre
Edition.

[2] ²Je suis etonné que Mr de G. assure si positivement qu'il
n'existe à Paris aucun manuscrit des Confessions. Je lui ay pourtant
mandé l'anecdote que je crois vous avoir aussi dite, et qui prouve
que ce depot existe en entier, et dans des mains au moins indiscretes.
D'ailleurs Mr de G. ignoroit parfaitement jusqu'au titre de cet
ouvrage appellé *Memoires* par le public. Il ne l'a pas en son pouvoir²ᶜ;
mais il a divers renseignemens dont je vais vous faire part, en vous
transcrivant la note qu'il m'a envoyée, il y a quelque tems. Vous
verrés que Mr l'abbé de Condillac suposé avoir les dialogues,
pourroit bien être l'academicien depositaire dés Confessions*ᵈ*. Car
il n'est pas probable que R. ait fait quatre depots de ses dialogues,
savoir entre vos mains, et celles des trois personnes indiquées.
D'ailleurs la reponse de Mʳ de Condillac s'accorde avec la nôte que
vous avés de la main de R.

[3] ²Ce qu'il y a de certain suivant moy, c'est qu'il existe au
moins un autre manuscrit des Confessions que le votre et le fragment
du mien²ᵉ. L'anecdote citée le prouve, et ce qui le prouve encore,
c'est le propos tenû par une Dame que R. dans cet ouvrage, nomme
toutes les femmes avec lesquelles il a été bien, notamment Mᵈᵉ
d'Epinay. Or ²l'attention que vous avés de ne produire vôtre manuscrit à personne, devient un indice qu'il en existe un autre. Car le
mien que je viens depuis deux jours d'ouvrir, ne va que jusqu'au
sejour de Lausanne², et finit par cés mots; 'Je ne saurois dire
exactement combien de tems je restai à Lausanne; je n'apportai pas
de cette ville, des souvenirs bien rappellans. Je sais seulement
que. . .'. ²Il reste encore du papier en blanc, et cette fin indique que
l'auteur en etoit la de son ouvrage, quand il prit le parti d'envoyer
ses papiers à mon ami de Cerjat, et de quitter l'Angleterre. J'ay eü
entre mains un autre manuscrit du meme ouvrage, que je lui remis
à Trye. C'étoit un 8° relié en veau assés epais. Est-ce celui là
Monsieur que vous avés?*ᶠ* Mon manuscrit est in 4° cartonné en
papier marbré, et contient 182 p. d'écrites.² Dans le paquet qui le
renfermoit, se trouvent deux autres Livres contenant des copies de
lettres en brouillons, et des extraits des lectures de l'auteur etc. etc.
Enfin dans un autre paquet que j'ay ouvert, j'ay trouvé quelques
ouvrages que j'avois renvoyés, et d'autres dont je n'avois que les
brouillons. J'en feray joindre la note au bas de l'Etat fourni par Mʳ
de Gerardin. Je suis faché de n'y avoir trouvé que le brouillon des
Solitaires, ou de la Suite d'Emile, tres incomplet. Je suis sur que ce
morceau a été mis au net par l'auteur, puisque je l'ay eû entre

mains, et le lui ay renvoyé avec d'autres papiers. Ce qu'il est devenû, je n'en sais rien. Mais vous verrés dans l'Etat fourni par Mr de G. qu'il tient de M^r le Tourneur^g que la lecture de ce morceau faite par l'auteur chez Mde la Marquise de Créqui, a duré au moins deux heures^h, et ce que j'en ay vû de fait, etoit au plus l'affaire d'une demie heure de lecture. Voila donc un morceau égaré, ou du moins inconnû pour nous. C'est pendant son sejour à Bourgoin, que R. m'a demandé l'envoy de ce morceau. Enfin le brouillon etant chez moy, il est inutile que vous vous donniés la peine de transcrire ce que vous avés. Je ne voudrois pas non plus que vous eussiés recours à un copiste peu sur, pour copier ce qui manque à més Confessions. Il seroit bon pourtant de savoir si les lettres originales dont j'ay environ deux cent deja employées par l'auteur, doivent faire partie des 6 premiers livres. Elles sont encore en paquets cachetés. J'en ay une multitude d'autres dont ²l'auteur n'avoit pas encore fait usage, et que je suis occupé à examiner. La plupart doivent être brulées^i mais il seroit bon de connoitre tous ses ouvrages pour juger de celles qu'il faudroit conserver.²

[4] Je n'envoyeray pas, Monsieur, vôtre projet de lettre à Mr de G. Cela est je pense au moins inutile pour le moment. Si jamais nous le voyons, il sera tems de lui dire de bouche, bien des choses que le papier ne soufre pas. D'ailleurs il paroit un peu engoué de M^d R. et nous devons le laisser tel, tant qu'il n'importe pas à la Memoire de R. de le detromper. Je souhaitte de bon coeur qu'elle même ne se nuise pas auprés de lui et de sa famille.

[5] Je n'ay jamais aprouvé R. dans ses demelés avec Dd Hume. Mes lettres en font foi, et je les ay toutes. C'est même en partie je crois à cette façon de penser, jointe à d'autres circonstances bien etonnantes, que je dois attribuer la resolution que prit R. de rompre un arrangement qu'il m'avoit lui meme proposé, et que ma tendre amitié pour lui, m'avoit fait prendre. Mais Monsieur, en ne croyant pas le bon David capable de nuire à R. je ne puis m'empecher de penser que la querelle survenûe entre eux, etoit la suite d'une meprise de R. Il s'etoit livré à Hume avec l'effusion de l'amitié, et se croyoit payé du plus tendre retour, tandis que Hume n'avoit pour lui que l'attachement que l'on sent pour un homme celebre malheureux, et spécialement cher à Lord Marechal d'Ecosse. Hume agissoit en consequence de ce sentiment, sans y rien mettre de plus, que peut être trop d'éclat, et dés interets personnels à sa propre gloire. Il a d'ailleurs cedé à un premier mouvement indigne de lui, et dont je crois qu'il a dû se repentir amerement, rendû à lui meme. Hume etoit rééllement bon homme, mais son ame n'etoit pas de la

trempe de celle de R. sensible, aimable, et soupçonneuse. Joignés à cela les instigations de cette femme qui a empoisonné la douceur de sés jours, et je crois que vous aurés le mot de l'enigme.

[6] Je sens tous les jours le besoin de nous raprocher. Mais j'en sens aussi la difficulté. Voici le tems qui aproche pour mon accès de goute, et qui m'oblige a rester chez moi. Quand vous vous deciderés à venir me voir, arrangés vous Monsieur, à n'etre pas pressé du retour. Il y a ici bien de la besogne à examiner, et nôtre tems sera bien employé.

[7] Recevés Monsieur mes tendres salutations.[3]

MANUSCRIT

[1. pour l'orig. autogr. de cette lettre (4 p.), voir au t.xli le n° 7243]

*2. transcription du ms. 1, faite par mlle Rosselet.

NOTES CRITIQUES

Des fragments de ce texte ont été cités par Guyot (1958), p.161.

[1] [Du Peyrou ne fait pas cet accord]
[2] [fragments cités par Guyot, 1958]
[3] [suivi du paraphe de Du Peyrou]

NOTES EXPLICATIVES

a. le n° 7382.

b. mercredi 2 décembre: cette lettre est inconnue.

c. ainsi, Girardin avait réussi à jeter de la poudre aux yeux de Du Peyrou.

d. supposition erronée: Condillac n'avait que les *Dialogues*. Mais il semble bien que Duclos, également académi-cien, avait eu entre ses mains, à un moment donné, un ms. des *Confessions*.

e. cela était vrai, mais c'était Girardin qui le détenait.

f. non, c'était précisément celui dont Girardin s'était emparé.

g. pour Le Tourneur, voir le n° 7286 (t.xli) et cp. dans le présent volume le n° 7313, alinéa 26.

h. pour la lecture dont il s'agit ici, voir au t.xxxix les n°s 6998 et 6999.

i. heureusement il n'en fit rien.

REMARQUE

Le 5 décembre 1778, p.47, le *Mercure* notait qu'on donnait 'encore de tems en tems des Fragmens, composés de la Bergerie, Acte tiré du Ballet des Romans, du Devin de Village & de la Provençale. Ces Fragmens, ainsi arrangés, ont été donnés pour la première fois le Jeudi 19 Novembre'.

7385

Pierre-Alexandre Du Peyrou à René-Louis, marquis de Girardin

Neufchatel 6 X^bre *1778* N° 11

Mardi dernier premier du mois, je vous envoyay[a] Monsieur, les propositions faites par notre Societé Typographique, accompagnées de quelques reflexions faites á la hate. Je vais aujourd'hui les étendre, et repondre á votre lettre du 13 9bre ^{b}. Ces propositions pour le numeraire me paroissent considerables. Car il ne faut pas, Monsieur raisonner d'aprés celles faites á l'auteur il y a 14 ans, et Sur lesquels vous ëtes en erreur. Elles rouloient sur l'alternative de 16 Cent Livres de rentes Viageres ou de 15/m de Capital, dont mille Ecus payables en passant le Contract, et le reste á des termes convenus. De plus observés les differences essentielles qui sont Survenuës. C'etoit l'Auteur lui mëme qui devoit presider á cette Edition, et lui donner d'autant plus de faveur auprès du public, que ce même public prenoit le plus vif interet á Son sort, et á Ses malheurs. Ajouttés qu'á cette Epoque il n'existoit aucune Edition generale de Ses ouvrages, tandis qu'il en existe aujourd'hui Sept ou neuf^c. Que l'avidité dés Contrefacteurs eut été plus Scrupuleuse ou plus prudente, qu'elle ne le Seroit aujourd'hui. Enfin reflechissés qu'aucun de nous, ne peut garantir aux Libraires, la remise dés Ouvrages en entier, ou du moins qu'il n'en existe pas ailleurs. Ces Considerations ainsi qu'une autre bien essentielle, celle de rendre l'Edition aussi belle que possible, me faisoient prejuger que 16 m. £ Livres eussent été acceptables, lorsque la Societé de cette Ville a accedé á vôtre proposition de 24 / m. Mais les Conditions qu'elle exige, me paroissent bien onereuses, quoique naturelles. La 1ere m'est á charge vü le travail qui me reste á faire pour consulter tous les papiers de l'auteur, faire usage de ses notes, Savoir ce qu'il faut publier, copier au net, les brouillons, Collationer les copies &a. La Seconde Condition ne depend ni de moi, ni de M^r. Moultou, ni de M^d. Moultou, ni de M^d. Rousseau; aucun de nous, ne possedant la partie des Confessions qui ne doit pas paroitre, et ne connoissant qui la possede, et en combien de mains elle Existe. Il y a grande aparence que M^r. l'abbé de Condillac est un des depositaires. Si l'on etoit Sur de la fidelité des depositaires á Se conformer aux Intentions de l'Auteur, on pourroit prendre l'engagemt exigé par la S: Typ: d'ici. Enfin il doit etre entendü que quelques propositions que l'on puisse faire, mes Conditions préliminaires dont je vous ay envoyé copie, doivent avoir lieu, afin que l'Entreprise honore la Mémoire de nötre Ami. Car nous ne separons pas ces deux objets indiqués Si formellement dans les intentions de l'auteur, Le bien etre de Sa Veuve et l'honneur de Sa Memoire. C'est ce dernier objet qui me decideroit á la preference á donner á Geneve pour l'Edition Generale. D'abord la partie Typographique y Seroit mieux Soignée á tous égards; Ensuite il me paroitroit honorable à la Memoire de l'auteur que ses ouvrages proscrits en partie fussent tous imprimés dans cette meme Ville, autrefois Sa Patrie. Une autre Consideration, c'est que les Entrepreneurs á Geneve, sont des jeunes gens qui cherchent á Se faire une reputation dans la Librairie, par un debut aussi brillant, qui ont d'ailleurs des lumieres, et des amis bien en etat de les diriger. Je ne Sais pas encore la resolution qu'ils auront prise, sur ce que M^r. M: leur aura communiqué dés propositions faites. J'avois prié celui ci des vous écrire incessament la dessus, afin de vous mettre a mëme de faire une reponse á ces propositions. Je vous suis ainsi qu'á M^d. Rousseau, obligé de la liberté que vous nous donnés de prendre tels arrangemens que nous trouverons convenables pour nôtre Compte. Mais Monsieur, quand je vous écrivis ma lettre du 27 7bre *d* je ne pensois qu'á assurer incessament un Etat á la Veuve, dans l'idée que la Négociation á faire pour une Edition Generale, Soufriroit des Longueurs qu'exigeoit cette Entreprise pour la rendre honorable á l'Auteur, Que ces longueurs seroient á charge á la Veuve. Mais je n'avois aucune intention d'en faire une affaire d'interet, non plus que M^r. Moultou, contens tous les deux de donner nos soins et nos peines, á cette Entreprise. Mais nous n'aurions pas été aussi loin que les Libraires, par la raison que nous voulions rendre l'Edition des plus belles, sans la rendre onereuse au publiq, et pour cet Effet, nous donner tout le tems d'y travailler. Nous aurions donc fait les avances de nos fonds qui ne nous Seroient rentrés que tard. Mais d'aprés Les offres que fait la S: T: de cette Ville, il ne nous est pas possible de suivre ce premier plan. Car independament des 24/m Livres, il y aura des fraix de Copiste assés considerables. C'est d'apres ces reflexions, que nous nous bornons aujourd'hui, á entendre les offres que l'on fait, et a vous les accompagner de nos reflexions. Car vous Sentés bien, Monsieur, que nous ne pouvons pas en faire de pareilles, et que nous serons charmés de contribuer au plus grand interet de la Veuve sans manquer á ce nous devons á la memoire de Son Mari. Dans l'Etat des choses, il convient Monsieur que vous prepariés l'Envoy á faire de ce que vous avés en main, ou de ce que vous pourrés recueillir. Cet envoy doit se faire Soit á M^r. Moultou, Soit á moy Suivant que[1] l'occasion Sera la plus favorable. Il y a actuellement á Paris un Mr Paul de Pourtalès^e qui doit faire retour ici je ne sais pas bien dans quel tems. Vous pouvés en avoir des renseignemens par Mess^r. Rougemont banquiers, ou Mr Perregaux^f, rue S^t. Sauveur. Cette occasion Seroit bonne pour ici. Je prieray M^r. Moultou de vous indiquer celles qu'il connoitra pour Geneve. Mais il Sera nécessaire de vous procurer ce qui est chez la Dame á la Marmelade. Je Sens tous les jours de plus en plus, la nécessité de rassembler, et d'examiner tous les papiers de l'auteur, pour que rien ne manque á l'Edition projettée. Dans les paquets que je viens d'ouvrir au nombre Seulement de deux, je trouve des choses qui doivent entrer en notes dans les Ouvrages deja corrigés de l'auteur. Tout enfin m'annonce un grand et long travail, pour que l'Edition Soit complete. Il n'y a donc pas de tems á perdre pour rassembler tout.

J'attends une occasion pour vous faire passer une boëte, sous l'addresse de mes Banquiers, contenant des Semences de Sapin, et dans un papier á part de celles de peisse, qu'il faudra Semer Sur le terrain bien preparé, et des la fin de Mars, ou commencement d'Avril. Je souhaitte qu'elles reussissent. Je vous feray copier les Muses Galantes, ne voulant point exposer le seul manuscrit qui en existe, quoique ce Soit peu de chose, d'après l'auteur lui mëme qui ne connoissoit alors que la Musique françoise. Je doute que ce morceau Soit gouté, et fasse un objet pour l'Opera. Vous en avés sans doute la Musique. Pour moy, je n'ay que le Poëme.

Vous me ferés plaisir, Monsieur, de m'envoyer le double de l'Ecrit dont vous me parlés[g]. Ce temoignage me Sera cher, et peut etre Servira á[2] m'expliquer une conduite inconcevable pour moy; mais Surement, il me consolera. Je l'attends donc, Monsieur, de vôtre complaisance.[3]

MANUSCRIT
  * Chaalis, fonds Girardin, D⁴ 33, n° 13; 4 p., orig. autogr.

NOTES CRITIQUES
  [1] [c'est la fin de la page. En la tournant, Du Peyrou a répété 'que'.] [2] á ⟨me tranqler⟩ [3] [suivi du paraphe de Du Peyrou]

NOTES EXPLICATIVES
  a. voir le n° 7381.

  b. le n° 7354.
  c. voir le n° 7376, premier alinéa et note g.
  d. le n° 7310 (t.xli).
  e. voir au t.xxvii le n° 4796, alinéa 6, et note f, etc., et au t.xli les n°ˢ 7218, 7249 et 7257.
  f. voir au t.xxi le n° 3482, alinéa 11 et note q, etc.
  g. il s'agit du n° 6123 (t.xxxiv).

7386

Marie-Thérèse Levasseur à Charles-Joseph Panckoucke

[vers le 6 décembre 1778]

Si je vous dois, Monsieur, de vous remercier de L'avis que dans votre Mercure du 25. 9bre.[a] vous avés bien voulu donner Concernant Le receuil de musique de Chambre Composée par J.J. Rousseau je dois en même tems au nom que j'ai l'honneur de porter de vous prier de publier Cette Lettre. J'ai proposé[1] tout simplement dans[2] un Prospectus une Souscription pour La musique que m'a laissée mon mari. L'acceuil favorable dont Le Public a bien voulu honorer[3] Le Devin du village m'a fait présumer que je lui ferois plaisir de Lui offrir du même auteur Les Délassements de Ses travaux, et ce qu'il appelloit La Consolation des misères de La vie. Vous voudrés donc bien Monsieur me permettre d'avoir L'honneur de vous observer qu'il etoit plus qu'inutile de parler dans L'[4]annonce que vous avés bien voulu faire, ni de la mercenarité[b] de son metier de Copiste: [5]car devant en avoir[5] Le sien étoit de Copier parce qu'il ne Croyoit pas devoir en faire un d'écrire, ni de notre Indigence: parce que nos[6] Desirs n'excedoient pas nos besoins, mais pour soulager ceux dont les besoins sont ceux du necessaire; ni des *MÉMOIRES* que je n'ai jamais Lus ni entendu Lire, que je n'ai point, et de La destinée ainsi que du[7] contenu[8] je ne puis par Consequent ni connoitre ni parler, ni répondre en aucune manière.

MANUSCRIT

* Chaalis, fonds Girardin D⁴ 37, dossier F, n° 13, p.1-2; brouillon de la main de Girardin.

Pour la version définitive de cette lettre, voir le n° 7386 bis.

NOTES CRITIQUES

Le ms. est intitulé, p.1, de la main de Girardin: 'Lettre a L'auteur du Mercure sur l'avis inseré dans le Mercure du 25 9bre. 1778. Sur la musique de J.J. Rouss.' Plus tard il a écrit au-dessus

de ce titre: 'Correspondance avec les journaux' (biffé).

[1] proposé ⟨une⟩ ⟨La sou⟩ [en surcharge partielle, et gribouillé] [2] [en surcharge sur 'audit'?] [3] honorer ⟨sa musique m'a fait présumer⟩ [4] ⟨cette⟩ ⟨Votre⟩ [5] ⟨parceque tout homme devant⟩ ⟨ayant besoin⟩ devant en avoir ⟨un⟩ [6] ⟨Si nous avions jamais desiré d'etre plus riches Ce n'eut pas eté pour nous dont ⟨Les⟩ [7] ⟨Leur⟩ [8] [Girardin a inséré ici après coup le mot 'desquels']

NOTES EXPLICATIVES

Cette lettre fut composée, bien en-

tendu, par Girardin. Son texte fut revu
et corrigé par Benoît (voir le n° 7386
bis).

a. voir le n° 7371.
b. voir le n° 7374, alinéa 2 et note *c.*

7386 bis

Marie-Thérèse Levasseur à Charles-Joseph Panckoucke

[le 6 décembre 1778]

Si je vous dois, Monsieur, de vous remercier de l'avis que dans
votre mercure du 25 9ᵇʳᵉ dernier vous avés bien voulu donner
concernant le Receuil de musique de chambre composée par ¹mon
mari ¹ J.J. Rousseau*ᵃ*, je dois en même tems au nom que j'ai
l'honneur de porter de vous prier de publier cette Lettre. J'ai
proposé tout simplement dans un Prospectus une souscription pour
la musique ²qu'il m'a laissée². L'accueil favorable dont le public a
bien voulu honorer le Devin du Village m'a fait presumer que je
lui ferois plaisir de lui offrir du même auteur les delassements de
ses travaux et ce qu'il appelloit la consolation des miseres de Sa vie.
Vous voudrés donc bien Monsieur, me permettre de vous observer
que dans l'annonce que vous avés bien voulu faire il etoit plus
qu'inutile d'y parler de la mercenarité*ᵇ* de son metier de copiste, le
sien etoit de copier parce qu'il ne croyoit pas devoir en faire un
d'ecrire, ni de notre indigence parce que nos desirs n'excedoient
pas nos besoins, ni des memoires que je n'ai jamais lus ni entendu
Lire, que je n'ai point et de la destinée desquels ainsi que du contenu
je ne puis par consequent connoitre ni parler ni repondre en aucune
maniere.

J'ai l'honneur d'etre, Monsieur, Votre très humble et très obeis-
sante servante femme Veuve Rousseau signée
Ermenonville 6 xᵇʳᵉ. 1778.

MANUSCRIT
 * Chaalis, fonds Girardin D⁴ 37, dossier F, n° 12; 4 p., p.3-4 bl.; projet, de
la main de Benoît.

IMPRIMÉ
 AL ii (1779). 283-284 (lettre XII,
février 1779).

NOTES CRITIQUES
 ¹ [ajouté dans l'interligne] ² qu⟨e⟩
m'a laissée ⟨mon mari⟩

NOTES EXPLICATIVES
 Cette lettre ne fut pas imprimée dans
le *Mercure*. Mais en février 1779, profi-
tant de l'intervention de mme de Fran-

quiveville, Girardin envoya sa protestation à l'*AL*, qui l'imprima: voir le t.xliii.

a. voir le n° 7371.
b. voir le n° 7374, alinéa 2 et note *c.*

7387

René-Louis, marquis de Girardin, à Pierre-Alexandre Du Peyrou

Ermenonville Par Senlis 7 X^bre. 1778.

Etant fort pressé d'ouvrage, Monsieur, relativement a La souscription, et a La gravure qui se met entrain, j'ai cru que vous ne
trouveriés pas mauvais que j'attendisse la Lettre prochaine que
vous m'annonciés pour repondre en même tems a votre derniere
Lettre^*a*, qui ne contenoit d'articles non repondus que vos observations sur le format de la collection proposée. Ce qui m'a déterminé
a Adopter celui que j'ai choisi c'est qu'il est precisement Le même
que celui du Devin de village Edition d'Hollande qu'il m'a paru
plus susceptible par Consequent de rassembler toutes Les œuvres
musicales du même auteur, et de Les placer de suitte dans une
biblioteque ou La forme longue ordinaire a La musique figure
toujours tres mal. Et notre format choisi sans avoir Le desagrement
de cette forme Longue en aura également L'avantage pour eviter
de tourner trop souvent Le feuillet, parce que La page¹ contiendra
quinze portées au lieu de dix qui est La quantité ordinaire au papier
reglé au long a la maniere italienne. Je prends soin aussi pour plus
grande Commodité pour le Commun des lecteurs, et suivant l'usage
raisonable pratiqué en Italie pour eviter la multiplication des Clefs
de faire transposer tous Les airs de Soprano sur la Clef de Sol. La
gravure sera faite en Cuivre aulieu d'etre en Etain, et Les Characte-
res et Le papier aussi beaux qu'il nous sera possible. Ensomme la
partition toujours Composée de 15 portées, et de 200 pages environ
sera au moins Le double de celle d'une Operette qui se vend
actuellement pour L'Ordinaire 18^ll. Je pense que Le public aura
Lieu d'etre Satisfait et de La Chose et du prix sur Le quel j'espère
que La quantité de Souscripteurs mettra La veuve dans le Cas de
retirer au dela de ses avances un benefice honnête. Nous verrons
par la suitte plus à Loisir Le meilleur parti à tirer du fragment de
Daphnis et Chloë. Mais en attendant je pense que Cet hyver on
pourroit tirer un tres bon parti des Muses galantes, si vous pouviés

trouver une occasion sure de me les faire passer Sous ma reconnoissance, et je suppose que d'après ma derniere vous aurés bien voulu
en reserver dans la note presentée La Disposition a la veuve ainsi
que Celle de toutte La musique. Je ne sçais si dans Cette note vous
aurés compris ou non Les six premiers Livres des Confessions parce
que suivant ma derniere lettre il me semble que tout ce qui Concerne
La Correspondence ne devoit etre Livré qu'a L'amitié Intime mais
reservé in *petto* vis ávis des Etrangers. C'est pourquoy, Monsieur,
afin que nous puissions nous entendre plus précisement sur Les
Conditions, ²de vouloir bien² me faire parvenir Copie des articles
et des Conditions sur les quelles portent Les propositions. ³En
attendant j'observerais a cet egard ainsi que sur le reste du Contenu
de votre derniere. Tout ce que vous me marqués sera soigneusement
observé³, et j'attendrai pour vous repondre plus *ouvertement* celle que
vous m'annoncés Incessamment. L'apologie seroit excellente et
préférable par cette raison a Chose egale. Recevés Monsieur Les
assurances de L'estime et de L'attachement Les plus sinceres.

La Dame a La Marmelade de fleur d'orange*ᵇ* m'a envoyé tout ce
qu'elle avoit mais ce ne sont que des Livres italiens Imprimés
Concernant La Corse, quelques fragments d'extraits commencés
d'Iceux et neuf Liasses de Lettres de differentes personnes. Je ne
les ai point encor parcourues mais en gros il me paroit qu'il n'y a
rien Là de bien Interessant. N'importe, La Bonne Dame a fait tout
ce qui étoit en elle pour nous obliger et on doit Lui en sçavoir le
meme gré. Lord Harcourt a bien voulu se mettre a la tete de
L'encouragement de notre Souscription en Angleterre, et s'occupe
aussi de nous rassembler Lettres et papiers autant⁴ qu'il pourra, et
surtout ceux de Mˡˡᵉ. D'avenport Lors qu'il lui sera possible –
Docteur Burnet – Duchesse de Portland et autres. J'ai aussi deja
rassemblé quelques Lettres, je compte en recouvrer encor cet hyver
a Paris, et nous verrons s'il est possible à⁵ rassembler le tout entre
vos mains afin de choisir tout ce qui sera susceptible d'etre publié
sans inconvenient. Je ne désespère ⁶pas a beaucoup⁶ pres de ravoir
Les Dialogues puisque de trois parties je suis déja comme assuré
de deux dont j'ai du moins L'aveu par ècrit, ainsi je crois que
L'abbé*ᶜ* auroit fort mauvaise grace a soutenir une assertion toutte
contraire a celle des deux autres Depositaires qui chargés de la
même chose⁷ Et par la même personne ont du Conséquemment
L'être aux mêmes Clauses et Conditions.

A Monsieur / Monsieur du Peyrou / *A NEUFCHATEL* / *Suisse*

MANUSCRITS

* 1. Neuchâtel ms. R118, fol.33-34; 4 p., l'ad. p.4; cachet de cire rouge; orig. autogr.

2. Chaalis, fonds Girardin D⁴ 33, n° 41, fol. 2or et v; brouillon.

NOTES CRITIQUES

Le brouillon porte le n° 10.
Variantes du ms. 1:
¹ ⟨feuillet⟩ ⟨page [en surcharge]⟩ ² [la phrase est incorrecte: Girardin a omis devant 'de vouloir bien' quelques mots

comme 'je vous prierais'] ³ [autre passage incorrect. La première phrase est inachevée, et Girardin l'a amalgamée avec la seconde.] ⁴ ⟨qu'il⟩ [en surcharge partielle] ⁵ à ⟨nous⟩ ⁶ pas ⟨tout⟩ a ⟨f⟩ [en surcharge partielle] ⁷ chose ⟨ont du⟩

NOTES EXPLICATIVES

a. le n° 7352.
b. mme de Nadaillac.
c. de Condillac.

7388

Marie-Anne de Franqueville, née Merlet de Foussomme, à Louis-Marie-Stanislas Fréron

[le 7 décembre 1778]¹

[1] [. . .] est-ce dans la classe des amis, ou dans celles des ennemis de *J.J. Rousseau*, qu'il faut placer l'auteur de *l'avis* que se trouve dans le *Mercure* du 25 Novembre*ᵃ concernant un recueil de musique de chambre*, composée par ce grand homme? [. . .]

[2] L'*avis* dont il est ici question, Monsieur, a sans doute pour objet d'engager le public à grossir l'avantage que Madame *Rousseau* espère retirer de la souscription qu'elle propose, & dont le *prospectus* est dans les mains de tout le monde. Si on pouvoit s'assurer que cet *avis* fut de M. le Marquis *de Gérardin*, la question que j'ai l'honneur de vous faire seroit décidée; mais contre deux raisons, de croire qu'il en est, j'en trouve quatre de croire qu'il n'en est pas. Par exemple, l'épithète de *respectable*, adressée à Madame *Rousseau*, indique bien M. *de Gérardin*: cette veuve n'est certainement aussi respectable pour personne que pour lui, à qui les dernières dispositions de *Jean-Jacques* imposent envers elle les devoirs les plus étendus & les plus sacrés.*ᵇ [. . .]

[3] 1° M. *de Gérardin* dont la vaste érudition est si connue, & qui se nourrissant habituellement de la lecture des anciens, ne sauroit ignorer que rien n'est beau, estimable, touchant, que ce qui est naturel & simple, n'auroit pas fait un puérile étalage de phrases bien froides, bien recherchées, bien emphatiques, bien entortillées,

bien alambiquées, & sur-tout bien déplacées, qui ne signifient pas grand chose, & qui n'aboutissent à rien, si ce n'est à présenter *Jean-Jacques*, sous le jour le moins propre à lui attirer la considération de ceux qui ne l'ont pas personnellement connu.

[4] 2°. M. *de Gérardin*, si digne d'être comparé à *Aristée*, n'auroit pas dit de la veuve de *J.J. Rousseau*, que ce nouvel *Eudamidas* lui a laissée à protéger, que *son unique ressource consiste en recueils de petits airs composés par l'auteur d'Emile & d'Héloïse*. Non, il ne l'auroit pas dit; & parce qu'il sait bien que cela n'est pas vrai; & parce qu'*Aristée* ne recommanda ni la mère ni la fille, ni les créanciers d'*Eudamidas* à la commisération des Corinthiens.[c]

[5] 3°. On a beau, ainsi que M. *de Gérardin*, posséder la musique jusqu'au point d'avoir sur cet art agréable, des systêmes absolument neufs, & certainement sublimes, quand on fait des vers aussi pathétiques, aussi harmonieux, aussi poëtiques, aussi admirables en un mot, que ceux dont il décore le monument que sa magnificence érige à la mémoire de *Jean-Jacques*, on se garde bien de dire au détriment de la poësie, que la musique est le plus *ravissant* des beaux arts. J'avoue que les charmes de la musique agissent sur tel organe absolument insensible à ceux de la poësie: mais cela ne prouve pas que leur effet soit plus *ravissant*; cela prouve seulement qu'il est plus général.

[6] 4°. M. *de Gérardin* à qui la reconnoissance assure la confiance de la veuve de *Jean-Jacques*, n'auroit pas dit de lui, *n'a-t-il donc pu subsister de produit des ses chef-d'œuvres?* Question qui pourroit être prise pour un reproche d'inconduite. M. *de Gérardin* sait bien que ce n'étoit pas pour subvenir à ses besoins physiques, que *J.J. Rousseau* s'étoit abaissé a l'occupation mécanique de copier de la musique; mais pour satisfaire au besoin le plus pressant de sa grande âme, celui d'aider d'estimables indigens, du produit de son travail[d]; la modicité de sa fortune n'en permettant pas le partage.

[7] Il faut donc, Monsieur, s'en tenir à cette opinion, *l'avis consigné dans le Mercure, n'est point de M. de Gerardin*. . . . . . . mais, il n'appartient qu'à lui d'embrasser ouvertement les intérêts de Madame *Rousseau*. De qui l'auteur de cet *avis* tient-il donc une mission qu'il remplit avec tant de maladresse, ou de perfidie? [. . .]

[8] Trouvez bon, je vous prie, Monsieur, que je jette encore un coup-d'œil sur ce petit écrit, fait avec une si grande prétention. On y dit en débutant, *toutes les productions du célèbre Rousseau publiées pendant sa vie, ont toujours été reçues avec une sorte d'enthousiasme*. Une sorte d'enthousiasme! certes, c'est rendre une *sorte* d'hommage bien étrange au discernement du public, & aux talens d'un écrivain, qui

joignoit aux graces propres à tous les styles, la profondeur des connoissances, l'élévation des idées, la majesté des images, la richesse des expressions, que de rappeller en ces termes l'accueil inouï, dont le public honora *toujours* ses ouvrages. Ce n'est pas tout. On y supprime des éloges qui sont dus au philosophe Genevois, & qui ne sont dus qu'à lui; & on lui en adresse qu'il auroit sans doute mérités, s'il eut vêcu au commencement du dix-septième siècle, mais qui me paroissent ne lui pas convenir. En effet, après le degré de perfection, où la poësie & l'éloquence françoises ont été portées depuis cette époque, ne trouvez-vous pas, Monsieur, qu'il est ridicule de dire en parlant de *J. J. Rousseau*, comme s'il eût écrit du temps de *Ronsard, la Langue Françoise entre ses mains, n'est-elle pas devenue un instrument aussi mélodieux que celle du Tasse, aussi riche que celle de Pope, aussi expressif que celle des orateurs de Rome & d'Athènes?* Quelle *sorte* de louanges! Quelle *sorte* de sentiment peut les inspirer?

[9] Je ne puis m'empêcher, Monsieur, de déplorer la destinée d'un homme, à qui ses vertus & ses talens devoient en procurer une si différente. Je gémis en voyant que la malignité de l'astre qui présida à sa naissance, n'a pu être corrigée par sa mort. Depuis que nous l'avons perdu, presque tous ceux qui ont parlé de lui, ont plus ou moins ouvertement insulté à sa cendre. Il semble qu'on ait pris à tâche d'avilir la mémoire d'un homme, dont la noble fierté osa lutter contre tous les genres d'infortunes. On a été jusqu'à se croire dispensé d'observer à son égard les loix de la décence & de l'honnêteté. Par exemple, Monsieur, est-il concevable que MM. les rédacteurs du Journal de Paris, qui ont la réputation d'être honnêtes, ayent consenti à se prêter aux desirs de la personne, qui a mis au jour *l'extrait* que l'on trouve dans le N°. 201 de ce Journal, *d'un Mémoire daté de Février 1777?*[e] Si ce Mémoire est de J. J. Rousseau, supposition qu'il faut bien adopter, puisque ces MM. affirment qu'ils l'ont *entre leurs mains, entièrement écrit de sa main, & signé de lui*, comment n'ont-ils pas senti que, soit qu'il ait été surpris à *Jean-Jacques*, ou confié par lui, à la personne qui le leur remettoit, on ne pouvoit le rendre public, sans devenir coupable de la plus criante infidélité, ou du plus insigne abus de confiance? L'ancienneté de la date de ce *Mémoire*, ne prouve-t-elle pas que l'auteur vouloit qu'il fût ignoré, puisqu'il ne l'a pas fait paroître?[f] [. . .] . . . . Quoique toutes ses productions me soient chères, attendu la méprise où celle-là pouvoit entraîner, si elle avoit été en ma possession, j'aurois cru, en la brûlant, faire un sacrifice propitiatoire aux mânes de son auteur. [. . .] Il n'étoit pas riche, il est vrai, parce que les moyens de le devenir, répugnoient à la dignité de son caractère; il s'en est

cent fois expliqué: mais il avoit à sa disposition des moyens honnêtes, je dirai même honorables, d'ajouter de l'aisance au nécessaire qu'il possédoit; & s'il négligea de les employer, c'est que des motifs supérieurs à son propre intérêt dirigèrent toujours sa conduite. Je pense, Monsieur, qu'on doit conclure de tout ce qui s'est passé relativement à cet homme *extraordinaire*, tant durant sa vie, que depuis sa mort, qu'il a presque toujours eu des ennemis adroits, & des amis gauches; car il faudroit détester l'humanité, si on pouvoit croire que tous ceux qui ont nui au meilleur des hommes, en eussent eu l'intention. [. . .]*ᵍ*

[10] [. . .] je souhaiterois encore que vous crussiez me devoir quelque chose pour la justice que je vous rends, & qu'il vous parut digne de vous, de faire tourner votre reconnoissance au profit de mon sexe, en prouvant au public que Madame *du Riez-Genest* n'est pas la seule femme qui sache vous apprécier.*ʰ*

　　J'ai l'honneur d'être,
　　　　Monsieur,
　　　　　　Votre très-humble, & très
　　　　　　　　obéissante servante,

　　　　　　　　　　　　　　　　DE LA MOTTE².

　　P.S. [. . .]*ⁱ*

IMPRIMÉS

*1 *AL*, viii (1778). 271-289, lettre XIV.

2. *Œuvres* (Genève 1782) xxx.107-118 (soit le t.vi du *Supplément*, tirage in-8°).

NOTES CRITIQUES

¹ [dans l'impr. 1, cette lettre n'est pas datée: la date est fournie par l'impr. 2]
² [dans l'impr. 2, la lettre n'est signée que des initiales 'D.L.M.']

NOTES EXPLICATIVES

a. le n° 7371.

b. ces affirmations semblent reposer sur la lettre de Girardin (n° 7197, t.xli).

c. ce passage montre que l'allusion faite à l'anecdote rapportée par Lucien figurait bien dans la version définitive de la lettre de Girardin: voir au t.xli le n° 7197, note *a*. Cependant mme de Franqueville a-t-elle raison de parler, un peu plus haut, de la 'vaste érudition' de Girardin, et d'affirmer qu'il se nou-

rissait 'habituellement de la lecture des anciens'? D'une part, Girardin ne parle pas de Charixène; et d'autre part Lucien ne dit pas qu'Eudamidas ait légué ses dettes à ses amis, ce qui porte à croire que Girardin n'a eu connaissance de l'anecdote que par une source intermédiaire ou même orale. Du reste, mme de Franqueville perdait son temps. L'*Avis* n'était pas de Girardin qui a même protesté, par l'intermédiaire de Thérèse, contre les termes de cette annonce.

d. cette histoire ridicule avait ête lancée par Girardin lui-même, et ce passage de la lettre de mme de Franqueville semble montrer qu'elle a vu ou entendu lire une version de la *Lettre à Sophie*: voir aussi au t.xli le n° 7224, alinéa 4 et note *c*.

e. voir au t.xl le n° A649,

f. étrange logique, puisque JJ, qui ne faisait plus rien imprimer, distribua lui-même des copies de ce texte à plusieurs personnes, et cela bien après la date de sa composition.

g. mme de Franqueville demande la publication de sa lettre, et fait l'éloge de l'*AL*.

h. ainsi, le champion de l'homme qui avait pris pour devise 'Vitam impendere vero' n'hésite pas à faire croire à son correspondant que 'madame du Riez-Genest' était un personnage distinct de 'madame de La Motte'.

i. dans son p.s., mme de Franqueville dit qu'elle renonce à critiquer le style de l'*Avis*. Dans sa réponse (p.286-288) Fréron affirme que celui-ci doit être d'un ennemi de Rousseau.

7389

Pierre-Alexandre Du Peyrou à Marc-Michel Rey

Neufchatel 7 X^{bre} *1778*

[1] Je vous suis bien obligé Monsieur, des bons avis que renferme vôtre lettre*ᵃ*, et dont je profiteray, Si le cas y echoit. Mais il y a aparence qu'on traitera de l'Edition Generale Sans parler de la petite á part. Il n'y a encore rien de bien decidé, mais cela ne tardera pas á l'etre.

[2] Je prends une part bien Sincere à votre double perte*ᵇ* que j'ay ignorée absolument. Le tems nous engloutit tous les uns plus tot, les autres plus tard. C'est encore une question à Savoir quels sont les plus heureux, ou plutot les moins malheureux. Cette Vie est un chemin bien raboteux, et cruellement embarassé d'Epines, qui nous atteignent par tous les cotés possibles, nous mêmes, et les objets de nos affections. Que faire? Plier Sous le joug de la Necessité.

[3] Deux Choses dans vôtre lettre Monsieur, m'ont fort etonné. La premiére est ce que le Comte des Charmettes vous a mandé*ᶜ*. De grace, Sachés Sur quoi fondé il vous a écrit ce que vous me mandés. Il est certain que j'ay en mains une lettre de Rousseau de 1771*ᵈ*, ou il me dit expressement de disposer de ce que j'ay en mains au profit de Sa Veuve et de Sa filleule, ainsi qu'à l'honneur de Sa Memoire, comme je le trouveray convenable.

[4] La seconde chose ¹qui me paroit etrange, c'est l'assertion de M^r. de Gerardin au Sujet des revenus de M^d. Rousseau*ᵉ*. Il doit Si peu ignorer que les 600^{ll} de pension viagere constituée á M^r. R. Sont reversibles pour 400^{ll} á Sa Veuve, que des ma premiere lettre*ᶠ* en reponse à celle*ᵍ* par laquelle il m'annonçoit la mort de notre [respecta]²ble Ami, je lui manday cet a[rran]gement² et lui remis pour M^d. Rousseau une lettre de £300 pour les 6 premiers de l'année echüs en Juillet, en lui disant que M^d. Rousseau pouvoit de six en

six mois toucher chez mes Banquiers deux cent Livres, que ceux ci avoient ordre d'acquitter Sur Son reçu.

[5] Voila le fait, et j'ay peine á arranger les choses comme elles vous Sont rendües.[1]

[6] Recevés Monsieur, avec mes voeux pour vötre bonheur et Conservation, les assurances de mon Sincere attachement

du Peyrou

[7] Ma femme est prise depuis trois Semaines d'une cruelle fluxion qui a absédé. Recevés ses Complimens.

A Monsieur / Monsieur M:M: Rey / Marchand Libraire / á *AMSTERDAM*

MANUSCRIT

*La Haye, collection de S.M. la Reine des Pays-Bas, G 16 – A340, n° 4; 4 p., l'ad. p.4; cachet de cire rouge; orig. autogr.

IMPRIMÉ

Bosscha (1858) p.311 (fragment).

NOTES CRITIQUES

Rey a noté, p.1, au-dessous de la date: 'Repᵘ. le 21'; et p.4: 'envoyé la lettre du Comte de / Conzié des Charmettes / et de Gerardin du 8 août'. Voir au t.xli les nᵒˢ 7264 et 7248.

¹ [passage cité par Bosscha] ² [trou du cachet. Bosscha propose 'honorable'.]

NOTES EXPLICATIVES

a. lettre inconnue.

b. voir au t.xli le n° 7218, alinéa 7.

c. voir au t.xli le n° 7264.

d. cette lettre n'est pas de 1771 mais du 12 janvier 1769: voir au t.xxxvii le n° 6526, alinéa 3.

e. voir au t.xli le n° 7248, premier alinéa.

f. le n° 7192 (t.xli).

g. le n° 7177 (t.xl).

7390

Paul-Claude Moultou à René-Louis, marquis de Girardin

[le 9 décembre 1778]

[1] Mʳ. du Peyrou m'a communiqué, Monsieur, la derniére lettre que vous lui avez écrite*ᵃ*, et j'étais d'acord avec lui pour traiter avec Madᵉ R. Soit pour une Soȵe une fois paiiée, Soit pour une rente a vie lorsque des Libraires de Genéve m'ont fait des propositions que je dois vous coȵuniquer. Il y a quelque tems que je traitais avec ces libraires, et je les avais trouvés raisoȵables, mais ne pouvant moi même leur fére aucune demande, parce que je ne connaissais

pas tous les manuscrits, ils S'étaient bornés à m'offrir de paier ce que M^r. Du Peyrou et moi jugerions être raisoñable; Quand j'ai Sçu les prétentions de Mad^e. R. je les leur ai fait coñaitre, & après m'avoir demandé deux jours de reflection ils ont consenti à doñer 24.^{m̄ll} des manuscrits. J'ai insisté Sur la maniére des paiements, ils m'ont offert des cautions Satisfaisantes, & nous Soḿes convenus que les interets de cette Soḿe courraient depuis le moment que la transaction aurait été faite, & que les manuscrits auraient été remis entre leurs mains. Je vous avoue, Monsieur, que ces propositions me paraissent devoir être acceptées, & que je ne crois pas que d'autres en fassent d'aussi raisoñables. Que si Mad^e. R. préferait une rente a vie, je pourrais engager ces libraires a convertir cette Soḿe en une rente viagére sur le pied de 9 ou 10 p^r/°., j'offrirais même de me mettre pour cela, avec M^r. du Peyrou a la place des libraires, qui nous paieraient le prix convenu, Pour lequel nous nous chargerions de la rente. Je ne doute pas que M^r. du Peyrou ne consentit a cet arrangement, Si j'en juge par les dispositions qu'il m'a précedeḿent[1] manifestées. Si les propositions de ces libraires, Monsieur, vous Satisfont, autorisés moi je vous prie à finir d'abord avec eux. J'en écris aujourd'hui a M^r. Du Peyrou[b], et j'ai tout lieu de croire qu'il en Sera trés content. [2]Je Serais[3] enchanté moi même que cette édition Se fit à Genéve et sous mes yeux. J'y doñerais tous mes Soins, et il me Serait bien Satisfaisant pour moi de consacrer deux ans de ma vie à une entreprise qui mettra le Sceau à la gloire de mon ami. Il a Souhaité lui même que je fusse l'éditeur de ses ouvrages[4]; outre une lettre qu'il m'écrivit pour me le demander[c], M^r. du Peyrou a trouvé dans Ses papiers une note par laquelle il me charge d'en composer la préface[d]. Je le lui promis, Monsieur, et j'acquitterai une dette que le zéle de l'amitié[5] m'a fait contracter, & à laquelle j'aurais dû me refuser si je n'avais consulté que mes talents. Quoiqu'il en soit cette édition Sera très fidelle, & Rousseau n'a besoin que de cela pour aller à l'immortalité. Si l'édition Se fait à Genéve, elle Sera [1]encore[1] très belle, on me promet de faire fondre à Paris, ou[6] en Hollande des[7] caractéres nœufs, d'emploier pour les gravures les 1ers artistes de Paris, & de ne Se Servir que du plus beau papier, que l'on fera venir de l'Auvergne. Deux jeunes avocats[e] qui Sont à la tête de la Société Typographique de Genéve veulent donner a leurs presses de la célébrité, & c'est un motif bien fort pour eux de traiter R. coḿe il merite de l'être.

[2] Ainsi Monsieur, les voeux de Ses amis seront remplis, les Siens même l'auraient été S'il vivait encore. J'ajoute enfin que l'édition faite à Genéve est une Sorte de réparation aux manes de

R. des injustices que lui fit Son ingrate Patrie; Helas Monsieur je n'en fus pas le complice, mais tout mon Zéle ne pût arrêter l'aveugle rage de ses ennemis.²

[3] ²Mʳ. du Peyrou me demande si l'on peut assurer que la suite des memoires de R. ne paraitra point pendant le cours de l'impression de Ses ouvrages. Je ne puis répondre à cette question, n'aiant aucune coñaissance de cet ouvrage que je n'ai jamais vu ni luˢ. Quand Mʳ. R. me dit ses intentions sur plusieurs objets relatifs a Ses ouvrages, il me fit entendre que les derniers livres de Ses memoires⁸ (je ne Sais ni en quel nombre ils étaient, ni jusqu'ou ils allaient,) n'existaient plusˢ. Cependant il ne me le dit pas positivement. Il me parlait⁹ des dialogues et des VI Iᵉʳˢ livres de Ses Memoires; et les autres lui répondis-je. Je ne veux affliger persoñe me dit-il car je ne ressemble pas à mes enemis, la Iʳᵉ partie de mes mémoires ne dit du mal que de moi, vous m'aimerez pourtant aprés l'avoir luë, je n'ai pas attendu cela, lui repliquai-je, pour vous aimer.² Si je raproche de ce propos, Monsieur, l'ordre doñé à Mʳ. du Peyrou de bruler Ses papiers dans lesquels Sont comprises les lettres qui Servaient de piéces justificatives a cette partie de Ses memoires, je ne puis douter que cette partie des memoires même n'ait été jettée au feuˢ. S'ils existaient, ils devraient naturellement¹ exister dans les mains de celui à qui il remit les Dialoguesᵍ, & qui a refusé de vous les rendre, il a bien fait, Monsieur, outre que ces Dialogues feraient beaucoup de peine aux gens de lettres ¹⁰qu'il convient de menager¹⁰, l'imagination de R. noircie par Ses malheurs ne voiait plus quand il les écrivit les objets Sous leurs veritables couleurs. Mais je Sais de lui même que Son intention n'était pas que cet academicien vous les remit ny a Sa veuve, il Souhaitait qu'il les remit a un homme plus jeune que lui, qui ne les fit paraître que le Siècle prochain. Quoiqu'il en soit Monsieur, je n'ay pu fere d'autre reponse à Mʳ du Peyrou. Vous devez être plus instruit que moi, et vous pourrés peutêtre lui doñer de plus grandes Suretés à cet égard. Si ce Sont des libraires qui les demandent en faisant des offres, je vous observerai que ceux de Genéve ne demanderont rien de pareil, ils traiteront de boñe foi avec vous, come vous traiterez de boñe foi avec eux. Du reste, Monsieur, Si Mʳ du Peyrou trouvait quelque objection à fére contre les propositions des libraires de Genéve, quoique¹¹ j'eusse vôtre approbation, je ne finirais rien avec eux, sans vous avoir comuniqué ¹²ses observations¹². Je ne veux rien fére que de concert avec lui. R. n'eut pas d'ami plus vrai ny plus respectable. Mais je suis très persuadé¹³ qu'il Sera charmé que l'édition Se fasse icy, il Sent que les presses de Neufchatel Sont très

belle ame, c'est dans vos jardins d'Ermenonville, c'est sur ce tombeau
que j'arroserais de mes pleurs, que je voudrais écrire l'éloge de mon
ami. mais que pourrais-je dire, son ame entière ne vit elle pas dans
ses écrits. j'écrirais seulement sur le marbre qui renferme sa cendre,
icy repose l'homme de la nature, qui connut qui aima ses saintes loix:
Les homes de son siècle les haïssent parce qu'ils ne les connaissaient plus.
Daignés agréer monsieur, mon très humble respect.

J'oubliais de vous dire qu'un fils d'un intime ami de Mr R. est à la tête de la société
Typographique de Geneve, il l'appelle Mr. dyvernois, et a beaucoup de lettres de Mr R.
a longé et tout plusieurs tous dignes de l'impression. Il a plusieurs manuscrits celui
du Contrat social avec des notes qui n'ont pas paru, le discours sur la nature des
Heros, les lettres de la montagne &c &c —

Le 9. Xbre 1778

---

xxxxx. Lettre de Moultou à Girardin du 9 décembre 1778:
dernière page de l'original autographe.

inferieures aux nôtres, & Sa Santé ne lui permettrait pas de vacquer aux Soins que cette édition pourra demander. Pour moi, je m'y livrerai tout entier, & je jouirai par ce moien encore de l'ami que je n'ai plus. Que vous êtes heureux Monsieur! vous avez donné à R. un azyle pendant Sa vie, à Sa mort vos vertus lui ont elevé un monument qui le venge de Son Siécle, & vous met au dessus de[1] vos contemporains; Permettez que je m'eleve jusqu'à vous, en m'associant à vos travaux pour Sa gloire; C'est auprès de vous, Monsieur, c'est penetré d'admiration pour vôtre esprit & pour vôtre belle ame, C'est dans vos jardins d'Ermenonville, c'est Sur ce tombeau que j'arroserais de mes pleurs, que je voudrais écrire l'éloge de mon ami. Mais que pourrais-je dire, Son ame entiére ne vit-elle pas dans Ses écrits. J'écrirais seulement Sur le marbre [14]qui renferme[14] Sa cendre, icy repose l'ho͞me de la nature, qui conut qui aima Ses Saintes loix: Les ho͞mes de Son Siécle le haïrent parce qu'ils ne les co͞naissaient plus.

[4] Daignés agréer Monsieur, mon très humble respect./

[5] J'oubliais de vous dire qu'un fils d'un intime ami de Mr R. est a la tête de la societé Typographique de Geneve[h], il s'appelle M^r d'Ivernois, & a beaucoup de lettres de Mr R. a Son pére dont plusieurs Sont dignes de l'impression. Il a plusieurs manuscrits celui du Contract Social avec des notes qui n'ont pas paru[i], le discours sur la vertu du Heros[i], les lettres de la Montagne[i] & & &.

Le 9. X^bre 1778 /

A Monsieur / Monsieur le Marquis de Gerardin / Rüe Ste Anne vis a vis la rue de / Chabanois / *A PARIS.*

MANUSCRIT
   *Chaalis, fonds Girardin D⁴ 39, nº 2; 6 p., l'ad. p.6; cachet de cire rouge; m.p.: timbre (mal venu); taxe: '15'; photocopie de l'orig. autogr.

NOTES CRITIQUES
   Deux passages de cette lettre ont été cités séparément par Gagnebin 2 (1982) p.164 et 165: voir la note 2.
   [1] [ajouté dans l'interligne] [2] [passage cité par Gagnebin 2 (1982)] [3] ⟨le⟩ Serais ⟨beaucoup que le⟩ [4] ouvra ⟨[trois mots lourdement gribouillés]⟩ ges [5] amitié ⟨bien plus que mon talent⟩ [6] ⟨&⟩ [7] ⟨l⟩es [en surcharge] [8] memoires ⟨n'exis⟩ [9] parlait ⟨des VI premiers Livres⟩ [10] ⟨qui risquent [?]⟩ [11] ⟨je ne⟩ quoique [12] ⟨l⟩es observations ⟨de Mr du Peyrou⟩ [13] persuadé ⟨au contraire, Monsieur⟩ [14] ⟨ou repose⟩ [en surcharge partielle]

NOTES EXPLICATIVES
   a. le nº 7354.
   b. lettre inconnue.
   c. voir au t.viii le nº 1423.
   d. voir le nº 7363, alinéa 4.
   e. Boin et d'Ivernois.
   f. ainsi, Moultou n'hésite pas à mentir à Girardin, qui, à son tour, cachera aussi longtemps qu'il le pourra, l'exis-

tence d'un second ms. de la Seconde
Partie des *Confessions*.

   g. Condillac.

h. François d'Ivernois: voir le n°
7376, note *a*.

   i. ces mss ont disparu.

7391

François-Joseph de Foulquier et Pierre-Antoine Benoît à René-Louis, marquis de Girardin

[le 12 décembre 1778]

[1] J'ai esté monsieur depuis quelques jours ou malade ou absolument occupé d'une affaire de premier ordre pour moi et qui m'oblige d'aller tres Souvent a Versailles ou d'estre toujours Courant a Paris. C'est Ce qui m'a empeché de vous accuser plustost la reception des attestations que vous avés bien voulu m'envoyer, qui estoient necessaires et dont Je vous remercie. J'ai reçu aussy le portefeuille de desseins que Mad^e. de Gerardin a bien voulu me renvoyer et dont je vous prie de luy faire agréer mes très humbles remerciements.

[2] Je n'ai jamais eu l'honneur de vous repondre Sur l'article du fortepiano destiné ou du moins desiré pour accompagner le recitatif du Devin du village: M^r. de Vismes m'a tres fort assuré qu'il feroit tout Ce qui dependroit de luy pour Servir les desirs de M^r. Rousseau et les Votres. Mais que quoyqu'il fut administrateur pour Son Compte de toutes les parties de L'opera il n'y en avoit Cependant aucune dans laquelle il fut assuré de pouvoir faire absolument Ce qu'il vouloit, que toute innovation estoit un monstre aux Yeux des habitués et que telle estoit L'introduction du Clavecin dans un opera françois. Il faut donc attendre monsieur et esperer tout des bonnes vues et de la bonne intention de M^r. de Vismes. Vous pouvez d'ailleurs estre assuré que je ne Cesserai pas de veiller a Ce que tout aille au mieux possible.

[3] Voicy monsieur une autre affaire bien plus importante quand a présent. Les Soins Honnettes et vraiement necessaires que mr. Benoit S'est donné[1] pour Servir mad^e. Rousseau et rendre a la memoire de mr Rousseau Ce que lui doit un amy digne de luy ont[2] exité L'Humeur du S^r. Le Marchand. Cet ouvrier purement mercenaire faché de voir echapper Le gain qu'il devoit faire Sur Le graveur qu'il vouloit faire travailler chés luy S'est porté a toutes Sortes d'excès et a outrageusement insulté m^r. Benoit a plusieurs

reprises, et La lettre que m^r Benoit vous envoye aujourdhuy^a est une preuve par ecrit et non equivoque de la temerité du S^r. le Marchand. Il n'y a donc pas a balancer et Mad^e. Rousseau doit des Ce moment Retirer Sa Confiance de dessus le S^r. le Marchand. Il faut pour Cella nous envoyer la police passée avec le S^r. le Marchand a Ermenonville^b et envoyer en meme temps une procuration par devant notaire par la quelle elle Constitue *le S^r. Benoit ancien Controlleur des ^3domaines et bois^3 du Languedoc et amy de feu m^r. Rousseau* Son fondé de procuration pour resillier en son nom toutes polices ^4faites jusqu'a Ce jour^4 relatives a La gravure et publication du receuil de ses romances Conclure^5 touts^6 marchés verbalement ou par ecrit relativement a Cet ouvrage et donner des indemnités Si le cas y echeoit a Ceux qui pourroient avoir deja fait quelque travail, ou quelques demarches. Des que Cette procuration (qu'il faut envoyer le plustost possible) Sera arrivée on la faira signifier au S^r. le Marchand et l'on ecrira a touts les Correspondents pour leur donner la nouvelle adresse chez M^r. Benoit chez qui l'on souscrira dor^7 en avant. Par Ce moyen il n'en Coutera presqu'aucun fraix a Mad^e. Rousseau et tout en ira infiniment mieux.

[4] J'ay L'Honneur d'estre avec l'attachement Le plus Sincere
                         Monsieur
                                   Votre très Humble et
                                   tres obeissant Serviteur
                                        Foulquier
Paris Ce 12e X^bre 1778.

[5] Ce que l'on a fait de la nouvelle gravure est charmant.

[6] ^8Je n'ai pas besoin d'ajouter a tout ce que vous mande M. Foulquier. Vous voiés par la Lettre que je vous envoye en original^a que le S. Lemarchand est un insolent de la premiere classe et d'une bettise dont rien n'aproche, quand on se conduit ainsi vis avis des personnes qui ont cherché a l'obliger, sans le connoitre a la verité, on doit avoir d'autres soupçons sur son compte. Vous sentés l'importance de rompre avec un pareil homme. Il me sera très aisé de faire distribuer L'ouvrage d'une maniere avantageuse pour mad^e Rousseau et ne perdés pas un instant pour m'envoyer de suite la Procuration, la convention faite avec le Sr Lemarchand et un pouvoir de mad^e Rousseau conforme au modèle Ci joint^c pour lequel je viens de consulter un notaire de mes amis qui m'a dit que cette autorisation privée étoit suffisante et que la Procuration par devant no^re étoit inutile, ainsi, Monsieur, envoyés moi sans perte de tems cette autorisation avec un double de l'accord pour que je termine

de suite une affaire sur laquelle il est essentiel de ne pas differer, vous pourrés m'envoyer le tout sous l'envelope de *M. de Santerre premier commis des finances*[d] qui est de mes amis. – Vous sentés qu'il me sera aisé d'etablir la correspondance necessaire pour la distribution de cet ouvrage, [9]j'avois[9] presidé à tout ce qui avoit été fait jusqu'a present car[10] le S[r]. Lemarchand n'est en etat de rien, pour que vous soyez au fait de la demande insolente qu'il me fait par la Lettre que je vous envoye, vous devés vous rapeller que pour le bon ordre et la plus grande exactitude nous étions convenus que je tiendrois un Registre des Souscriptions que le d. s[r] Lemarchand me remettoit a mesure quoi qu'il en gardat notte devers lui. – N'ayés aucune inquietude sur cette rupture qui tournera a l'avantage de mad[e]. Rousseau, nous le faisons sans bruit par menagement pour cet homme, qui n'en merite aucun[11]. La chose se reduira a l'informer de mon pouvoir qu'il vienne chès moi ou ailleurs avec le double qu'il a de la convention pour être annullée à la charge pour lui de remettre les engagements qu'il pût avoir Reçu[12] depuis le d[ier] qu'il m'a remis en lui offrant les petits frais qu'il aura avancés comme ports de Lettres &c. et surement il ne voudra pas s'exposer a la demande judiciaire.

[7] J'ai l'honneur d'etre avec un respectueux attachement, Monsieur, Votre tres humble et tres obeissant serviteur

BENOIT[8]

MANUSCRIT

*Chaalis, fonds Girardin D[4] 37, dossier A, n° 6; 4 p.; orig. autogr.

NOTES CRITIQUES
[1] [Foulquier ne fait pas l'accord] [2] ⟨a⟩ [3] bois ⟨et forets⟩ [4] [ajouté dans l'interligne] [5] ⟨passer⟩ [6] tout⟨e⟩s [7] ⟨d'alors (?)⟩ [8] [de la main de Benoît] [9] ⟨et que⟩ j'avois ⟨fait⟩ [10] ⟨et⟩ [11] aucun ⟨et⟩ [12] [Benoît ne fait pas l'accord]

NOTES EXPLICATIVES
Le Marchand ne s'est pas laissé faire, de sorte que cette lettre devint le point de départ d'un procès interminable qui devait donner beaucoup de fil à retordre au marquis. – Les griefs de Benoît étaient nombreux. D'après Monin (1915), p.50, 'la copie fut faite à la diable, Les épreuves se mutiplièrent indûment. Le papier ne résista pas aux essais du graveur'. De plus, comme on le verra, il y eut des irrégularités en ce qui concernait les souscriptions.

a. lettre inconnue.
b. voir le n° 7316.
c. le n° 7392.
d. Drouet de Santerre, premier commis à l'un des départements du Contrôleur général. Il s'occupait de l'enregistrement et du dépôt des Ordonnances, ainsi que des dépenses de la maison du roi, du Trésor royal, de la caisse des arrérages et de l'amortissement, etc., ainsi que de toutes les affaires qui n'avaient pas de département fixe (*AR*).

7392

Modèle de Procuration

[le 12 décembre 1778]

Je Soussigné (mettez ici les noms surnoms de mad[e]. Rousseau ainsi qu'on l'a mis dans le p[r]. accord) donne pouvoir a M. Benoit ancien Contrôleur des domaines et Bois du Languedoc et ami de feu monsieur Rousseau mon mari, de resilier et anéantir purement et simplement le marché double que j'ai fait avec le Sr Lemarchand (sa qualité et sa demeure) pour Raison de la gravure, impression, et distribution du Recueil des Romances, ariettes et autres, conclure tous marchés verbalement où par écrit relativement à cet ouvrage, [1]des soins duquel M. Benoit a bien voulu se charger comme l'ami de mon mari en consequence je le laisse le maitre de faire generalement a sa volonté tout ce qui sera necessaire pour la publication dud[t] ouvrage[1], donner des indemnités si le cas y echoit à ceux qui pourroient avoir déja fait quelque travail ou quelques demarches, voulant et agréant tout ce qui sera fait pour moi en vertu du present. Fait a Ermenonville

MANUSCRIT
  *Chaalis, fonds Girardin D[4] 37, dossier A, n° 6; 2 p., p.2 bl.; projet de la main de Benoît.

NOTE CRITIQUE
  [1] [écrit au bas de la page, et inséré ici par un signe de renvoi]

NOTE EXPLICATIVE
  Ce modèle de procuration fut envoyé à Girardin par Benoît sous le couvert du n° 7391.

7393

François-Joseph de Foulquier à René-Louis, marquis de Girardin

[le 13 décembre 1778]

Monsieur

[1] Je Crois qu'il n'est pas possible de Retarder L'arrangement dont J'ai eu L'Honneur de vous faire part par le Courier de Hier de Concert avec m^r. Benoit^a. Le S^r. Le Marchand est d'une folie et d'une temerité que Rien n'egale. Je lui ai fait demander plusieurs fois Les Cent planches d'etain fin que Je lui ai payées pour le Compte de mad^e. Rousseau. Il les a absolument refusées et il m'a repondu Hier par ecrit d'une maniere presque insultante. Vous Seriés Sans doute faché de meme que mad^e. Rousseau que je fusse Compromis avec^1 personne et encore plus^2 avec un Homme de la trempe du S^r. Le Marchand. Je crois d'ailleurs monsieur qu'outre mille raisons de Convenance Les interets de mad^e. Rousseau ne doivent pas permettre d'Hesiter entre m^r. Benoit parfaitement Honette Homme amy de m^r. Rousseau absolument desinteressé et ayant par estast L'ordre et le regime necessaires pour La tenue des Comptes et les Soins a donner a une affaire; et le S^r. Le Marchand manouvrier toujours a genoux devant un ecu, Sans intelligence, et peutetre Sans fidellité. Car j'ai Sçu depuis deux jours que Gluck luy ayant Confié la vente de l'un de ses ouvrages a eu toutes les peines du monde a retirer de ses mains l'argent qu'il avoit Reçu du public et qu'il n'avoit pu y parvenir qu'a force de gronder et en Consentant a Recevoir ecu par ecu le payement du depot que le S^r. Le Marchand avoit Reçu en gros et qu'il auroit du Rendre de meme.

[2] Je persiste donc derechef Monsieur a demander Et a mad^e. Rousseau une procuration formelle qui etablisse m^r. Benoit^3 fondé de procuration et qui luy donne pouvoir de resillier tous actes et polices faits jusqu'a Ce jour Concernant Le Receuil de Romances de J. J. Rousseau *et notamment La police passée a Ermenonville avec le S^r. Le Marchand^b* donnant la ditte dame Rousseau au dit S^r. Benoit pouvoir de passer en son nom toutes nouvelles polices necessaires pour la gravure impression et publication des dittes romances; *et luy donnant pouvoir en seul de traiter^4 discuter et payer toutes les indemnités*

S'il en est du et Supposé qu'il en soit demandé par quelques ouvriers, luy donnant pouvoir en outre de retirer touts papiers et effets Concernant les romances de J. J. Rousseau Son mari, des mains de Ceux qui pourroient les retenir et faire Contre eux toutes poursuittes en Cas de reffus.

[3] Je persiste encore monsieur a demander Cette procuration par devant notaire parceque je prevois que le S^r. Le Marchand faira le mutin et qu'il faut par consequent avoir un titre qui puisse parer en justice. Que Ce mot de justice n'effraie d'ailleurs personne Car Comme la discussion est particuliere a m^r. Benoit et a moy touts les fraix qui pourront estre faits Sur Ce seront a nostre charge et mad^e. Rousseau ne doit pas en Connoitre.

[4] Je vous prie donc encore Monsieur de retarder au moins possible La dresse^c et L'envoi de La procuration de mad^e. Rousseau. Je vous prie meme affin qu'elle nous parvienne plus vitte de L'envoyer par un exprès qui doit estre a nos fraix et non a Ceux de mad^e. Rousseau.

[5] J'ay l'honneur d'Estre avec les Sentiments D'attachements et de dévouement Les plus Sinceres

Monsieur

Votre tres humble et
tres obeissant Serviteur
Foulquier

Paris Ce Dimanche 13e. X^{bre} 1778

[6] Si ma Santé qui est un peu derangée en Ce moment et mes affaires me L'eussent permis j'aurois esté vous dire de vive voix a Ermenonville Ce que Contient ma Lettre. Le plaisir de vous voir m'y auroit encore determiné mais des Circonstances invincibles m'en ont empeché.

MANUSCRIT

*Chaalis, fonds Girardin D⁴ 37, dossier A, n° 7; 4 p., orig. autogr.

NOTES CRITIQUES

¹ ⟨cet homme⟩ ² [remplace un autre mot lourdement biffé] ³ Benoit ⟨procureur⟩ ⁴ traiter ⟨des in⟩

NOTES EXPLICATIVES

a. voir le n° 7391.

b. le n° 7316.

c. l'Académie (1762) ignore ce mot, et les autres lexicographes de l'époque ne le connaissent que comme terme de cordonnier. Les lexicographes du XIXe siècle lui attribuent aussi le sens restreint de 'rédaction' (d'un devis), ce qui approche de l'emploi que fait ici Foulquier de ce terme.

7394

René-Louis, marquis de Girardin, à Honoré Digne

[le 13 décembre 1778]

Je Connois trop[1] bien Monsieur, votre estime et Celle de Madame Digne[a] pour le merite et les talents[2] que je n'hesite pas a[3] m'adresser a vous[4] de preference a tout autre ne doutant pas que vous me fassiés un vray plaisir de Contribuer a ce que je vais avoir L'honneur de vous demander. Ayant eu Le malheur de perdre Sous mes yeux J. J. Rousseau il m'a Chargé en mourant de prendre soin des Interests de sa veuve. Elle vient d'ouvrir une souscription pour de La vocale[5] di Camera[6]. Je vous en envoye Le prospectus[b] que je vous supplie de vouloir bien accrediter du mieux qu'il vous sera possible dans votre paiis et environs, comme Boulogne[7], Venise, [8]Naples et[8] Florence[9] Si vous y avés des Correspondents, en ayant la bonté [10]de le faire traduire en Italien et[10] de faire imprimer quelques Centaines de Ce prospectus dans[11] Lequel vous voudrés bien Remplir Les noms des personnes chés qui on souscrira et prendra des exemplaires[12] et faire distribuer ces Prospectus parmi vos amis et Connoissances. Indépendamment de L'avantage qui en resultera pour La veuve, j'ai pensé qu'on Devoit a La[13] Patrie de La musique,[14] [15]de repandre[15] promptement cet ouvrage en Italie Comme un hommage de M[r]. Rousseau au Paiis ou il a appris les Principes de cet art[16], et comme une occasion de reconnoissance de La part de L'Italie a un homme[17] auquel le genre humain en general a de grandes obligations et[18] qui en particulier a si bien[19] soutenu[20] Les Charmes de la langue et de La musique italienne. D'ailleurs il y aura dans le recueil bon nombre D'airs sur des paroles Italiennes[21]. Ne perdant jamais Le souvenir, Monsieur des marques d'amitié que j'ai reçues de vous et de madame Digne,[22] je m'estimerois heureux si je pouvois vous être[23] de mon Côté utile en quelque chose dans Ce Paiis et profiterai toujours avec une veritable reconnoissance de toutes Les occasions de donner a Madame Digne des preuves de mon respect et a vous Monsieur du sincere attachement avec lequel j'ay L'honneur d'être

A Ermenonville Par Senlis Le 13. X[bre] 1778.

P.S. Avant que je puisse avoir L'honneur de recevoir votre

reponce, je serai de retour a Paris ou je loge rue S^te^. Anne vis avis
La rue de Chabanois.

MANUSCRIT

*Chaalis, fonds Girardin D⁴ 35, n°
38, p.1-2; brouillon.

NOTES CRITIQUES

Le ms. est intitulé: 'Lettres pour l'envoy du Prospectus. / A Mr Digne Consul
de France a Rome'.

Sur le même feuillet, Girardin a ébau-
ché sa lettre à Lalande (n° 7395), laquelle est sans doute du même jour.

[1] ⟨Si⟩ [2] talens ⟨que je n'hesite pas a
prendre La Liberté de m'adresser a vous
pour vous prier de contribuer⟩ ⟨Coope-
rer avec moi⟩ ⟨que je ne doute pas
monsieur que vous ne vous fassiés un
plaisir de Contribuer avec moi⟩ ⟨a ce
que je v⟩ [3] a ⟨avoir l'honneur⟩ [inséré
dans l'interligne, puis biffé] [4] vous ⟨ne
doutant⟩ [5] ⟨Musica⟩ [6] Camera ⟨que
lui⟩ [7] ⟨Naples⟩ [8] ⟨Si vou⟩ [9] ⟨Boulogne
et⟩ [inséré dans l'interligne, puis biffé]
[10] [ajouté dans l'interligne]
[11] dans ⟨les quelles vous⟩
[12] exemplaires ⟨et qui⟩ [13] ⟨L'Italie⟩
[14] musique, ⟨ou Mr Rousseau a appris
cet art, et qui a eté⟩ ⟨ou Mr Rousseau
a appris cet art⟩ ⟨Les principes de cet
art duquel⟩ ⟨Il a ramené parmi nous
Le bon gout⟩ [15] ⟨d'envoyer⟩ [16] art
⟨Charmant⟩ [17] homme ⟨qui a bien de-
fendu et etabli Le gout de sa musiq⟩
[18] et ⟨auquel L'Italie doit⟩ [19] bien ⟨de-

fen⟩ [20] soutenue ⟨La musique italien-
ne⟩
[21] Italiennes ⟨de Metastasio et Rolli,
ceux qu'une⟩ [22] Digne, ⟨je saisis avec
Confiance⟩ ⟨je profite avec Confiance⟩
⟨Cette occasion de Lui renou⟩ [23] etre
⟨utile en⟩

NOTES EXPLICATIVES

Le destinataire de cette lettre appartenait à une famille française domiciliée
depuis longtemps en Italie, ce qui ne
laissa pas de lui créer parfois des difficultés. Son père avait été consul français
à Rome (depuis 1749), garde des archives du roi dans cette ville, et directeur de
la poste française, titres qu'il transmit à
son fils, mais non celui de 'banquier
expéditeur des affaires de France près
le Saint-Siège' qu'il avait également et
qui s'éteignit avec lui.

Honoré naquit à Rome en 1735, et
succéda à son père en 1762. A la Révolution, sa position devient difficile, et on
le perd de vue. On le retrouve en 1796
directeur de la poste française à Milan.
Marié avant 1776 à Barbe-Sophie Regnauld, qui lui donna quatre enfants, et
lui survécut, il dut mourir à Paris peu
avant avril 1827 (AE Paris, Personnel
1re série xxiv, fol.100-117).

a. née Barbe-Sophie Regnauld.
b. le n° 7396.

7395

René-Louis, marquis de Girardin, à Nicolas-François Tricot de Lalande

[le 13 décembre 1778][1]

Les preuves que vous m'avés donné[2], Monsieur, et d'amitié pour moi et de veneration pour la memoire de J.J. Rousseau ne me permettent pas d'hesiter un moment pour m'adresser a vous de preference a tout Autre ne doutant pas que vous ne vous fassiés un vrai plaisir de Contribuer a rendre service a [3]Sa veuve[3]. Elle vient d'ouvrir une souscription[4] pour un recueil de musique vocale[5] que son mari s'amusoit a Composer comme un Delassement de ses[6] travaux, et[7] qu'il apelloit[8] Miserarum vitie solatium. Je vous en envoye le prospectus[a] que je vous supplie de vouloir bien accrediter du mieux qu'il vous sera possible dans vos environs tels que Genes, Milan Si vous y avés des correspondances, et surtout a votre Cour ou Madame aime beaucoup notre bon[9] je ne dirai pas Philosophe, car il se fachoit quand on L'apelloit ainsi[10], apellés moi[11] un bonhomme disoit il C'est tout ce que je suis et veux être. Je vous prierai donc pour cet effet de vouloir bien faire traduire en Italien [12]en remplissant Le nom de la personne chés laquelle on souscrira et ou on [13]ira relever les[13] Exemplaires[14] [12] et d'en faire imprimer quelques Centaines [12]de ce Prospectus[12] que vous voudrés bien faire distribuer parmi vos amis et Connoissances. Independamment de L'avantage qui en resultera pour sa veuve j'ai pensé qu'on devoit a La patrie de La musique d'y adresser cet ouvrage comme un hommage en ce genre du nom de [12]JJ[12] Rousseau au paiis ou il a pris le gout de cet art et Comme une occasion de La part de L'Italie de temoigner[15] sa reconoissance a la memoire d'un homme auquel Le genre humain en general a de Si grandes obligations, et L'Italie a de plus en particulier celle d'avoir dans les moments Les plus perilleux de nos querelleries[16] musicales soutenu presque au risque et peril de sa vie les charmes de la langue et de la musique italienne.

Je n'ai pas besoin de vous dire, Monsieur, combien je saisis volontiers toutes les occasions de vous renouveller Les assurances de L'estime et de L'attachement sincere avec lesquels j'ay l'honneur d'etre &c.

MANUSCRIT

*Chaalis, fonds Girardin D⁴ 35, n°
38, p.2-3; brouillon, écrit à la suite de
celui du n° 7394.

NOTES CRITIQUES

Le ms. est intitulé: 'A Mʳ de La Lande
secretaire de / L'ambassade de France
a Turin'.

¹ [le ms. n'est pas daté. Cependant,
il suit immédiatement le n° 7394, auquel
il ressemble si étroitement par le contenu qu'il est certain que les deux lettres
furent rédigées le même jour, conclusion
confirmée par l'alinéa 2 du n° 7397].
² [Girardin ne fait pas cet accord]

³ ⟨L⟩a veuve ⟨d'un homme⟩ ⟨de Ce
grand homme⟩ ⁴ Souscription ⟨Du⟩
⟨Pour la vocale di Camera qu'il Lui a
laissée pour La musique⟩ ⟨vocale di
camera [. . .]⟩ ⟨qu'a laissé son mari qui
Se faisoit un⟩ ⁵ vocale ⟨que s⟩ ⁶ ⟨C⟩
⁷ ⟨qu'⟩ [en surcharge] ⁸ apelloit ⟨sola-
tium vitae⟩ ⁹ bon ⟨Philosophe⟩ ¹⁰ ainsi,
⟨mais notre bo⟩
¹¹ moi ⟨bon⟩ ¹² [inséré dans l'interli-
gne] ¹³ ⟨prendra⟩ ¹⁴ Exemplaires ⟨lor-
squ'ils y seront⟩ ¹⁵ temoigner ⟨auquel
Le gou⟩ ¹⁶ [leçon conjecturale]

NOTE EXPLICATIVE

a. voir le n° 7396.

7396

Prospectus du recueil des Consolations

[le 13 décembre 1778]

Prospectus
ai¹ Dilettanti

J. J. Rousseau ayant laissé en mourant a sa femme Environ une
Centaine d'airs ²avec accompagnements² sur des paroles Choisies
tant françoises qu'italiennes on³ propose de les publier par souscription pour le benefice de La⁴ veuve⁵ de ce grand homme.

Ce Recueil Intitulé La Consolation des misères de la vie ou
Recueil de musique vocale par J. J. Rousseau, sera⁶ gravé avec
grand soin ²en un⁷ volume in folio², et distribué aux souscripteurs⁸
en avril ou may prochain au plus tard ⁹ aux souscripteurs au prix
d'un louis d'or⁹.

Les souscriptions seront reçues chés M————————

MANUSCRIT

*Chaalis, fonds Girardin D⁴ 35, n°
38, p.3; brouillon, écrit à la suite du n°
7395.

NOTES CRITIQUES

¹ ⟨aux⟩ ² [ajouté dans l'interligne]
³ ⟨on⟩ ⟨que⟩ ⁴ ⟨s⟩a ⁵ veuve ⟨de ce veri-

table⟩ ⁶ sera ⟨tres⟩ ⁷ un ⟨gros⟩
⁸ souscripteurs ⟨au prix d'un Louis d'or
de France⟩ ⁹ ⟨qu'on paiera en recevant
L'exemplaire et representant L'engagement de La souscription qui Sera chés
M—⟩ ⟨on en Paira un Louis d'or de
France pour cha⟩ ⟨Les souscripteurs
ir⟩

NOTES EXPLICATIVES

    Une mise au net de ce texte fut envoyée à Digne et à Lalande sous le pli des nᵒˢ 7394 et 7395.

Pour une autre version de ce texte, voir le nº 7397, alinéas 3-5.

7397

René-Louis, marquis de Girardin, à Pierre-Antoine Benoît

Ermenonville 13 Xᵇʳᵉ 1778

[1] Vous avés du recevoir hier, Monsieur, Le Cahier^a contenant La partition Séparée de La vocale transposée que j'ai envoyée chés M. Foulquier dont je n'ai point encor reçu La Lettre^b que vous m'annonciés^c de lui mais je vous prie Lorsque vous le verrés de Le prier de vous Confier Le Livre du Tasse^d pour en faire faire La Copie sous vos yeux prochainement, parce qu'on me demande d'après quelques propositions dont on m'a deja fait part au sujet des ouvrages de Litterature d'etre en etat de pouvoir envoyer et fournir d'icy d'un moment a L'autre Les ouvrages que je puis rassembler de mon Coté.

[2] Le Cahier que je vous ai envoyé vous menera vraisemblable[ment]¹ jusques a mon retour a Paris dans le Commencement du prochain ou je vous porterai Le reste tout prèt. Ainsi L'ouvrage Ira son train, mais ne pourra gueres cependᵗ. etre Distribué avant La fin de mars dans ce paiis et La fin D'avril Dans les paiis ètrangers. Quant a L'épreuve de modèle que vous voudrés bien me faire passer Sans avoir besoin de L'envoyer au ministre vous n'aurés qu'a avoir la bonté tout simplement de la remettre Sous envelope a mon Portier. Il a² touttes Les semaines L'occasion du retour du messager par le quel je vous envoye Le samedy Les pacquets. Le sr Le Marchand m'a ecrit^e avant Le reçu de votre derniere^e, et je lui ai mandé^e ce qu'il y avoit a luy répondre pour lui faire Sentir son tort, je ne sçais Si cela Le ramenera a lui même, car La mésintelligence en faisant un petit Retard et accroc au succès de notre entreprise lui feroit a lui même le plus grand tort en le privant et du debit de L'ouvrage, et de Celui de la gravure et du debit des airs du nouveau Devin, touttes choses que vous avés eu pour lui L'honneteté de lui conserver, et qui est plus qu'il ne lui a èté promis aux termes de l'engagement avec M^{de}. Rousseau et vous ne lui avés ôté que ce qu'on ne lui avoit pas promis et qu'il ne se trouvoit pas

en etat de faire. Je garderai Le plus profond secret Sur Les adresses que vous m'avés envoyé[e]s¹ qui ne sortiront pas de mon secretaire. Je viens d'ecrire en Italie a Mʳ. Digne a Romeᶠ, et au secretaire de L'ambassade a Turinᵍ pour repandre La souscription L'un a Boulogne Venise Naple et Florence, et Le second a Turin Genes et Milan. Voicy le Modèle du prospectus que je leur ai envoyé afin que vous puissiés prendre Les arrangements qui S'y trouvent conformes.

[3]   *Modele du Prospectus Envoyé En Italie*
                Ai Dilettanti
J. J. Rousseau ayant Laissé en mourant a sa femme environ une Centaine D'airs avec accompagnements sur des paroles Choisies tant françoises qu'Italiennes on propose de Les publier par souscription pour le benefice de La veuve d'un homme au quel Le genre humain a de Si grandes obligations en general, et au quel L'Italie en particulier a Celle d'avoir Si bien soutenu Les Charmes de La Langue et de La Musique Italienne.

[4] Ce Receuil Intitulé *La Consolation des Misères de La Vie ou Receuil d'airs nouveaux sur d'anciennes Paroles Par J. J. Rousseau,** sera gravé avec le plus grand soin Imprimé Sur de beau papier formant un volume grand In folio d'environ 200 pages et remis aux souscripteurs en avril ou may Prochain au plustard au prix d'un Louis D'or de France.

[5] Les souscriptions seront reçues chés [   ]³ ou on Delivrera Les Exemplaires a MM Les souscripteurs.

[6] J'ai prié ces Messieurs de faire traduire, Imprimer, annoncer et Distribuer et remplir Le nom de celuy qui recevra les souscriptions.

[7]* Ce sera Le titre qu'il me paroit d'autant plus Convenable de donner a ce receuil qu'il est tres Characteristique de L'auteur et donné par lui même. Nous pourrions peutêtre même y ajouter comme une seule Punition due a sa Patrie dénaturée qui L'a Contraint de La renier. Par J. J. Rousseau *Citoyen du monde*. Mais je n'ai pas voulu ajoutter ces deux derniers mots qui meritent reflexion plus mure. Ce Prospectus que j'ai envoyé en Italie est a peu pres le même que Celui repandu en Angleterre Dont on vient de m'envoyer un modele dont voicy la traduction mot a mot.

[8]   Aux Amateurs de Musique
Feu Celebre J.J. Rousseau ayant Laissé dans les mains de sa veuve un grand nombre (environ Cent) d'airs ariettes Dialogues et Scenes de Musique de Societé on propose de les publier par

souscription pour le benefice de La ditte Veuve de *CE VÉRITABLE-MENT GRAND HOMME*.

[9] L'ouvrage sera gravé soigneusement et Delivré aux souscripteurs sur de bon papier en un volume[3] grand[5] Infolio en mars prochain au prix d'une Guinée.

[10] Les souscriptions seront reçues chés *M. BREMNER*[h] dans Le Strand vis avis *L'HOTEL DE SOMMERSET*.

[11] Il n'y aura qu'a tout Simplement ecrire ou faire dire au sr. Bremner de prevenir par L'annonce publique que nous luy enverons des Causes du retard en même tems que MM[rs]. Les souscripteurs voudront bien envoyer prendre Les Exemplaires Chés lui et que tout ce qu'il aura reçu lui que ce que Mylord Harcourt aura reçu de son Côté nous les previendrons de le remettre chés M. Thelusson pour vous en faire faire La remise a Paris par La voye La moins Dispendieuse possible. J'espère que notre souscription Ira bien en Angleterre car j'ai dejà reçu une Lettre du Docteur Magellan qui m'en demande trente six pour plusieurs de ses amis dont il ne veut pas recevoir L'argent d'avance et qui en ont Demandé 4 a cinq chacun. Car si Les Anglois y prennent interest, ils ne les prendront pas Chiquette a Chiquette[i] comme Icy. J'espère après Les Couches de La Reine[k] qu'on L'engagera a souscrire, ce qui donneroit Le ton[6] a toutte La Cour, et me mettroit peutetre aussi dans le Cas d'ecrire aux differents ambassadeurs, pour accréditer chacun dans leurs cours La Distribution.

[12] Si c'est un plaisir Satisfaisant pour un Cœur tel que le vôtre d'agir comme vous faites pour les Interests de La memoire ne disons pas du grand homme mais du bonhomme, car C'est ainsi qu'il aimoit d'etre apellé par ses amis, titre dont il est fait pour remonter La valeur, il est heureux pour sa Veuve dans son malheur, parmi tant de faux amis du grand homme d'en avoir trouvé plusieurs du bon homme, aussi sinceres que vous et aussi Zelés. Recevés Monsieur Les assurances de mon veritable attachement.

[13] P.S. Comme je fermois ma Lettre arrive Le pacquet que vous avés envoyé chés mon Portier contenant vos justes plaintes et Celles de M. Foulquier[l] au sujet de Le Marchand que nous n'avons agréé que [sur][7] votre recomendation. Il a bien tort de se targuer de ma lettre, qu'il vous la montre et vous verrés si je lui ai parlé franchement. Au reste M[r]. Foulquier et vous devés etre bien sur[1] que ni M[de]. Rousseau ni moi n'hesiterons pas un moment sur ce que vous demandés. Ce ne seroit pas vis avis de vous qu'il seroit possible de balancer, ainsi de l'instant que La lettre que vous

m'annoncés par la poste me sera parvenue ce qui ne pourra être qu'au retour de L'exprès qui porte celle cy a la poste, en Consequence du modele de procuration que vous me marqués y être contenue je ferai passer une a M^{de}. Rousseau par devant notaire qui[8] sera obligé[1] de la faire Legalizer par le juge le plus voisin ce qui entrainera malheureusement quelque longueur mais aussitot et le plus promptement possible je L'envoirai a M^{r}. Foulquier ou chés vous directement par mon Portier auquel je La ferai parvenir par un Exprès quoique cela ne vous avance pas de quelques heures de difference et soit peutêtre moins sur que par la poste mais *sit pro ratione voluntas^{m}*.

MANUSCRIT

*Chaalis, fonds Girardin D^{4} 35, n° 37; 4 p., orig. autogr.

NOTES CRITIQUES

Benoît a noté, en haut de la première page, à gauche: 'R. le 15'; et à droite: 'mention du Prospectus envoyé⟨e⟩ en Italie ainsi que de celui Publié en Angleterre'.

[1] [inadvertance de Girardin] [2] a ⟨pour⟩ [en surcharge sur un autre mot devenu indéchiffrable] [3] [laissé en blanc] [4] ⟨Large⟩ volume [5] [inséré dans l'interligne] [6] ⟨branle⟩ [7] ⟨suivant⟩ [Girardin a négligé de suppléer 'sur'] [8] qui ⟨Le fer⟩

NOTES EXPLICATIVES

a. un cahier du ms. des *Consolations*.

b. le n° 7391.

c. dans une lettre qui manque.

d. sans doute la copie de la traduction faite par Rousseau: voir le n° 7313, alinéa 38, 1°.

e. cette lettre manque.

f. voir le n° 7394.

g. voir le n° 7395.

h. Robert Bremner (†1789), grand spécialiste des publications musicales. D'origine écossaise, il avait fondé à Edimbourg une maison d'édition, qu'il transplanta vers 1760 à Londres. Bremner compte dans l'histoire de la musique, car il s'intéressait beaucoup à la musique ancienne, et c'est grâce à lui qu'a été conservé le ms. du 'Queen Elizabeth's virginal book' (musée Fitzwilliam, Cambridge).

i. l'Académie donne cette expression au masculin ('chiquet à chiquet'), en ajoutant: 'il n'a plus d'usage que dans le discours familier [. . .] pour dire, Peu à peu, par petites parcelles'.

k. Marie-Antoinette devait accoucher le 19 décembre 1778 d'une princesse, à qui on donna les noms de Marie-Thérèse-Charlotte, et le titre de 'Madame, fille du roi'.

l. voir le n° 7391.

m. 'hoc volo, sic jubeo; sit pro ratione voluntas' (Juvénal, *Sat.* vi, 223).

7398

Pierre-Antoine Benoît à René-Louis, marquis de Girardin

[le 13 décembre 1778]

M. Benoit a l'honneur de marquer à Monsieur le marquis de Gerardin qu'il a reçu le paquet contenant les Livres Italiens et le Cahier de musique ce qu'il a oublié de mettre dans la Lettre qu'il a l'honneur de lui ecrire aujourdhui 13. X^{bre} 1778.^{a}

MANUSCRIT

*Chaalis, fonds Girardin D⁴ 37, dossier A, n° 29; 2 p., p.2 bl.; orig. autogr.

NOTE EXPLICATIVE

a. lettre inconnue: Girardin y fait allusion dans le n° 7397, premier alinéa.

7399

Pierre-Alexandre Du Peyrou à René-Louis, marquis de Girardin

Neufchatel 13 X^{bre} *1778* N° 12

[1] Je vois, Monsieur par vôtre lettre du 7ª que je viens de recevoir que nous ne nous entendons pas, ce qui multiplie nos écritures, et renvoye la definition totale de l'arrangement á prendre.

[2] Vous ne Savés pas, dites vous Monsieur, Sous quelles conditions, ont été faites lés derniéres offres. Je n'en ay point fait de nouvelles, me tenant á celles dont je vous ay fait passer la Copie^{b}, et qui reservent toute la Musique, et ce que lés Amis de l'auteur, ne jugeront pas digne de faire partie du Recueil. C'est donc toujours Sous lés mêmes Conditions que les dernieres offres sont censées faites. Dés lá, il S'ensuit que les mêmes articles contenüs dans la nôte remise aux Entrepreneurs, et dont vous avés aussi copie, doivent faire partie du Recueil. Il est donc etonnant que vous mettiés en doute, Si lés VI premiers Livres dés Confessions entrent dans les offres faites. Eh! Monsieur, Sans cet article, on n'obtiendroit pas deux Mille ecus*¹ pour le reste, vû la multitude d'Editions

226

generales deja faites. Il n'y a aucun Libraire qui voulüt entreprendre une Edition generale Sans cés Confessions, á moins d'avoir pour ainsi dire, le tout pour une misere.

[3] Je vois encore que nous ne nous entendons point Sur l'article de la Correspondance. Je n'entends par ce mot, que certaines lettres de l'Auteur, et non à l'Auteur, qui meriteront l'impression et jetteront des lumieres Sur bien des points de morale, ou autres, qui y Sont traittés. Je n'ay jamais pretendû faire usage de celles á lui addressées, pour les donner au publiq, et je crois vous avoir marqué la dessus ma façon de penser. Il est vray que je Suis occupé á lés parcourir pour mettre de côté celles qui par la Suite peuvent devenir nécessaires aux autres morceaux de l'Auteur qui ne doivent pas paroitre encore, et que je ne connois point. C'est en consequence de cés Vûes que je vous prie, Monsieur, de garder tout ce que vous avés reçu de Gomerfontaine jusqu'á ce que nous puissions tout réunir. Ce depot ne doit être que pour vous, en attendant que nous en puissions decider conformement aux intentions de l'Auteur que nous cherissions et respections.

[4] Ayés la bonté de me marquer Si vous avés la musique dés Muses Galantes, auquel cas je vous feray passer la Copie du Poëme, Ce Sera une affaire de quatre á cinq demiesfeuilles que l'on pourra acheminer par la poste faute de meilleure occasion. Mais Si vous n'avés pas la Musique de ce morceau, il est inutile de vous en envoyer les paroles. L'auteur lui même faisoit peu de cas de cette composition de Sa jeunesse: Je ne l'ay pas reservé, comme poëme, parce que Si² cette piéce doit ètre jouée, elle le Sera avant l'Edition generale, ou ne le Sera jamais. Je ne pense pas que l'on en obtienne quelque chose qui vaille la peine d'entrer en ligne de compte.

[5] Je ne Sais Monsieur, Si vous Serés en etat de tenir parole aux Souscripteurs à la Musique de chambre pour la livraison en fevrier prochain. Cela me paroit bien prochain, pour un tel ouvrage qui demande la plus grande attention pour la correction, et³ dont vous multipliés lés difficultés pour vous en faisant transposer Sur la Clef de Sol, tous les morceaux de Soprano. Il me Semble encore que ce recueil plus fait pour les pupitres des Musiciens que pour les Bibliotheques, auroit dû avoir le format le plus commode pour ce premier objet. Enfin les quinze portées me Semblent bien étendües, outre que la plupart des morceaux etant des Romances avec un Simple accompagnement de Basse, le nombre impair des portées deviendra inutile pour une partie considerable du recueil. J'observeray encore que les Amateurs n'auroient pas regardé á un Ecu de Six francs de plus pour avoir le recueil moins Serré. Rey me marqueᶜ

que vous n'accordés que 30 Sols par Exemplaire aux Libraires, ce qui nuira au nombre des Souscrivans. Qu'en vôtre place il eut accordé 3ᴴ et de plus un treizieme exemplaire Sur chaque douzaine. Je n'entends rien á cela, mais comme c'est Son Metier, il peut avoir raison. Il me dit de plus une chose qui m'a etonné on ne peut davantage, et vous en jugerés Monsieur par l'extrait Suivant de Sa lettre du 23 9ᵇʳᵉ.

[6] 'Si je puis contribuer en quelque chose pour parvenir á remplir vos vües, j'y Suis tout disposé par respect pour feu Mʳ. Rousseau, et pour contribuer au bien-etre de Sa Veuve, que *Mʳ de Gerardin m'a mandé n'avoir que les 300ᴴ que je lui paye*, ce qui m'a beaucoup Surpris car je comptois que Mylord Keith lui donnoit 600ᴴ dont 400ᴴ reversibles à Sa femme.'

[7] Franchement Monsieur, je ne conçois pas que Rey puisse m'écrire pareille chose, comme la tenant de vous, á qui je me Suis empressé de faire connoitre les dispositions de Lord Marechal, ou Keith.ᵈ

[8] J'ai fait passer vendredi par occasion, jusqu'á Besançon une boëte contenant des Semences de Sapins et de pesses, Sous l'adresse de Messʳ Pache freres et Compᵉ. mes Banquiers á Parisᵉ auxquelles elles parviendra par le carosse de Besançon, et qui auront Soin de vous la faire tenir. Je Souhaitte Monsieur qu'elle vous parvienne bien conditionnée et que le Succés couronne vos esperances et lés miennes.

[9] Recevés Monsieur, mes tres humbles Salutations.⁴

MANUSCRIT
*Chaalis, fonds Girardin D⁴ 33, nᵒ 14; 4 p.; orig. autogr.

NOTES CRITIQUES
¹ [ce mot est suivi d'un astérisque, sans note correspondante. Il a sans doute été inséré par Girardin] ² Si ⟨elle⟩ ³ et ⟨que⟩ ⁴ [suivi du paraphe de Du Peyrou]

NOTES EXPLICATIVES
a. le nᵒ 7387.

b. voir le nᵒ 7334, premier alinéa et note b.
c. dans une lettre inconnue du 23 novembre 1778: voir aussi le nᵒ 7389, alinéa 4.
d. voir le nᵒ 7193 (t.xli).
e. voir au t.xxxiii le nᵒ 5981, alinéa 3 et note d.

7400

René-Louis, marquis de Girardin, à Pierre-Antoine Benoît

Ermenonville le 15 X^bre 1778

N'ayant reçu qu'hier au soir fort tard, Monsieur, La Lettre du 12^a par la poste que vous m'annonciés par la Lettre du 13^b envoyée chés moy a Paris et que j'avois reçu Le matin je n'ai pas perdu un instant pour rediger Le pouvoir d'après L'indication que vous m'envoyés^c et Le faire signer a M^de. Rousseau, et vous L'envoyer sous le Couvert de M. de Santerre^d ainsi que vous me L'indiqués. Le marché avec le s^r. Le M^d. me paroit d'autant plus aisé a resilier que par ce marché il n'est establi que Comme un Commis debitant dont ce marché stipule uniquement La somme des honoraires et non Comme un Entrepreneur qui feroit des avances ou y mettroit des frais du sien. Par Consequent il me paroit revocable precisement Comme un Distributeur ou tout Employé quelconque de La gestion du quel celuy qui L'employe n'est pas Content Sauf a luy rembourser comme de raison quelques menus frais de ports de Lettres qu'il pouroit avoir fait pour établir Le petit nombre de Correspondents qu'il nous a presentés.

L'impression des Prospectus est a luy tenir compte Lors de La Distribution[1] des honoraires convenus avec luy au prorata du nombre de souscriptions qu'il accuse se monter a Soixante Six Suivant Sa lettre de Cachet que je vous renvoye. Cet homme est fou car il agit contre Ses propres Interets. Attendu Le tems qui me presse je vous prie d'assurer M. Foulquier que M^de. Rousseau et moy Sommes tres empressés de pouvoir lui donner touttes Les satisfactions qu'il peut désirer, et saisir les occasions de lui temoigner notre reconoissance ainsy qu'a vous Monsieur. Ayés La bonté aussi de luy rapeller Le livre du Tasse^e et le prier d'Insister auprès de M^r. de Vismes Comme Condition expresse et Intention formelle de L'auteur Sur L'accompagnement du recitatif par Le Clavecin. Cela est D'autant plus de Droit que[2] qu'il a eté ainsi Composé et donné originairement par L'auteur, et qu'il a èté Lors de Son Debut accompagné effectivement par des Clavecins qui ont été depuis supprimés dans L'orchestre de L'opera sans sçavoir pourquoi, et Cela est d'autant plus facile a present a établir que C'est ainsi qu'on accompagne Les operas bouffons, et que C'est précisement en même tems qu'eux et accompagné de La même maniere que Le Devin a èté presenté dans L'origine. Il seroit malhonête à M. de Vismes de ne pas remplir a ce regard L'intention formelle de L'auteur qui est fondée dans le Droit et dans Le fait. Je vous salue Monsieur et vous prie de recevoir les assurances de mon attachement.

R. Gerardin

J'ai ecrit aussi a Mylord Harcourt [3]pour le prier[3] de Dire a M[r] Bremner[f] qu'on lui écriroit incessamment pour Le prier d'avertir par une nouvelle notice Les souscripteurs des causes du retard de la delivrance de L'ouvrage retard duquel ils gagneront puisque L'ouvrage ne leur Coutera pas davantage et que La typographie en sera beaucoup plus belle.

MANUSCRIT

*Chaalis, fonds Girardin D⁴ 35, n° 35; 2 p.; orig. autogr.

NOTES CRITIQUES

Le destinataire a souligné plusieurs passages de cette lettre.

[1] Distribution ⟨du nombre⟩ [2] [c'est la fin de la page; en la tournant, Girardin a oublié qu'il avait déjà écrit ce 'que', devenu superflu] [3] [en surcharge sur une première version devenue indéchiffrable: 'en lui' (?)]

NOTES EXPLICATIVES

a. le n° 7391.
b. le n° 7393.
c. le n° 7392.
d. voir le n° 7391, alinéa 6 et note d.
e. voir le n° 7397, premier alinéa et note d.
f. voir le n° 7397, alinéa 10 et note h.

7401

Procuration donnée à Benoît par Thérèse Levasseur

[le 15 décembre 1778]

Je soussignée Catherine[a] Le Vasseur femme Jean Jacques Rousseau donne pouvoir a Monsieur Benoit ancien Controleur des domaines et bois du Languedoc et ami de feu M. Rousseau mon mari de résilier et anéantir purement et simplement Le marché double que j'ai fait avec Le S. François[1] Le Marchand[2] de musique a Paris pour raison de sa commission et touttes Les Démarches et operations necessaires pour la gravure Impression et Distribution du Recueil des Romances et Ariettes Composées par Jean Jacques

ŒUVRES

DE

J. J. ROUSSEAU

DE GENÈVE.

SUPPLÉMENT

Formant le Tome X des Œuvres diverſes.

A NEUFCHATEL.

M. DCC. LXXIX.

yyyyy. *Œuvres de Rousseau, Supplément* (éd. Duchesne): titre.

Rousseau Conclure tous marchés relativement a cet ouvrage des soins du quel M. Benoit veut bien se Charger Comme ami de mon mari En Consequence Lui donne pouvoir Special de faire tout ce qui sera nécessaire pour La publication du Dit ouvrage et resiliation cy dessus enoncée. Fait a Ermenonville Le 15. X^{bre}. 1778.

MANUSCRIT
  *Chaalis, fonds Girardin D⁴ 35, n° 34, p.2; 2 p., p.2 bl.; copie de la main de Girardin.

NOTES CRITIQUES
  ¹ [inséré   dans   l'interligne]
  ² [Girardin a oublié le mot 'marchand']

NOTES EXPLICATIVES
  Cp. le n° 7392.
  a. lapsus de Girardin: lire 'Marie-Thérèse'.

7402

Jean-François de La Harpe aux Schouvalov ou au grand-duc Paul Pétrovitch de Russie

[vers le 15 décembre 1778]¹

[. . .] On vient d'imprimer à Neufchâtel un tome posthume de poésies diverses et de lettres particulières de J. Jacques*, dans lequel il n'y a rien qui soit digne du nom de l'auteur. C'est une étrange manie de publier ainsi, dès qu'un homme célèbre est mort, tout ce qui aurait dû mourir avec lui, et de tirer de son porte-feuille tout ce qu'il voudroit y laisser. C'est violer, pour ainsi dire, les tombeaux, et le respect dû aux mânes; mais les éditeurs qui veulent gagner de l'argent, n'importe comment, n'y regardent pas de si près. [. . .]

IMPRIMÉ
  *La Harpe (1804) ii.323.

NOTE CRITIQUE
  ¹ [l'imprimé n'est pas daté. La date proposée est confirmée par de nombreuses allusions dans des passages de la lettre supprimés ci-dessus: l'élection prochaine de Ducis au fauteuil de Voltaire, qui paraissait inévitable après le succès d'*Œdipe chez Admète* (le 4 décembre 1778); l'accouchement imminent de la reine (lequel eut lieu le 19 décembre 1778); la chute de *Jérôme le porteur de chaise*, de Monvel (le 10 décembre 1778). A noter cependant que Girardin paraît avoir vu un exemplaire du volume dès le 13 novembre: voir le n° 7354, alinéa 17.]

NOTE EXPLICATIVE
  a. Œuvres de J. J. Rousseau / de Genève. / Supplément formant le t.x des Œuvres diverses. / [fleuron gravé] / *A NEUFCHA-*

TEL. M.DCC.LXXIX: un volume in-12 de iv + 364 p. Ce volume contient: 1° une réimpression des inédits publiés par Boubers dans le t.viii de son édition, précédée de l'avis de Boubers (dont le nom n'est pas mentionné: p.iii-iv + 258). 2° des *Anecdotes* [. . .] *extraites des Journaux* (p.259-328): l'autopsie de Rousseau, le *Mémoire* de février 1777 (t.xl, n° A649), la lettre de Dorat sur les *Confessions* (t.xxxviii, n° 6818), les *Sentiments d'une mère* (n° 7320), les *Réflexions* parues dans le *Mercure* du 5 octobre 1778) (n° 7314), la *Lettre de Corancez* (n° 7335). 3° Après la table, des 'Lettres de J. J. Rousseau Survenues pendant l'impression de ce volume' (la correspondance avec Mme de St H***, t.xl, n°ˢ 7083 etc.), la lettre de JJ à un jeune homme (t.ix, n° 1487) et la lettre du prince de Ligne (qui n'est pas nommé), t.xxxviii, n° 6740. Le tout est terminé par un distique attribué à P. Sylvain M***[aréchal]: 'Son esprit exerça cruellement son cœur; / On lui vendit la gloire au prix de son bonheur'.

Ce volume fut imprimé, sans doute à Paris, pour la veuve Duchesne afin de compléter son édition de Rousseau, comme en fait foi l'annonce insérée dans le *JP* du 8 décembre 1778, p.1380, d'où l'on peut aussi inférer qu'il dut y en avoir aussi un tirage in-8°, dont je n'ai pas retrouvé d'exemplaire: '*Supplément aux Œuvres* de J. J. ROUSSEAU, 1 vol. in-12 avec fig. formant le t.X des Œuvres diverses; prix 3 liv. relié. A Neufchatel & à Paris chez la veuve Duchesne, Libraire, rue St. Jacques. / *Nota*. Les personnes qui ont l'édition in-8° 18 vol. pourront la completter chez le même Libraire'.

Ce volume inspira au libraire F. Grasset, de Lausanne, l'idée de contrefaire à son tour les inédits publiés par Boubers. Son édition porte la rubrique 'A Amsterdam et à Lausanne'. La première édition parut sans les *Anecdotes*, qu'il vendit séparément ('Amsterdam' 1779) au prix de 10 sols. Puis il réimprima le tout (un vol. in-8° de 208 p.). Cette publication fut condamnée par presque tous les journaux qui en rendirent compte. Le 27 décembre 1778, le *JP*, tout en citant quelques vers et un passage du n° 16 (t.i), alinéa 3, qui montrerait l'honnêteté foncière de JJ, s'élevait contre la divulgation de ces pièces: 'C'est une nouvelle sorte de persécution, c'est un véritable outrage à sa mémoire que la publication de Lettres qui n'intéressent personne & qui n'ont jamais été destinées à l'impression. [. . .]' (n° 361, p.1455-1456). Cet article est probablement de Corancez. *Le Nouveau Journal Helvétique* (sans doute sous la plume de David-Henri Chaillet) en rendant compte de l'édition d'Amsterdam [Lausanne] désapprouva la publication de tant de mauvais vers, tout en louant le *Verger des Charmettes* et en affirmant que l'*Epître à Parisot* 'annonçait des talens' (juillet 1779, p.16-29). Il avait déjà inséré dans son n° d'octobre 1778, p.70-72, la lettre à un jeune homme [t.ix, n° 1487] et dans le n° de décembre 1778, p.81-85, deux lettres de JJ à mme de Warens (t.i, n°ˢ 6 et 20), sans indiquer sa source. Ces textes se trouvaient dans le *Supplément*, mais le premier avait paru précédemment dans le *Mercure*, et les deux autres dans le t.viii de l'édition de Boubers.

Seul Métra parmi les journalistes discerna l'intérêt des œuvres de jeunesse et des documents ajoutés dans l'édition de Paris: 'Je crois devoir vous annoncer un supplément aux Œuvres de J. J. Rousseau, qui vient de paroître à Paris. C'est un recueil de plusieurs poésies et de différentes lettres qu'il a faites dans sa première jeunesse, c'est-à-dire avant qu'il fût connu dans la littérature. Vous savez que ce grand homme, après avoir lutté fort long-temps contre sa propre infortune & l'injustice des hommes, n'a annoncé ses rares talens qu'après l'âge de quarante ans. L'école de l'adversité a donné à son ame cette énergie, cette sensibilité qui a fait toute sa célébrité &

tout son malheur. Dans toutes les pieces que renferme cette collection, si on ne reconnoit point le style de l'auteur de l'immortel *Emile* &c., on y remarque toujours dans quelque situation où le sort l'ait réduit, une ame droite, vertueuse, sensible et qui exagere plutôt le sentiment de sa reconnoissance qu'il ne craint de le faire éclater. On y a recueilli aussi les paroles d'une tragédie lyrique & un fragment d'une autre; l'éditeur, en faisant imprimer ces essais, a montré plus d'avidité que de goût. Dans les épîtres, il y a des tirades qui m'ont paru fort belles. Je vous citerai ce morceau: 'Non, je ne puis forcer mon esprit, né sincère' [suivent 31 vers tirés de l'*Epître à Parisot*, Pléiade ii.1142-1143].

Ce recueil avoit déjà été imprimé dans le pays étranger: mais l'édition qu'on vient d'en faire à Paris renferme un grand nombre de pièces nouvelles. Par exemple, voici une lettre où il se plaint amèrement de ses ennemis qui, non-contens de le tourmenter par des humiliations cachées, sont encore parvenus à lui ôter la faculté de se justifier des torts qu'ils lui imputoient. C'est une réponse à une femme de qualité qui lui

avoit demandé la permission de l'aller voir. La lettre de cette dernière est pleine d'éloges & d'empressemens. [C'est le n° 7083, t.xl] Voici celle de Rousseau: 'François, nation jadis aimable et douce, qu'êtes-vous devenue?' [suit le texte du n° A647, t.xl].

Derrière la lettre étoit écrit: 'Je suis fâché de ne pouvoir complaire à Madame la Comtesse' [suit le texte du n° 7084, t.xl.].

Avez-vous pu lire ce morceau sans être vivement touché? Vous me pardonnerez de vous l'avoir copié tout entier. Eh, que pourrois-je vous envoyer de meilleur, de plus attendrissant & en même temps de plus curieux! je n'aurai pas toujours occasion de vous en adresser de pareils. J'oubliois de vous dire que la date de cette lettre n'est point ancienne. Elle est du mois de mai 1776' (éd. de 1787, vii.207-212).

Pour la réaction de Girardin, voir le n° 7415, alinéa 3. Pour celle de mme de Franqueville, voir au t.xliii sa lettre du 14 janvier 1779, premier alinéa (n° 7436).

7403

René-Louis, marquis de Girardin, à Pierre-Alexandre Du Peyrou

Ermenonville 16 x^bre 1778.

[1] Depuis plusieurs jours, Monsieur que j'ai reçu votre Lettre du six de ce mois^a, j'attendois d'un instant a L'autre pour y repondre Les nouvelles que vous m'annoncés de Geneve. Jusques la et jusques à ce que j'aie aussi reçu de votre Coté La note Specifique des objets proposés, et Des Conditions demandées, je ne puis rien répondre de positif sur ces propositions que je n'ai pas même du Comme vous Scavés Communiquer encor a la personne interessée. Mais je ne veux pas différer plus longtems de vous envoyer Copie d'un ecrit

que vous me marquez importer[1] a la satisfaction de votre Cœur.[b] Vous[2] donnés a la mémoire de L'ami que nous avons perdu Si malheureusement tant de marques de La plus Sincère affection, qu'il est bien juste que vous puissiés etre assuré, que malgré des nuages accidentels et Involontaires de part et D'autre, il n'a Cessé jusques au dernier instant de vous aimer et de vous estimer Comme Le plus fidèle et le meilleur de ses amis.

[2] Je ne disconviens pas que S'il ne S'agit que des objets énoncés dans ma note ostensible (qui ne promettoit aux libraires que des objets publiables sans aucun obstacle, et qu'on pouvoit leur fournir de la main a la main se trouvant tous compris entre vous M. de Moultou et moi) Les propositions qu'on nous fait ne fussent avantageuses du Côté de L'argent. Cependant Combien n'aurois-je pas mieux aimé pour L'interet de La memoire de notre ami qui doit etre notre principal objet (surtout en l'instant qu'un sort honnete et tranquille peut etre d'ailleurs assuré sa veuve) que La totalité de ses papiers eut èté remise et Confiée a L'amitié pour en disposer suivant ce qu'elle auroit dicté. Ce'n'est donc Monsieur qu'avec le plus vif regret que je vois par votre Lettre, que vous voulés renoncer a une Idée que j'ai èté bien éloigné de jamais regarder de votre part Comme une affaire d'interest pécuniaire, mais bien D'Intérest Sensible et paternel de la part de veritables amis. Comme je n'ai encor rien Communiqué ainsi que vous le scavés, il vaudroit donc encor bien mieux que vous et M. de Moultou mettent[3] ainsi que je vous l'avois marqué [4]Le prix[4] qui Conviendra au bien de la Chose, et a L'honeur de la mémoire qui nous est si Chere, sauf a moy Si Le Cas y echoit, a prendre sur moi d'en dedomager La veuve. Par rapport a elle et aux ressources qu'elle pouvoit et devoit tirer des ouvrages quels qu'ils fussent laissés par son mari; je Les ai toujours considerés comme devant etre divisés en trois objets totalement Séparés et distincts:

[3] Le Premier: Comprenant toutte La musique quelconque m'a semblé devoir présenter La ressource La plus prochaine La plus facile, La plus Sure et peutetre La plus profitable.

[4] Le Second m'a paru devoir Consister dans une Edition générale et nouvelle Corrigée Suivant Les notes de L'auteur et augmentée, d'après Les manuscrits originaux qu'on pourroit receuillir, de tous Les ouvrages ostensibles et publiables partout *hic et nunc*, objet Sur le quel; aussitot que La Note Specifique, ainsi que nous avons fait, pourroit etre dressée de tout ce qui devoit entrer dans Cette Edition, et accompagnée des Conditions exigées par la prudence, on pourroit recevoir Les propositions des Libraires.

[5] Le troisieme objet au Contraire devant former ce que nous apellons *La Correspondance* consistant dans des Lettres a Choisir, dans Les Confessions et[4] Les Dialogues, m'a paru dès le premier moment devoir etre Susceptible d'un long et fidele[5] éxamen, de grandes difficultés et incertitudes dans le recouvrement, et de grands égards pour L'observation des epoques où on devroit publier les différentes pieces[6] en se Conformant scrupuleusement aux Intentions exprimées par L'auteur aux differents dépositaires. Ce troisieme objet devenoit donc par sa nature bien plus important a la memoire de L'auteur qu'a L'intéret pecuniaire de sa veuve, a qui Le reste bien ménagé me paroissoit devoir composer un sort honnête, Suffisant, prochain, et tranquille, sans l'exposer aux troubles de toutte espèce que peuvent peutetre lui causer Les pièces de Cette Correspondance dont elle ignore elle même ainsi que moi Le Contenu. Ce troisieme objet me sembloit donc encor un Coup ne devoir jamais etre Concerté rassemblé confié qu'a L'amitié La plus Sure, et jamais Livré en tout ou en partie, a des mains mercenaires, et vous verrés même dans L'avis dont Copie est cy joint[7c], que tout ce *receuil devoit faire un ouvrage apart*, suivant La destination de L'auteur.

[6] Or Pour peu Monsieur, que vis avis de Libraires quelconques, on leur promette autre chose que ce qu'on peut Leur Livrer sur Le Champ et en entier, il en resultera necessairement autres grands embarras pour vous d'abord qui avés La plus grande quantité des papiers et qui serés sans cesse en butte a de nouvelles demandes, et par Contrecoup pour nous qui nous trouverons exposés a des difficultés, et peutetre a touttes sortes de Chicanes. C'est pourquoi, Monsieur, j'avois Si grand soin de ne Composer La note ostensible aux Libraires, que d'objets publiables et fournissables sur l'heure même. Si par hazard vous leur aviés présenté, en outre de Cette note, Les six premiers Livres des Confessions, ce qui nous jetteroit dans ce mélange d'objets qui ne peut manquer visavis d'entrepreneurs Etrangers de nous donner aux uns et aux autres une peine infinie, il seroit encor tems d'y parer en vous mettant Comme amis a La tête de L'affaire générale. Le prix n'y fait rien Comme je vous L'ai dit plus haut, et tout Sera dit pour Le bien de La Chose, L'honneur de notre ami, et La tranquillité de sa veuve. Dès lors tout Sera entre vos mains et Vous Disposerés de tout, Suivant Les Circonstances et Les intentions de L'auteur. Vous Connoissés déja parfaittement tout ce qui compose Le 2ᵉ objet, et tout est en etat de vous etre remis et publié d'un instant a L'autre; quant au 3ᵉ objet Comprenant tout ce qui a trait a La Correspondance, Voicy L'appareil que je m'en fais et que je puis vous en donner.

[7] 1er. Les Confessions: Elles sont à Genève. Encor un Coup soiés en bien sur et a Dieu ne plaise que je puisse penser qu'elles en soient sorties pour être ailleurs.

[8] 2e. Les Dialogues ouvrage en 3 volumes ayant pour titre *Rousseau Juge de Jean Jacques. Dialogues.* Le premier Volume contient une Introduction du Sujet et de La forme de L'Ecrit et un premier dialogue traittant du Système de Conduitte envers J.J. adopté par L'administration avec L'approbation du public. Ce premier volume est en Angleterre entre Les mains d'un Anglois*^d* qui vient de m'en Communiquer Le titre[2], ce qu'il avoit deja fait a Ce qu'il me mande dans une Lettre qu'il me marque m'avoir adressée il y a plus de trois mois a Neufchatel, ou vous sçavés que j'en attendois et notamment Celle la que je n'ai jamais reçue, et du sort de Laquelle Conoissant L'importance, je vous supplie de vouloir bien vous informer a la poste de Neufchatel. Dans Le premier volume entre Les mains de Ce gentilhome anglois, il y a en outre une table des matieres qui indique Les articles Contenus dans Les deux autres volumes. Ces articles Sont dans Le 2e. volume, un second Dialogue ayant pour titre Du naturel de Jean Jacques et de ses habitudes, et dans Le 3e volume, un 3° Dialogue Sur L'esprit de ses livres, et une Conclusion. Cet Anglois m'a marqué qu'il remettroit le manuscrit Lorsqu'on Le voudroit*^e*, M. Le Comte D'Angivillé qui en a un autre volume m'a ecrit aussi qu'il me le remettroit Si je voulois mais sans m'avoir Communiqué Le Contenu du sien. Reste L'abbé de Condillac qui a Le troisième, (et non Les Confessions.) Cet abbé ne paroit pas disposé Suivant Sa Lettre a Le remettre mais L'exemple et Le dire des deux autres Depositaires de portions Semblables d'un meme tout, et qui Les tiennent Conséquemment aux mêmes Conditions, Le Conduiront (Si non nécessairement) du moins honnetement à ne pouvoir guères se dispenser d'en faire de meme. Ce 3e objet de La Correspondance me paroit donc pour Comprendre tout ce qui a trait a Sa vie, Son naturel, ses ouvrages, Ses principes et Sa mort, devoir se Composer 1° Des Confessions, 2° Des Dialogues, 3° des[8] Rêveries du Promeneur solitaire qui forme une espèce de journal de Ses pensées depuis La Conclusion de ses Dialogues Lequel journal par tout ce que je viens d'y joindre et de rassembler de ses brouillons forme actuellement deux promenades, et Le Commencement d'une troisieme de plus*^f*, et Conduit jusques au jour de Pacques fleuries dernier*^g* c'est-à dire six jours avant sa sortie de Paris pour venir icy et cet ouvrage me paroit pouvoir se Conclure d'une maniere Interessante par un historique de ses derniers moments. A Cela on pourroit joindre Les[4] differentes Lettres Les plus

interessantes qu'on Choisiroit parmi touttes[2] Celles que vous avés et que je pourrois rassembler de Differents Cotés [9]comme on pourroit joindre aussi a l'édition generale formant Le 2ᵉ. objet[9] un Extrait de ce qu'on[t] dit Les Ecrits publics* depuis sa mort avec[10] une refutation qui Imposera silence a jamais aux croassements[11] de L'envie.

[9] Vous[2] voyés, Monsieur, Combien il Seroit inévitable[12] qu'un traitté avec des mercenaires, et surtout Si on y mêloit La moindre partie de ce qui a trait a La Correspondance a L'exception des Reveries solitaires dont rien ne peut empêcher L'impression, ne derangeat Infiniment tous Les grands intérets de Ce tableau, et qu'il n'y a que L'amitié qui puisse en observer L'ordre, et Les conséquences. Je voudrois que ma situation et mon domicile me permit de partager encor avec vous Le poids de Cette tâche, mais vous sentés Les raisons qui pour L'avantage même et La Liberté de L'entreprise doivent m'empêcher d'y paroitre; mais du reste vous pourriés et devriés etre bien assurés, que je Continuerois a vous aider autant que vous pouriés avoir besoin de moi, en tout ce qui me seroit possible.

[10] De mon Côté tous Les papiers sont prets. Les Rêveries du promeneur Solitaire et tout ce que j'ai pu receuillir de L'auteur qui ait pu S'y rapporter sont maintenant achevées. Je vous ai mandé dans ma dernière que La Dame a La marmelade[h] m'avoit renvoyé tout ce qu'elle avoit qui ne Consistoit qu'en Livres Italiens imprimés au sujet de La Corse, et en Liasses de Lettres Laissées Sans ordre par Mᵈᵉ Rousseau lors de son depart de Trye. Je tacherai au premier moment de trier tout cela et d'en etiqueter Les Liasses pour votre plus grande facilité Lorsque je vous envoirai Le tout.

[11] J'esperois que vous aurés Les Muses galantes Complettes, Car je n'en ai ni un seul mot, ni une seule note et je n'ai plus de ressource de Ce Côté La que Chés Mˡˡᵉ Davenport qui demeure a La Campagne loin de Londres. J'ai prié plusieurs Anglois de mes amis de tacher de ravoir La musique qu'elle a mais je n'ai point encor reçu de réponce positive a Cet ègard. Quoique [13]Ce soit[13] Le premier qu'il ait Composé en arrivant a Paris, il m'en a parlé souvent Comme en faisant Cas, et il ne s'ensuit pas de L'époque où il L'a fait qu'il doive etre Composé dans le vieux genre françois, Car il arrivoit en Ce tems la D'Italie, et il seroit bien plutot Composé

---

* dans tous nos journaux françois je ne Sache que Le Petit La Harpe et L'Enragé Linguet qui en aient vu et parlé L'un dans le Mercure du 5 8ᵇʳᵉ. et L'autre dans le 28 Nᵒ. Tome IVᵉ. Annales Politiques et Littéraires.

dans le vieux genre Italien ce qui seroit bien Le meilleur, La musique dramatique[4] n'ayant fait depuis lors que Se pervertir en Italie. Du reste a en juger par le prix des 7 airs du nouveau Devin je reussirai peutetre a tirer encor un parti plus favorable d'un opera Complet en 3 actes paroles et musique du même auteur. Je m'informerai des que je Serai de retour à Paris de M. de Pourtalès.[i] J'imagine que C'est Le bailly des Verrières suisses[k], et en ce Cas la Ce seroit Le même qui est venu icy il y a quelques mois avec Mr de Lalande[l] L'académicien qui est un personage très suspect a bien des ègards, et quoique j'aie bien distingué L'air de probité du bon Monsieur Pourtalès et que je lui aie fait a lui en particulier, autant d'honnêtetés que son Compagnon de voyage a fait icy de malhonete-[té]s a M[de] Rousseau, et de ridiculités[m] envers nous tous, je Craindrois pourtant que Cet homme Curieux et intriguant a L'excès ne dressat quelqu'embuscade a La bonhomie de M. de Pourtalès pour peu qu'il Le soupçonat Chargé d'un pareil dèpot; Car C'est Le Dèsespoir de tous Ces Messieurs de n'avoir pu mettre La main sur Les papiers de Leur Victime.

[12] Recevés Monsieur Les plus sincères assurances de mon estime et de mon attachement et mes remerciements des graines que vous avés bien voulu avoir La Complaisance de me procurer.

R.G.

[13] Pardon Monsieur du griffonage de Cette Lettre mais Le tems m'a manqué pour La transcrire et La réflechir davantage[n].

MANUSCRIT
*1. Neuchâtel ms.R 118, fol.35-38; 8 p., p.8 bl.; orig. autogr.
2. Chaalis, fonds Girardin D⁴ 33, n° 41, fol. 20v-23v; brouillon.

NOTES CRITIQUES
M. Spink (1, 1948, p.xliv-xlv) a imprimé des fragments des alinéas 8 et 10 de cette lettre.
Le brouillon est daté (*a posteriori* sans doute) du 17. Il porte le n° 11.
Variantes du ms.1:
[1] ⟨puis qu'il peut etre Cher⟩ [2] [en surcharge sur un autre mot devenu indéchiffrable] [3] mettent ⟨le prix⟩ [4] [ajouté dans l'interligne] [5] ⟨scrupuleux⟩ [6] pièces ⟨concernant ce troisieme objet⟩ [7] [Girardin ne fait pas cet accord] [8] des ⟨Promenades solitaires⟩ [9] ⟨et encor⟩ [10] ⟨et⟩ [11] ⟨derniers Cris⟩ ['cris' en surcharge sur un autre mot devenu indéchiffrable] [12] inèvitable ⟨que tout⟩ [13] C⟨'est a Paris que⟩ [en surcharge]

Je transcris ci-dessous, exceptionnellement, un passage biffé du brouillon qui devait précéder primitivement le texte actuel de l'alinéa 2: '[...] L'exactitude des propositions faites en 1764 dans votre paiis. J'avois suivi pour base celle faitte par Reguillat Libraire de Lyon qui offroit 1600ᴹ de rente viagère et 1300ᴹ d'argent Comptant pour ce qui existoit alors et sans les Six articles que j'ai joints dans ma note de L'edition generale proposée actuellement a celle de l'edition dressée en 1764 par l'auteur lui même. Je sçais d'un Côté que les Circonstances ont Changé a quelques ègards et qu'il y a plusieurs editions generales, mais furtives Incorectes Necessairement donc Inferieure[s] a celle cy dressée redigée par l'auteur lui même et augmentée de beaucoup d'ouvrages qui n'ont pas encore èté publiés et d'après les propres manuscripts de L'auteur dont les ouvrages d'ailleurs doivent actuellement augmenter d'autant plus de prix que malheureusement il n'en peut plus faire. On en peut juger par les 7 airs refaits du Devin qui viennent d'être vendus 6000$^\text{ll}$.'

NOTES EXPLICATIVES

a. le n° 7385.
b. le texte rédigé par Rousseau sur 'l'état de mes affaires avec M. Du Peyrou': voir au t.xxxiv le n° 6123.

c. voir au t.xxxiv le n° 6123, alinéa 7.
d. Brooke Boothby.
e. le ms. confié à Brooke Boothby se trouve aujourd'hui à la BL, à Londres.
f. la phrase de Girardin est obscure. Il parle sans doute des brouillons des huitième et neuvième promenades, et du commencement de la dixième.
g. le 12 avril 1778. Mais Girardin se trompe. Rousseau n'a quitté Paris pour Ermenonville que le 20 mai. Pour 'jours', lire 'semaines'.
h. mme de Nadaillac.
i. voir au t.xli le n° 7218, note *a*.
k. Paul de Pourtalès fut 'maire' (et non 'bailli') des Verrières de 1776 à 1781.
l. voir au t.v le n° 755, etc.
m. ce mot, aujourd'hui inusité, était encore assez courant au XVIIIᵉ siècle.
n. il avait pourtant fait un brouillon.

7404

Pierre-Alexandre Du Peyrou à Paul-Claude Moultou

Neufchatel 16 Xᵇʳᵉ 1778.

[1] Je suis bien aise Monsieur, de voir par vôtre lettre du 11^a que les choses s'acheminent à un arrangement tel que nous le desirons l'un et l'autre. Je crois donc pouvoir me flatter que l'entreprise s'éxécutera de la maniére la plus honorable pour R. Mais il va sans dire que les conditions et engagemens pris au nom de la Veuve, et dont je vous ay fourni copie seront exécutés, en particulier, celui de rendre l'auteur tel qu'il est, sans correction, ou adoucissement. Il sera bon de suivre autant que possible l'ordre qu'il avoit lui même établi, surtout pour les morceaux les plus considerables.

[2] Je reçüs dimanche^b de Mr de G. une lettre^c en reponse à la mienne du 1ᵉʳ de ce mois^d. '¹C'est un vray amphigouri, ou je n'ay compris que ceci, c'est qu'il lit bien legerement, et oublie encore plus vite ce qu'il a lû.¹ Il dit par exemple qu'il ne sait pas si dans lés dernieres propositions faites par Neufchatel, les VI premiers livres des Confessions y sont compris. Je lui ay écrit le 6^2 Xᵇʳᵉ ^{e} pour

lui faire l'exposition dés motifs qui doivent determiner le choix des presses. Je compte donc avoir incessament réponse definitive. Mr Cramer l'ainé[f] m'a écrit avant son départ pour la Provence. Son dessein étoit de vous voir pour savoir ce qui a été resolû, et vous parler en faveur des deux jeunes gens. En attendant que lés choses se décident, je travaille à mettre en ordre ce que j'ay entre mains, et je ne retarderay pas les entrepreneurs au moins pour les premieres livraisons. Ayant apris que Durand libraire à Paris[g] avoit annoncé un 10me volume, comme suplement aux ouvrages de Rousseau[h], j'ay crû devoir envoyer hier l'annonce suivante, pour être inserée dans le Journal de Paris.

[3] 'Les amis de J.J.R. depositaires de ses manuscrits, ainsi que d'un exemplaire de ses ouvrages imprimés, apostillé de sa main avec des corrections et des additions, se proposent d'en faire au profit de sa Veuve, un Recueil aussi complet que les intentions de l'auteur permettent de le rendre à present. – Ils ont cru devoir cet avis au public, pour le premunir contre l'avidité d'une part, et la lacheté de l'autre'.[i]

[4] Je pense Monsieur que vous ne blamerés pas cette demarche dont le fruit doit être pour les entrepreneurs. D'ailleurs je suis blessé que l'annonce de la musique de chambre[k], se soit faite à Paris, comme la seule ressource qui reste à la Veuve. Cette femme aura beaucoup plus qu'elle ne merite, tandis que R. a vecu dans une espece d'indigence. Mr de G. a encore fait une chose qui me deplait beaucoup, et que je n'ay pû m'empecher de lui écrire. Il a mandé à Rey que la Veuve n'avoit que les 300[ll] que celui ci lui a fait; et vous saurés Monsieur que sur le premier avis de la mort de R. j'écrivis à Mr de G.[l] qu'il y avoit 400[ll] de reversibles à la Veuve, sur les 600 de la pension constituée en mes mains par Lord Maréchal. Ce trait et celui de l'annonce, sont peu dignes d'un ami de l'homme le plus vray et le plus desinteressé. Ceci entre nous.

[5] Le conseil que vous me donnés, Monsieur, de faire un memoire de ce qui s'est passé entre R. et moy est bon. Depuis sa mort, et surtout depuis une de vos précedentes lettres, ou vous me faisiés entendre que vous et moy nous pourrions bien être traduits dans les Confessions, cette idée m'etoit deja venûe. Mais fort occupé, et sans famille, je n'ay consideré cela que fort legerement. Mais votre sentiment decide le mien, et je crois d'ailleurs que les amis de R. doivent me connoitre tel que je fus pour lui. Aussi suis je decidé à profiter du premier loisir que j'auray[m]. Je n'ay jamais gardé copie de mes lettres, mais elles se retrouvent en més mains dans le depot des autres, du moins jusqu'au depart d'Angleterre. J'ay celles de

Rousseau. Ce sont autant de piéces justificatives. Les plus essentielles me manquent. Mais comme je diray la verité, elle me sufira.

[6] [1]Je ne sais que penser sur la suite des Confessions. Si cette suite n'existe plus, comment R. a't il laissé subsister lés Dialogues. Comment a-t-on pû savoir que s'il maltraitte beaucoup de gens dans ses Confessions, il s'y maltraitte encore plus lui même. Comment a-t-on écrit ici qu'on avoit lû tout l'ouvrage? Tout ceci est obscurité pour moy. Vous ne m'avés pas dit Monsieur si le manuscrit de ces Confessions entre vos mains est un livre relié en veau en 8°, cela peut servir à établir quelques nouvelles probabilités pour ou contre l'existence d'un troisieme manuscrit[n]. [1]Recevés Monsieur mes voeux pour votre santé.[3]

A Monsieur / Monsieur Moultou / à Geneve.

MANUSCRIT

[1. pour l'orig. autogr. de cette lettre (4 p., l'ad. p.4, taxe postale: '8 cr.') voir au t.xli le n° 7243].

*2. transcription du ms.1, faite par mlle Rosselet.

NOTES CRITIQUES

Guyot (1958), p.162, a cité quelques brefs passages de cette lettre, et De Crue (1926), p.171. en a cité deux phrases de l'alinéa 6.

[1] [cité par Guyot, 1958, p.162] [2] [je corrige le '3' du ms.2] [3] [suivi du paraphe de Du Peyrou]

NOTES EXPLICATIVES

a. lettre inconnue.

b. dimanche 13 décembre.

c. le n° 7387.

d. le n° 7381.

e. voir le n° 7385.

f. Gabriel Cramer: voir le n° 7376, premier alinéa et note *e.*

g. voir au t.iii le n° 289, note *c.*

h. pour ce *Supplément*, voir le n° 7402, note *a.*

i. cette annonce n'a pas été insérée dans le *JP.*

k. voir le n° 7371.

l. voir le n° 7192 (t.xli).

m. ce moment de loisir n'est jamais arrivé, et Du Peyrou n'a jamais rédigé le récit qu'il nous fait espérer ici; ou bien, s'il l'a rédigé, il a dû le détruire, peut-être au cours de l'auto-da-fé général qui a précédé sa mort.

n. ce bon Du Peyrou ne soupçonnait pas 1° que Girardin le trompait en ce qui concerne le ms. des *Confessions* 2° que Moultou le trompait en ce qui concerne le ms. de la seconde partie de cet ouvrage, qui lui avait été remis en même temps que celui de la première.

7405

Alexandre Deleyre à René-Louis, marquis de Girardin

A Dame-Marie les-Lys ce 18 X^{bre} 1778,

[1] Je vous fais beaucoup attendre fort peu de chose, Monsieur; ¹mais c'est ce peu même qui¹ doit m'excuser auprés de vous. Je deviens paresseux, ou presque indifférent sur les petits objets; et malheureusement je n'en ai point de grands à traiter. Mais tout ce qui a passé sous la main ou dans l'ame de l'homme que nous avons perdu, n'est pourtant pas léger à mes yeux. J'aurois voulu rendre meilleurs mes petits vers qu'il a mis en musique, mais la difficulté de remplacer des mots qu'il a consacrés par ses airs de chants, m'oblige à vous envoyer mes trois morceaux*a* presque tels que je les lui avois donnés. Je n'ai fait qu'une correction dans la sçene ou le dialogue *sur les roses*^{b}. Mais j'ai changé tout² le second couplet de la Romance; parce qu'il plaisoit moins que les autres à notre vénérable ami, quoiqu'il soit conforme à l'original. D'ailleurs on m'a fait une critique dont je ne me doutois pas. On prétend qu'il est contre le bon sens que la *sagesse* d'Emma fît languir *les jeunes garçons de tendresse, et les filles de désespoir.*^{c} Pour moi, je ne le crois pas et j'ai dit quelque part avec raison, ce me semble; *la sagesse enflamme l'amour.* Mais ces Messieurs de Paris et de l'académie, ne le sentent pas ainsi. Du reste Monsieur, je regarde comme sacré tout ce que notre Orphée a chanté sur sa Lyre. A propos d'Orphée, Mr. Roucher^{d} a fait de beaux vers sur Rousseau, qui ont scandalisé de Beaux esprits des deux sexes. Mais il m'a paru les en estimer davantage; je dis ses vers, et non ses auditeurs. Je crois que vous serés content de ce morceau du *Poëme des Mois*, quand vous l'entendrés cet hyver.

[2] J'ai lû, Monsieur, avec je ne sçais quel redoublement de douleur et de vénération, ce recüeil Posthume de Lettres de J. J. ROUSSEAU^{e}. Ses détracteurs qui peut-être sont bien aises d'y voir des essais informes de sa plume, y seront du moins convaincus à leur grand regret, qu'il n'étoit pas né ingrat, ni méchant, et que jamais il n'a eu le cœur ni les mœurs corrompus. J'ai été attendri des malheurs et des souffrances de sa jeunesse. Sa Lettre à *tout François aimant encore la justice et la verité*^{f}, m'a fait d'autant plus de chagrin qu'il l'a écrite dans un tems où je le voyois. Mais il n'a

jamais connu ses vrais amis, depuis qu'il a été trahi de ceux qu'il avoit crus tels. Ce n'est pas que j'eusse des confidences à lui faire. Je n'ai jamais entendu rien articuler à sa charge, que sa conduite avec ses enfans, et envers une Dame liée avec mr. de S[t]. Lambert[g]. Mais comme j'étois persuadé qu'à ces deux égards, il n'avoit point les torts qu'on lui reprochoit; et que je me justifiois trés bien à mes propres yeux, tout ce qu'on interprétoit contre lui, je n'avois garde d'aller l'en tourmenter, lorsque d'ailleurs il ne me demandoit rien, et qu'il se contentoit de me dire que tout le monde le trompoit et moi comme les autres. J'aurois pû m'éloigner[3] avec éclat, à l'exemple de mr. Dussaulx que j'avois blâmé de celui qu'avoit fait sa rupture. Mais je me connoissois moi-même et ne regardois pas comme une injure, un reproche fait dans l'emportement d'un cœur malade. Je vous parlerai de tout cela, Monsieur, au mois de janvier, que j'espere avoir l'honneur de vous voir à Paris. Vous répondrés alors je m'en flatte, aux doutes qui s'étoient élevés dans mon ame, sur le fond de certains bruits dont je vous ai parlé dans ma derniere Lettre[h].

[3] J'ai vû Mr. d'Angivilé à Versailles, où j'étois allé pour une Belle Tragédie de mr. Ducis[i], que vous entendrés à Paris avec un grand plaisir, je l'espére. Je parlai du manuscrit de notre vénérable[k]. On me dit qu'on le faisoit copier, et qu'on vous en remettroit la copie dont on garderoit l'original, comme vous ferés sans doute vous même, Monsieur, de tout ce que vous ferés imprimer pour la veuve de l'auteur. Faites moi la grace de ne pas m'oublier auprés d'elle, et ¹de lui dire¹ que je vous envie la douceur de l'obliger par tous les moyens que la fortune et la vertu vous en ont donnés.

[4] Doit-on bientôt mettre à l'Opéra la nouvelle musique du Devin de Village? Quand aurons-nous ce recüeil d'airs et de chans de société, qui se grave actuellement? Il me tarde de l'avoir pour une de mes deux filles[l] qui sans musique vocale a la voix assez juste, et que je voudrois nourrir de la musique et de la prose de J.J. Rousseau, l'homme le plus moral qui fut jamais dans tout ce qu'il a fait, ou composé. Sa musique a quelque chose de céleste, et porte la vertu dans le cœur.

[5] Mais à propos d'airs et de chans, vous qui êtes militaire, Monsieur, auriés vous entendu par hazard une chanson de soldat, qu'on chante sur la Garonne depuis mon enfance, et dont l'air est infiniment tendre et touchant? Les paroles en sont bien estropiées. En voici deux ou trois couplets. C'est un déserteur qui parle en allant à la mort.

1.   Je me suis engagé
      pour l'amour d'une Brune   Bis
      pour une bague d'or
      que je lui avois donnée
      et pour un doux baiser
      qu'elle m'a refusé.

2.   Devant le Régiment
      je marchois à toute heure;
      je marchois en avant
      sans craindre que je meure.
      mon colonel content
      me disoit, mon enfant
      de mes braves soldats
      tu crains moins le trépas.

3.   Hélas! mon colonel,
      la mort je la desire;
      d'un coup bien plus cruel
      il faudra que j'expire.
      La mort ne fait frémir
      que ceux qui ont du plaisir.
      je souffre un mal affreux
      d'un amour malheureux.

[4]4e couplet.
      mes braves compagnons
      en voyant mes allarmes,
      m'en demandoient raison
      et repandoient des larmes.
      Ils me disoient, Francœur,
      d'où vient donc ta douleur.
      Tous les jours tu gémis
      même avec tes amis.

[6] P.S. Si vous aviés, monsieur, de souvenir ou par écrit, la chanson toute entière; vous m'obligeriés beaucoup de me la procurer. Pardon du griffonage. Tout à l'ami de la justice et de la verité

Deleyre

MANUSCRIT
*Chaalis, fonds Girardin D⁴ 34, n° 41; 4 p.; orig. autogr.

IMPRIMÉ
Molinier (1970), p.170-173.

NOTES CRITIQUES
[1] [ces mots remplacent une première

version, en partie grattée, en partie sur-chargée: ⟨mais⟩ ce peu même ⟨doit⟩ (?)] [2] [remplace une première version grattée] [3] [en surcharge sur un autre mot, devenu indéchiffrable] [4] [ce qui suit est écrit en haut de la page, à l'envers]

NOTES EXPLICATIVES

a. Deleyre parle ici de trois morceaux. En réalité, il en a fourni quatre au recueil des *Consolations*: les n°s 30, 31, 68 et 82. Voir le n° 7351, note *d.*

b. il s'agit du duo intitulé 'Le Duo des Roses, Paroles de M. de Laire' (*Consolations*, n° 82, p.165-172).

c. voir le n° 30 des *Consolations* (p.54-55), intitulé 'Edwin et Emma. Romance traduite, de l'Anglois de M. Mallet, par M. Delaire'. Au second couplet, on lit dans l'imprimé: 'Par sa beauté, par sa

sagesse, / Emma faisoit, sans le savoir, / Languir les garçons de tendresse, / Et les filles de desespoir.'

d. dans son poème des *Mois*. Voir ces vers au t.xliv, n° 7679.

e. il s'agit sans doute du fameux *Supplément formant le t.x des Œuvres diverses,* Neufchâtel [Paris], daté par anticipation de 1779: voir le n° 7402, note *a.*

f. voir au t.xl le n° A647.

g. il s'agit bien entendu de 'Sophie' d'Houdetot.

h. le n° 7351.

i. Œdipe chez Admète, tragédie en cinq actes et en vers, représentée pour la première fois au Théâtre français le 4 décembre 1778 (Brenner 5887).

k. il s'agit du ms. des *Dialogues.*

l. Alexandrine (14 ans): Caroline (12 ans).

7406

René-Louis, marquis de Girardin, à Pierre-Alexandre Du Peyrou

Ermenonville 20 X^{bre}. 1778.

[1] Je reçois Monsieur Votre Lettre du 13[a] et j'y repons a la hate. Vous m'avés envoyé premierement[1] une Note qui Contenoit Les VI premiers Livres des Confessions. Je vous en avois Secondement en reponce envoyé une autre de mon Coté qui ne les admettoit que pour des mains amies et Les exceptoit pour des mains étrangères par des raisons que je vous ai detaillé très au Long dans ma dernière. Il étoit donc très naturel que si[2] nous entendant tres bien je vous demandasse precisement Sur La quelle des deux notes avoient porté Les propositions et[3] si[4] j'eusse pu Penser qu'une Edition generale corrigée par l'auteur lui même, et augmentée de 15 a 16 manuscrits originaux non encor imprimés d'un auteur tel que M. Rousseau pusse[5] Valoir beaucoup plus que 6 airs D'opera ou autres babioles de ce genre, Ce qu'il y auroit d'étonant a cela ne Le seroit point de ma part mais de Celle de notre Siecle. Mais ce n'est point de cela

dont il S'agit, il faut en cet instant aller au fait et Le plus Diligemment qu'il Se pourra.

[2] De Deux Choses L'une, ou L'amitié Se Chargera de La totalité des ouvrages de L'ami de L'humanité, Dans ce premier Cas tout est dit; Confiance generale et sans réserves: ou il⁶ bien il faut renoncer a Ce précieux espoir et traitter avec des Ètrangers. Dans ce second cas voicy definitivement tout ce qui me reste a observer. Je ne puis que répeter ce que j'ai dejà dit au sujet des VI premiers Livres que je n'etois *qualifié ni pour en conseiller ni pour en opposer La publication.* C'est aux Depositaires mêmes a sçavoir a cet egard Les Intentions précises de L'auteur, et il faut a ce sujet que La Veuve, ainsi que je Le fais, S'en rapporte à votre jugement Sur La nature et Le Contenu de cet ecrit ne L'ayant jamais entendu lire. Elle ne peut même Sçavoir S'il pourra etre permis en France, et ni vous ni elle ne pourrés en aucune manière garantir que La Suitte en sera fournie aux Entrepreneurs non plus, nonplus que tout autre objet non Compris dans la note que vous m'avés envoyée qui ne Contient plus du reste que des objets que nous sommes en état de fournir d'un Instant a L'autre puisqu'ils Se trouvent tous Compris entre vous, moi, et M. de M. en stipulant Soigneusement avec les autres reserves dont vous m'avés envoyé Le plan, La Condition La plus expresse de ne rien garantir audela de ce que Contient La note ne pouvant rien sur ce que nous n'avons ni ne Connoissons et qui dépend de volontés étrangères ou inconnues.

[3] En partant donc en Définitif de ce que dessus voici Le parti auquel je m'arrete comme le plus Clair et Le plus prompt. Comme je pars a La fin de Cette Semaine pour aller passer L'hyver a Paris, si d'icy a trois jours, je continue⁷ a ne recevoir nouvelle *AUCUNE* de Geneve, je Communique La proposition actuelle, et je vous envoye un pouvoir Sous seing privé pour accepter a votre Choix Celle⁸ que vous jugerés La plus avantageuse en nous en rapportant avec toutte Confiance a votre amitié et a votre prudence pour modifier et Stipuler touttes Les Clauses convenables a L'honneur de La memoire de L'auteur, a votre tranquillité et a celle de La Veuve.

[4] Sous le nom de *Correspondence*, vous aurés vu ¹dans ma derniére¹ᵇ que pour épargner Les Periphrases je comprends sous ce titre tout Le troisieme objet de ma division consistant dans tous Les objets *PROBLÉMATIQUES*. Car il n'est pas vraisemblable, que j'ai jamais pu entendre parler d'aucune Lettre d'un *Tiers*, qu'il seroit infiniment malhonête de publier sans sa permission, mon principe

constant a cet egard etant que ce qu'un homme ecrit a un particulier il ne L'ecrit pas au public.

[5] En retranchant du Dépot de La Dame a La fleur d'orange[c], tous Les Livres Italiens imprimés qui ne sont bons a rien et en font le plus gros volume je pense, que Le reste pourra facilement tenir dans la petite caisse que je pourrai vous expedier Suivant L'occasion. Par ce moyen vous pourriés reunir Le tout Incessamment.

[6] Vous aurés vu dans ma derniere[b] que je n'ai ni Le Poeme ni La musique des Muses galantes. Je m'occupe a tacher de la recouvrer s'il est possible en Angleterre n'ayant plus d'idée qu'elle puisse etre ailleurs que Chés Miss Davenport.

[7] Vous avés bien raison Monsieur Sur L'epoque de La souscription. Je L'avois dit a ceux qui ont fait Imprimer Le Prospectus mais cette Légere erreur va etre reparée en donnant avis aux souscripteurs ainsi que je viens de Le faire pour L'Italie que la Livraison ne se fera qu'a La fin de May ou Commencement de juin et Le motif de ce retard ne pourra etre que approuvé par Les Souscripteurs, puis qu'il aura pour objet de faire graver sur Cuivre, et imprimer sur du papier fait exprès &c et que sans rencherir L'ouvrage on le leur fournira d'une beaucoup plus belle Typographie. Quand au format sur Le quel vous revenés, Celuy que nous avons adopté ne sera pas plus Incomode sur Les pupitres que Celui de touttes Les partitions d'operas[9] et notamment Celui du Devin puisque c'est absolument Le même, et il sera beaucoup plus commode pour la bibliotéque, Cet ouvrage etant fait attendu Le nom de L'auteur et Le Choix exquis[1] des paroles qu'il contient, pour aller sur L'un et entrer dans L'autre[9]. Quant aux 15 portées elles sont Le nombre qui Convient a la plus part des airs qui ont presque tous 4 parties D'accompagnements, quant a Ceux qui en ont moins et beaucoup de paroles subséquentes [10]il est[10] bien entendu que La planche ne Se regle qu'autant que L'exige La note et reste en blanc a L'endroit des paroles. Ce Recueil de musique que nous Intitulerons, Suivant ce qu'il disoit lui meme du delassement qu'il prenoit a Le Composer, *LA CONSOLATION DES MISERES DE LA VIE OÙ RECEUIL D'AIRS NOUVEAUX SUR D'ANCIENNES PAROLES PAR J. J. ROUSSEAU*, etant bien plus fait pour les gens du monde et surtout pour les femmes que pour Les professeurs, La transposition autant qu'il est possible sur La Clef La plus generalement connue[11], devenoit presque indispensable cependant par L'usage actuel, et ne Coute qu'un peu de soin de plus en faisant Copier La partie de la voix.

[8] L'objection de Michel Rey est juste, aussi M[de]. Rousseau fait elle 4[ll] de remise par Exemplaire au distributeur general qui aura

voulu sans doutte gagner outrageusement sur les correspondents étrangers mais le Distributeur général par trop avide et mercenaire[12d] vient d'etre revoqué pour Ce et autre causes, Ce qui contribue encor a nous retarder un peu. Mais La Chose est actuellement en train, et n'en ira que mieux parce que C'est un ami De M^r. Rousseau nommé M. Benoit ancien Controleur des Domaines et bois demeurant rue du gros Chenet a Paris, homme tres Soigneux, tres actif et très Intelligent, et qui se fait un Devoir et un plaisir de donner genereusement et gratuitement ses soins avec le plus grand Zéle a veiller sans cesse a La correspondence La tenue des Registres et La typographie de cet ouvrage dont j'espere que Le public Sera d'autant plus content qu'il sera par Comparaison d'un prix tres mediocre, Mais Le plus important pour M^de. Rouss. sera La quantité du debit, et Ce Compte rond d'un Louis, fait que surtout en Angleterre on Souscrit par demi douzaines. Puis que nous en sommes sur Le Chapitre de Rey je ne me rapelle pas bien precisement ce que je lui aurai repondu dans Le premier moment mais suivant La Phrase que vous me Cités, si je Lui ai mandé quelque Chose d'approchant a Cela il faudroit que Ce fut apparemment dans L'intervalle ou [13]ayant aussitot[13] ecrit moi même a Berlin a Mylord Marechal, J'ignorois encor Sa mort Contemporaine, et ce qu'il avoit fait pour la veuve. D'ailleurs vous sentés Monsieur, que même dans ce moment, il est inutile, a moins qu'on ne nous le demande, de publier Ce bienfait de Mylord jusques a La Cloture de la souscription pour[14] la quelle cela pourroit diminuer d'autant L'interest de bienfaisance. Recevés Monsieur, de nouveau mes Salutations et Remerciements.

[9] Vous voudrés bien m'adresser (A PARIS RUE SAINTE ANNE VIS AVIS LA RUE DE CHABANOIS) La reponce a celle cy. Je mets Les numeros aux votres, c'est actuellement La unzieme a Laquelle je repons, je vous prie dorenavant de vouloir numeroter en Consequence, J'en ferai de même aux miennes pour plus grande facilité et sureté de Correspondence Des que vous aurés bien voulu me marquer quel est Le Numero actuel des miennes.

MANUSCRIT

*1. Neuchâtel ms.R 118, fol.39-40; 4 p.; orig. autogr.

2. Chaalis, fonds Girardin D⁴ 33, n° 41, fol.23s; brouillon (fin du premier cahier).

NOTES CRITIQUES

Variantes du ms.1:
[1] [ajouté dans l'interligne] [2] [en surcharge sur un autre mot ou début de mot] [3] et [suivi de quelques mots lourdement biffés:] ⟨partis trop aisement (?)⟩ [4] [en surcharge sur 'que' (?)]

⁵ pusse⟨nt⟩ ⁶ [mot superflu mais non biffé] ⁷ [en surcharge sur 'ne reçois' (?)] ⁸ [en surcharge sur 'L'offre' (?)] ⁹ [suivi de deux ou trois mots lourdement biffés] ¹⁰ [en surcharge sur une première version devenue indéchiffrable]
   ¹¹ ⟨en usage⟩ ¹² mercenaire ⟨ne veut que⟩ ¹³ ⟨j'avois⟩ ¹⁴ ⟨dans⟩

NOTES EXPLICATIVES
   a. le n° 7399.
   b. le n° 7403.
   c. mme de Nadaillac.
   d. Le Marchand.

7407

Pierre-Antoine Benoît à Pierre-Alexandre Du Peyrou

a Paris ce 21. X^{bre}. 1778.

J'ai l'honneur de vous prevenir, Monsieur, que depuis la Lettre*^a* que vous a écrit¹ M. Le Marquis de Gerardin, à raison du Receuil de musique de J.J. Rousseau proposé par souscription au profit de sa veuve, nous avons pris des¹ nouveaux arrangements pour rendre cet ouvrage digne de son auteur, en le faisant graver sur cuivre et non sur étain, ce qui doit occasionner quelque retard dans la Livraison, qu'on estime ne pouvoir être effectuée qu'en avril où may prochains; par une suite de ces mêmes arrangem^{ts}., le S^r. Lemarchand n'est plus chargé de la distribution et je vous en previens, afin que si vous vouliés lui écrire où la personne qui est a la tête du Bureau de la societé typographique de votre ville, que vous avés chargé² de la distribution, on s'adresse a moi directement, m'etant chargé comme l'ami de J.J. Rousseau, de presider à tous les soins qu'entrainera la Publication de cet ouvrage; je ne dois pas vous laisser ignorer qu'il sera orné d'un frontispice analogue à la mémoire de l'auteur, avec son portrait très ressemblant*^b*. Toutes ces augmentations de dépense pour la beauté typographique ne changeront rien au prix de la souscription, qui sera toujours d'un Louis d'or, mais aiant jugé qu'on pourroit eprouver des difficultés et des embarras pour faire parvenir led. ouvrage à chacun des souscripteurs, nottament à ceux qui n'habiteroient pas Neufchatel, ce qui rendroit difficile et pénible le recouvrement du prix; nous avons cru qu'en consideration de l'augmentation des depenses, M^{rs}. les Souscripteurs ne trouveroient pas mauvais qu'on change l'engagement porté dans le premier Prospectus, de leur faire l'envoi de l'ouvrage, en les priant aujourd'huy de vouloir bien faire retirer leurs exemplaires chès le correspondant où ils auront remis où envoyé leur Soumission, immediatement après l'annonce qui sera inserée dans les feuilles de votre ville où des environs, que la Societé typographique aura Reçu les Exemplaires qui la concernent, par ce moyen on évite toute sorte d'embarras en facilitant le recouvrement, j'espere donc Monsieur, qu'en votre qualité d'ami d'un homme rare vous voudrés bien concourir a mes vûes et a celles de M. de Gerardin en prevennant la Societé typographique d'informer leurs souscripteurs verbalement ou par la voye des feuilles Publiques, des causes du retard de la Livraison de L'ouvrage, quoique ces nouvelles dispositions doivent se trouver annoncées dans les Papiers Publics les plus répandus ainsi que mon adresse, que j'ai bien voulu donner comme l'ami de J.J. Rousseau et par attachement pour la veuve; je vous prie encore de me faire envoyer avant la fin du mois prochain, les noms des Personnes qui auront Souscript et dont la Societé aura les Engagements.

J'ai l'honneur d'être avec la plus parfaite consideration
    Monsieur

> Votre très humble
> obeissant Serviteur
> *Benoit* Rue du gros chene[t]
> la p^{re}. porte cochère a gauche
> *près la Rue de Clery.* –

A Monsieur / Monsieur Dupeyrou / *A Neufchatel*

MANUSCRIT
    *Neuchâtel ms.R 118, fol.121-122; 4 p., l'ad. p.4; cacheté d'une oublie; m.p.: timbre rouge '[P PAY]É PARIS'; paraphe; taxes: '2 cr.' et '16' (sur un autre pli); orig. autogr.

NOTES CRITIQUES
    [1] [inadvertance] [2] [Benoît ne fait pas l'accord, ou bien le fait avec 'Bureau']

NOTES EXPLICATIVES
    a. le n° 7406.
    b. le recueil devait paraître sans frontispice, mais avec un titre dessiné et gravé par C. Benazech, et daté de 1781. Il représente une scène allégorique, dont le centre d'intérêt est un buste de JJ, dont le socle, agrémenté d'une citation tirée de Montaigne, est entouré d'une mère de famille et de ses enfants, avec une servante qui porte un berceau. Au-dessous, dans un cartouche, on a ajouté une vue, fort petite, du tombeau de JJ dans l'île des peupliers. Le buste de JJ, loin d'être 'très ressemblant' est au contraire fort médiocre.

7408

René-Louis, marquis de Girardin, à Paul-Claude Moultou

Ermenonville par Senlis 22 X^{bre} 1778

N° 4

[1] ¹Je reçois a L'instant monsieur, l'honneur de votre lettre, du 13 de ce mois^a, elle a eté plus Longtemps a me parvenir parce qu'elle ne m'est arrivée que de La seconde main^b, et vous avez deja éprouvé que par cette même voye Celles que j'avois eu l'honneur de vous ecrire, au lieu de vous être remises a votre arrivée a Paris ne vous L'ont été qu'a votre départ. C'est pourquoi Monsieur je vous supplie dorénavant de vouloir bien m'adresser vos lettres directement soit icy Lorsque j'y suis, et maintenant rue Ste Anne *a Paris* parceque j'y retourne dans huit ou dix jours pour y passer l'hyver Comme de Coutume.

[2] J'ay communiqué sur Le champ M^r a M^d Rousseaux La proposition que vous avez bien voulu me faire passer pour elle. Elle n'a pas hésité un seul instant non plus que moi a La trouver preferable a toutte autre en ce qu'elle réunit Le double avantage de nous assurer du fidele appuy de votre Zele de vos lumieres, et de votre amitié, ²et qu'elle offre en même temps une reparation solemnelle et magnanime de La part de sa patrie qu'elle doit faire Consister maintenant son honneur a réparer La precipitation, je dirai plus Le delire de ses torts envers ce Citoyen qui en etoit La gloire dans l'espace de l'univers, et qui La sera dans L'espace de L'eternité.²

[3] M^d R me charge donc, m^r de vous authoriser par La présente a accepter Les propositions que vous me marqués en se réservant toutte La musique de son mari comme luy ayant été Laisser directement par lui³, et a La charge expresse de recevoir Les ving[t] quatre mil livres en argent Comptant payables dans des termes que La Consideration de son age, vous engagera sans doutte a raprocher Le plus qu'il vous sera possible, elle vous remercie ainsi que m^r du Peyrou de La rente viagere que vous voulié bien lui offrir pour augmenter Son aisance; mais elle ne veut point placer en viager, et dit qu'il pourroit lui devenir embarassant de placer en païs Etranger.

[4] Certainement dans aucun état de Cause m^d R. n'avoit pu

253

garantir en aucune maniere ni Le Commencement ni La fin des Confessions, qu'elle n'a jamais lües ni ne possede, non plus que d'aucun autre ouvrage hors de sa disposition, il ne peut donc jamais être question que de traitter de Bonne foy suivant La note que je présume que m^r du Peyrou vous aura envoyer ainsi qu'a moi et dont pour plus sure expedition je rejoins Cy *Copie^c* a La quelle en outre de tous Les ouvrages dont nous avons Connoissance m^r du Peyrou a Cru pouvoir ajouter Les VI premier[s] livres des Confessions qu'il m'a marqué lui avoir été envoyés par une personne inconnue pour être imprimés au profit de La veuve. A ce sujet comme ni elle ni moy ne Conoissons ni cet ecrit^d ni La personne dont il vient, ne pouvant juger en aucune maniere ni de sa nature ni des intentions precises de l'auteur qui ne peuvent etre Connu[e]s qu'a celui qui en étoit dépositaire nous ne pouvons ni Conseiller ni opposer La publication de cet ecrit et n'avons rien de mieux a faire a cet egard que de nous en rapporter entierement a deux amis aussi vrais et aussi respectables que vous et M^r du P . . . non seulement a cet egard mais encor sur Le choix des differentes notes et lettres que vous jugerés Convenable de choisir et d'employer parmi les papiers dont vous etes Les dépositaires.

[5] Vous pouvés donc m^r, en regardant cette Lettre Comme un Consentement exprès ecrit sous la dictée de m^d R. . . traitter en Consequence avec La société typographique de Geneve.

———

[6] Les éditeurs feront bien de Commencer par La Constitution de Pologne parce qu'on m'a assuré qu'il s'en etoit répandu plusieurs Copies de mains etrangeres Longtemps avant la mort de M^r R ce qui m'a porté a en ecrire aussitot au Comte de Wiellhoskiy en Pologne^e le seul a qui cet ecrit ait passé directement. J'attends sa réponse, mais Le plus sur est toujours de gagner de vitesse ²car je viens de voir encore dans les papiers publics qu'il se débite ches Duchesne un 9me volume de supplement a son édition^g, je ne sçais si c'est Le même provenant de La boutique de Boubers a Bruxelles, en Ce Cas Ce n'est q'une rapsodie qu'il Conviendra de désavouer Comme d'autres aux quelles ni m^r R. . . ni sa veuve ni ses amis n'ont aucune part et qui ne soit Certainement point appuyées en pieces originales.²

[7] Vous aurés vü mr, par Les Lettres que vous avez reçu⁴ de M^d R et de moi ou nous avions lieu de juger qu'etoient Les Confessions

et de Les regarder Comme unique manuscrit existant. Voila VI premier[s] livres remis a m^r du P. . par une main qu'il Connoit seul et que nous ignorons entierement, la même personne dit avoir La suitte si elle n'a pas eu malheureusement ainsi que vous Craignés, Le même sort de tant d'autre papiers qu'il a Brulé[4], et notamment un plan d'education pratique qui eut été un ouvrage bien utile et interessant, s'il eut eu le tems et La volonté d'y travailler. Quand au[x] dialogues un jeune Anglois[g] qui s'est montré bien tendrement attaché a m^r R a Le premier volume, m^r D.[h] en a un autre et m^r L'abbé de C. . . .[i] a La totalité mais je ne puis penser qu'il ait Les Confessions Car il m'a declaré formellement n'avoir que ce premier ecrit et Le tenir aux Conditions precisement que vous m'avés marqués.

[8] J'ai envoyé a m^r du P. . . une note de Ce qui étoit icy où que je pouvois recouvrer de différentes personnes. Vous le trouverés aussi marqué en marge de la note cy jointe[c]. Je viens d'achever d'après brouillions presqu'indechiffrable[s] d'ajouter aux Reveries du promeneur solitaire mis au net par l'auteur deux promenades et Le Commencement d'une troisieme Ce qui Conduit cet espece de journal de ses pensées jusques au moment de sa sortie de Paris pour se retirer icy.[k] Ce travail étant fini je suis en état des apresent de vous faire passer tant a m^r du P. qu'a vous Les papiers a ma disposition que vous me demanderés suivant Les occasions sures, et *non suspectes* que vous voudrés bien m'indiquer. Excusés m^r si je me sers de ce dernier termes, mais c'est que je Connois peu[t]etre mieux que vous tout Ce qui tient icy a cette Clique que vous dites qu'il fait prudement menager, quoi qu'ils meritassent bien peu le titre, on leur rendroit justice aussi leurs iniquités L'avoient ils Conduit a renoncer a cette Republique Comme il avoit fait a l'autre, que de maux Les hommes ont fait[4] a celui qui ne leur vouloit que du bien, Le païs que vous habités m^r vous permet de vous livrer sans entraves a La défense et a La vertu de votre ami. Privé par ma situation ainsi que par ma Capacité de pouvoir vous aider dans Le travail penible auquel vous vous Consacrés genereusement, c'est une bien grande consolation pour moi d'être assuré que ce que je pense sera mieux exprimé que je ne pourrois Le dire. Un homme dont chaque mot fut un sentiment devroit sans doutte desirer que ses ouvrages fussent défendus Contre Les mal entendus presents *volontaires ou involontaires* et presentés a la postérité par la main du plus Capable de ses amis. Helas monsieur un sort funeste m'a imposé Le triste et cruel devoir de prendre soin de son Corps, vous avez celui de son esprit et de tout ce qui fut immortel en lui. Il vit

pour vous, il est mort pour moi. L'espace et mes sentiments pour vous m^r ne Laisse point de place a La Ceremonie[5]

Girardin

[9] [2]J'approuve tout ce que dessus Comme dicté sous mon Consentement exprès

(signé par) m^d R. . .[2] [1]

[6]P.S. a La Lettre du 22 X^{bre} 1778.

[10] Je viens de reflechir Monsieur qu'il seroit peutetre encor plus prudent et plus expedient pour que Le traitté demeurat Secret entre nous que vous traitassiés avec La societé Typographique de maniere que Le traitté eut L'air d'etre fait en votre nom, et que vous en envoyassiés une Contrelettre de vous a M^{de} R–. Du reste Monsieur, Elle[7] s'en rapporte ainsi que moi totalement a votre prudence et a votre amitié.[6]

MANUSCRITS

  *1. Chaalis, fonds Girardin D^4 29, n° 10, p. 1-8; copie de la lettre, de la main d'un secrétaire, transcrite d'après l'orig. autogr. disparu; et D^4 29, n° 10, fol. 24, mise au net du p.s., de la main de Girardin; un demi-feuillet, le verso bl.

  2. Chaalis, fonds Girardin D^4 29, n° 9, p.4-7; brouillon.

NOTES CRITIQUES

  Le ms. 1 est intitulé, de la main de Girardin; 'Suite de la Correspondance avec M. Moultou'.

  Je ne relève qu'exceptionnellement les variantes du ms.2, qui s'écarte souvent du texte du ms.1. Voir aussi les notes explicatives.

  Variantes du ms.1 (sauf indication contraire):

  [1] [de la main d'un secrétaire] [2] [ce passage manque au brouillon] [3] [cette première condition manque au brouillon] [4] [le secrétaire ne fait pas l'accord] [5] [le brouillon comporte un compliment assez développé et entortillé. Girardin finit par insister sur le 'Lien reciproque du sentiment commun qui doit desor-

mais nous reunir en Luy [Rousseau] et pour lui', et espère que leurs rapports seront caractérisés par 'toutte La verité a laquelle consacra sa vie celui dont nous pleurons la mort.'] [6] [de la main de Girardin. Dans le brouillon, une version de ce passage avait été insérée dans le corps de la lettre, à la fin du second alinéa:] 'Vous pouvés donc Monsieur regarder cette lettre comme un Consentement exprès de M^{de} Rousseau, traitter en votre nom comme authorisé par elle avec La societé Typographique de Genève et il vaudroit mieux même pour Causes que vous pouvés bien Imaginer que le traitté soit secret entre nous et qu'il eut lieu d'etre fait en votre nom et que vous envoyassiés votre Contrelettre a M^{de} Rousseau, une Contrelettre de vous a Elle, si a cause de cecy il vous falloit encor ce que je ne crois pas un pouvoir plus special que cette Lettre, vous voudrez bien me le demander.' [7] ⟨nous⟩ [en surcharge]

NOTES EXPLICATIVES

  a. c'est la leçon des deux mss, mais

en réalité la lettre de Moultou est du 9: voir le n° 7390.

b. par l'intermédiaire de Coindet.

c. cette copie n'est plus jointe à la lettre.

d. toujours le même mensonge.

e. voir au t.xxxix les n°s A620-A625.

f. lire '10ᵐᵉ', et voir le n° 7402 et note *a.*

g. Brooke Boothby.

h. Angiviller.

i. Condillac.

k. dans son brouillon, Girardin insère l'extraordinaire mensonge qui suit, et qu'il a jugé prudent de supprimer dans la lettre missive: '[. . .] je viens d'achever d'après beaucoup de brouillons presque indechiffrables, de rediger deux Promenades et Le commencement d'une troisieme a ajouter à ce qui etoit mis au net de l'auteur des Reveries du Promeneur solitaire, conformement aux Intentions de l'auteur qui m'en a chargé. [. . .]'

7409

René-Louis, marquis de Girardin, à Pierre-Alexandre Du Peyrou

Ermenonville Par Senlis 22 Xᵇʳᵉ 1778.

Je reçois enfin Monsieur, La Lettre de M.M.ᵃ Elle a tardé a me parvenir parce qu'il ne me L'a pas adressé[1] directement. Je repons sur Le Champᵇ a cette Lettre en L'authorisant a Conclure de Concert avec vous qu'il me marque avoir Consulté. Aucune autre proposition ne pouvoit nous etre a tous tant que nous sommes plus acceptable puis qu'elle presente tout ce que nous pouvons desirer, assurance de l'inspection [2]et du travail[2] de l'amitié, Réparation authéntique Sur Le Lieu de La Scene, et benefice tres avantageux a La veuve [2]Sans aucune garantie demandée[2]. Je m'empresse donc Monsieur de vous en donner egalement avis en meme tems ne doutant pas que vous n'en ressentés une égale Satisfaction.[3] Comme vous sçavés Monsieur, tout ce que j'ai entre Les mains ou y puis avoir Incessamment sera[4] tout pret a [5]vous etre envoyé[5] Lorsque vous voudrés bien m'indiquer des occasions sures pour [2]vous faire passer[2] tous Les papiers dont vous aurés besoin. Je pense que ce sera a vous qu'il conviendra d'envoyer les Lettres et brouillons afin que vous ramassiés Le tout, et a M. de M. Les ouvrages destinés a L'impression. J'espère que Lorsque j'aurai enfin La satisfaction de pouvoir me rendre auprès de vous nous aurons L'esprit un peu plus tranquille L'un et L'autre puisque débarassés du moins en partie du poids de tant D'affaires ensemble, nous pourrons nous livrer un peu plus aux douceurs du sentiment. Recevés, Monsieur, En attendant Cet instant que je desire, Les assurances de L'amitié La plus sincère et des vœux qu'elle fait pour votre Santé.

Mes respectueux homages je vous prie a Madame de Luze. Je joins icy une Lettre ostensible[c] pour que La Societé Typographique de Neufchatel ne puisse pas se plaindre de vous.

MANUSCRITS

*1. Neuchâtel ms.R 118, fol.42; 2 p., p.2 bl.; orig. autogr.

2. Chaalis, fonds Girardin D⁴ 33, n° 41 (1), fol.1r; premier texte du deuxième cahier de brouillons, etc., de lettres adressées à Du Peyrou par Girardin; copie autogr. (fragment).

NOTES CRITIQUES

Le ms.2 est beaucoup plus court que le ms.1. Il est daté du 21. Il est suivi immédiatement sur la même page par une copie, de la main d'un secrétaire (Stanislas?) de la lettre ostensible à la STN (n° 7410).

Variantes du ms.1:

[1] [Girardin ne fait pas cet accord] [2] [ajouté dans l'interligne] [3] [fin du texte du ms.2] [4] ⟨je suis⟩ [5] vous envoy⟨er⟩ [en surcharge partielle]

NOTES EXPLICATIVES

a. le n° 7390.

b. voir le n° 7408.

c. le n° 7410.

7410

René-Louis, marquis de Girardin, à Frédéric-Samuel Ostervald

Ermenonville Par Senlis 22 X^bre 1778.

Sur La premiere offre modique, Monsieur, que vous m'aviés fait L'honneur de me faire passer de La part de La Societé Typographique de votre ville j'ai cru devoir aussitot faire passer en plusieurs endroits Les propositions que j'ai jugé[1] convenables aux Interets dont Le devoir Sacré de L'amitié m'a imposé de prendre soin. En Consequence, Monsieur, il m'étoit impossible de pouvoir répondre aux nouvelles[2] offres que vous m'avés communiquées en dernier Lieu[a], que je n'eusse réponce de ceux a qui je m'étois adressé precedemment, et qui ont accepté immédiatement, Sans demander ni garanties ni assurances qu'il étoit impossible de donner en aucune manière, et en traittant tout simplement et de bonne foy sur les seuls articles contenus en La note que vous avés présentés[b], et qui sont les seuls qui soient en notre Disposition. Je suis tres faché, Monsieur, que L'evenement s'oppose a pouvoir donner a La Société de votre Ville une préférence qu'il etoit bien naturel que vous désirassiés pour elle, et que je désirois³ de pouvoir luy donner par rapport a vous, et a ses Liaisons avec M. Rousseau. M^de. Rousseau qui partage tout ce regret me Charge de vous en assurer de sa part. Je vous salue Monsieur avec tous Les Sentimens de L'estime et de L'amitié La plus Sincere.

Gerardin

MANUSCRITS

*1. Neuchâtel ms.R 118, fol.42-43; 4 p., p.2-4 bl.; orig. autogr.

2. Chaalis, fonds Girardin D⁴ 33, n° 41 (1), fol. 1r et v; copie, de la main d'un secrétaire.

NOTES CRITIQUES

¹ [Girardin ne fait pas l'accord] ² [en surcharge très lourde sur une première

leçon devenue presque indéchiffrable: 'dernières'?] ³ désir⟨asse⟩ [en surcharge partielle]

NOTES EXPLICATIVES

Lettre ostensible: voir le n° 7409, alinéa 2.

a. voir le n° 7381, alinéa 5.

b. Girardin s'est embrouillé; lire: 'qui vous a été présentée'.

7411

René-Louis, marquis de Girardin, à François-Joseph de Foulquier

Ermenonville 23 X^bre [1778]¹

[1] Je vous ecris un mot, Monsieur, bien a La hate, par ce [que²] mon Depart prochain³ mes affaires retardées, et celles dont je suis chargé viennent me presser de touttes parts, mais je veux neammoins repondre sur le Champ a plusieurs articles de votre Lettre contenue dans Celle de M. Benoit^a auquel je vous Supplie de vouloir bien Dire que tous Les Correspondents établis dans Les grandes villes par Le S^r. Le Marchant se plaignent de La mesquinerie de La remise qu'on Leur fait ce qui ne peut manquer de nuire Infiniment a La provocation.^b Michel Rey D'Amsterdam a ecrit^c que L'usage ordinaire etoit un huitieme du prix de L'exemplaire, et un treizieme Exemplaire gratis par Douzaine au Correspondent et distributeur. Ainsi C'est une Chose a⁴ observer plutot que plus tard surtout pour les grandes villes en paiis ètrangers parce qu'autrement L'interest de La souscription ne sera excité que D'une maniere fort Lente et tiede. Car en un mot C'est a La quantité qu'on Doit vizer et il n'y a que cela qui puisse offrir a M^de. Rousseau un benefice convenable

audela de ses avances. Il sera aussi très necessaire de bien motiver
dans L'avis pour Le retard de La Delivrance, qu'on espère que Les
Souscripteurs ne pourront qu'applaudir a La Cause de Ce retard
puis qu'il n'a pour objet⁵ que de faire graver sur Cuivre, Imprimé
Sur de beau papier fait exprès et marqué des deux grand[s] J. J.
pour eviter Les Contrefactions⁶ transposer Les airs de soprano Sur
La Clef de G comme plus Commun et plus facile pour la pluspart
des Lecteurs, en un mot de prendre tous Les soins et Les precautions
possibles pour⁷ que La Typographie en soit⁸ aussi belle qu'il sera
possible, afin de rendre cet ouvrage autant Digne qu'on pourra de
son Estimable⁴ auteur Sans en rencherir Le prix en aucune maniere
pour Les Souscripteurs.

[2] Il ne sera pas necessaire que⁹ Mʳ Benoit se donne la peine de
m'envoyer Le Chant du Tasse*ᵈ* avant mon retour a Paris qui sera
du 7 au 8 au plustard du Prochain. Il suffira que je Le trouve pret
pour lors afin que je puisse L'envoyer ⁴d'un moment⁴ á L'autre des
que L'occasion d'en faire usage Se presentera. Je vous supplie de
vouloir bien en faire de même de votre Copie des Considérations
sur la Pologne et La garder bien soigneusement. Je verrai alors¹⁰ si
elle se trouve alors éxactement conforme à ce que j'ai vu de Cet
ouvrage. Donc il est bien vilain n'ayant posé qu'un Instant par une
Imprudence de M. de Wielhorsky ⁴sur La⁴ table d'un geometre,
qu'il se soit ainsi multiplié d'un trait de plume. Je n'ai point de
Conseils a vous Donner Monsieur au sujet de L'affaire du sʳ Le
Marchand. Il S'est D'autant plus mal Conduit que c'est a vous
qu'il avoit une entiere obligation. Mais il est trop au dessous de
vous et de Mʳ Benoit par sa¹¹ conduitte et ses sentiments pour etre
digne de vous offenser, et il seroit a Désirer vu Le bruit qu'il peut
faire a La porte ou il est posté, et qui peut nuire a L'interet de La
Chose, que Cela put se terminer Le plus Doucement possible. *Vous
avés vu que ni Mᵈᵉ. Rousseau ni moy n'avons pas Differé un moment ¹²a vous
envoyer tout ce que vous Desiriés pour votre Satisfaction, ainsi nous nous en
rapportons totalement a votre prudence, mais je vous prie de m'excuser si je ne
vous envoye pas Les Deux Lettres que Le Mᵈ. m'a ecrit¹³ par La raison que
ce qu'un homme ecrit a quelqu'un Il ne L'ecrit pas a un autre. Mais vous devés
bien, Monsieur, vous en rapporter à moy¹² pour Luy avoir repondu a sa
premiere ce que j'ai cru devoir Lui dire pour lui remettre La tête que je voyois
poussée par La Déraison meme Contre Ses propres Interets, et a Sa Derniere
que je ne lui repondrois plus, puisqu'il avoit eu aussi peu D'égard a ce
que j'avois cru devoir lui dire d'abord.* ⁴J'ay⁴ L'honneur d'etre avec
L'attachement Le plus sincere Monsieur Votre tres humble et tres
obeissant serviteur *Gerardin*

[3] J'ai eté content de L'annonce dans la feuille de Paris de La distribution des Roles'. Mais toujours Le Clavecin Pour le recitatif. Insistés comme droit de L'auteur Conforme a La representation de L'origine. Toutte La copie[14] de notre receuil est achevée[15] mais j'imagine que vous[16] n'en aurés pas besoin avant mon retour. J'aurois cependant bien voulu voir un modele de notre gravure ce qui pourroit m'arriver après demain, S'il etoit venu demain Chés mon Portier afin[17] de pouvoir Le montrer a M^de. Rouss. avant mon Depart.

[4] Permettés que cette Lettre soit commune a M^r. Benoit en ce qui Le Concerne, et Le prié de trouver[18] bon que pour cette fois je ne lui reponde pas plus en particulier.

[5] M^r. de Leyre m'a envoyé Les Corrections qu'il desiroit faire a Ses paroles'. Elles ne me paroissent pas bien nécessaires mais enfin c'est La volonté de L'auteur. Il me Demande par la meme Lettre Si je ne Connois pas une ancienne[19] Chanson de soldat qu'on Chante sur Les bords de La Garonne et qui Commence par Ces[20] mots

> Je me suis engagé
> Pour L'amour d'une brune, bis.
> Pour une bague d'or
> que je lui ai donné
> et pour un Doux baisé
> qu'elle m'a refusé &c.

Il voudroit bien avoir Paroles et musiques de Cette Chanson. Je ne La Connois point mais je ne crois pouvoir mieux faire que de m'adresser a vous ou a M^r. Benoit pour la lui procurer, Comme production du paiis.

MANUSCRIT

*Chaalis, fonds Girardin D⁴ 37, dossier A, n° 35; 4 p.; orig. autogr. ou premier état signé.

NOTES CRITIQUES

[1] [le millésime est déterminé entre autres par l'allusion à la demande de Deleyre] [2] [omis par inadvertance] [3] [suivi d'un mot biffé en surcharge sur un autre, tous deux devenus indéchiffrables] [4] [en surcharge sur un autre mot devenu indéchiffrable] [5] objet ⟨d'avoir Le plus⟩ [6] Contrefactions ⟨ ⟩ ⟨En faire renchérir en aucune⟩ [7] pour ⟨rendre cet ouvr⟩ ⟨rendre⟩ [8] soit ⟨plus bell⟩ [9] ⟨qu'on⟩ [10] alors ⟨S'il⟩

[11] ⟨L⟩a [en surcharge] [12] [ce passage a été biffé par plusieurs traits obliques, sans doute par une autre main. Le reste du passage souligné a été marqué dans la marge de droite par une ligne verticale tremblée. Le passage a été souligné par Foulquier qui s'en est offusqué: voir au t.xliii sa lettre du 5 janvier 1779]. [13] [Girardin ne fait pas cet accord] [14] ⟨musique⟩ [15] achevée ⟨de⟩ [16] ⟨ne⟩ [en surcharge] [17] ⟨pour⟩ [en surcharge]

[18] ⟨Le⟩ [en surcharge] [19] [inséré dans l'interligne] [20] ⟨S⟩es [en surcharge]

NOTES EXPLICATIVES

Le destinataire n'est pas nommé, mais l'allusion à sa 'copie des *Considérations*' suffit pour l'identifier.

a. cette lettre est inconnue.

b. il est difficile de lire autre chose. Est-ce un simple lapsus? Ou bien Girardin pense-t-il que sans cette remise, 'l'incitation' manquerait aux libraires de promouvoir la 'souscription'?

c. dans une lettre (perdue) à Du Peyrou: voir le n° 7399, alinéa 5.

d. voir au t.xli le n° 7201, p.s. et note *c.*

e. 'On a distribué les Rôles du *Devin du Village*, remis en nouvelle musique par J.J. Rousseau. S'il est en général piquant de voir différentes musiques sur les mêmes paroles, ce doit être surtout lorsque c'est le même Auteur qui lutte pour ainsi dire contre lui-même, lorsque cet Auteur est J.J. Rousseau, & que l'ouvrage est en possession de plaire à tous les Spectateurs depuis son existence' (*JP* du samedi 19 décembre 1778, n° 353, p.1425-1426).

f. voir le n° 7405.

7412

François-Joseph de Foulquier à René-Louis, marquis de Girardin

[le 23 décembre 1778]

Monsieur,

[1] Le Marchand a ainsi que je l'avois prevu fait des difficultés et n'a pas voulu Sur la Sommation qui lui en a esté faitte remettre ny les Engagements qu'il a en main ny les planches d'Etain que je lui ai payées ny les autres objets qu'il a en main appartenants a mad[e]. Rousseau et j'ai esté obligé de le faire assigner devant Le lieutenant de Police pour Se voir Condamner [1]a faire[1] par force Ce qu'il n'a pas voulu faire de bonne grace. Il nous faut donc un pouvoir formel et Tel que j'avois eu L'Honneur de vous le demander monsieur C'est a dire passé par devant Notaire et Legalisé.

[2] Il faut Copier la minute Cy jointe[a] parce qu'elle fixe Les pouvoirs de M[r]. Benoit de façon a pouvoir forcer Ce Le Marchand jusques dans Ses derniers retranchements. C'est une galle que Ce marchand mais nous en viendrons a bout et ni vous ny mad[e]. Rousseau ne devés avoir aucune inquietude.

[3] Il faudra avoir la bonté de faire passer et Legaliser Cette procuration Le plustost possible et il faut absolument qu'elle nous Soit remise dimanche au Soir ou Lundy au matin[b] pour le plus tard

parcequ'il faut qu'en vertu de ses pouvoirs m^r. Benoit Constitue un procureur et que Ce procureur puisse Comparoitre en regle mardy matin chez m^r. le Lieutenant de Police Car ce jour la est deffinitivement fixé pour juger L'affaire.

[4] La gravure va toujours Son train et va parfaitement.

[5] J'ai L'Honneur d'Estre avec l'attachement Le plus Sincere et Le plus inviolable
Monsieur

Votre tres Humble et
tres obeissant Serviteur
Foulquier

Paris Ce mecredy 23 X^bre

[6] M^r. Benoit vous assure de Ses respects et va infatigablement du graveur de² Lettres au graveur de musique et du graveur de musique au graveur des² Lettres. Quand a moy je ne negligerai jamais Rien de Ce qui pourra me mettre en³ meme de prouver La veneration respectueuse que j'ai eue et que j'aurai toujours pour J. J. Rousseau, L'attachement que j'ai voué a Sa femme et à vous monsieur.

MANUSCRIT
*Chaalis, fonds Girardin D⁴ 37, dossier A, n° 13; 2 p.; orig. autogr.

NOTES CRITIQUES
¹ [ajouté dans l'interligne] ² [il y a bien 'de' la première fois et 'des' la seconde fois] ³ [il y a bien 'en' et non 'à']

NOTES EXPLICATIVES
a. le n° 7413.
b. dimanche 27, lundi 28.

7413

Résiliation par Marie-Thérèse Levasseur de la convention passée entre elle et Le Marchand: Projet

[le 23 décembre 1778]¹

Pardevant Les Notaires &c–
A Comparu Dame Marie Therese Le Vasseur Veuve De Jean Jacques Rousseau demeurant a Ermenonville
Laquelle a fait et Constitué Pour Son procureur general et Special Monsieur Benoit ancien Controlleur des bois et domaines du Lan-

guedoc auquel elle donne pouvoir de revoquer et faire Revoquer
touts pouvoirs Charges et Commissions qu'elle peut avoir donnés
au S^r. Le Marchand mar^d. de musique demeurant Rue de Grenelle
S^t. Honoré a Paris, de faire les demarches et opperations necessaires
pour La gravure impression brochure et envoi aux Souscripteurs
des exemplaires de la musique de chambre Composée par Jean
Jacques Rousseau et que La ditte dame la veuve a proposée par
Souscription a L'adresse du dit *Le Marchand*, de Resilier ou faire
resilier en justice pour et au nom de la Comparante touts Marchés
et Conventions qu'il voudroit alleguer a Ce Sujet attendu que la
ditte dame Comparante ne veut plus Se Servir du dit Le Marchand
pour Raison Des Susdittes opperations; de L'obliger en Consequence a remettre 1°. Les lettres et engagements de Ceux qui ont
jusqu'a present Souscrit pour Le d^t. ouvrage de musique. 2° Le
registre particulier qu'il a tenu des dits engagements et Souscriptions, ou a representer le dit registre pour y prendre les noms et
demeures de Ceux qui y Sont inscrits. 3°. les Exemplaires du
prospectus du d^t. ouvrage qui peuvent luy rester du nombre d'Environ trois mille qui lui ont esté Confiés. 4°. touts les papiers et
documents que le d^t. Le Marchand pourroit avoir Concernant Les
dittes romances de J.J. Rousseau. 5°. Cent planches d'Etain fin
pesant ensemble Cent vingt et neuf livres quatorze onces apparte-
nant aussy a la d^{te}. dame Rousseau. D'offrir de lui rembourser et
paier touts les deboursés et avances qu'il pourroit avoir fait[2] a cette
occasion et dont il justifierait ainsi que le prix de Ses peines et Soins
D'après le memoire qu'il en representera; de debatre regler et Solder
Le dit memoire; de faire Condamner le dit Le Marchand aux
dommages et interets qui resulteront de son reffus ou de son retard
a remettre Les dits objets, de donner touts reçus et decharges
valables de Ce qui Sera remis, de suivre L'effet de la Sommation
qui a esté faitte a Cet Egard au d^t. Sieur Le Marchand le dix neuf
de Ce mois et de la demande formée ensuitte devant monsieur le
lieutenant de police de Paris, de poursuivre Sur le tout jusqu'a
jugement deffinitif et execution, de transiger s'il le juge a propos,
apeller S'il y a lieu Constituer touts procureurs et avocats en Cause;
les revoquer, et en Constituer d'autres Comme aussy de Conclure
touts autres marchés qu'il jugera Convenables pour raison de la
gravure impression brochure et envoi aux Souscripteurs du Susdit
ouvrage de musique; de faire changer Ce qu'il faudra aux prospectus, d'avertir ou faire avertir les Correspondants Soit par lettres
Soit par les papiers publics du changement du lieu de la Souscription
et generallement De faire pour Raison de Ce que dessus Circon-

stances et dependances tout Ce qui Sera necessaire promettant L'avouer. Dont a esté fait et Parlé a &ca.

Notta Il ne faut pas oublier de faire Legaliser.

MARIE THERESE LE VASSEUR
FEMME JEAN JACQUES ROUSSEAU

MANUSCRIT
   *Chaalis, fonds Girardin D⁴ 35, n°
17; 4 p.; projet de la main de Foulquier.

NOTES CRITIQUES
   ¹ [le ms. n'est pas daté. Ce document,

bien que classé dans un autre dossier, est évidemment celui envoyé par Foulquier à Girardin avec sa lettre du 23 décembre 1778, n° 7412.] ² [Foulquier ne fait pas l'accord]

7414

Pierre-Alexandre Du Peyrou à Paul-Claude Moultou

Neufchatel 23 X^bre 1778.

Il y a huict jours, Monsieur, que j'eûs l'honneur de vous écrire. Je ne reprends aujourd'hui la plume que pour vous accompagner l'envoy cy joint reçu hier de Paris^a. Je crois devoir vous en donner communication, tant pour vous faire connoître la façon de penser de Mr de G. honorable pour lui, que pour vous mettre à portée de juger de ce que nous devons faire. Vous avés Monsieur copie des conditions proposées par moi au nom de la Veuve^b, et celle des morceaux qui doivent composer le Recueil^c. Mr de G. a lés mêmes piéces, mais il ne paroit pas y avoir jetté un coup d'oeuil attentif, puisque lés reserves faites par la Veuve dans le premier de cés morceaux, nous laissent la liberté de nous en tenir à ce que nous avons indiqué, et surtout par raport à la Correspondance. Je n'ay jamais pensé à donner les lettres d'autrui ni toutes les lettres de Rousseau; mais simplement celles qui mériteroient l'impression, et dont vous avés offert quelque unes. Il y a d'ailleurs quelques autres que l'auteur a deja données, ou qu'il avoit destinées à entrer dans son recueil. C'est ce que j'ay apellé la Correspondance. Or il me semble que de la maniére dont les conditions etoient faites, il n'y avoit aucune difficulté à craindre de la part dés entrepreneurs. Car il va Monsieur, sans dire que c'est sur ces mêmes conditions que les offres faites ici ou à Geneve doivent porter. Il va encore sans dire que les entrepreneurs n'obtenant pas formellement le consentement du souverain pour l'Edition, doivent rester responsables des evenemens sans que la Veuve en pâtisse pour le payement convenû.

Voici Monsieur, une reflexion que je fais dans le moment. Il paroit par les lettres de Mr de G. qu'il envisage sous deux points de vüe bien differens de contracter avec des libraires, ou avec nous. Au premier cas, il paroit ne pas decidé à remettre tout ce qu'il a en mains, sans exception, et au second c'est l'opposé – Il nous convient pourtant de réunir le tout, afin de juger de ce qu'il y aura avec le tems à ajouter à l'Edition actuelle, soit par nous meme, soit par nos aprévenans^d. Voyés donc Monsieur, quel parti il nous convient le mieux de prendre pour le bien de la chose. Quand à moy je ne suis pas plus que vous dans l'idée de faire aucun profit, mais je ne suis pas non plus disposé à donner ce que les libraires ont offert. Il me paroissoit que 16/m^{ll} une fois payées, ou 1400^{ll} de rente viagére etoient fort honnêtes. Mais enfin, la Veuve pouvant obtenir davantage, quoiqu'elle l'ignore encore il n'est pas naturel de nous donner la preference. Ne faudroit il donc pas prendre un milieu et arranger les choses de maniére que la Veuve dans le contract qui devra se passer, nous cede tous ses droits et que nous restions depositaires de tout ce qui ne doit pas entrer dans le recueil actuel, afin de le faire paroitre quand il sera tems, et de nôtre coté nous prendrions vis à vis et de la Veuve et des libraires tels arrangemens convenables d'aprés les offres et lés conditions actuelles. Voyés, Monsieur, ce que vous pensés de cette idée.

Je joins à ceci la copie que m'a fournie Mr de G. du papier écrit par R. au sujet de nos arrangemens^e. Par sa teneur, il y a longtems que cet écrit est fait; il ne contient que les mêmes choses à peu prés qui ont été traitées entre nous par lettres. Vous aurés la bonté, Monsieur, de me renvoyér le tout, pour que je fasse ma réponse à Mr de G.[1]

MANUSCRIT

[1. pour l'orig. autogr. de cette lettre (4 p., p.4 bl.), voir au t.xli le n° 7243]

*2. transcription du ms.1, faite par mlle Rosselet.

NOTE CRITIQUE

[1] [suivi du paraphe de Du Peyrou]

NOTES EXPLICATIVES

a. voir le n° 7403.

b. voir le n° 7344, alinéa 4.

c. voir le n° 7344, premier alinéa.

d. ce terme expressif, attesté en Suisse romande dès le début du XVIe siècle, n'a pas encore disparu du parler neuchâtelois, quoique moins fréquent qu'autrefois. Aujourd'hui il indique surtout les descendants, la postérité de quelqu'un. Autrefois, il avait le sens plus large de 'successeurs'.

e. voir le n° 7403, premier alinéa et note *b.*

7415

René-Louis, marquis de Girardin, à Alexandre Deleyre

Ermenonville Par *Senlis 25. X^{bre1} 1778.*

[1] Je ferai employer, Monsieur, puisque vous Le désirés[a] les Changements que vous m'envoyés autant qu'il sera possible. Celui de La Romance[b] ne pourra pas avoir lieu, Les paroles en étant déja entre Les mains du graveur, et je vous avöue que je n'en suis pas faché pour l'amour de Cette touchante Romance et de son auteur. Car pour moi, qui me trompe peut etre,[2] j'aime beaucoup mieux ce qu'on vous a fait oter, que tout ce qu'on pourra vous faire mettre a La place.[3] Dans le Second morceau Le Dialogue des [4]deux amies[4c] comme il n'y a qu'une seule correction d'un monosillabe au lieu d'un autre, Elle Sera facile à Substituer. Mais dans le 3e des Rozes[d] il y a beaucoup de Changements qui ne pourront pas être employés parce qu'ils alterent où La quantité des Sillabes, où La Disposition Intercallée des paroles. J'espère que nous aurons encor Le tems de raisonner de Cela plus a fonds Lorsque j'aurai Le plaisir de vous voir à Paris ou je compte etre de retour du 7 au 8 du prochain, Aussitot que Le nuage de bétises du jour de L'an Sera dissipé. A propos de bétise Comment trouvés vous celle que nos Peres Conscripts[e] viennent de faire au sujet de Ces pauvres Chrétiens nos freres [5] [6]et compatriotes[6] [5f]. Hé quoi suffira t'il donc toujours qu'une Chose Soit Suivant L'ordre de La nature et de L'humanité pour qu'elle soit réprouvée par Les representants de L'auteur de La nature et Les representants du genre humain.

[2] Je suis bien aise que La tragedie de votre ami Mr Ducis[g] ait[7] bien réussi. Chacun a son genre, Le mal c'est que[8] dans ce Siècle [6]ignorant bas bémol ainsi que pa[s] bécarre[6] on[9] fait dans le concert de la societé comme dans L'orchestre de l'opera, chacun veut jouer sa partie[10] au depens de Celle des autres. Quant aux vers de Mr Roucher je me rapporte bien a luy pour en faire de beaux même [11]en loge[11].

[3] Mais[12] notre Excellentissime a bien plus besoin d'etre senti que D'etre loué. Je n'ai point vu La nouvelle honneteté typographi-que dont vous me parlés[h], tout ce que je Connois c'est une rapsodie Imprimée a Bruxelles[13] [à l']14occasion du bruit de l'apparition de

ses memoires, cette rapsodie n'est[14] composée [que] de pieces fausses et non avouées, [15]si c'est la[15] meme Chose que les Libraires de Paris ont ramassé[16]; je n'eusse pas cru qu'ils en eussent voulu deshonorer leur Edition. [6] [17]Cepand[t] dans la brochure de Bruxelles il n'est point qu[est]ion de[17] [6] La Lettre a tout François[i] [qui] est infiniment touchante, ils En auront sans doutte eu quelque Copie furtive car Notre ami L'avoit donnée a beaucoup[18] de personnes quoique La Lettre [19]ne s'adressoit qu'[19] a bien peu, mais après tant de tromperies de la part des autres il etoit bien excusable de se tromper lui même, car ne sachant plus a qui se fier,[20] on l'avoit Conduit[21] a se mefier de tout Le monde[22] en depit de lui même, et il n'est que[23] trop manifeste que les Elus[24] memes[25] auxquels il a Confié ses memoires ont abusé de[26] sa predilection[27] pour preter a la Calomnie des faits faux ou alterés. Mais il prit toujours un fier garant de [5]Ses faits et gestes[5], Sur lequel il n'a pu etre permis a personne de bonne foy de se tromper, Ce fut son Cœur. [28]Et cette[28] [29]Pierre de touche[29] [30]fut trop en evidence[30] [31]pour qu[31]'aucune Imposture fabriquée contre luy n[e] [32]put en[32] soutenir[33] La Comparaison, des foiblesses, des fautes, des Erreurs, sans doutte il en fut[34] aussi Capable de les avouer que d'y tomber, car C'est le seul Philosophe qui n'ait pas affecté de Cesser d'etre homme, mais des vices, des trahisons, des Crimes,[35] pour qu'ils eussent pû approcher de luy, il [36]en eut[36] fallu arracher[37] auparavant Le Cœur de J. J. Tenés vous donc ferme et Coy Sur Cette Idée comme j'ai toujours fait. Car il n'est plus aisé de Croire[38] qu'un homme soit transformé en tigre, que de Croire que JJ[39] Le bon JJ[40] ait èté un fourbe ou un mechant[41], je n'ai plus[42] a ce sujet[43] qu'a dire comme notre bonhomme Henry, que [44]Les mechants[44] se repentent et qu'on ne m'en parle plus. Vous etes bon vous, Monsieur, [45] [5]non seulement je le sens[5] [45] [46]je n'en doutte pas, mais je vous Crois meme trop bon – TROP BON? eh oui Certes car dans L'ordre Social [45] [5]et qui pis est academique[5] [45] on ne peut pas impunement se Livrer a L'excès d'une vertu naturelle qu'il n'en resulte un Inconvenient pour Les autres et pour soi. Eh puis qu'on blame encor L'homme qui a dit[47] que les hommes etoient naturellement bons, et que c'etoit La Socièté qui Les denaturoit. Paradoxe fut toujours Le Cri de La lettre comme heresie celui de La soutanne.[48] D'un seul mot par ce moyen on Improuve tout, on ne prouve rien.

[4] Je quitte Les Champs, je vais a Paris, quelle transplantation, Pardonnés Si dans le tumulte du voyage je n'ajoute plus rien que L'espérance d'y manger la soupe avec vous.

[5] Je ne Connois point La Chanson[49] du soldat Languedocien[50],[k],

je l'ai demandée [51]a Mr Benoit[l] qui est du[51] Paiis qui a ecrit a Toulouse pour L'avoir. Je viens d'en faire une Conforme a la situation actuelle[5] de mon ame[52] air et paroles[53]. [54] [5]Je l'ai intitulée[5] [54] La Complainte d'Young, je vous la montrerai a Paris, [5]parce que[5] vous ètes digne d'Etre[55] sensible a L'attendrissement de La tristesse.

MANUSCRIT

*Chaalis, fonds Girardin D[4] 34, n° 42; 4 p., p.4 bl., brouillon.

IMPRIMÉ

Molinier (1970), p.174-176.

NOTES CRITIQUES

[1] [le chiffre du mois est mal formé et ressemble à un '8': mais la lettre répond à celle de Deleyre du 18 décembre 1778: cp. aussi l'allusion au jour de l'an.]
[2] peutetre, ⟨mais enfin pour moi⟩
[3] place. ⟨mais vous etes bon, très bon, je Le vois, je Le sens et même trop bon. Trop bon! Eh oui sans doutte L'excès d'une vertu naturelle est toujours dans L'ordre social un vice ou contre Les autres ou Contre Soi.⟩ [4] ⟨Rozes⟩
[5] [ajouté dans l'interligne] [6] [omis, impr. de 1970] [7] ait ⟨du succès⟩ [les mots biffés ont été intégrés au texte dans l'impr. de 1970] [8] que ⟨dans la societ⟩
[9] ⟨chacun⟩ [10] partie ⟨sans s'embrasser de la partie des autres⟩
[11] impr. de 1970: d'éloge [12] ⟨Pour[5]⟩
[13] Bruxelles ⟨ou il n'y a pas un mot de vrai, ou de⟩ [14] [les mots biffés (voir la note 13) ont été remplacés dans l'interligne par une phrase fort mal écrite et dont le début est indéchiffrable] [15] ⟨si c'est la meme chose qu'on a rechauffé a Paris⟩ ⟨Le même plat⟩ ⟨La même pacotille dont Les Libraires de Paris ont fait usage⟩ [16] [Girardin ne fait pas cet accord] [17] ⟨J'ai cette lettre a tout françois mais⟩ [le texte définitif, écrit fort mal dans l'interligne, est en partie conjectural] [18] ⟨nombre⟩ [19] ⟨fut⟩ adress⟨ée⟩ à [en surcharge partielle], impr. de 1970: ne fut adressée [20] fier, ⟨il falloit bien qu'il se mefiat de tout le monde⟩
[21] Conduit ⟨à se mefier malgré luy⟩

[22] monde, ⟨et de lui même et C'eut èté⟩
[23] que ⟨Ce que vous avés vous même⟩ ⟨a voir que⟩ [24] impr. de 1970: Etres
[25] memes ⟨a qu⟩ [26] de ⟨Cette pre⟩
[27] predilection ⟨pour prendre occasion d'en⟩ ⟨pour en a⟩ ⟨preter de nouvelles Impostures⟩ [28] ⟨C'est une⟩ [29] [biffé par inadvertance] [30] ⟨dont rien de⟩ ⟨ou touttes les Impo⟩
[31] ⟨dont⟩ [32] n⟨'a jamais pu⟩ [ces mots biffés intégrés au texte de l'impr. de 1970] [33] soutenir ⟨La preuve⟩ [34] fut ⟨Capab⟩ [35] Crimes, ⟨il eut fallu⟩ [36] impr. de 1970: auroit [37] arracher ⟨Le⟩ [38] Croire ⟨a L'idée⟩ [39] ⟨ait èté un fourbe transformé en honnete homme,⟩ ou que [non biffé] ⟨L'honnete J⟩ [40] JJ ⟨ait èté transformé en un mechant⟩
[41] mechant ⟨quant a moy⟩ [42] plus ⟨rien a dire⟩ [43] sujet ⟨que a dire⟩ [44] ⟨Ceux qui ont fait le mal⟩ [45] [omis, imprimé de 1970] [46] sens, je ⟨je le sais⟩ [47] impr. de 1970: vu [48] soutanne. ⟨Avec cela⟩ [49] Chanson ⟨grenad⟩ [50] Languedocien ⟨je me suis⟩
[51] ⟨a quelqu'un de⟩ [52] ame ⟨qui doit etre assés bien souvent en Ce monde Celle des am⟩ [53] paroles ⟨je vous la montrerai. Le sujet est⟩ [54] [biffé par mégarde] [55] d'Etre ⟨pouvoir vous attendrir⟩

NOTES EXPLICATIVES

a. voir le n° 7405, premier alinéa.
b. *Edwin et Emma*: voir le n° 7405, premier alinéa et note *c*.
c. le n° 68 des *Consolations*, 'Les Deux Amies'. Rousseau a annoté ce duo. Au-dessous du titre, il explique ses intentions: 'N.B. On a cherché un Sujet qui pût être intéressant entre deux femmes, parceque les Duo à deux dessus sont beaucoup plus agréables à l'oreille que

les autres'. Au début du récitatif, il ajoute: 'N.B. Il est presque impossible de mettre en chant un bon dialogue françois surtout avec des nuances d'accens aussi fines; du récitatif eut infiniment mieux valu, mais il auroit fallu mettre presque tout le Duo en récitatif, et il en eut pu résulter une assez jolie scène de theatre, mais non pas un vrai duo'.

d. voir le n° 7405, premier alinéa et note *b.*

e. cette expression, appliquée dans l'antiquité aux sénateurs romains, désigne ici, par dérision, le parlement de Paris: voir la note *f.*

f. le 15 décembre 1778, M. de Brétignières avait proposé au parlement de Paris d'accorder l'état civil aux protestants. Dans un discours éloquent et vigoureux, il avait déclaré qu'il visait à obtenir pour les protestants 'ce qu'on accorde aux Juifs', et 'ce que les princes protestants ne refusèrent jamais aux catholiques', c'est-à-dire 'un moyen légal d'assurer l'état de leurs enfans'. Il s'élevait avec fermeté contre la fiction légale selon laquelle il n'y avait plus de protestants dans le royaume, et affirmait que depuis 1740, on avait célébré au Désert 400,000 mariages, d'où un grand nombre de procès. L'abrogation des lois oppressives, devenue indispensable dans un siècle où la tolérance avait fait tant de progrès, ramènerait en France les réfugiés, et soulagerait deux millions de citoyens qui vivaient dans le désespoir. Résultat: 'Arrêté, qu'il n'y a lieu à déli-

bérer, s'en rapportant ladite Cour à la prudence du Roi' (*GL*, Supplément du n° VI, du mardi 19 janvier 1779). Le *CE* présente cette affaire d'une manière plus favorable pour le Parlement et pour le gouvernement: 'Le 15 de ce mois le Parlement, toutes les Chambres assemblées, délibérait sur la dénonciation qui lui avait été faite concernant les enfants des Protestants, décida qu'il n'y avoit matiere a délibérer; comme on sait que l'administration s'occupe depuis quelque temps de ce grand objet, le Parlement attendra en silence que S.M. se soit expliquée sur le sort d'une partie de ses sujets qu'elle ne veut plus voir inquiétée dans leur état & leur fortune' (*CE*, mardi 29 décembre 1778, n° lii, iv.412).

g. voir le n° 7405, alinéa 3 et note *i.*

h. il s'agit du fameux *Supplément* aux *Œuvres* de Rousseau: voir le n° 7402, note *a.*

i. voir au t.xl le n° A647.

k. voir le n° 7405, alinéa 5.

l. voir le n° 7411, alinéa 5.

REMARQUE

Cette lettre marque, semble-t-il, la fin de la correspondance entre Deleyre et Girardin, qui du reste n'étaient sans doute pas faits pour se lier de façon durable. La BV de Neuchâtel conserve (ms.R n.a.9, fol.2-3) des notes de Deleyre sur la mort de JJ. Ce ms. est assez décevant, car il ne fait que reproduire des articles du *Mercure*, etc.

7416

Jean Ranson à Frédéric-Samuel Ostervald

La Rochelle 26ᵉ Xᵇʳᵉ 1778.

Monsieur

[. . .] Il faut donc attendre du temps ces précieux mémoires que vous me marquez être déposés depuis longtemps hors de chez leur Auteur: on m'a dit que c'etoit Mʳ de[1] Girardin qui se trouvoit dépositaire de ce trésor qui ne paroîtroit au grand jour qu'après la mort de plusieurs personnes mal-traitées dans cet écrit. Peut-etre alors, vous & moi n'existerons nous plus, il faudra bien s'en consoler. Il paroit ici depuis deux jours[2] un volume 8°. qu'on donne pour supplément à ses œuvres diverses*[a]*, contenant des piéces de vers & des lettres de cet homme célebre, ainsi que ce que les Journalistes ont dit de lui depuis sa mort[3]. Cette brochure est terminée par une lettre sans signature d'une personne qui lui offre un azile, la quelle pourroit bien être de M. de Girardin*[b]*. Je pense que cet ouvrage vous sera parvenu avant ma lettre. En attendant ses mémoires je cherche avec avidité tout ce qui peut me donner quelque connoissance de l'histoire de sa vie que je serois fort curieux de connoître. Je voudrois bien que quelqu'une des personnes qui ont suivi sa conduite, s'il en est, nous en donnât un précis. Quel est cet *homme de lettres celebre* qui lui conseilla d'ecrire contre les Lettres*[c]*, & celui qui le fesoit manger à une table séparée quand il avoit des Savans pour convives?*[d]* Je vous demande pardon de vous entretenir si au long & si souvent de Jean Jaques, mais j'aime à me persuader que l'enthousiasme qu'il m'inspire & qui n'est produit que par celui qu'il avoit lui même pour la Vertu m'excusera à vos yeux & vous engagera à me parler quelquefois de cet ami de la Vertu.

Il paroit par ce que vous me dites de la dégradation des maisons de Ferney que Voltaire les avoit fait[4] construire comme il avoit lui-même travaillé plusieurs de ses ouvrages: pour exister sa vie durant. [. . .]

A Monsieur / Monsieur Junet, fils, directeur des Postes pour Monsieur / le Banneret Ostervald, / *à Pontarlier en Franche Comté*

MANUSCRIT

*Neuchâtel ms.1024 (arch. de la Société typographique), fol.48-49, un p.s. et l'ad. p.4; cacheté d'une oublie; m.p.: timbre: 'LA ROCHELLE'; taxe: '20'; orig. autogr.

NOTES CRITIQUES

[1] [ajouté après coup, dans l'espace entre les mots] [2] jours ⟨ici⟩ [3] [en surcharge sur un mot devenu indéchiffrable] [4] [ajouté dans l'interligne]

NOTES EXPLICATIVES

a. voir le n° 7402, note *a*.

b. ce n'était pas Girardin, mais le prince de Ligne. Sa lettre (t.xxxviii, n° 6740) se trouve réimprimée, sans attribution, p.359-361 du *Supplément*, parmi les 'Lettres de J. J. Rousseau Survenues pendant l'impression de ce Volume'.

c. allusion à l'anecdote selon laquelle Diderot aurait inspiré à JJ la thèse à soutenir dans son *Discours sur les Sciences et les Arts*: voir le n° 7314, alinéa 6.

d. allusion à l'anecdote racontée par La Harpe: voir le n° 7314, alinéa 8.

7417

René-Louis, marquis de Girardin, à Pierre-Antoine Benoît

Ermenonville ce Dimanche [27 décembre 1778][1]

Je vous envoye Monsieur, La procuration Par devant notaire et Légalisée que m'a demandée M[r]. Foulquier[a], Pour Parvenir a vous L'envoyer aussi promptement que M[r]. Foulquier La demandoit il a fallu y faire travailler non sans beaucoup de peine Le jour de Noel, parce que Le notaire est Dans un Endroit Le Controleur a Damartin, et Le juge a Senlis Ce qui rend a La Campagne [2]ces sortes D'actes[2] tres embarassantes dans La forme. Cependant j'espère qu'il vous arrivera encor a tems puis qu'il doit vous parvenir par La poste Demain Lundy. Je vous [3]prie de[3] bien faire observer au graveur de Lettres que dans Le Cahier de La vocale transposée il n'y a absolument dans tous Les airs que Les paroles qui doivent aller sous La note de recopiées. Tout Le reste des Couplets, et Les Intitulés des airs, ainsi que Les notes ou remarques dont ils sont accompagnés Doivent se prendre a Chaque air dans Les Cahiers de La partition complette. La Copie est finie complettement. Nous avons 200 pages justes. Je la porterai avec moi a Paris ou je serai de retour du sept au huit, et fort empressé de vous assurer moi même du sincere attachement avec Lequel j'ay L'honeur d'être Monsieur votre tres humble et tres obeissant serviteur

Gerardin

Je ne repons point a M[r]. Foulquier ayant preferé de vous envoyer pour plus prompte expedition La procuration directement mais je vous prie de vouloir bien luy presenter Les assurances de mes sentiments.

MANUSCRIT

*Chaalis, fonds Girardin D⁴ 35, n° 23; 2 p.; orig. autogr.

NOTES CRITIQUES

¹ [le ms. n'est daté que du jour de la semaine. L'allusion à Noël dans la première phrase suffit pour dater la lettre avec précision.] ² [ces mots répétés par inadvertance] ³ [c'est une des surcharges les plus impénétrables du marquis. Il paraît avoir d'abord écrit: 'observerés', ensuite, en surcharge, 'prie de', mais la version définitive est loin d'être certaine.]

NOTE EXPLICATIVE

a. voir le n° 7412.

7418

La Société typographique de Neuchâtel à René-Louis, marquis de Girardin

[le 27 décembre 1778]

Monsieur¹

[1] Nous ne pouvons nous dispenser d'avoir l'honneur de vous écrire pour vous exprimer toute la Surprise que nous avons éprouvée en apprenant aujourd'hui de M. Du Peyrou que dans le tems où² nous avions lieu d'envisager comme conclue la negociation³ entre lui & nous, & dont vous avez eu une pleine connoissance pour l'acquisition des manuscripts de feu Mʳ. Rousseau, il Se trouve que toutes nos esperances Se sont evanouies & qu'un autre Libraire est ⁴sur le point de⁴ nous etre préféré. Cependant, vous aviez eu la bonté, Monsieur⁵ de nous marquer dans la lettre dont vous nous honorâtes le 8 Aout dernierᵃ, des dispositions qui sembloient nous promettre que vous ne concluriez pas avec d'autres Sans nous communiquer les propositions qui seroient faites, & Suivant toute apparence les interrests de la Veuve n'y auroient rien perdû.

[2] Depuis lors nous avons négotié Sous vos auspices avec M. Du Peyrou, il a eu la complaisance de nous fournir une liste des Manuscrits en question; Sur Son refus d'y mettre un prix, nous en offrimes d'abord 10. mille livres. Cette offre vous ⁶ayant été communiquée, vous la jugeates⁶ trop foible, vous fixâtes ce prix à 24,000. £ & M. Du Peyrou ne nous en eut pas plutot fait part,

qu'envisageant & avec raison, cette Somme comme tout ce que Mad[e]. Rousseau voulait exiger [1]pour les manuscripts en question[1] nous nous rendimes chez lui[7] pour lui declarer que nous Souscrivions à ce prix & consentions à l'acquitter dans les termes dont on conviendroit. En conséquence de quoi nous eumes l'honneur de lui remettre notre acceptation par écrit, qu'il S'engagea obligeamment de vous faire parvenir[b], Ainsi, nous pouvions regarder l'affaire comme conclue, & nous n'avions aucune raison d'en douter. Cependant un autre va nous être préféré & nous ignorons même la quotité de la Somme [8]dont l'offre[9] peut[8] lui faire obtenir [10]cet avantage[10]. C'est au moins ce que nous aurions ôsé attendre de vos bontés, & peut-être le zêle avec lequel nous nous employons pour[11] procurer [1]a mad[e]. Rousseau[1] des Souscriptions quant aux œuvres musicales, nous y donnoit quelques droits. Si le nom du Libraire favorisé nous etoit connû, il ne Seroit peut être pas impossible de nous arranger avec lui; mais cette circonstance ne nous a pas été communiquée non plus, & nous n'osons pas nous flatter d'obtenir quelque intervention à cet égard. Ce sont là, Monsieur, les refflexions qui resultent necessairement des faits & que la maniere franche & loyale dont nous avons agi dans [12]tout le cours de cette négotiation[12] sembloit nous authoriser à vous présenter.

[3] Au reste Si quelques doutes Sur notre Solvabilité vous avoient engagé Monsieur, à nous preferer un autre Libraire, nous espérons que Mesr. Girardot & Haller[c], Mrs Bouffé[d], M. Perregaux[e] & d'autres voudroient bien travailler à les dissiper, si vous preniez la peine de les leur communiquer.

[4] [1]Nous avons l'honneur d'être avec une parfaite consideration Monsieur

> Vos trés humbles & très
> obeissants Serviteurs
> La Société Typographique
> de Neuchâtel en Suisse[1]

[5] P.S. Nous nous flattons, Monsieur, que vous voudrés bien nous honnorer d'une reponse positive, & de nature à nous tirer d'une incertitude toujours désagréable.

MANUSCRITS

*1. Chaalis, fonds Girardin D[4] 37, dossier B, n° 3; 4 p., p.4 bl.; orig. de la main d'Ostervald.

2. Neuchâtel, archives de la STN, ms.1157, fol.349-350; 4 p., p.3-4 bl.; copie ancienne.

NOTES CRITIQUES

Le ms.2 est hérissé d'abréviations, et préfère partout les désinences en '-ait', etc.

Principales variantes du ms.2 (sauf indication contraire):

¹ [omis] ² que ³ negociation avec vous ⁴ ms.1: nous ⟨a⟩ ét⟨é⟩ [en surcharge partielle] ⁵ ms.1: [en surcharge sur un autre mot devenu indéchiffrable] ⁶ ayant paru ⁷ M. Du Peyrou ⁸ qui peut ⁹ ms.1: l'offre ⟨a⟩ ¹⁰ ms.1: cet⟨te préférence⟩ [en surcharge]

¹¹ pour faire ¹² cette affaire

NOTES EXPLICATIVES

a. voir le n° 7247 (t.xli).

b. voir le n° 7381, alinéa 5.

c. Jean Girardot de Marigny (†1796), fils de Daniel (†1753), et beau-frère de mme de Vermenoux, était fort lié avec Necker. Banquier à Paris, il s'était asso-cié en août – septembre 1777 avec [Rodolphe] Emmanuel Haller (1747-1833?), fils du célèbre savant. La banque Girardot – Haller prit la succession de celle de Necker (voir Lüthy ii.621-631, etc.).

d. Gabriel-Julien Bouffé et son fils Gabriel, originaires de La Rochelle, et banquiers à Paris. Mais ils n'avaient pas eux-mêmes les reins très solides, car le 16 août 1780 ils seront obligés de déposer leur bilan (Lüthy ii.447-448, 455 *n*, etc.).

e. voir au t.xxi le n° 3482, alinéa 11 et note *q*.

7419

Pierre-Alexandre Du Peyrou à René-Louis,
marquis de Girardin

Neufchatel 29 X^bre *1778* N° *13*

[1] Je differois ma reponse á vôtre lettre du 16 de ce mois*ᵃ* dont j'avois communiqué le contenu á Mr M: pour savoir á quoi nous devions nous décider d'après les instances honnetes et amicales que vous nous addressiés au Sujet de l'Entreprise et j'attendois la reponse de Mr M: lorsque j'ay reçü vos deux lettres du 20 et du 22*ᵇ* ainsi que la reponse de Mr M:.*ᶜ* Celui ci paroissoit disposé á entrer dans vos vües, et consentoit á ce que nous fissions á Mad^e. R: une rente viagére de 1600^ℓℓ que nous aurions pü augmenter á 2000^ℓℓ si nous eussions obtenü les 24/m^ℓℓ en comptant. Mais ce projet devient Superflü des que par votre derniere lettre, je vois que lés propositions faites á Geneve, Sont trouvées convenables. Nous n'avons jamais pensé á nous désaisir des Soins que nous devons á la Memoire de nôtre ami, et quelque Soit l'engagement á prendre, j'ay toujours pensé, comme je crois vous l'avoir mandé, que par respect pour les intentions de l'auteur, je ne me désaisirois point de ses papiers que pour les livrer Successivement á la presse, et Sans consentir qu'il y Soit fait le moindre changement. J'ay communiqué á la Societé Typ: d'ici votre lettre du 22*ᵈ*. Elle a parü mécontente de cette reponse en me disant qu'elle avoit de vous une lettre du mois

d'Aoust^e qui lui promettoit la preference, et disant qu'elle auroit pü espérer d'après cette lettre qu'on lui auroit communiqué les offres faites, pour y proportionner les Siennes. Elle doit vous avoir écrit la dessus.^f Il m'est venü la dessus une idée. Ce sera d'engager les Entrepreneurs de G: á accorder un interet dans cette affaire á nôtre S: Typ. Si cela réussit, il y aura le double mérite pour la mémoire de R: que Geneve et Neufchatel auront commencé par proscrire Ses ouvrages et fini par les imprimer. Cela ne changera rien à l'espece de procuration que vous vous proposés de nous envoyer, et certainement nous ne prendrons d'engagemens que ceux que nous pourrons remplir. Quand aux Confessions que vous assurés exister á Geneve, Elles y existent en effet, mais Soyés Sur Monsieur, qu'il n'y en á que lés VI premiers Livres. Les 3 Dialogues y sont aussi; j'en suis instruit depuis longtems, et l'on n'a jamais nié cés dépots, mais parce que les lettres S'ouvrent on n'a pas voulü vous l'écrire, Se reservant de vous en parler quand vous Seriés ici. On craint d'ailleurs l'indiscretion de la Veuve, parce que la Volonté de R: indique clairement le mystére qu'il a voulü que l'on gardät Sur ce Sujet, et qu'il est interressant pour lés depositaires qu'ils ne Soyent pas connüs ou nommés. L'Abbé de C: ne peut remettre Son exemplaire, Sans violer la condition du depot. On le voit par celui qui est á G: ou se trouve l'histoire du dépot fait á l'Abbé^g. Ces differens depots par parcelles font Suposer que l'auteur en a fait de mëme pour Ses Confessions. Il est donc aparent que les derniers livres existent quelque part á nötre insçü^h. Il est du moins Sur qu'ils ont existé puisque je Suis nanti des piéces Justificatives de ces derniers livresⁱ; que j'ay d'ailleurs porté á Trye un Volume in-8° relié en Veau qui etoit commencé; qui est le mëme Sans doute déposé à Gomerfontaine et retiré ensuite, et qui n'est ni le mien, ni celui de Geneve. Cette Suite existe donc, Si elle n'a pas été anéantie par l'auteur lui mëme, et Mr M: en est persuadé d'après ce que lui dit R: en lui confiant les VI premiers livres et les trois dialogues. Mr M: ayant vü que les Confessions n'alloient qu'aux 6 premiers livres, *Et le reste?* dit il. 'Je ne veux dire du mal que de moi, repondit R:. Car je ne ressembleray jamais á mes ennemis'.^k

[2] Á cette premiere presomption ajoutés que la derniére page des Confessions est écrite avec une encre differente du reste et feroit croire que la Suite a été anéantie. Car voici le passage qui finit ces 6 premiers livres. 'Telles ont été les erreurs et lés fautes de ma jeunesse. J'en ay narré l'histoire avec une fidélité dont mon Coeur est content. Si dans la Suite j'honorai mon age mur de quelques vertus, je les aurois dites avec la meme franchise, et c'etoit mon

dessein. Mais il faut m'arreter ici. Le tems peut lever bien des voiles. Si ma memoire parvient á la posterité, peut ëtre un jour elle aprendra ce que j'avois á dire. Alors on Saura pourquoi je me tais.
Fin'.

[3] D'aprés cela Monsieur, il est assès vraisemblable que la Suite n'existe plus. D'un autre coté, les dialogues ayant été éparpillés en differentes mains, ne pourroit on pas en conclurre que l'auteur a fait de même pour Sés Confessions? Si la Suite n'est pas en vos mains, ni en celles de l'Abbé de C** elle n'existe pas. Mais enfin quoiqu'il en Soit, les piéces justificatives existent chez moy, et l'ouvrage ne Sauroit etre complet Sans ces piéces. C'est ce qui me tranquillise Sur la publication furtive que l'on voudroit en faire Si cette Suite existe.

[4] Le temps fixé en dernier lieu pour la livraison de la Musique me paroit encore bien prochain. Mais je dois penser que les mesures Sont bien prises pour ne plus recourir à dés renvois. Celui d'aujourd'hui est trop bien motivé pour ne pas etre agreé des souscrivans. J'écriray au premier jour à Mr Benoit[l] aujourd'hui chargé de cette partie, le tems ne me le permettant pas aujourd'hui.

[5] Je dois vous prevenir Monsieur que peu après ma derniére lettre du 13^m, ayant apris que Durand Libraire[n] avoit anoncé une Suite aux ouvrages de R:[o] je crus devoir envoyer á Paris par occasion, un avis á faire inserer dans les papiers publiqs portant que les Amis de R: depositaires de Ses ouvrages, Se disposoient á en faire au profit de la Veuve un Recueil aussi complet que les intentions de l'auteur permettoient de le rendre á present &c. Je ne sais Si cet avis á parü. Nous allons travailler au prospectus, afin de couper court aux brigandages des Libraires.

[6] Les Muses Galantes Sont copiées et pretes á vous être envoyées. Mais tant que vous n'en avés pas la Musique, cet envoy Seroit inutile. Au Surplus c'est d'après les paroles de l'auteur lui mëme dans un avertissement qui précede cet ouvrage, que je vous ay dit que je le croyois peu fait pour l'opera d'aujourd'hui[p]. Mais je Suis persuadé que Daphnis et Chloé achevé eut valû dix mille Ecus. C'est ce que j'ay entendû de meilleur de la composition de nôtre ami. Aussi Monsieur, Soignés bien ce morceau tout imparfait qu'il se trouve. Ne pourroit on en traitter avec l'opera pour le 1er. acte, comme fragment? Car pour le finir, il faut etre R: lui mëme, et aucune main profane ne doit toucher á ces fragmens. Il vaudra mieux Si l'opera n'en veut pas, les donner á la Suite de la Musique de Chambre, et assurer par lá á leur Auteur, et á Sa Veuve l'honneur et le prix du travail.

[7] M^r. de Pourtales, vient d'arriver. Ainsi l'occasion que je vous ay indiquée par lui^q, est manquée. Si j'en connois quelqu'autre, je vous en feray part. Mais Monsieur il vaudra mieux addresser le tout ensemble que de le morceller, et il est égal á qui vous l'addressiés. Mais il convient de rassembler les lettres dans les mëmes mains et de plus que je puisse Suivre le mëme plan pour lés manuscrits que vous nous destinés, que celui que je Suis pour ceux entre més mains. Je les fais copier, afin qu'en livrant cés Copies, je sois assuré que les ouvrages originaux Seront exactement imprimés, et que S'il S'en distrait quelques uns par négligence, ou par mauvaise foi, je puisse y Supléer. Ce travail est deja en train et assés avancé.

[8] Voila Monsieur, ce qui me décide á desirer d'avoir tout entre més mains. Si l'occasion de faire l'envoy ne Se presente pas favorable, vous pourrés vous mëme vous charger du transport en venant ici. Il Seroit convenable et utile d'avoir aussi l'Edition faite par Duchesne á Paris, et la Suite que Durand a annoncée. Il faudra confronter ces differentes Editions pour ne rien laisser á desirer á la nötre.

[9] Je vois Monsieur que ma lettre du 13 Courant^m n'est pour vous que la onziéme, tandis qu'elle devoit ëtre la douzieme. Je ne garde point de Copies de mes lettres, mais j'ay Soin de noter dans un petit Livret, le jour et le nom de la personne á qui j'écris. Et j'y trouve vous avoir écrit Sous les dates Suivantes. 14 Juillet, 6 et 20 Aoust, 6. 13. 27 Septembre, 20. 29 8bre, 12 9bre, 1, 6, 13 X^bre. ce qui fait douze fois, et celle ci la treizieme.

[10] Voici Monsieur ce que j'ay reçu de vous^r. 2 Juillet et 22, 11 et 29 Aoust, 5 et 29 7bre, 4 8bre, 4, 13 9bre, 7, 16, 20 et 22 X^bre, ce qui fait treize envoys y combris[1] les trois derniers auxquels je reponds par mon treiziéme. C'est Sans doute par erreur que vous n'en comptiés que onze, et les renseignemens que je vous donne cy dessus, vous aideront á verifier le compte, ou á savoir quelles des lettres ne vous est pas parvenüe.^s

[11] La Copie Monsieur que vous m'envoyés de l'Etat dressé par Mr R: relatif á ses affaires avec moy^t, me prouve que cet écrit est trés ancien et doit dater de 1768, par le contenü des arrangemens qu'il y propose, et qu'il m'avoit en effet proposé dans ce tems, et auquel je ne voulûs pas entendre par des considerations que mon amitié pour lui, me faisoit appuyer avec plus de Zéle que je n'en aurois mis á mes propres interets; et je dois m'aplaudir meme des duretés qu'il m'a repondues á cette occasion puisque je suis parvenû á lui conserver et á Sa Veuve la petite rente qu'il vouloit anéantir. Je vous feray voir quand vous Serés ici, que j'ay conservé en quelque

façon malgré lui dans ce mëme tems 1768, les papiers que j'avois entre mains, et qu'il vouloit que je misse au feu. Quand une fois les affaires ont été arrangées comme je le Souhaitois pour lui, je lui ay écrit que m'apercevant que Ses lettres etoient moins frequentes, moins amicales, je lui remettois un ordre Sufisant chez mes banquiers pour toucher Sés rentes, et le dispenser par lá, d'entretenir une correspondance á ce sujet, S'il n'en avoit pas d'autre motif. C'est en 1771 ou 1772. Cette lettre a été ma derniére*u*, Son Silence m'ayant annoncé Sa resolution. Ainsi Monsieur ce papier n'éclaircit rien pour moy. C'est Sur ce qui S'est passé á Trye que je Souhaittois dés éclaircissemens. Car franchement la raison alleguée pour dissoudre nos arrangemens m'a parü plutöt un pretexte inconcevable qu'un motif legitime, et ce n'est point celle Monsieur que vous avés trouvée dans l'écrit dont vous m'avés fourni la Copie. Si je me trouve plus de loisir que je n'en ay maintenant, je veux écrire pour més amis l'historique de ce qui S'est passé, et je vous en feray part. Je n'ay pas cessé d'aimer mon malheureux ami, mais ne pouvant plus lui ëtre utile, puisqu'il ne le vouloit plus, j'ay cherché du moins á ne pas lui ëtre á charge.

[12] Vous donnés Monsieur á cés mots, un *ouvrage á part*w un sens trop etendü. C'etoit un ouvrage à part pour l'Edition dont il avoit été question á Motiers, et qui n'entroit point dans les conditions faites avec les Entrepreneurs auxquels je m'etois Substitué. Voila le vrai Sens de ces paroles.

[13] Ma lettre s'est allongée plus que je ne pensois, et peutëtre vous laissera telle encore quelque chose á desirer Sur ce que vous me mandés dans les vôtres. Mais le tems me manque pour cela. Recevés Monsieur, mes tres humbles obeïssances, et presentés lés á M^de R.

²A Monsieur / Monsieur de Gerardin, rüe / S^te. Anne, vis à vis la rüe de Chabanois / ³*A PARIS*³ ²

MANUSCRIT

*Chaalis, fonds Girardin D⁴ 33, n° 15; 8 p., l'ad. p.8; cachet de cire rouge; m.p.: timbre: 'PONTARLIER'; taxes: ⟨'15'⟩ et '16'; orig. autogr.

NOTES CRITIQUES

¹ [lapsus étrange pour 'compris']
² [de la main de Jeannin] ³ [une main inconnue a biffé 'A PARIS' pour y substituer '*á Senlis*']

NOTES EXPLICATIVES

a. le n° 7403.

b. les n°s 7406 et 7409.

c. cette lettre manque.

d. le n° 7410.

e. le n° 7247 (t.xli).

f. voir le n° 7418.

g. voir l'*Histoire du précédent écrit* (*Pléiade* i.977s).

h. Moultou conservait toujours la seconde partie des *Confessions*, que lui avait remise JJ en mai 1778.

i. c'est le copie-de-lettres de JJ (Neuchâtel ms.R 89 et 90).

k. ce mensonge de Moultou (voir le n° 7390, alinéa 3) trouvait son parallèle chez le marquis de Girardin, qui feignait d'ignorer tout de la seconde partie des *Confessions*, dont il s'était emparé et qu'il avait déjà parcourue.

l. cette lettre est inconnue.

m. le n° 7399.

n. c'était la veuve Duchesne, plutôt que Durand, qui paraît avoir été responsable de cette publication.

o. c'est le *Supplément* [. . .]: voir le n° 7402, note *a*.

p. voir l'*Avertissement* des *Muses Galantes* (*Pléiade* ii.1051).

q. voir le n° 7385, premier alinéa.

r. dans la marge de gauche, Girardin a noté: 'bon'.

s. ici, Girardin a inséré un astérisque, et a écrit le long de la marge de gauche: 'l'erreur venoit de la Lettre du 20 aoust qui n'étoit pas venue'.

t. voir au t.xxxiv le n° 6123, qui est cependant du début de novembre 1767, probablement du 10.

u. Rousseau n'a pas conservé cette lettre, qui était datée du 14 juillet 1772: voir au t.xxxviii le n° 6868, notes critiques.

w. voir au t.xxxiv le n° 6123, alinéa 3.

REMARQUE

Dans son *Supplément* du 28 décembre 1778, la *GB* avait annoncé la mise en vente chez le libraire Emmanuel Haller, de Berne, des *Bigarrures d'un Citoyen de Genève, avec quantité d'anecdotes interessantes & amusantes dédié[e]s aux Americains, par J. J. Rousseau*, in-12, au prix de L 10.

C'était, bien entendu, une supercherie.

7420

François-Joseph de Foulquier et Pierre-Antoine Benoît à René-Louis, marquis de Girardin

[le 30 décembre 1778]

[1] Vous monsieur moi nos amis et toutes les personnes qui ont eu Conoissance de la Convention passée a Ermenonville entre Madame Rousseau et Le Marchand[a] l'ont regardée Comme une Comission absolument Revocable à chacque instant, qui ne pouvoit pas forcer Le Marchand de Servir Mad^e. Rousseau ny Mad^e. Rousseau de se servir de Le Marchand. Le Lieutenant de police a jugé hier au soir tout le Contraire et a ordonné que Cette police Seroit observée dans touts Ses points. C'est à dire que mad^e. Rousseau remettroit Le manuscrit des Romances a Le Marchand et que Le Marchand fairoit graver imprimer et distribuer a Sa volonté Les dittes romances et recevroit 4^li par Exemplaire.

[2] Ce jugement insensé ou inique n'a pas besoin d'Estre analysé. Il faut pour qu'il ait eu Lieu que Le magistrat ait Comme le juge

de Mesle*b* tiré les parties a la Courte paille ou bien qu'il ait voulu S'acquitter des faveurs de quelqu'une des filles qui L'environnent et qui l'aura Sollicité. Mais monsieur j'ai la Sage philosophie de ne jamais penser aux Evenements malheureux que pour y chercher des remedes. Imittés moi dans Ce moment et parlons de L'affaire de Mad*e*. Rousseau. Nous Sommes Ses amis nous étions[1] de Son mari nous Sommes Honnetes gens et Libres, agissons en Consequence.

[3] Pour rendre inutille L'injustice du Lieutenant de police et S'affranchir de Le Marchand il faut que mad*e* Rousseau Vende Le Receuil de Romances a un tiers ou du moins dise avoir vendu et qu'en Consequence elle Envoye a touts les journaux et gazettes La lettre cy incluse pour annuller touts les Engagements remis jusqu'a present. La personne qui aura achetté publiera en meme temps une lettre par laquelle Elle annoncera qu'estant proprietaire du Receuil de Romances de J.J. Elle les propose aux memes Conditions que Madame Veuve Rousseau l'avoit proposé C'est à dire au prix de 24*H* et que pour rendre Ce receuil plus remarquable et tres[2] digne de Son auteur elle fait graver tout L'ouvrage Sur Cuivre &c.

[4] Par Ce moyen Mad*e*. Rousseau Sera absolument a Couvert de toute Espece de recherches même de Celles qui auroient pu Estre faites par les parents de m. Rousseau Si le produit Considerable de la Souscription avoit Excité leur Cupidité. Vous aurez la bonté d'Ecrire a Londres et a Neufchatel que quoy que le nom de la personne proposant la Souscription ait changé Les interets de mad*e*. Rousseau Se trouvent a Ce qu'elle ait toujours la meme activité.

[5] La personne qui Sera Censée avoir achetté Le Receuil est un[3] Libraire a Toulouse mon amy depuis L'Enfance et En qui j'ai La plus grande Confiance pour les affaires les plus essentielles et vous pouvez Monsieur Si vous agréez Ces arrangements, Ecrire Son nom a Neufchatel et a Londres. Il s'apelle MANAVIT Libraire breveté de Monsieur frere du Roi a Toulouse*c*. Je vous prie de me faire parvenir vostre reponse Sur tout Cecy avant dimanche[4] parceque j'Ecrirai alors a Toulouse pour dire a Manavit de M'Envoyer les lettres [4]qui doivent estre[4] insérés dans les journaux en meme temps que Celle de mad*e*. Rousseau.

[6] Ces arrangements parent je crois a touts les inconveniens. Je crois meme qu'ils Servent les interets de mad*e*. Rousseau que je n'abandonnerai jamais. Ainsi je crois Estre assuré que vous adopterés Les moyens que j'ai l'honneur de vous proposer. Il n'en est d'ailleurs aucun dans ma façon de penser que l'on ne dut prendre pour Se Soustraire a la mechanceté des pervers.

[7] Il Est necessaire de Conserver Sur tout Cecy le Secret le plus

absolu. Il faut aussy m'envoyer par prochain Courier un Reçu de mad^e. Rousseau dans lequel elle reconoitra avoir Reçu[5] et Retiré des mains de m^r. Benoit touts les Cayers de Copies.

[8] L'Envoy des lettres de mad^e Rousseau n'est pas absolument pressé parcequ'il faut attendre celles de Toulouse qui ne peuvent Estre a Paris avant quinze jours.

[9] J'ay l'honneur D'Estre Votre tres Humble Serviteur.

[10] [6]Je n'ai pas besoin [7][Monsieur de rien a][7] jouter a tout ce detail. Les trois amis doivent seuls en avoir connoissance et nous sommes [7][tres surs de][7] leur discretion. N'oubliés pas la petite reconnoissance en ma faveur pour les Copies des manuscrits auxquelles nous pourrions ajouter des dedomagements de touts mes soins et des embarras que j'ai eprouvés dans la suite de cette affaire.[6]

MANUSCRIT

*Chaalis, fonds Girardin D[4] 37, dossier A, n° 14; 4 p., l'ad. p.4; cachet de cire rouge; orig. autogr.

NOTES CRITIQUES

[1] étions ⟨Ceux⟩ [2] ⟨plus⟩ [3] ⟨l'⟩un ⟨de mes amis⟩ [4] [inséré dans l'interligne] [5] Reçu ⟨de m^r Benoit touts⟩ [6] [ce p.s., écrit le long de la marge de gauche, est de la main de Benoît] [7] [trou du cachet. Cependant, les passages mis en crochets ne sont pas conjecturaux, étant conservés sur une bribe de papier adhérant au cachet.]

NOTES EXPLICATIVES

a. le n° 7316.
b. *Le Juge de Mesle*, comédie en un acte et en prose, représentée à l'Ambigu-Comique en 1770 (Brenner 10422), de Jean-Julien-Constantin Renout (1725-vers 1783). – C'est le 29 décembre 1778 que Le Noir, lieutenant de police, trancha le différend en faveur de Le Marchand (Monin, 1915, p.50). L'arrêt fut signifié le 10 janvier 1779.

c. Augustin-Claude Manavit (1742?-1er prairial an XIII, soit le 21 mai 1805), fils d'Etienne, et de Catherine Debru. De son mariage avec Pétronille Cogoreux, il eut un fils, Augustin-Dominique (1772-1839), également libraire. Je dois ces renseignements à l'aimable concours de m. Henry Cheyron, professeur à Albi.

7421

Lettre a Ecrire a tous Les Journaux et gazettes

[le 30 décembre 1778]

Des obstacles impossibles a prevoir, et que toute autre femme que la veuve de J.J. Rousseau N'auroit Sans doute pas Eprouvé[1], m'empechent de publier le Receuil de Romances dont j'avois proposé la Souscription le 17 octobre 1778.

Le manuscrit de Ces romances ne m'appartient plus et je me hâtte de Declarer avec l'authenticité et la publicité Les plus grandes possibles a touts et chacun de Ceux qui avoient Souscrit jusqu'a present pour le receuil que j'annulle totalement L'Engagement Ecrit qu'ils avoient Contractés Envers moi, et que je leur rends Sans restriction aucune toute promesse faite Sur ce, Verbablement ou par Ecrit. La forme de la Souscription d'après laquelle je n'ai Rien Reçu me Conservoit un droit dont je Suis malheureusement forcée d'user.

Il peut exister des hommes dont la mort même ne termine pas la fatalité! a Ermenonville Ce

Signé

MANUSCRIT

*Chaalis, fonds Girardin D⁴ 37, dossier A, n° 15; 2 p., p.2 bl.; projet de la main de Foulquier.

NOTES EXPLICATIVES

Ce projet fut envoyé à Girardin sous le couvert du n° 7420.

NOTE CRITIQUE

[1] [Foulquier ne fait pas l'accord]

7422

René-Louis, marquis de Girardin, à Pierre-Antoine Benoît

Ermenonville le mecredy [30 décembre 1778][1]

[1] Vous aurés sans doutte Reçu Monsieur, La procuration par devant notaire qui a du vous parvenir avanthier. Ainsi je ne doute pas que vous ne terminiés en Conséquence touttes Les Difficultés avec Le sr. Le Marchand avec toutte La prudence dont vous êtes capable Et dont je trouve encor une nouvelle preuve bien Ingénieuse dans La Disposition Des planches de Deux en Deux ce qui me paroit d'un tres grand avantage.

[2] Ce n'est pas par rapport a lui même que Rey a fait L'observation que je vous ai marquée[a], il a seulement observé que C'etoit L'usage surtout Lors qu'on vouloit engager Les correspondents a prendre grand Interest a donner faveur a L'encouragement de La souscription; et il me semble effectivement qu'il peut être a propos D'exciter ce motif dans Les Correspondents surtout[2] Des grandes villes.

[3] Je vous renvoye[3] L'avertissement des Editeurs avec Les legers Changements qu'il me sembleroit qu'on y pourroit faire uniquement dans la disposition des phrases afin de ne pas allonger. Ce modèle me paroit dans son objet, et dans sa forme aussi bien qu'il puisse être Si tant est qu'il faille en mettre un. Dureste je ne sçais si vous avés approuvé Le titre que je vous ai envoyé dernierement et en tout ètat de Cause il ne faudra pas oublier de placer où elle est cette note bien characteristique que partout ou est ce Signe .S. il prie qu'on fasse La note Simplement. Nous raisonerons de tout cela Incessamment d'une maniere bien plus prompte et plus directe car je Compte etre a Paris au plustard d'aujourdhuy en huit.

[4] Vous ne m'avés point marqué si on avoit admis au Mercure La Lettre de M[de]. Rousseau[b], il est étonant qu'on ne L'ait pas inséré[4] dans Ce dernier, et[5] Si ce Libraire auteur qui commette jusques aux avis qu'on luy adresse ne veut pas publier egalement Les representations, il faudra absolument l'inscrire ailleurs. Recevés Monsieur mes salutations sans Cérémonie, comme je ferai Les votres parce que dans une Correspondence telle que la nôtre elles prennent a tous egards une place et un tems inutile.

G.

Titre
Consolation des misères de La Vie
ou Receuil de ²petite²* musique de Chambre
composée d'airs nouveaux sur d'anciennes paroles
Par J.J. Rousseau

*Il faut avoir soin d'ecrire⁶ D'une maniére distinguée Le mot Petite pour faire sentir son opposition avec ce que Les tapageurs apellent La grande musique.

Consolation des misères de ma vie
ou Receuil
D'airs nouveaux sur d'anciennes paroles
J. J. Rousseau⁷

MANUSCRIT
*Chaalis, fonds Girardin D⁴ 35, n° 13; 2 p.; orig. autogr.

NOTES CRITIQUES
·¹ [le ms. n'est daté que du jour de la semaine. L'allusion à la procuration que Benoît a dû recevoir 'avant-hier' suffit pour déterminer la date de cette lettre.] ² [inséré dans l'interligne] ³ renvoye ⟨le Prospectus⟩ ⁴ [Girardin ne fait pas l'accord] ⁵ et ⟨s'ils⟩ ⁶ d'ecrire ⟨en Italique⟩ ⁷ [suivi dans le ms. par l'*Avertissement*, que je donne à part (n° 7422) pour la commodité du lecteur]

NOTES EXPLICATIVES
a. voir le n° 7411, premier alinéa et note *c.*

b. voir le n° 7386 bis.

7423

Avertissement *des* Consolations

[le 30 décembre 1778]
Avertissement/des Editeurs

Les Amis qui ont présidé à la publication de cet Ouvrage n'ont rien négligé pour¹ le rendre digne de son Auteur, et² ils ont eu soin que la gravure de la Musique fut conforme à sa maniére de copier, dont l'avantage se trouve démontré dans son Dictionnaire de Musique. Ils croyent³ devoir ⁴ ⁵en même tems⁵ ⁴ prévenir le Public qu'ils se sont permis de rassembler⁶ tous les airs ⁵du⁷ même ton⁸ ⁵ épars dans le Manuscrit, ⁹afin de⁹ les présenter sous une suite de modulations plus⁴ conséquentes, et de transposer sur la Clef de Sol tous ceux qui en ont été susceptibles pour la commodité du plus grand nombre des Amateurs: [4]deux choses que l'Auteur auroit[10] faites lui-même, s'il avoit voulu publier ces délassemens de ses travaux.[4] Du reste [11]on s'est conformé scrupuleusement à ce qu'on a trouvé[11] dans le Manuscrit [12]par respect pour[12] les intentions [13]de l'Auteur qu'il a consignées[13] [14] dans une Note en ces termes: *Dans toute ma musique je prie instamment qu'on ne mette aucun remplissage partout où je n'en ai pas mis.*

MANUSCRIT

1. Chaalis, fonds Girardin D⁴ 35, n° 15²; 2 p., p.2 bl.; mise au net, de la main de Girardin.

2. Chaalis, fonds Girardin D⁴ 35, n° 13, p.3-4 (p.4 bl.); autre mise au net, de la main de Girardin.

IMPRIMÉ

*Consolations, p.[1].

NOTES CRITIQUES

[1] mss 1 et 2: pour tacher de [2] ms.1: [ajouté dans l'interligne] [3] ms.1: croient seulement[2]: ms.2: croient ⟨seulement⟩ [4] ms.1: [manque] [5] ms.2: [ajouté dans l'interligne] [6] ms.2: rassembler ⟨dans le même ton⟩ [7] ms.1: dans le [8] ms.1: ton ⟨et⟩ [9] ms.1: de maniére a [10] ms.2: eut vraisemblablement

[11] mss 1 et 2: on n'a pas changé ni alteré La moindre chose [12] mss 1 et 2: s'etant cru obligé de respecter scrupuleusement [13] ms.1: que L'Auteur y a Consignée [14] ms.2: consignées ⟨relativement à toutte sa musique⟩

7424

Pierre-Alexandre Du Peyrou à Paul-Claude Moultou

Neufchatel 30 Xᵇʳᵉ 1778.

[1] Depuis la lettre du 16 courant écrite par Mʳ de G.ᵃ et à vous communiquée, j'en ay reçû deux autres du 20 et du 22ᵇ. La premiere regarde quelques changemens à la publication de la musique de chambre, qui au lieu d'avoir lieu en fevrier prochain, sera retardée jusques en may ou juin. Au surplus ce retard sera bien compensé pour les abonnés, par les raisons qui l'ont occasionné. On a pris le parti de graver en cuivre au lieu d'etain, de faire un papier exprés, et de joindre un frontispice et un portrait de l'auteurᶜ. D'ailleurs le Sʳ Marchand a été reformé pour bonnes raisons, et c'est à present un Mr Benoit qui se trouve chargé de ce détail.

[2] La seconde lettre de Mʳ de G. me parle de la reception de la vôtreᵈ, et du dessein qu'il a de vous addresser et à moy une autorisation pour conclurre le marché avec lés entrepreneurs de

l'Edition. Il y a joint une lettre ostensible pour la Societé Typ. d'ici*e*.
Je lui ay repondû hier*f* fort au long, et lui ay rendû d'aprés vos
desirs, ce que vous m'aviés chargé de lui mander. Il sera donc
instruit une fois pour toutes que les raisons graves que nous avons
tous à ne pas commettre la confiance de R. doivent influer sur sa
propre conduite, et qu'il faut renvoyer à une entrevûe, bien des
details qu'il n'est pas sur de confier au papier.

[3] Ce que vous me transcrivés Monsieur de la fin des VI premiers
livres des Confessions*g*; ce que vous me chargés de dire à Mr de G.
dans vôtre lettre suivante du 26*h*, tout cela combiné me paroit decisif
pour la supression faite par l'auteur lui même de la suite de cet
ouvrage. Mais enfin, cela n'est pas prouvé à la rigueur. A tout
evenement lés piéces justificatives sont entre més mains, et l'ouvrage
s'il doit jamais paroitre ne peut s'en passer. J'ay rendû à M*r* de G.
ce que vous consentiés de faire avec moy, en ajoutant que c'etoit
notre intention avant la reponse faite pour accepter les offres de
Geneve. Au surplus il nous doit être égal que ce soit les entrepreneurs
qui payent, moyennant que nous soyons nantis dés ouvrages de R.
et que nous n'en traitions que d'une façon conforme à nôtre amitié
pour lui et à notre sureté. Il paroit donc à peu prés décidé que cette
Edition se fera chez vous. Mais Monsieur, il m'est venû une pensée
que je veux soumettre à vôtre décision. Ne conviendroit il pas tant
pour l'honneur de la mémoire de R. que pour je l'avoue ma propre
satisfaction, que la Societé de G. accordât un interet d'un 1/3 d'un
1/4 et même moins, dans cette entreprise à la Societé d'ici, qui par
ses fonds, son credit et sés relations peut devenir utile? Souvenés
vous que R. a vû ses ouvrages proscrits et à G et à N., ne seroit il
pas doublement honorable que les deux villes lui fissent la reparation? Voyés Monsieur, si cette proposition soufre quelques dificultés.
Elle dépend de nous de de moy. Je n'y vois que des avantages. Peut
être verrés vous differemment. Pensés y.

[4] Vous avés été indigné de l'ecrit dont je vous ai envoyé copie*i*.
Eh! Monsieur, cet écrit qui doit être fait dés 1768 n'est que la suite
bien adoucie de ce qui S'est passé entre nous à Trye. Le motif
allegué ici est du moins aparent, mais celui qui me fut dit de bouche
est incroyable par son absurdité revoltante. Il est vray que R.
aparement le sentit, puisqu'il chercha à me ramener non à nôtre
arrangement, mais à un parti moins violent que je fus sur le point
de prendre. Ah! Monsieur, j'oubliay tout, et aprés avoir travaillé
pendant 4 ans à ramener R. et à arranger ses affaires malgré lui, de
maniére qu'il put jouïr de la pension de 600*ll*, ce but une fois atteint,
je le laissai libre de me donner de ses nouvelles, ou de les suprimer.

C'est ce qu'il a fait, et je l'ai imité, n'ayant jamais eu d'autre motif avec lui que celui d'assurer son repos et son bonheur, autant qu'il m'en jugeoit capable.

[5] Il est je pense trop tard de changer l'avis envoyé à Paris[k]. D'ailleurs nous ne devons pas Monsieur avoir l'air de vouloir en imposer au public. On sait qu'il existe des ouvrages qui ne doivent pas paroitre sitôt, et nous devons agir en conséquence la franchise etant dans ce cas, non seulement digne des amis de R. mais encore nécessaire pour obtenir la confiance du public. Un petit interet des libraires ne doit pas nous décider, et des que nous nous declarons les amis d'un homme vray et franc, faisons comme lui.

[6] Le prospectus dont vous me chargés Monsieur seroit une tache bien aisée, si vous eussiés maché le tout comme une partie que je n'aurois qu'à transcrire d'aprés vous, pour que l'ouvrage fut ce qu'il doit être. Mais il reste quelques difficultés pour la distribution des piéces. Celle de R. ne peut avoir lieu vû la disproportion qui en resulteroit pour la grosseur des volumes. Il y a d'ailleurs differens morceaux à ajoutter à cette distribution. J'en connois quelques uns, mais pas tous, même de ceux entre mes mains. Il faut du tems pour faire un choix de ce que j'ay en mains. Comment donc annoncer ces differens morceaux, lés indiquer à la place qu'ils occuperont, et en donner quelques notions. C'est là Monsieur une difficulté qui nous arretera encore longtems, à moins que dans le prospectus, on ne se borne à des generalités tant sur l'ordre dés piéces que sur la nomenclature de celles qui entrerent dans le Recueil, en attendant que plus instruits que nous ne le sommes, nous fassions paroitre avec la premiere livraison, le systeme qui aura été arrêté. Je suis bien occupé quoique peu de mes propres affaires; mais je feray comme je pourray ce prospectus et vous l'envoyerés pour le corriger. Je vous embrasse Monsieur et vous souhaitte le contentement.

MANUSCRIT

[1. pour l'orig. autogr. (4 p.), voir au t.xli le n° 7243]

*2. transcription du ms.1, faite par mlle Rosselet.

NOTES EXPLICATIVES

a. le n° 7403.

b. les n°ˢ 7406 et 7409.

c. voir le n° 7407, note b.

d. le n° 7390.

e. le n° 7410.

f. voir le n° 7419.

g. lettre inconnue.

h. autre lettre inconnue.

i. voir le n° 7414, alinéa 3 et note e.

k. voir le n° 7404, alinéa 3.

7425

René-Louis, marquis de Girardin, à
François-Joseph de Foulquier

Ermenonville 31me X^bre *1778*

[1] Je reçois votre Lettre^a a L'instant, Monsieur, L'evenement qu'elle contient ne me surprend pas, j'avois toujours vu avec peine s'elever une Discussion juridique vis avis d'un homme qui a La porte de L'opera. Mais les suittes de cette affaire m'affligent vivement; je ne vous en dirai pourtant rien parce que je suis sur que vous en êtes aussi peiné que moi. Nous nous sommes portés jusques icy a tout ce qui a pu Convenir a votre satisfaction, mais M^de Rousseau femme d'un homme qui avoit consacré sa vie a La verité Se refuse absolument a La trahir en quelque façon ni pour quelqu'interest que ce soit, et en cela je ne puis que L'en aprouver. Ainsi, Monsieur, il ne peut plus être question du parti que vous aviés imaginé dans La chaleur du premier moment. Reste a voir¹ aux quels une plus mure reflexion poura nous Conduire.

[2] D'abord je pense qu'il est a propos que M^r. Benoit reporte tout de suitte a M^de. de Gerardin Les copies, et qu'il dise qu'il Les a remis pour être renvoyées a M^de. Rousseau. Cela me donnera Le tems d'arriver a Paris ou je serai au plus tard mecredy prochain^b et de nous Concerter ensemble plus a Loisir avant de rien² Livrer entre Les mains de Le Marchand.

[3] Ensuitte je n'ai jamais Conçû pourquoy une affaire de convention ecrite se portoit a La police* ce ne peut être tout au plus que Comme arbitrage, et il me semble qu'on doit pouvoir apeller de ce jugement Informe^c a tous égards.

[4] Enfin je ne vois pas quand bien même on Confirmeroit Le M^d. dans Le droit de retirer Le profit de La distribution, de quel droit on luy donneroit La³ disposition arbitraire de la gravure puis qu'il n'est mention de cet article dans son marché que Comme l'obligeant luy Le M^d. de prendre la peine d'y veiller, et d'y porter ses soins mais qu'il n'y est question en aucune maniere ni du prix, ni de La forme, de Cette gravure dont M^de. Rousseau doit faire

---

*Il me Semble qu'elle auroit du être portée en premiere Instance a La Chambre noire et maintenant Elle va par apel au parlement.

tous les frais et par consequent disposer entierement a sa volonté. L'omission de Cette Instruction dans le jugement Suffiroit Seule pour le rendre nul et absurde, puisque ce seroit juger outre Les Conventions et Les Demandes des parties. Comme Cet article de La gravure est Le plus important de tous tant a Cause de L'employ et de L'achat des planches que pour La beauté et L'interest de L'ouvrage il n'y a point de doute qu'il ne Soit réservé Sans Conteste a M^de Rousseau de pouvoir⁴ faire traitter a sa fantaisie La gravure et L'impression D'un ouvrage dont elle fait seule tous Les frais. Sauf a Laisser a Le M^d. La distribution dont on luy fera rendre Compte de Clerc a maitre dans la plus grande rigueur que pourra toujours exercer a cet egard vis avis de luy Mr Benoit Comme fondé de procuration de M^de. Rousseau.

[5] J'ai L'honneur d'etre avec un véritable attachement votre tres humble et tres obeissant serviteur

Gerardin

[6] P.S. M^de. de Gerardin pourra donner un reçu des Copies datté du jour de son arrivée a Paris qui a precedé de quelques heures Le jugement.

[7] L'iniquité manifeste du jugement me semble porter evidemment sur ce qu'on a regardé Le M^d. comme *Cessionnaire*, tandis qu'il n'est que *mandataire* puis qu'il ne met *rien du sien* dans L'entreprise, et qu'au Contraire y faisant obstacle, c'est un mauvais administrateur qu'on renvoye dès qu'on en est mécontent sauf a luy rembourser Les frais ou avances dont il justifieroit.

MANUSCRIT

*Chaalis, fonds Girardin D⁴ 37, dossier A, n° 5; 2 p.; copie autogr.

NOTES CRITIQUES

¹ avoir ⟨aux⟩ ² rien ⟨mettre⟩ ³ La ⟨distri⟩ ⁴ pouvoir ⟨trahir⟩

NOTES EXPLICATIVES

a. le n° 7420.

b. mercredi 6 janvier.

c. c'est le sens ancien du terme: 'Imparfait, qui n'a pas la forme qu'il doit avoir' (Académie 1762).

ADDITION AU TOME XXII

3618 bis

Le capitaine Mathieu Buttafuoco à Rousseau

[le 2 novembre 1764][1]

Je vais ecrire à Perpignan, ou le Reg^t va se rendre en garnison, de faire passer a Lyon sous l'adresse indiquée les pieces qui se trouvent dans cette partie. J'enverray aussi de Corse tout ce que je pouray ramasser et nous mettons aussitot a l'ouvrage pour remplir les demandes de m^r Rousseau.

MANUSCRIT

*Chaalis, fonds Girardin D^4 32, n° 5; bande de papier oblongue; 2 p., p.2 bl.; orig. autogr.

NOTE CRITIQUE

[1] [le ms. n'est pas daté, et ni l'auteur ni le destinataire n'y sont nommés. Le 15 octobre 1764, Rousseau envoie à Buttafuoco une liste des documents qu'il lui faut pour préparer un projet de constitution pour la Corse, en lui communiquant quatre adresses pour la remise des paquets. Cette liste comprend celle des Boy de La Tour, à Lyon (n° 3573, t.xxi). Le 10 novembre, Buttafuoco lui fait savoir que le 2 novembre un premier paquet a été expédié d'Aix, à l'adresse des Boy de La Tour, qu'un second lui parviendra bientôt du régiment, et qu'il lui fera un troisième envoi, de Corse, le plus tôt possible (n° 3634, t.xxii).

Comme dans le texte imprimé ci-dessus il n'est question que du second et du troisième paquet, lesquels restent encore à préparer, il est fort probable que nous ayons affaire ici au billet d'envoi accompagnant le premier paquet.]

NOTES EXPLICATIVES

Ce billet dut accompagner le premier paquet de documents sur la Corse, envoyé d'Aix le 2 novembre, et contenant 'ce que j'ay pu ramasser en Provence' (t.xxii, n° 3634: voir la note critique ci-dessus). Sa présence parmi les papiers de Girardin s'explique par le fait que, resté attaché aux documents qu'il accompagnait, il aura été compris dans le dépôt confié en 1768 à mme de Nadaillac, et envoyé par elle à Girardin en novembre 1778 (voir les n°s 7346, 7366 et 7372).

TABLE CHRONOLOGIQUE DES LETTRES

page

7312. René-Louis, marquis de Girardin, à Alexandre Deleyre, *le 3 octobre 1778*   I

7313. René-Louis, marquis de Girardin, à Pierre-Alexandre
Du Peyrou, *le 4 octobre 1778*   4

7314. Jugement de Jean-François de La Harpe sur J.-J.
Rousseau, *le 5 octobre 1778*   23

7315. Marie-Jeanne Phlipon à Marie-Henriette Cannet, *le 6
octobre 1778*   34

7316. Traité entre François Le Marchand et Thérèse Levasseur pour la publication des *Consolations*, *le 7 octobre
1778*   34

7317. Pierre-Alexandre Du Peyrou à Paul-Claude Moultou,
le 7 octobre 1778   35

7318. Marie-Elisabeth La Fite, née Bouée, à Peter Ochs, *le
7 octobre 1778*   37

7319. René-Louis, marquis de Girardin, à Alexandre Deleyre, *le 10 octobre 1778*   38

7320. Sentimens de reconnoissance d'une Mere, adressés à
l'ombre de Rousseau de Genève, *vers le 14 octobre 1778*   40

7321. Pierre-Alexandre Du Peyrou à René-Louis, marquis
de Girardin, *le 20 octobre 1778*   42

7322. Pierre-Alexandre Du Peyrou à la Société typographique de Neuchâtel, *vers le 20 octobre 1778*   45

7323. Prospectus du recueil des romances, *vers le 20 octobre
1778*   47

7324. La Société typographique de Neuchâtel à Pierre-
Alexandre Du Peyrou, *vers le 21 octobre 1778*   49

7325. Pierre-Alexandre Du Peyrou à Frédéric-Samuel Ostervald, *vers le 22 octobre 1778*   50

7326. La Société typographique de Neuchâtel à Pierre-
Alexandre Du Peyrou, *vers le 23 octobre 1778*   52

7327. Pierre-Alexandre Du Peyrou à la Société typographique de Neuchâtel, *vers le 24 octobre 1778*   53

7328. Description d'une estampe représentant le tombeau de
Rousseau, *le 26 octobre 1778*   56

7329. Antoine Barthès de Marmorières à Frédéric-Samuel
Ostervald, *le 26 octobre 1778*   57

7330. La Société typographique de Neuchâtel à Pierre-Alexandre Du Peyrou, *le 27 octobre 1778*   58

7331. Pierre-Alexandre Du Peyrou à la Société typographique de Neuchâtel, *le 28 octobre 1778*   59

7332. Pierre-Alexandre Du Peyrou à Paul-Claude Moultou, *le 28 octobre 1778*   61

7333. La Société typographique de Neuchâtel à Pierre-Alexandre Du Peyrou, *le 29 octobre 1778*   63

7334. Pierre-Alexandre Du Peyrou à René-Louis, marquis de Girardin, *le 29 octobre 1778*   64

7334bis. Note Spécifique des papiers de J.J.R. entre mes mains, *le 29 octobre 1778*   69

7335. Guillaume Olivier de Corancez à Jean-François de La Harpe, *vers le 29 octobre 1778*   75

7336. René-Louis, marquis de Girardin, au *Journal de Paris*, *vers le 29 octobre 1778*   80

7337. Jean-Michel Moreau au *Journal de Paris*, *vers le 31 octobre 1778*   81

7338. Guillaume Olivier de Corancez au *Journal de Paris*, *vers le 1er novembre 1778*   82

7339. René-Louis, marquis de Girardin, au *Journal de Paris*, *le 2 novembre 1778*   83

7340. Jean-Guillaume Virchaux à Marie-Thérèse Levasseur, *le 2 novembre 1778*   84

7341. ? au *Journal de Paris*, *le 2 novembre 1778*   85

7342. René-Louis, marquis de Girardin, à Pierre-Alexandre Du Peyrou, *le 4 novembre 1778*   86

7343. Marie-Anne de Franqueville, née Merlet de Foussomme, à Louis-Marie-Stanislas Fréron, *le 4 novembre 1778*   90

7344. Pierre-Alexandre Du Peyrou à Paul-Claude Moultou, *le 4 novembre 1778*   94

7345. François-Joseph de Foulquier à René-Louis, marquis de Girardin, *le 5 novembre 1778*   98

7346. René-Louis, marquis de Girardin, à Anne-Jeanne Du Poujet de Nadaillac, abbesse de Gomerfontaine, *vers le 5 novembre 1778*   99

7347. René-Louis, marquis de Girardin, à Madeleine-Catherine Delessert, née Boy de La Tour, *le 7 novembre 1778*   101

7348. Jean Ranson à Frédéric-Samuel Ostervald, *le 7 novembre 1778*   103

7349. Samuel Swinton à Marie-Thérèse Levasseur, *le 8 novembre 1778*   104

7350. René-Louis, marquis de Girardin, à Pierre-Antoine Benoît, *le 9 novembre 1778*   105

7351. Alexandre Deleyre à René-Louis, marquis de Girardin, *le 12 novembre 1778*   108

7352. Pierre-Alexandre Du Peyrou à René-Louis, marquis de Girardin, *le 12 novembre 1778*   111

7353. Pierre-Alexandre Du Peyrou à Paul-Claude Moultou, *le 12 novembre 1778*   114

7354. René-Louis, marquis de Girardin, à Pierre-Alexandre Du Peyrou, *le 13 novembre 1778*   116

7355. Le docteur Achille-Guillaume Lebègue de Presle à René-Louis, marquis de Girardin, *le 13 novembre 1778*   124

7356. Pierre-Alexandre Du Peyrou à Marc-Michel Rey, *le 14 novembre 1778*   126

7357. René-Louis, marquis de Girardin, à Pierre-Antoine Benoît, *vers le 15 novembre 1778*   129

7358. Un anonyme au *Journal de Paris*, *vers le 15 novembre 1778*   130

7359. René-Louis, marquis de Girardin, à Alexandre Deleyre, *le 16 novembre 1778*   132

7360. François-Joseph de Foulquier à René-Louis, marquis de Girardin, *le 17 novembre 1778*   135

7361. François-Joseph de Foulquier à René-Louis, marquis de Girardin, *le 17 novembre 1778*   136

7362. Madeleine-Catherine Delessert, née Boy de La Tour, à René-Louis, marquis de Girardin, *le 17 novembre 1778*   137

7363. Pierre-Alexandre Du Peyrou à Paul-Claude Moultou, *le 18 novembre 1778*   138

7364. René-Louis, marquis de Girardin, à François-Joseph de Foulquier, *vers le 19 novembre 1778*   142

7365. René-Louis, marquis de Girardin, au *Journal de Paris*, *vers le 19 novembre 1778*   143

7366. René-Louis, marquis de Girardin, à Anne-Jeanne Du Poujet de Nadaillac, abbesse de Gomerfontaine, *vers le 20 novembre 1778*   149

7367. Jacques-Pierre Brissot à René-Louis, marquis de Girardin, *le 20 novembre 1778*   150

7368. René-Louis, marquis de Girardin, à Pierre-Antoine Benoît, *le 21 novembre 1778*   151

7369. Alexandre Deleyre au *Journal de Paris*, *le 23 novembre 1778*   153

7370. René-Louis, marquis de Girardin [?], au *Journal de Paris, le 24 novembre 1778*   155

7371. Avis concernant un Recueil de Musique de Chambre, *le 25 novembre 1778*   156

7372. René-Louis, marquis de Girardin, à Anne-Jeanne Du Poujet de Nadaillac, abbesse de Gomerfontaine, *le 26 novembre 1778*   158

7373. Contrats passés avec les graveurs du recueil des *Consolations, le 26 novembre 1778*   162

7374. René-Louis, marquis de Girardin, à Pierre-Antoine Benoît, *le 27 novembre 1778*   163

7375. Samuel Swinton à René-Louis, marquis de Girardin, *le 28 novembre 1778*   166

7376. Pierre-Alexandre Du Peyrou à Paul-Claude Moultou, *le 28 novembre 1778*   168

7377. Jugement de Linguet sur Voltaire et Rousseau, *fin novembre 1778*   173

7378. René-Louis, marquis de Girardin, à François-Joseph de Foulquier, *fin novembre 1778*   175

7379. Une note de Diderot sur 'un artificieux scélérat' et 'un homme atroce', *début décembre 1778*   177

7380. Seconde Note, de Naigeon, sur Rousseau, *début décembre 1778*   179

7381. Pierre-Alexandre Du Peyrou à René-Louis, marquis de Girardin, *le 1er décembre 1778*   182

7382. Pierre-Alexandre Du Peyrou à Paul-Claude Moultou, *le 2 décembre 1778*   186

7383. Jacques Mallet Du Pan au pasteur Jacob Vernes, *le 3 décembre 1778*   188

7384. Pierre-Alexandre Du Peyrou à Paul-Claude Moultou, *le 5 décembre 1778*   190

7385. Pierre-Alexandre Du Peyrou à René-Louis, marquis de Girardin, *le 6 décembre 1778*   193

7386. Marie-Thérèse Levasseur à Charles-Joseph Panckoucke, *vers le 6 décembre 1778*   197

7386bis. Marie-Thérèse Levasseur à Charles-Joseph Panckoucke, *le 6 décembre 1778*   198

7387. René-Louis, marquis de Girardin, à Pierre-Alexandre Du Peyrou, *le 7 décembre 1778*   199

7388. Marie-Anne de Franqueville, née Merlet de Foussomme, à Louis-Marie-Stanislas Fréron, *le 7 décembre 1778*   201

7389. Pierre-Alexandre Du Peyrou à Marc-Michel Rey, *le 7 décembre 1778*   205

7390. Paul-Claude Moultou à René-Louis, marquis de Girardin, *le 9 décembre 1778*   206

7391. François-Joseph de Foulquier et Pierre-Antoine Benoît à René-Louis, marquis de Girardin, *le 12 décembre 1778*   212

7392. Modèle de Procuration, *le 12 décembre 1778*   215

7393. François-Joseph de Foulquier à René-Louis, marquis de Girardin, *le 13 décembre 1778*   216

7394. René-Louis, marquis de Girardin, à Honoré Digne, *le 13 décembre 1778*   218

7395. René-Louis, marquis de Girardin, à Nicolas-François Tricot de Lalande, *le 13 décembre 1778*   220

7396. Prospectus du recueil des *Consolations*, *le 13 décembre 1778*   221

7397. René-Louis, marquis de Girardin, à Pierre-Antoine Benoît, *le 13 décembre 1778*   222

7398. Pierre-Antoine Benoît à René-Louis, marquis de Girardin, *le 13 décembre 1778*   226

7399. Pierre-Alexandre Du Peyrou à René-Louis, marquis de Girardin, *le 13 décembre 1778*   226

7400. René-Louis, marquis de Girardin, à Pierre-Antoine Benoît, *le 15 décembre 1778*   229

7401. Procuration donnée à Benoît par Thérèse Levasseur, *le 15 décembre 1778*   230

7402. Jean-François de La Harpe aux Schouvalov ou au grand-duc Paul Pétrovitch de Russie, *vers le 15 décembre 1778*   233

7403. René-Louis, marquis de Girardin, à Pierre-Alexandre Du Peyrou, *le 16 décembre 1778*   235

7404. Pierre-Alexandre Du Peyrou à Paul-Claude Moultou, *le 16 décembre 1778*   241

7405. Alexandre Deleyre à René-Louis, marquis de Girardin, *le 18 décembre 1778*   244

7406. René-Louis, marquis de Girardin, à Pierre-Alexandre Du Peyrou, *le 20 décembre 1778*   247

7407. Pierre-Antoine Benoît à Pierre-Alexandre Du Peyrou, *le 21 décembre 1778*   251

7408. René-Louis, marquis de Girardin, à Paul-Claude Moultou, *le 22 décembre 1778*   253

7409. René-Louis, marquis de Girardin, à Pierre-Alexandre Du Peyrou, *le 22 décembre 1778*   257

7410. René-Louis, marquis de Girardin, à Frédéric-Samuel
Ostervald, *le 22 décembre 1778*   258

7411. René-Louis, marquis de Girardin, à François-Joseph
de Foulquier, *le 23 décembre 1778*   259

7412. François-Joseph de Foulquier à René-Louis, marquis
de Girardin, *le 23 décembre 1778*   262

7413. Résiliation par Marie-Thérèse Levasseur de la convention passée entre elle et Le Marchand, *le 23 décembre
1778*   263

7414. Pierre-Alexandre Du Peyrou à Paul-Claude Moultou,
le 23 décembre 1778   265

7415. René-Louis, marquis de Girardin, à Alexandre Deleyre, *le 25 décembre 1778*   267

7416. Jean Ranson à Frédéric-Samuel Ostervald, *le 26 décembre 1778*   271

7417. René-Louis, marquis de Girardin, à Pierre-Antoine
Benoît, *le 27 décembre 1778*   272

7418. La Société typographique de Neuchâtel à René-Louis,
marquis de Girardin, *le 27 décembre 1778*   273

7419. Pierre-Alexandre Du Peyrou à René-Louis, marquis
de Girardin, *le 29 décembre 1778*   275

7420. François-Joseph de Foulquier et Pierre-Antoine Benoît
à René-Louis, marquis de Girardin, *le 30 décembre 1778*   280

7421. Lettre a Ecrire a tous Les Journaux et gazettes, *le 30
décembre 1778*   283

7422. René-Louis, marquis de Girardin, à Pierre-Antoine
Benoît, *le 30 décembre 1778*   284

7423. *Avertissement* des *Consolations*, *le 30 décembre 1778*   285

7424. Pierre-Alexandre Du Peyrou à Paul-Claude Moultou,
le 30 décembre 1778   286

7425. René-Louis, marquis de Girardin, à François-Joseph
de Foulquier, *le 31 décembre 1778*   289

TABLE ALPHABÉTIQUE DES CORRESPONDANTS

Alissan de La Tour: *voir* Franqueville.

Barthès de Marmorières, Antoine.
> 7329. à Frédéric-Samuel Oster-vald: le 26 octobre 1778

Benoît, Pierre-Antoine.
> 7350. de René-Louis, marquis de Girardin: le 9 novembre 1778
> 7357. de René-Louis, marquis de Girardin: vers le 15 novembre 1778
> 7368. de René-Louis, marquis de Girardin: le 21 novembre 1778
> 7374. de René-Louis, marquis de Girardin: le 27 novembre 1778
> 7391. à René-Louis, marquis de Girardin: le 12 décembre 1778
> 7397. de René-Louis, marquis de Girardin: le 13 décembre 1778
> 7398. à René-Louis, marquis de Girardin: le 13 décembre 1778
> 7400. de René-Louis, marquis de Girardin: le 15 décembre 1778
> 7407. à Pierre-Alexandre Du Peyrou: le 21 décembre 1778
> 7417. de René-Louis, marquis de Girardin: le 27 décembre 1778
> 7420. à René-Louis, marquis de Girardin: le 30 décembre 1778
> 7422. de René-Louis, marquis de Girardin: le 30 décembre 1778

Brissot, Jacques-Pierre.
> 7367. à René-Louis, marquis de Girardin: le 20 novembre 1778

Cannet, Marie-Henriette.
> 7315. de Marie-Jeanne Phlipon: le 6 octobre 1778

Corancez, Guillaume Olivier de (*voir aussi* le *Journal de Paris*).
> 7335. à Jean-François de La Harpe: vers le 29 octobre 1778
> 7338. au *Journal de Paris*: vers le 1er novembre 1778

Delessert, Madeleine-Catherine, née Boy de La Tour.

> 7347. de René-Louis, marquis de Girardin: le 7 novembre 1778
> 7362. à René-Louis, marquis de Girardin: le 17 novembre 1778

Deleyre, Alexandre.
> 7312. de René-Louis, marquis de Girardin: le 3 octobre 1778
> 7319. de René-Louis, marquis de Girardin: le 10 octobre 1778
> 7351. à René-Louis, marquis de Girardin: le 12 novembre 1778
> 7359. de René-Louis, marquis de Girardin: le 16 novembre 1778
> 7369. au *Journal de Paris*: le 23 novembre 1778
> 7405. à René-Louis, marquis de Girardin: le 18 décembre 1778
> 7415. de René-Louis, marquis de Girardin: le 25 décembre 1778

Diderot, Denis.
> 7379. Une note sur 'un artificieux scélérat' et 'un homme atroce': début décembre 1778

Digne, Honoré.
> 7394. de René-Louis, marquis de Girardin: le 13 décembre 1778

Du Peyrou, Pierre-Alexandre.
> 7313. de René-Louis, marquis de Girardin: le 4 octobre 1778
> 7317. à Paul-Claude Moultou: le 7 octobre 1778
> 7321. à René-Louis, marquis de Girardin: le 20 octobre 1778
> 7322. à la Société typographique de Neuchâtel: vers le 20 octobre 1778
> 7324. de la Société typographique de Neuchâtel: vers le 21 octobre 1778
> 7325. à Frédéric-Samuel Oster-vald: vers le 22 octobre 1778
> 7326. de la Société typographique de Neuchâtel: vers le 23 octobre 1778

7327. à la Société typographique de Neuchâtel: vers le 24 octobre 1778

7330. de la Société typographique de Neuchâtel: le 27 octobre 1778

7331. à la Société typographique de Neuchâtel: le 28 octobre 1778

7332. à Paul-Claude Moultou: le 28 octobre 1778

7333. de la Société typographique de Neuchâtel: le 29 octobre 1778

7334. à René-Louis, marquis de Girardin: le 29 octobre 1778

7334 bis. Note Spécifique des papiers de J.J.R. entre mes mains: le 29 octobre 1778

7342. de René-Louis, marquis de Girardin: le 4 novembre 1778

7344. à Paul-Claude Moultou: le 4 novembre 1778

7352. à René-Louis, marquis de Girardin: le 12 novembre 1778

7353. à Paul-Claude Moultou: le 12 novembre 1778

7354. de René-Louis, marquis de Girardin: le 13 novembre 1778

7356. à Marc-Michel Rey: le 14 novembre 1778

7363. à Paul-Claude Moultou: le 18 novembre 1778

7376. à Paul-Claude Moultou: le 28 novembre 1778

7381. à René-Louis, marquis de Girardin: le 1er décembre 1778

7382. à Paul-Claude Moultou: le 2 décembre 1778

7384. à Paul-Claude Moultou: le 5 décembre 1778

7385. à René-Louis, marquis de Girardin: le 6 décembre 1778

7387. de René-Louis, marquis de Girardin: le 7 décembre 1778

7389. à Marc-Michel Rey: le 7 décembre 1778

7399. à René-Louis, marquis de Girardin: le 13 décembre 1778

7403. de René-Louis, marquis de Girardin: le 16 décembre 1778

7404. à Paul-Claude Moultou: le 16 décembre 1778

7406. de René-Louis, marquis de Girardin: le 20 décembre 1778

7407. de Pierre-Antoine Benoît: le 20 décembre 1778

7409. de René-Louis, marquis de Girardin: le 22 décembre 1778

7414. à Paul-Claude Moultou: le 23 décembre 1778

7419. à René-Louis, marquis de Girardin: le 29 décembre 1778

7424. à Paul-Claude Moultou: le 30 décembre 1778

Du Poujet de Nadaillac: *voir* Nadaillac.

Foulquier, François-Joseph de.

7345. à René-Louis, marquis de Girardin: le 5 novembre 1778

7360. à René-Louis, marquis de Girardin: le 17 novembre 1778

7361. à René-Louis, marquis de Girardin: le 17 novembre 1778

7364. de René-Louis, marquis de Girardin: vers le 19 novembre 1778

7378. de René-Louis, marquis de Girardin: fin novembre 1778

7391. à René-Louis, marquis de Girardin: le 12 décembre 1778

7393. à René-Louis, marquis de Girardin: le 13 décembre 1778

7411. de René-Louis, marquis de Girardin: le 23 décembre 1778

7412. à René-Louis, marquis de Girardin: le 23 décembre 1778

7420. à René-Louis, marquis de Girardin: le 30 décembre 1778

7425. de René-Louis, marquis de Girardin: le 31 décembre 1778

Franqueville, Marie-Anne de, née Merlet de Foussomme.

7343. à Louis-Marie-Stanislas Fréron: le 4 novembre 1778

7388. à Louis-Marie-Stanislas Fréron: le 7 décembre 1778

Fréron, Louis-Marie-Stanislas.

7343. de Marie-Anne de Franqueville, née Merlet de Foussomme: le 4 novembre 1778

7388. de Marie-Anne de Franqueville, née Merlet de Foussomme: le 7 décembre 1778

Girardin, René-Louis, marquis de.

7312. à Alexandre Deleyre: le 3 octobre 1778

7313. à Pierre-Alexandre Du Peyrou: le 4 octobre 1778

7319. à Alexandre Deleyre: le 10 octobre 1778

7321. de Pierre-Alexandre Du Peyrou: le 20 octobre 1778

7334. de Pierre-Alexandre Du Peyrou: le 29 octobre 1778

7336. au *Journal de Paris*: vers le 29 octobre 1778

7339. au *Journal de Paris*: le 2 novembre 1778

7342. à Pierre-Alexandre Du Peyrou: le 4 novembre 1778

7345. de François-Joseph de Foulquier: le 5 novembre 1778

7346. à Anne-Jeanne du Poujet de Nadaillac, abbesse de Gomerfontaine: vers le 5 novembre 1778

7347. à Madeleine-Catherine Delessert, née Boy de La Tour: le 7 novembre 1778

7350. à Pierre-Antoine Benoît: le 9 novembre 1778

7351. d'Alexandre Deleyre: le 12 novembre 1778

7352. de Pierre-Alexandre Du Peyrou: le 12 novembre 1778

7354. à Pierre-Alexandre Du Peyrou: le 13 novembre 1778

7355. du docteur Achille-Guillaume Lebègue de Presle: le 13 novembre 1778

7357. à Pierre-Antoine Benoît: vers le 15 novembre 1778

7359. à Alexandre Deleyre: le 16 novembre 1778

7360. de François-Joseph de Foulquier: le 17 novembre 1778

7361. de François-Joseph de Foulquier: le 17 novembre 1778

7362. de Madeleine-Catherine Delessert, née Boy de La Tour: le 17 novembre 1778

7364. à François-Joseph de Foulquier: vers le 19 novembre 1778

7365. au *Journal de Paris*: vers le 19 novembre 1778

7366. à Anne-Jeanne Du Poujet de Nadaillac, abbesse de Gomerfontaine: vers le 20 novembre 1778

7367. de Jacques-Pierre Brissot: le 20 novembre 1778

7368. à Pierre-Antoine Benoît: le 21 novembre 1778

7370. au *Journal de Paris*: le 24 novembre 1778

7372. à Anne-Jeanne Du Poujet de Nadaillac, abbesse de Gomerfontaine: le 26 novembre 1778

7374. à Pierre-Antoine Benoît: le 27 novembre 1778

7375. de Samuel Swinton: le 28 novembre 1778

7378. à François-Joseph de Foulquier: fin novembre 1778

7381. de Pierre-Alexandre Du Peyrou: le 1er décembre 1778

7385. de Pierre-Alexandre Du Peyrou: le 6 décembre 1778

7387. à Pierre-Alexandre Du Peyrou: le 7 décembre 1778

7390. de Paul-Claude Moultou: le 9 décembre 1778

7391. de François-Joseph de Foulquier et Pierre-Antoine Benoît: le 12 décembre 1778

7393. de François-Joseph de Foulquier: le 13 décembre 1778

7394. à Honoré Digne: le 13 décembre 1778

7395. à Nicolas-François Tricot de Lalande: le 13 décembre 1778

7397. à Pierre-Antoine Benoît: le 13 décembre 1778

7398. de Pierre-Antoine Benoît: le 13 décembre 1778

7399. de Pierre-Alexandre Du Peyrou: le 13 décembre 1778

7400. à Pierre-Antoine Benoît: le 15 décembre 1778

7403. à Pierre-Alexandre Du Peyrou: le 16 décembre 1778

7405. d'Alexandre Deleyre: le 18 décembre 1778

7406. à Pierre-Alexandre Du Peyrou: le 20 décembre 1778

7408. à Paul-Claude Moultou: le 22 décembre 1778

7409. à Pierre-Alexandre Du Peyrou: le 22 décembre 1778

7410. à Frédéric-Samuel Ostervald: le 22 décembre 1778

7411. à François-Joseph de Foulquier: le 23 décembre 1778

7412. de François-Joseph de Foulquier: le 23 décembre 1778

7415. à Alexandre Deleyre: le 25 décembre 1778

7417. à Pierre-Antoine Benoît: le 27 décembre 1778

7418. de la Société typographique de Neuchâtel: le 27 décembre 1778

7419. de Pierre-Alexandre Du Peyrou: le 29 décembre 1778

7420. de François-Joseph de Foulquier et Pierre-Antoine Benoît: le 30 décembre 1778

7421. Lettre à Ecrire à tous les Journaux et gazettes: le 30 décembre 1778

7422. à Pierre-Antoine Benoît: le 30 décembre 1778

7425. à François-Joseph de Foulquier: le 31 décembre 1778

Journal de Paris, le (*voir aussi* Corancez).

7336. de René-Louis, marquis de Girardin: vers le 29 octobre 1778

7337. de Jean-Michel Moreau: vers le 31 octobre 1778

7338. de Guillaume-Olivier de Corancez: vers le 1er novembre 1778

7339. de René-Louis, marquis de Girardin: le 2 novembre 1778

7341. de? le 2 novembre 1778

7358. de? vers le 15 novembre 1778

7365. de René-Louis, marquis de Girardin: vers le 19 novembre 1778

7369. d'Alexandre Deleyre: le 23 novembre 1778

7370. de René-Louis, marquis de Girardin: le 24 novembre 1778

La Fite, Marie-Elisabeth, née Bouée.

7318. à Peter Ochs: le 7 octobre 1778

La Harpe, Jean-François de.

7314. son jugement sur Rousseau: le 5 octobre 1778

7335. de Guillaume-Olivier de Corancez: vers le 29 octobre 1778

7402. aux Schouvalov ou au grand-duc Paul Pétrovitch de Russie: vers le 15 décembre 1778

Lalande: *voir* Tricot de Lalande.

Lebègue de Presle, le docteur Achille-Guillaume.

7355. à René-Louis, marquis de Girardin: le 13 novembre 1778

Le Marchand, François.

7316. Traité avec Thérèse Lavasseur pour la publication des *Consolations*: le 7 octobre 1778

Levasseur, Marie-Thérèse.

Traité avec François Le Marchand pour la publication des *Consolations*: le 7 octobre 1778

7340. de Jean-Guillaume Virchaux: le 2 novembre 1778

7349. de Samuel Swinton: le 8 novembre 1778

7386. à Charles-Joseph Panckoucke: vers le 6 décembre 1778

7386 bis. à Charles-Joseph Panckoucke: le 6 décembre 1778

7392. Modèle de Procuration: le 12 décembre 1778

7401. Procuration donné à Pierre-Antoine Benoît: le 15 décembre 1778

7413. Résiliation de la convention passée avec François Le Marchand: le 23 décembre 1778

Linguet, Simon-Nicolas-Henri.

7377. Son jugement sur Voltaire et Rousseau: fin novembre 1778

Mallet Du Pan, Jacques.
    7383. au pasteur Jacob Vernes: le 3 décembre 1778

Marmorières: *voir* Barthès de Marmorières.

Moreau, Jean-Michel.
    7337. au *Journal de Paris*: vers le 31 octobre 1778

Moultou, Paul-Claude.
    7317. de Pierre-Alexandre Du Peyrou: le 7 octobre 1778
    7332. de Pierre-Alexandre Du Peyrou: le 28 octobre 1778
    7344. de Pierre-Alexandre Du Peyrou: le 4 novembre 1778
    7353. de Pierre-Alexandre Du Peyrou: le 12 novembre 1778
    7363. de Pierre-Alexandre Du Peyrou: le 18 novembre 1778
    7376. de Pierre-Alexandre Du Peyrou: le 28 novembre 1778
    7382. de Pierre-Alexandre Du Peyrou: le 2 décembre 1778
    7384. de Pierre-Alexandre Du Peyrou: le 5 décembre 1778
    7390. à René-Louis, marquis de Girardin: le 9 décembre 1778
    7404. de Pierre-Alexandre Du Peyrou: le 16 décembre 1778
    7408. de René-Louis, marquis de Girardin: le 22 décembre 1778
    7414. de Pierre-Alexandre Du Peyrou: le 23 décembre 1778
    7424. de Pierre-Alexandre Du Peyrou: le 30 décembre 1778

Nadaillac, Anne-Jeanne Du Poujet de, abbesse de Gomerfontaine.
    7346. de René-Louis, marquis de Girardin: vers le 5 novembre 1778
    7366. de René-Louis, marquis de Girardin: vers le 20 novembre 1778
    7372. de René-Louis, marquis de Girardin: le 26 novembre 1778

Naigeon, Jacques-André.
    7380. Seconde Note sur Rousseau: début décembre 1778

Ochs, Peter.
    7318. de Marie-Elisabeth La Fite, née Bouée: le 7 octobre 1778

Ostervald, Frédéric-Samuel (*voir aussi* la Société typographique de Neuchâtel).
    7325. de Pierre-Alexandre Du Peyrou: vers le 22 octobre 1778
    7329. d'Antoine Barthès de Marmorières: le 26 octobre 1778
    7348. de Jean Ranson: le 7 novembre 1778
    7410. de René-Louis, marquis de Girardin: le 22 décembre 1778
    7416. de Jean Ranson: le 26 décembre 1778

Panckoucke, Charles-Joseph.
    7386. de Marie-Thérèse Levasseur: vers le 6 décembre 1778
    7386 bis. de Marie-Thérèse Levasseur: le 6 décembre 1778

Paul Pétrovitch, grand-duc de Russie.
    7402. de Jean-François de La Harpe: vers le 15 décembre 1778

Phlipon, Marie-Jeanne.
    7315. à Marie-Henriette Cannet: le 6 octobre 1778

Presle: *voir* Lebègue de Presle.

Ranson, Jean.
    7348. à Frédéric-Samuel Ostervald: le 7 novembre 1778
    7416. à Frédéric-Samuel Ostervald: le 26 décembre 1778

Rey, Marc-Michel.
    7356. de Pierre-Alexandre Du Peyrou: le 14 novembre 1778
    7389. de Pierre-Alexandre Du Peyrou: le 7 décembre 1778

Roland, madame: *voir* Phlipon.

Schouvalov, les.
    7402. de Jean-François de La Harpe: vers le 15 décembre 1778

Société typographique de Neuchâtel, la (*voir aussi* Ostervald).
    7322. de Pierre-Alexandre Du Peyrou: vers le 20 octobre 1778
    7324. à Pierre-Alexandre Du Peyrou: vers le 21 octobre 1778

7326. à Pierre-Alexandre Du Peyrou: vers le 23 octobre 1778

7327. de Pierre-Alexandre Du Peyrou: vers le 24 octobre 1778

7330. à Pierre-Alexandre Du Peyrou: le 27 octobre 1778

7331. de Pierre-Alexandre Du Peyrou: le 28 octobre 1778

7333. à Pierre-Alexandre Du Peyrou: le 29 octobre 1778

7418. à René-Louis, marquis de
Girardin: le 27 décembre 1778

Swinton, Samuel

7349. à Marie-Thérèse Levasseur:
le 8 novembre 1778

7375. à René-Louis, marquis de
Girardin: le 28 novembre 1778

Tricot de Lalande, Nicolas-François.

7395. de René-Louis, marquis de
Girardin: le 13 décembre 1778

Vernes, le pasteur Jacob.

7383. de Jacques Mallet Du Pan:
le 3 décembre 1778

Virchaux, Jean-Guillaume.

7340. à Marie-Thérèse Levasseur:
le 2 novembre 1778

Correspondants non identifiés.

7341. au *Journal de Paris*: le 2 novembre 1778

7358. au *Journal de Paris*: vers le 15
novembre 1778

Autres documents.

7423. *Avertissement* des *Consolations*:
le 30 décembre 1778

7371. Avis concernant un Recueil
de Musique de Chambre, par
J.J. Rousseau: le 25 novembre
1778

7373. Contrats passés avec les graveurs du recueil des *Consolations*:
le 26 novembre 1778

7327. Description d'une estampe
représentant le tombeau de
Rousseau: le 26 octobre 1778

7396. Prospectus du recueil des
Consolations: le 13 décembre 1778

7323. Prospectus du recueil des romances: vers le 20 octobre 1778

7320. Sentimens de reconnoissance
d'une Mere [. . .]: vers le 14 octobre 1778

p. 181. ex. de ton de RL - defense de JJ